国家社科基金
GUOJIA SHEKE JIJIN HOUQI ZIZHU XIANGMU
后期资助项目

超越GDP：
对经济表现和社会进步
衡量标准的探索

Beyond GDP:
Exploration on Measures of
Economic Performance and Social Progress

李冻菊　著

中国财经出版传媒集团

经济科学出版社
Economic Science Press

国家社科基金后期资助项目
出版说明

　　后期资助项目是国家社科基金设立的一类重要项目，旨在鼓励广大社科研究者潜心治学，支持基础研究多出优秀成果。它是经过严格评审，从接近完成的科研成果中遴选立项的。为扩大后期资助项目的影响，更好地推动学术发展，促进成果转化，全国哲学社会科学工作办公室按照"统一设计、统一标识、统一版式、形成系列"的总体要求，组织出版国家社科基金后期资助项目成果。

全国哲学社会科学工作办公室

前　言

　　除非我们改变衡量经济表现的方法，否则我们不会改变自身的行为，即所测影响所为。2008 年初，法国时任总统尼古拉·萨科齐（Nicolas Sarkozy）委托约瑟夫·斯蒂格利茨（Joseph E. Stiglitz）、阿马蒂亚·森（Amartya Sen）和保罗·菲图西（Jean-Paul Fitoussi）建立一个由世界一流专家组成的"经济表现和社会进步测度委员会"（the Stiglize-Sen-Fitoussi Commission），发起了经济表现和社会进步测度的专项研究。委员会的目标是，使衡量福利的标准与真正有助于生活质量的因素更加一致，由此帮助我们所有人致力于真正重要的事情。2009 年，委员会发布了《经济表现和社会进步测度报告》（*Report by the Commission on the Measurement of Economic Performance and Social Progress*），报告分为短论和实质性论据两部分，短论部分于 2010 年以"对我们生活的误测：为什么 GDP 增长不等于社会进步"为题出版（以下简称"SSF 报告"）。SSF 报告的标题告诉我们：GDP 并不是一个合宜的福利测度指标。如果我们只关注物质福利而非健康、教育和环境，我们就会像这些测度指标一样扭曲，我们会变得更加物质。我们构建的文明取决于我们的测度方法，这完全是因为它将改变我们赋予事物的价值。SSF 报告主要内容为 GDP 统计、福利测度和可持续发展测度，报告较为系统地梳理和总结了经济测度方法。SSF 报告的核心信息是改变经济统计的重心，从关注经济生产规模转向社会福利，更加关注民众的生活质量（当下福利）和可持续发展（未来福利）。SSF 报告没有告诉我们真理在哪里，但它的确告诉我们如何去寻找真理。

　　2013 年，经合组织建立了经济表现和社会进步测度高级专家组（High Level Expert Group on the Measurement of Economic Performance and Social Progress，HLEG），以接替"经济表现和社会进步测度委员会"的工作。专家组主席由约瑟夫·斯蒂格利茨（Joseph E. Stiglitz）、保罗·菲图西（Jean-Paul Fitoussi）和玛蒂娜·杜兰德（Martine Durand）担任

（OECD 总统计师玛蒂娜·杜兰德担任了 HLEG 的联合主席），HLEG 接替经济表现和社会进步测度委员会继续推进经济测度工作。从 2013 ~ 2018 年，五年时间里，该专家组通过全体会议和主题会议，对当下经济测度所涉及的"突出事项"进行了讨论。专家组意识到：经济测度议题重要且复杂，面临着"难以解释和解决的困境，即便是在专家组内达成一致也是极其困难和耗费时间的"。2018 年，OECD 出版了由三位主席主持的经济测度报告（以下简称"SFD 报告"），SFD 报告分为主席卷和专家卷两部，主席卷题为"超越 GDP：测度经济表现和社会进步的决定因素"（Beyond GDP：Measuring What Counts for Economic and Social Performance），专家卷题为"改善测度的推进研究：超越 GDP 的福利指标"（For Good Measure：Advancing Research on Well-being Metrics Beyond GDP）。专家卷分别就当下"经济测度九大议题"进行专题论述，这九大议题包括：①可持续发展目标；②居民户收入、消费和财产分配；③横向不平等；④机会不平等；⑤国民分配账户；⑥主观福利；⑦经济安全；⑧可持续发展；⑨信任和社会资本。主席卷分为五章，阐述了"超越 GDP"议程的持续重要性，强调了对经济下行的测度，对九大议题进行了概括性和综合性阐述，介绍了采用福利指标调整政策的国家经验，并提出专家组对测度福利的 12 项建议。

　　SFD 报告的目标与 SSF 报告是一样的——帮助制定经济表现和社会进步测度方法，并以此方式为更好的政策作出贡献。SFD 报告评估 SSF 报告所提出的建议的进展情况，提供指导并保持动力，确定需要更多研究的新领域。

　　经济表现和社会进步测度提出了一系列挑战：概念性挑战（例如，尝试在全面性与人们处理过多信息能力的局限性之间不可避免地作出选择）；技术性挑战（例如，如何在处理不同问题的微数据集之间组合信息，如何将不平等信息的微观数据与处理平均值的宏观经济核算相结合）；组织性（例如，如何提高不同数据收集者之间的协调，如何平衡国际协调和地方责任，如何提高现有数据的及时性）。SFD 报告强调了 SSF 报告曾略作提及的几个议题，如信任和不安全感，也更加深入地探讨了一些其他议题，比如不平等性和可持续性。解释了不充分的指标如何导致诸多领域的政策缺陷。SFD 报告在 SSF 报告的基础上，解决了其中一些挑战。

　　本书在研究思路上，追踪经济表现和社会进步测度的国际进程，由 SSF 报告到 SFD 报告，阐述了 SSF 报告和 SFD 报告所涉及的经济表现和社会进步测度的重要性的原因、带来的测度挑战、测度方法的优劣以及改进这些领域统计数据应采取的步骤；在研究方法上属于跨学科的综合性研究，也是一个理论与现实结合的问题，需要匹配多种方法。本书除了使用一般的统计方法，如文献研究法、规范分析法、跨学科研究法、国民核算方法、比较分析法、综合指标法、实证分析法等，还使用了以下具体方法：问卷调查法、可行能力观方法、公平分配法、仪表盘法、合成指标法、支付意愿法、线性缩放法、等价收入法等，系统地搜集了国内外关于可持续发展目标、收入和财富不平等、横向不平等、机会的不平等、分配国民账户、主观福利、经济不安全、可持续性和弹性、信任等九大议题的概念、衡量标准和测度方法，对所使用方法进行了分析和评价；本书在热点难点测度内容上，涉及了不平等测度、信任测度等热点和难点问题。

　　本书对 SFD 报告提出的九大议题分列九章，对应九大议题支持的新测度方法的思想，以及必须回答的技术和组织问题进行了深入的概述，强调了将不同的分析层面（个人、家庭、国家和全球）结合起来，对社会现状作出现实描述的重要性，强调传统方法由于概念的局限、技术的困难或数据的缺乏而忽略的各个方面的中心地位，并对中国九大议题的研究进展、做法等进行了分析和梳理。

　　作为国家社科基金后期资助项目的结项报告，本书在完成过程中，武汉大学经济与管理学院博士后研究人员刘婷祎参与了本书第二、三、四、五、六、七章（约 21 万字）的撰写，东北财经大学统计学院博士生申童童完成了中国政府以及中国学者对九大议题研究进展的梳理和总结（约 3 万字）。

目　　录

第一章　概　　述

SFD 报告聚焦九大议题：①可持续发展目标；②居民户收入、消费和财产分配；③横向不平等；④机会不平等；⑤国民分配账户；⑥主观福利；⑦经济安全；⑧可持续发展；⑨信任和社会资本。对于每一议题，本章阐述了其重要性的原因、带来的测度挑战以及改进这些领域统计数据应采取的步骤。

第一节　委员会和专家组的建议

一、经济表现和社会进步测度委员会的建议

经济表现和社会进步测度委员会 2009 年完成了 SSF 报告，SSF 报告希望能够就当前测度经济表现和社会进步的方法的充分性展开讨论，并鼓励进一步研究制定更好的指标。统计界、民间团体、国际组织、政府和研究人员对经济表现和社会进步测度委员会的十二条建议（见专栏 1.1）做出了振奋人心的反应，他们的努力正在改变经济表现和社会进步的测度体系。

专栏 1.1

经济表现和社会进步测度委员会的建议（2009）

● 在评估物质福利时，要关注收入和消费，而不是生产，因为将GDP 和经济福利混为一谈，可能会误导人们对生活水平的判断，并导致错误的决策。

- 强调家庭视角，随着居民物质生活水平的提高，家庭收入和消费水平也在提高。

- 与财富一起考虑收入和消费，财富需要资产负债表上的信息以及这些存量的适当估值。

- 更加注重收入、消费和财富的分配，这就要求测度平均收入、消费和财富的指标应附有分配指标。

- 将收入测度扩大到非市场活动，如从其他家庭成员那里获得的服务以及闲暇时间。

- 生活质量取决于人们的客观条件和能力，如人们的健康、教育、个人活动和环境条件，也取决于他们的社会关系、政治发言权和不安全感。

- 所涵盖的所有维度的生活质量指标应综合评估不平等，同时考虑到联系和相关性。

- 应设计调查来评估每个人不同生活质量领域之间的联系，并且在设计政策时应使用这些信息。

- 统计部门应提供所需的信息，以便在生活质量方面进行汇总，从而构建不同的指标。

- 客观福利和主观福利的测度提供了人们生活质量的关键信息，国家统计局应将问题纳入调查，以获取人们的生活评价、享乐体验和调查的优先事项。

- 可持续性评估需要一个识别良好的指标仪表盘，其要素应解释为一些基本"存量"变化。

- 研究人员应该依据一组精心选择的实物指标对可持续性的环境方面单独跟踪调查。

二、经济表现和社会进步测度高级专家组的建议

本书关注 SSF 报告中所涵盖的问题，而不是进行全面的考察。此外，讨论了 SSF 报告中没有提到的若干新问题，部分原因是 2009 年以来世界发生了变化。

（一）组织的专题研讨会

针对这些变化，经济表现和社会进步测度高级专家组通过全体会议和专题会议（其中专题会议见专栏 1.2），对当下经济测度所涉及的"突出事项"（salient issues）进行了讨论。

专栏 1.2

经济表现和社会进步测度高级专家组组织的专题研讨会

● 代际和代际可持续性（2014 年 9 月 22～23 日，罗马），埃纳奥迪经济金融研究所和意大利银行主办，SAS 赞助。

● 多维主观福利（2014 年 10 月 30～31 日，都灵），与国际赫伯特·A. 西蒙协会和卡洛阿尔贝托大学合作举办，并得到圣保罗银行基金会的支持。

● 机会不平等（2015 年 1 月 14 日，巴黎），由古尔本金安基金会主办，与巴黎科学院、经济研究和应用中心合作。

● 测度收入和财富的不平等（2015 年 9 月 15～16 日，柏林），与贝塔斯曼基金会合作组织。

● 测度非洲的福利和发展（2015 年 11 月 12～14 日，南非德班），与南非政府、日本国际合作署、哥伦比亚大学和康奈尔大学合作组织。

● 测度经济、社会和环境弹性（2015 年 11 月 25～26 日，罗马），由欧洲经济金融研究所主办，意大利银行和意大利统计局支持，SAS 赞助。

● 经济不安全：制定测度和分析议程（2016 年 3 月 4 日，纽约），与华盛顿公平增长中心、耶鲁社会政策研究所和福特基金会合作组织。

● 测度信任和社会资本（2016 年 6 月 10 日，巴黎），与巴黎科学院和欧洲研究理事会合作组织。

（二）提出的建议

经济表现和社会进步测度高级专家组主席提出了若干建议（见专栏 1.3）。例如，金融危机突显了经济（不）安全的重要性，因此需要开发这方面的指标。在经济表现和社会进步测度时，这些指标需要与更传统的指标一起考虑。

专栏 1.3

经济表现和社会进步测度高级专家组主席关于福利测度的建议

● 没有一个单一的指标能够衡量一个国家是否健康运行，即使关注的焦点仅限于经济体系的运作。政策需要以一系列指标为指导，这些指标说明人们的物质条件和生活质量、不平等和可持续性。仪表盘应该包括能够让我们评估经济周期中人们生活状况的指标。可以说，如果使用这样的仪表盘，对大衰退的政策反应可能会有所不同。

- 无论各国发展水平如何，制定更好的福利指标是非常重要的。应给予国家统计局以有效方式执行这一任务所需的资源和独立性（包括利用大数据的潜力）。国际社会应加大投资，提高贫穷国家的统计能力。

- 应进一步提高与收入特别是财富有关的现有经济不平等指标的质量和可比性，包括允许国家统计局使用税务登记来记录收入分布的顶层人口变化情况，以及制定家庭收入、消费和财富联合分布的指标。

- 数据应按年龄、性别、残疾程度、性取向、受教育程度和社会地位等标志进行分类，描述福利结果的群体差异；应制定家庭不平等的描述性指标，如与资产所有权和家庭内部资源共享和经济决策相关的指标。

- 应努力将有关经济不平等的信息纳入国民经济核算体系，以实现微观方法和宏观方法的融合，以及理解 GDP 增长的利益如何在社会中共享。

- 评估机会均等很重要。应当制定反映人们环境的一系列指标，包括将各代人的行政记录联系起来，并在家庭调查中包括关于父母情况的回顾性问题，以便能够比较各国和不同时间内机会不平等的衡量标准。

- 应根据具有代表性的大样本，定期、标准化地收集主观福利的评价和体验的数据，以期揭示其决定因素和因果关系的方向。

- 应定期评估政策对人们经济不安全的影响，通过一系列指标来衡量，这些指标包括人们在面对经济冲击时的体验、可利用的缓冲机制、针对关键风险的社会保险的充分性以及对不安全的主观评估。

- 需要更好的可持续性指标。这就需要为各个机构部门编制完整的资产负债表，包括所有资产和负债，衡量资产估值中虚拟租金，改进人力资本和环境资本指标，改进系统的脆弱性和弹性指标。

- 应通过一般性和专门性的家庭调查以及更多其他调查，改进信任和其他社会规范的测度。并且依靠对心理学和行为经济学的深入了解，对有代表性的受访者样本使用实验性方法。

> ● 应促进学术界和政策分析师获取统计数据和行政记录，以保护
> 传播信息的机密性，确保不同研究团队和理论观点之间的公平竞争。
> 　　● 为了实现"更好的政策为了更好的生活"，应使用福利指标为
> 政策过程各个阶段的决策提供信息。从确定行动的优先事项和调整方
> 案目标到调查不同政策选择的利害得失，从制定预算和筹资决策到监
> 测政策、方案执行和评价。

若干领域取得了快速进展，而其他领域继续面临概念或实施障碍。例
如，对主观福利的理解以及测度某种不平等的能力，都有了很大的进展。

环境和可持续发展是 SSF 报告的核心，尽管受到金融危机和随后的经
济下行的影响，但国际社会在这两个领域协商了主要协议。2015 年，在巴
黎气候大会（COP21）签署了《巴黎协定》以及可持续发展峰会通过了
《变革我们的世界：2030 年可持续发展议程》（United Nations，2015），其
中包括 17 项可持续发展目标及其 169 项具体目标。议程特别表明，经济
表现和社会进步测度委员会的"超越 GDP"要旨介入国际政策议程的程
度。可持续发展目标适用于所有国家，试图测度社会表现和经济进步的多
个方面。

第二节　各章的关键信息

一、可持续发展目标的进程与测度

联合国大会在 2015 年通过了可持续发展目标，这是"超越 GDP"倡
议如何影响政策讨论的最显著的表现。但是，可持续发展目标也强调了扩
大监测经济表现和社会进步所使用的一套指标的吸引力与必须关注主要指
标的数量之间不可避免的矛盾——这种矛盾只能通过在国家一级优先确定
联合国目标和指标来解决。应赋予国家统计局治理独立性和履行监测可持
续发展目标义务所需的资源，国际社会应支持欠发达国家的国家统计局，
从需要所有国家都有完善指标的全球性现象开始。

可持续发展目标（Sustainable Development Goals，SDGs）形成过程揭
示了两方面的矛盾关系，一方面是对完整性和彻底性的渴望，另一方面是
对明确性的需要。这是 SSF 报告中讨论的焦点。显然，越详细的信息和越

多的数据被分解，人们对正在发生的事情的了解就越完整。169 项可持续发展目标和 232 项具体指标提供了一个有用的平台，并具有国际认可的优点。但它们的实施需要对国家需要和优先事项以及有限的资源保持敏感。问责制和主权导致了这样一项建议，即精简和选择指标是在熟悉国际框架的国家对话背景下进行的。当然国际层面也很重要，因为各国之间存在着具有可比性的选择。各国本身需要注意可比性，因为要知道本国表现得如何，就需要了解其他同样处境的国家的表现如何。

为了落实可持续发展目标的议程以及测度社会表现和经济进步的更广泛的议程，国家统计局必须拥有必要的管理权和财政资源，提供独立和可信的统计数据，促进国家政策对话和实现问责制。在低收入国家，统计人员不仅要有能力抵制任何国家统计局所面临的政治压力，而且还要抵制来自强大国际组织的压力（这可能不经意间损害了国家统计局的自主权，因为实施的议程没有充分考虑到国家的需要和能力）。

在考虑全球和跨国问题时（如全球不平等、贫困或气候变化），各国之间的测度协调至关重要。国际组织在支持这种协调方面发挥着巨大而重要的作用，国际社会应投入资源支持那些对评估全球问题至关重要的国家统计数据的编制。

二、测度家庭收入、消费和财富的分配

家庭收入、消费和财富的分配方式对于公平很重要，但经济资源的不平等分配也减少了经济增长对减少极端贫困的影响。遗憾的是，这一领域的分析经常使用数据库，这些数据库不仅显示了不同数据库之间的不平等程度，而且对某些国家来说，还显示了不同的趋势。该领域的数据存在局限性：分布两端的覆盖不足和少报漏报、财富分布的有限信息、了解经济资源联合分布情况的数据集之间的信息链接困难。还需要开展更多的工作，以更广泛的收入概念反映教育和医疗卫生服务等实物福利的价值，并评估消费税和补贴的分配影响。

SSF 报告强调了不平等的重要性。即使人均收入在增加，大多数公民可能正在经历经济下行。法国时任总统尼古拉·萨科齐（Nicolas Sarkozy）表示，经济表现和社会进步测度委员会最初的动机之一是担心，我们的指标所呈现的结果与个人的看法不一致。政府可以自夸 GDP 在增长，但大多数人可能会感觉生活更糟糕。

第三章解决了测度家庭收入、消费和财富的纵向不平等所带来的挑

战。从规范的角度看，这一问题在社会公平方面很重要，但也有工具性的原因关注这些不平等。近年来，家庭资源分配的不平等问题成为政治讨论的焦点，部分原因是它变得更加极端，部分原因是经济、社会和政治成本的增加越来越明显。

数据的可用性（包括更广泛地使用行政数据）有了显著的改进，通过对收入、消费和财富的联合分析，测度经济环境中的不平等仍然存在重大挑战。这些分析通常基于：

（1）家庭调查的数据集（微观数据集），直接从这些调查中计算不平等指标；

（2）辅助源数据集，将各种其他来源的不平等指标结合起来；

（3）生成的数据集，通过各种估算和统计推断方法，不直接依靠单位记录的数据集；

（4）世界财富与收入数据库（World Wealth and Income Database，WID. world）。

值得一提的是，不同的国际数据库不仅显示出不同程度的不平等，而且对一些国家（特别是撒哈拉以南的非洲国家）来说，也显示出不同的趋势。

这些不同的数据集都受到这样一个事实的影响：家庭调查在分布的两端都存在着低准确性和少报漏报收入的问题。少报漏报的最高收入有时被称为"遗漏的富人"问题。数据收集过程中嵌入的可能解释家庭调查中"遗漏的富人"问题的因素很多，从少报收入或富人无应答到很少有富人被纳入调查的抽样框架。

解决"遗漏的富人"问题的方法可分为三大类：

（1）使用替代数据（例如使用税务登记而不是调查）；

（2）使用参数和非参数方法对缺失数据进行推断；

（3）通过结合调查和行政数据纠正调查数据（或不平等估计）。

最低收入者也没有得到足够的覆盖，例如，无家可归者或其他没有固定家庭地址的人。许多低收入者自述的消费支出水平远远超过他们申报的收入，这表明他们是在用储蓄消费，或者收入暂时下降，或者只是低估了他们的物质生活水平。强调了对收入、消费和财富进行联合分析的重要性，这种分析将使我们能够确定穷人"吃光"其资产的程度。

发达国家和发展中国家之间的数据集性质也存在很大差异，以及所提供的数据在多大程度上符合收入或消费的适当定义。对于发达经济体，经济不平等通常是以平均收入（用家庭规模进行调整）为基础来测度的，而在世界其他地区，则采用人均消费或人均收入。原则上，应重点关注的收入变量是可支配收入——个人在缴纳税款和接受转移性收入后可以消费的——但发展中国家数据中使用的收入概念往往不明确。同样，尽管许多人认为收入或消费应包括自给性生产的消费（家庭内部生产的货物和提供的服务）和自有住房的虚拟租金（如果住房出租，个人必须支付的租金），但实际上情况并非如此。

此外，对经济不平等"真实"水平的分析通常受到以下事实的影响：收入指标不包括政府和非营利机构免费提供的实物服务（特别是教育和医疗卫生）。对实物社会转移的估价既带来了概念上的挑战，也带来了测度上的挑战。在确定要考虑的适当服务范围、所提供服务的货币估价以及它们对各类受益人的分配方面存在困难。在实践中，最常用的方法是以政府在生产过程中产生的生产成本来评估实物转移。这种方法没有考虑收入或年龄组的需求变化，也没有考虑服务质量，没有反映受益人的实际估价。在医疗卫生方面，对个人使用者的估算特别复杂。福利分配是按照"实际消费法"或"保险价值法"进行的，即在不考虑实际使用这些服务的情况下，将相同的人均支出分配给具有相同特征（如年龄或性别）的个人，方法的选择对结果有很大的影响。

消费税和补贴对家庭资源的影响也常常被忽视。虽然人们认识到，家庭消费的可能性因家庭支付商品和服务的价格上的消费税/生产补贴而降低/增加，考虑到这一影响，并不是通常用于分析家庭经济福利差异的约定的一部分。

此外，还有许多技术问题影响数据的可比性，进而影响进行跨国比较的能力。数据库在是否对微观数据进行调整（以及调整哪些项）以纠正少报漏报、消除异常值或解决无应答方面存在差异。不一致性意味着不同的数据集经常产生不同的结果，关于不平等程度以及各国之间不平等程度是否存在收敛，即使采用相同的衡量标准也是如此。

及时性是另一个问题，许多国家的经济不平等估计数据落后于 GDP 数年。

另一个问题是，除例外情况外，家庭调查只收集收入或消费数据，这大大限制了进行变量联合分析和严格的跨国比较的可能性。即使有关于家庭收入、消费和财富分布的指标，也很少有国家收集数据的方式能够使家庭收入、消费和财富的联合分布得到连贯的分析，这是 SSF 报告的主要建议之一。

另一个挑战是，对世界上大多数国家来说，调查得出的家庭收入和消费总量与国民经济核算得出的等价总量不匹配，甚至其增长率也不匹配（这是第六章中讨论的问题）。

与测度经济表现和社会进步的其他领域一样，应在国际比较上加大力度，评估财富分配数据的可用性和质量，并确保所收集的数据提供的信息在不同国家和不同时期具有可比性。[①] 准确测度经济不平等需要政治承诺。各国政府、国际组织和学术界需要增加透明度，并以有助于测度和分析经济不平等的方式公开信息，同时注意保护受访者的身份。

三、测度横向不平等

个人收入、消费和财富的不平等（"纵向不平等"）忽略了人口群体之间的系统不平等，忽略了重要的非收入维度，并假定家庭中的每个成员都获得了该家庭的平均收入。第四章讨论了"横向不平等"的重要性、在收入和非收入两个维度上具有共同特征的群体之间的不平等、家庭内部不平等以及性别贫富差距。这三个问题本身就很重要，但它们也以重要的方式相互联系。例如，家庭内部不平等的一个关键方面是家庭中性别之间的不平等，这与社会中更广泛的横向不平等问题有关。

尽管这些不平等具有重大的政策相关性，特别是由于它们对司法公正和社会稳定的影响，但没有系统地努力收集必要的数据并公布适当的指标结果。这在一定程度上是由于它们的测度所带来的概念上和实际上的挑战。可以做更多的工作来规范收集相关信息和扩大用于经济表现和社会进步评估的诊断指标的做法。

人们是许多群体（年龄、性别、种族、宗教等）的成员，因此多维性是横向不平等及其测度的一个基本特征。三个主要维度是社会经济、政治和文化认知，每个维度都有一系列要素。例如，社会经济不平等包括获得基本服务的不平等和经济资源的不平等，包括收入、资产、就业等；在政治层面上，这是一个在政府、上层机构、军队、警察和地方政府中的代表性问题。在文化方面，相关的不平等包括承认、使用和尊重语言、宗教和文化习俗方面的不平等。

[①] 同样，生成的数据集应清楚、彻底地记录所有假设；使数据、方案和结果公开，以便在适用时可复制；在使用微观数据、辅助数据和估算的数据源计算不平等指标时，应互相比较它们的方法和结果，并最终在惯例和最佳做法上达成一致。

横向不平等的测度提出了采用哪一类分类的问题。考虑到群体规模的不同，可能需要根据每个群体的规模对任一总量进行加权。

对于不平等与社会整体结构之间的关系（例如，族群之间或男女之间的经济不平等），一个不平等的衡量标准价值是有限的，因为对不平等的关注植根于对公平正义和整个社会健康的关注。

此外，当家庭内部不平等被忽略时，整体不平等将被低估。测度家庭内部不平等是实现更准确测度社会不平等总体水平和减贫对经济增长反应能力的第一步。它也可以是跨性别和跨年龄组不平等调查的重要组成部分，二者都是横向不平等的一个方面。但是，正如我们所看到的，就测度不平等的主要价值指标（money-metric measures）而言，大多数家庭调查只收集家庭层面的信息，因此，官方统计数据普遍存在对不平等的低估。

所有的官方家庭调查不太可能转向收集个人层面的信息，但还有其他选择。结构计量经济学的方法可以用来估计家庭内部的不平等参数，通过在家庭层面上模拟分布。对某些调查中个别层面的其他指标进行系统调查，可以通过分析得出一种认知结果，即在没有个人信息的情况下，对整体不平等的低估；也可以进行小型专门调查。

传统调查的详细程度通常不足以探究某些类型的不平等。一个很好的例子是家庭内部的财富不平等。例如，当在家庭调查中收集有关资产所有权的数据时，往往是在家庭层面而不是个人层面，这限制了性别分析；一些资产可能共同拥有，在某些情况下，可能是不明确的，也取决于每个国家的具体法律规定。方法局限性是测度个人财富水平进展缓慢的原因之一，例如是否可以从受访者那里获得可靠的资产估值数据。其他问题包括在资产调查中应该调查的对象、如何定义所有权、如何衡量资产价值以及是否需要将所有资产包括在财富估计中。

在这方面，可以在家庭调查中增加若干问题，例如，了解相关的婚姻制度，收集家庭中拥有不动产的数据。

四、测度机会不平等

当人们觉得自己有机会改善自己的处境时，收入和财富的不平等更容易被个人接受，社会也更可持续。机会的不平等，就是个人在非自愿情况下继承或面临的不同环境（如性别或种族）会如何影响他们日后的经济结果。而机会不平等不仅会造成结果的不平等，还会削弱机会激励机制，从而降低经济的效率。尽管在不同的环境下观察个体之间的差异是不可能的，而这些差异是独立于个体的意志和努力而形成经济成果的。但在某些方面，是可以提供数据的，应该定期监测。但还需要更多的研究，例如，建立长面板数据，将父母和子女联系起来，并在调查中包括回忆性问题。

不平等的一个关键维度是机会不平等。尽管 SSF 报告强调了测度收入和财富不平等的困难，但机会不平等测度带来的困难要大得多。

第五章考察了个人（如性别或种族、父母的收入或教育）非自愿继承或面临的环境如何影响经济机会、机会和结果。机会不平等通常被视为收入不平等的真正不公平部分，与个人自由决策导致的收入不平等不同。除了公平这一基本问题外，机会不平等之所以重要，是因为它是收入不平等的关键决定因素，而且还因为它可能通过削弱激励措施降低一个经济体的总效率或平均结果。如果人们在生活中因为无法控制的环境而开始糟糕的生活，或者由于特殊的个人特质而在经济体中受到歧视，他们在努力工作时可能看不到意义，因为他们无论如何努力都会被甩在后面。同样地，那些受青睐的人也没有那么多的动机，因为他们知道自己更有可能成功。此外，机会的不平等意味着许多人将无法发挥他们的潜力。

测度机会不平等在实践上和概念上都具有挑战性。在任何情况下都不可能观察到个人之间的差异，这些差异可能会独立于个人意愿而影响他们的经济结果。此外，不受个人控制的事物，即环境，与通常被称为"努力"的事物之间的区别，往往是非常模糊的。不过，我们可以测度机会不平等的一些可观测维度，最重要的是，测度这些维度对结果不平等的影响。家庭调查或行政来源提供了具体结果、某些环境和可能的某些努力类型的数据。也可以直接测度机会不平等的某些维度，而不受其对经济结果的影响，例如，认知技能或健康状况。在特定维度上机会不平等最明显的例子是收入的代际流动，即父母收入与子女收入之间的关系。

如果最近在测度机会不平等的某些方面和进行国际比较方面取得了进展，随着时间的变化，在国家一级对其进行监测仍然很少，而且往往不精确。对于近几十年来代际流动是否增加、保持不变或减少，几乎没有一致的估计。许多国家在监测平均教育成就方面取得了进展，特别是在经合组织国际学生评估项目（Program for International Student Assessment，PISA）的倡议下，尽管其没有系统地报告或讨论其离散变化。此外，如果大多数发达经济体经常报告性别间的平均收入差距，那么根据男女受教育程度的变化调整后的收入差距就不一定如此了（结果表明，近年来观察到的性别工资差距的缩小主要体现在女性所受的教育水平越来越高，而不是同等教育水平的男女工资差距缩小）。或者是族群之间的差距，或者土著人和第一代及第二代移民之间的差距。但是，在大多数国家，定期评估这些指标和其他指标的数据，要么是免费提供的，要么通常以很低的成本提供。

以系统的方式改善状况和监测机会不平等的可观测维度所需的数据包括家庭背景、财富和学生技能的数据。应优先关注三项基本统计数据，并应随着时间的变化尽可能协调各国的统计数据：

（1）由父母环境引起的经济成果（工资、收入）不平等及在总结果不平等中所占的份额；

（2）PISA 成绩的方差分析和早期类似调查，包括学前教育、父母/社会环境解释的差异份额或不同家庭学生之间的分数差距；

（3）收入中的性别不平等，原始的和经调整的教育、年龄/工作经验、职业等方面的差异。

五、分配国民账户

世界财富与收入数据库项目使用与国民核算账户（System of National Accounts，SNA）一致的概念，提供收入和财富分配的年度估计数，从而解决无法通过其他数据集回答的政策问题。这些数据突显了各国不平等程度不断加剧的巨大差异，表明国家特定的政策和制度具有相当重要的意义。新兴国家的高增长率降低了国家间的不平等，但不能减缓国家内部的不平等水平，也不能保证全球化的社会可持续性。获取越来越多更好的数据（行政记录、调查、国民账户）对于监测全球不平等以及更好地了解增长带来的好处是至关重要的。

第六章讨论了 SNA 的局限性，研究住户部门内部的差异。

SNA 的重点一直放在经济中的主要部门上，只是将住户部门作为整体结果加以区分。部分原因是，国民账户中的收入水平和增长率与微观统计和基本分布数据中显示的收入水平和增长率之间的差异，在收入、消费、财富等各个方面都在扩大。一段时间以来，学者们（Anand et al.，2010）已经意识到这些差异，提出了解释其背后原因的思路。但是，将国民账户和微观经济数据纳入一致框架的系统协调行动仅在 2011 年才开始。经合组织和欧盟统计局成立了一个联合专家组，根据微观数据，开始在国民账户框架内编制家庭收入、消费和储蓄分布指标的可行性研究。

世界不平等数据库项目提出了一种新的方法来测度与宏观总量一致的经济不平等，旨在通过分配国民账户（Distributional National Accounts，

DINA）系统地重建微观来源的分布数据与国民账户总量之间的桥梁。在某些情况下，这可能需要修改主要国民经济核算概念和估计的核心方面。与早期版本的方法一样，分配国民账户收入序列中使用的两个主要数据源是所得税数据和国民账户。这两个核心数据源现在以更加系统和一致的方式使用，具有完全统一的定义和方法，家庭收入和财富调查、继承、遗产和财富税数据等其他数据源，以及由新闻界发布的"富豪榜"所提供的富人财富的衡量标准。

分配国民账户旨在利用符合国民经济核算的概念，提供收入和财富分配的年度估计数。这样，就可以在一个连贯的框架内对 GDP 增长和经济不平等进行分析。分配国民账户的长期目标是每年为许多国家发布收入和财富综合微观文件。这些数据可在公众讨论中发挥关键作用，并可以作为民间社会和学术界、商业界和政治界进一步分析的资源。

美国、中国和法国（广义上代表西欧）的比较说明了利用分配国民账户分析收入群体中经济增长的分布。1978～2015 年，三个国家的人均国民收入增加：中国为 811%，美国为 59%，法国为 39%。[①] 在中国，高收入群体的增长率非常高，底层 50% 人口的平均收入也显著增长了约 400%。相比之下，美国底层 50% 的成年人经历了小幅下降。在法国顶层收入增长超过了平均水平，而收入底层 50% 人口的增长率与平均增长率（39%）相同。

关于财富分配的统计数据很不完善，各国规模和趋势都有很大差异，表明国家的具体政策和制度具有相当大的影响。新兴国家的 GDP 高增长率减少了国家间的不平等，但这本身并不能保证国家间不平等水平的可接受性，也不能确保全球化的社会可持续性。获取更多更好的数据（行政记录、调查、更详细和更明确的国民经济核算）对监测全球不平等动态至关重要，因为这是一个关键的组成部分，既要正确理解当前情况，也要了解未来的主导力量，还要设计潜在的政策对策。

六、测度主观福利

SSF 报告认为，传统的衡量标准需要补充主观福利的指标，即测度人们如何看待自己的福利和体验自己的生活。心理学的进步导致了可复制的指标的发展，这些指标与经济表现和社会进步的其他方面有系统的联系，

---

① 分配国民账户数据是根据税收记录编制的，由于这些记录并没有合并属于同一家庭的个人的信息，因此本章中提到的国民收入数据是以"成人"为基础表示的（原始）。

而且这些指标本身至少可以部分地用其他客观指标来解释。第七章讨论了主观福利作为社会和构成它的个体"运行良好"指标的潜力。越来越多的人认为，更广泛的社会进步测度应考虑到人们对自己生活的感受和体验，以及有关他们客观条件的信息。在社会层面上，主观福利指标可以反映人们生活中更广泛的问题，获得普遍的看法，并以更传统的方式预测行为。为响应经济表现和社会进步测度委员会的建议，需要深化在这一领域采取的测度举措，对许多仍然有讨论余地的研究问题作出回应。

自 SSF 报告发布以来，包括面板数据在内的主观福利调查数据的可用性迅速增加。一些国家的国家统计局在调查中越来越多地包括主观福利问题，大多数经合组织国家的国家统计局现在至少收集了一些主观福利数据。通过收集和传播大型、高质量数据集中的长时间序列，将有助于持续的方法论进展，收集这些数据也将有助于产生与政策相关的见解。

自 SSF 报告发布以来，在许多方法和解释性问题上取得了进展，这些问题引起了人们对使用主观福利指标的关注。尽管深入研究这些问题对于主观福利的测度很重要，与其他指标（如收入、消费或财富不平等）相比，避免为主观福利设定一个独特的高标准同样重要，这些指标也很难计算，类似地来源于对调查方法同样敏感的自陈量表。在其他方面也取得了一些进展，例如更广泛地实施时间利用调查，以收集与日常活动有关的主观福利的详细信息。

例如，主观福利也可以评估危机影响。其他创新的早期工作正在尝试将主观福利纳入标准成本效益分析中。现在有若干统一的国际数据集，可比较随时间变化的主观福利水平。

一个具有巨大发展潜力的领域是研究不同类型的主观福利。现有的研究一般集中在生活评价（个人对自己生活的满意度）上，而较少集中在情绪（幸福或沮丧）和幸福感（人生的意义和目的）上。尽管这些类型的主观福利是相关的，但它们并不相同，每一类型都会产生不同的见解，有助于政策和研究。

更好地理解主观福利与人的客观环境之间因果关系的方向（例如，更好的健康能提高幸福感，还是幸福感有助于人们更健康的行为?），是更全面地理解主观福利需要进一步探索的问题之一。基于目前已有的许多主观福利研究，很难得出强有力的因果关系结论，这主要依赖于观察和自述的数据。个体之间的异质性也需要解决：正如关注简单的平均收入无法给出完整的描述一样，关注主观福利的平均水平也是如此。例如，收入的生命周期模式是很重要的，同样适用于主观福利。人们希望了解主观福利的不平等，影响不平等的因素，以及这些因素与收入不平等的关系。

尽管关于主观福利的数据收集已大大扩展，仍有两个重要领域是空白的。

（1）将有关主观福利的高质量数据收集扩大到欠发达国家，例如，在家庭调查中增加生活满意度和体验福利模块。

（2）为了提高我们对体验型福利的理解，在官方时间利用调查中应包括主观福利指标。

七、测度经济安全

人们的经济安全既有观测到的（客观）维度，也有感知到的（主观）维度。在第八章中提醒我们，即使在金融危机之前，先进民主国家的人们及领导人已经意识到经济安全感正在下降。各种观测到的结果表明了可能要发生的问题的大小。例如，虽然经合组织将发达国家约12%的人归为收入贫困，但金融资产不足以维持3个月以上（贫困水平）生活水平的人的比例通常是前者的3倍。同样地，在任何特定年份，大约12%的成年人通常都会遭受25%或更大的收入损失。

在发展中国家，随着人们开始从事有酬劳动，医疗卫生费用增加，家庭承担风险的传统作用也在下降，各国政府也在应对经济不安全问题。在发达国家和发展中国家，公众讨论的焦点是经济和社会的变化特征，政府、市场和家庭在应对相关经济风险方面的相对作用。

经济安全的定义和测度仍然存在很大的困难，这在一定程度上是由于所提出的定义和指标的多样性；甚至经济安全与其他形式安全之间的界限的模糊。这也是因为高质量数据相对缺乏，特别是许多国家具有可比性的面板数据的缺乏。尽管存在诸多困难，但仍有可能确定一个在许多现有文献中隐含或明确的经济安全的共同定义：个人（或家庭）对经济损失的脆弱程度。在这个定义中，有三个要素是固有的：一些不利事件发生的可能性；一些实际发生的负面经济后果；以及一些可能抵消或防止这些损失的保护措施（从正式保险到非正式的风险分担，到通过储蓄的自我保险等）。

在这个定义中，讨论经济安全性时有两个区别是很重要的。

（1）观测到的安全性和感知到的安全性之间。观测到的安全性描述了使用经济数据来确定个人或家庭是否不安全的结果（例如，因为他们面临收入或消费大幅减少的风险）。感知到的安全性描述了基于个人对其经济状况的主观反应的自陈的结果（无论是通过调查、实验还是其他启示性方法）。

（2）基于（加权）多重指标的计分板或经济安全指数与合成指标之间，合成指标试图在一个统计数据中获取个人或家庭安全。主要的合成指标以某种形式看待收入波动，特别是从一个时期到下一个时期收入的大幅下降。就许多目的而言，合成指标优于加权指标，后者透明度较低，对分析人员的组成部分和权重的选择更为敏感。

自 SSF 报告发布以来，关于如何将经济安全与贫困区别开来（但与贫困有关），如何理解心理学的作用、收入损失的自愿或非自愿性质，以及减少这些损失的缓冲区的作用等问题的思考有了很大进展。

选择最佳测度类型并了解其特性需要大量的额外工作。可靠的跨国可比数据的可用性一直是经济安全指标发展的主要制约因素。现有统计数据有三个局限性：

（1）缺少跨国可比的长面板数据；

（2）缺少监测个人的行政数据；

（3）缺少关于感知性的安全的常规问题（在随机抽样调查中），更不用说面板数据。

尽管如此，在广泛和日益复杂的关于波动性文献的推动下，这些数据已经得到了迅速的改善。除了提供重要的概念和方法指导外，关于波动性文献还提供了许多关于公民经济安全性演变的宝贵思路。例如，越来越明确的是，美国的波动性尤其高。此外，波动性较大表明，由于一个人的境况往往随时间而变化，因此，比起一项调查在某个时间点上的结果，更多的人求助于社会福利来缓解生活中某个时间点的冲击。这在危机期间尤其如此，危机不仅直接降低了许多国家的经济安全，而且还造成政策改变的压力，进一步降低了政府的风险保护作用。

八、测度可持续性

可持续发展目标框架认识到，必须全面考虑经济表现和社会进步，考虑政策和投资决策不可避免的权衡取舍、溢出效应和可能产生的意外后果。第九章认为复杂系统理论为资本方法提供了强有力的补充，以整合可持续性所涉及的不同类型资本的分析，以及处理决定可持续性的许多相互作用。系统方法还可以更充分地获取生产和消费路径的可持续性、安全性和弹性（sustainable，safe and resilient）。

资本方法（capital approach）意味着一个可持续的社会应该为下一代维持资本的完整性。它不会消耗超过它所能生产的，因此传递给未来的资本水平比它所继承的要高。可持续性需要从广义的角度看待资本，包括经济资本、自然资本、人力资本和社会资本。因此，测度资本变化需要采用资产负债表来记录每个组成部分的变化。在这种框架中，提取自然资源不仅是一种收益（由于出口资源的收入），而且是一种损失（因为自然资源已经耗竭）。

尽管在实践中很难构建这样一个测度框架，自 SSF 报告发布以来，在推进我们对资本方法不同要素的理解方面已经取得了实质性进展。例如，2012 年正式通过的环境 - 经济核算核心框架体系（联合国等，2014）扩大了标准化的国家核算惯例（包括更广泛的环境资产，如鱼类资源）。

《G20 数据缺口倡议》[①]（G-20 Data Gaps Initiative）正致力于全面测度经济可持续性，《人力资本测度指南》（UNECE，2017）对人力资本的测度方法进行了系统的概述。

与此同时，许多问题仍然悬而未决，例如，如何解释自然资源枯竭、环境退化和生物多样性丧失等问题，目前还没有解决。关于完善和扩大人力资本和社会资本测度的最佳途径也存在争议。

测度有助于人类社会的系统（相互作用的过程）的可持续性，特别是我们的生态系统，还需要考虑跨境、不确定性、不稳定性、临界点和其他与复杂性相关的问题。例如，我们的生态系统明显地与我们的经济系统相互作用，跨越国际边界，并且很可能容易受到我们还不太了解的临界点的影响。事实上，经济分析的一个常见缺陷是它没有考虑到我们经济体系运行的环境安全界限。虽然我们在全球"系统"的环境方面取得了一些进展，尤其是在温室气体排放方面（通过世界投入产出表），但是，不确定性、不稳定性和临界点的量化主要局限于学术研究层面，尚未转化为统计实践或标准经济分析。

风险和弹性是复杂系统的其他重要方面。金融领域以外的金融危机的影响加剧了人们对测度不同部门之间的相互作用以量化可持续性和系统风险的兴趣，并提出了有关准确测度金融部门增加值的问题。《G20 数据缺

---

① 2009 年 1 月，IMF 和 FSB 联合提交了《金融危机与信息缺口》报告，针对危机所暴露的信息缺口问题提出二十条应对建议，正式推出所谓的数据缺口倡议。该倡议旨在落实这些建议，初步计划实施五年以弥补危机所暴露的关键数据缺口，改进对经济和金融体系的脆弱性监测和风险预警评估，最终目标是建立一个适合于全面监测国际金融和非金融流量和头寸的全球信息系统（IMF & FSB，2009）。

口倡议》正致力于全面测度经济风险，是这项分析的重要组成部分。在系统方法中将不同的部门结合在一起是一种新思路，需要大量的工作才能使其可操作，需要跨学科的投入。

九、测度信任与社会资本

社会资本的一个主要组成部分是信任，第十章根据经合组织的信任定义讨论的问题是："一个人认为另一个人或机构将按照他们对积极行为的期望行事的信念"。信任（人际信任和制度信任）是经济增长、社会凝聚力和主观福利的主要决定因素。在国家一级，较高的人际信任水平与较高的人均 GDP 和较低的收入不平等（按基尼系数计算）有关。与他人建立合作的社会关系影响人们的健康和幸福，而不仅仅是从合作中获得的货币收入。制度信任是一个弹性社会的关键要素，对实施有效政策至关重要，因为公共项目、法规和改革取决于公民的合作和遵守。因此，信任是政策改革和任何政治制度合法性及可持续性的重要组成部分。

大多数关于信任与合作作用的研究都是基于调查问题的答案。测度数据提供主观信息，在使用和解释时需要谨慎。问题包括受访者如何解释他们被问到的问题，以及在他们的解释中，群体之间是否存在系统性差异，这些差异可能被误读为潜在信任水平的差异。调查通常无法解开人际信任所涉及的各种社会偏好，如利他主义、互惠、社会期望和声誉。在某些情况下，没有足够的数据覆盖率来全面分析不同的人或国家或时间的差异。

信任的实验性指标是提高我们对这些问题把握的一个很有希望的方法，尤其是与调查一起实施时。实验测量要求参与者在不确定的情况下做出决定，他们的信任程度会影响他们的决定，提供一个比回答调查问题更可靠的信任指标。自 SSF 报告发布以来，在实验测度方面取得了重大进展，包括并开发了在线平台，使得以低成本收集代表性样本数据成为可能。然而，如果我们要依靠实验方法来对现实世界做出推论，就必须更深入地研究基于实验室的实验测量与现场结果之间的关系。此外，相同的实验一般不会在不同的国家重复，因此很难理解信任的基本机制是否存在跨国差异。

一种解决方案是将调查与实验相结合。对具有代表性的样本进行的实验也可以揭示社会观念的性质以及在大量的人口数中个人之间的双边合作的程度。

广义信任和制度信任在高收入群体和受过高等教育的群体中都较高，

在失业者和至少有一个受抚养子女的单人家庭中都较低。虽然这些模式在大多数经合组织国家都适用，但在各国具体情况下研究信任的决定因素是很重要的，以便阐明决策者如何能够开发出如此重要的社会资本类型。如果信任在解释经济和社会结果方面起着关键作用，确定信息技术发展所需的制度和公共政策已成为当务之急。

第二章　可持续发展目标的议程

SSF 报告提出了关于 GDP 作为测度经济表现和社会进步的基本问题，联合国系统实施的可持续发展目标（SDGs）进程提出了一系列"超越GDP"的目标和指标，这些目标和指标普遍适用于发展中国家和发达国家。本章回顾了可持续发展目标进程与总趋势的关系，从更广泛的角度测度经济表现和社会进步。提出了三个重要的问题：第一，一方面拓宽评价和监测经济表现和社会进步指标之间不可避免的持久性矛盾，另一方面必须有相对较少的指标作为"仪表盘中的主要指标"，以便促进国家讨论和决策。解释可持续发展目标从 8 项千年发展目标扩大到 17 项可持续发展目标和 169 项具体目标的原因。这个清单作为一个选择和减小指标数量的平台是有用的，但我们必须在国家一级作出选择。第二，必须赋予国家统计局治理独立性和财政资源，以便为国家一级基于数据的经济表现和社会进步对话提供框架。第三，测度经济表现和社会进步的某些方面是全球性的，超出了任何一个国家的国家统计局的权限。为了开展这些活动，并将其作为向国家统计局提供支持的渠道，国际社会需要为这种全球公共产品投入资源。

第一节　可持续发展目标的基本问题

一、GDP 作为测度经济表现和社会进步指标的基本问题

SSF 报告提出了关于 GDP 作为测度经济表现和社会进步指标的基本问题，这些基本问题忽略了：

（1）非市场交易和社会交易；

（2）物质资本、自然资本和人力资本的存量和流量；

（3）广泛的分配问题。

SSF 报告还强调，即使作为衡量市场生产的指标，GDP 也有许多局限性。经合组织主办的经济表现和社会进步测度高级专家组一直致力于进一步制定 SSF 报告的建议。本章特别侧重于发展中国家的 GDP 及其替代方案的适用性。与此同时，联合国系统已经实施了可持续发展目标进程，并提出了若干目标和指标，作为 2015 年后千年发展目标的接替者。越来越明确的是，国际社会对经济表现和社会进步的看法，不仅仅是对 GDP 的增长。所有这些都与发展中国家正在进行的进程有关，并为其提供信息，以制定强有力的人类、社会和经济发展指标。

二、结构安排

本章回顾了可持续发展目标进程与总趋势的关系，从更广泛的角度测度经济表现和社会进步。第二节简要介绍千年发展目标及其向可持续发展目标的转变；第三节考虑了千年发展目标和可持续发展目标中所发现的全球目标类型的基本原理，以及它们制定规范的可能性；第四节将这一全球性规范制定转化为国家背景并采取行动，尤其涉及"仪表盘与单一指标"问题、仪表盘的指标应该有多少的问题；第五节全球层面的可持续发展目标测度；第六节讨论了可持续发展目标：如何测度贫穷国家的进展；第七节对中国可持续发展目标进展的综述；最后为本章小结。

第二节　千年发展目标和可持续发展目标：简要回顾

一、经济表现和社会进步测度指标的回顾

从广义上看福利的推动（尤其对经济表现和社会进步的测度）至少可以追溯到 20 世纪 70 年代的基本需求指标和生活质量指数。基本需求指标和生活质量指数都反映了人们对 GDP 作为测度福利指标的不满。基本需求比收入更重要，包括获得食品、水、住房、衣服、卫生设施、教育和医疗。理查德·乔利（Jolly，1976）谈到了"基本需求的确立"。1980 年，大卫·莫里斯（Morris，1980）通过对识字率、婴儿死亡率和预期寿命的简单平均，提出了生活质量指数（Physical Quality of Life Index，PQLI）。20 世纪 80 年代，阿马蒂亚·森（Sen，1985）发展了他的能力理论（将

社会评价的基础从收入扩展到了"功能和能力"），定义为人类可以做什么、健康状况如何、在安全条件下从事有偿工作等方面。

世界银行把人均国民收入作为发展的衡量标准，但在 20 世纪 80 年代，这种情况开始改变。《1990 年世界发展报告：贫困问题·社会发展指标》（World Bank，1990）中引入了著名的"1 天 1 美元"贫困线，以及标志性的贫困线"全球 10 亿人每天生活在 1 美元以下"。但是，在 1990 年联合国开发署的第一份人类发展报告（UNDP，1990）中，人类发展指数（Human Development Index，HDI）的发布大大推动了向更广泛的视角迈进。该指数是人均收入的简单平均值，也是衡量识字和长寿的标准。尽管人类发展指数在发布时因各种技术原因受到批评（Kanbur，1990），但事实证明，人类发展指数在以下方面非常有用：第一，将人们的注意力转移到收入以外的其他发展成果上，如医疗卫生和教育；第二，在国家之间建立人类发展指数排序。

多年来，考虑到这些批评意见，特别是考虑到对不平等的关切，研究人员对人类发展指数进行了修订和改进。但核心指数在发布时仍引起了人们的极大关注，并导致国内外媒体对不同国家的排序进行比较，从而使民间社会可以此为工具，在医疗卫生、教育等领域向政府施压。

二、千年发展目标的提出

在整个 20 世纪 80 年代和 90 年代，联合国举办了一系列会议，强调性别、儿童、环境、食品等，继续朝着多维评估方向发展。这一举措与人类发展指数的规范制定的可能性相结合，最终实现了千年发展目标，这源于 2000 年 9 月在千年首脑会议上由 150 多位世界领导人宣布的《千年宣言》（*Millennium Declaration*）。千年发展目标制定了截至 2015 年需要完成的 8 个目标（见专栏 2.1），以及每个目标下的具体目标。

专栏 2.1

千年发展目标

目标 1：消灭极端贫穷和饥饿
目标 2：实现普及初等教育

目标 3：促进两性平等并赋予妇女权利

目标 4：降低儿童死亡率

目标 5：改善产妇保健

目标 6：与艾滋病毒/艾滋病、疟疾和其他疾病作斗争

目标 7：确保环境的可持续能力

目标 8：建立促进发展的全球伙伴关系

2015 年是千年发展目标收官之年，时任联合国秘书长潘基文宣布千年发展目标取得了成功：

千年发展目标帮助超过 10 亿人摆脱赤贫，战胜饥饿，使比以往更多的女孩可以上学，并保护了我们的地球。它们建立了新型的创新性伙伴关系，激发了公众舆论，也展示出设定宏伟目标的巨大价值。千年发展目标将人民及其直接需求放在首位，从而重塑了发达国家和发展中国家的决策（United Nations，2015a）。

无论因果关系的真实性如何，在考虑 2015 年后要做什么时，目标的范围必然会扩大，因为利益相关方将他们所考虑的关键因素排除在千年发展目标之外。

2015 年 9 月，联合国大会通过了题为《变革我们的世界：2030 年可持续发展议程》（*Transforming our World：The 2030 Agenda for Sustainable Development*）的第 70/1 号决议，其中指出：新议程建立在千年发展目标的基础上，力求完成它们没有实现的目标，特别是在实现最脆弱的目标方面……但是，我们今天宣布的框架远远超越了千年发展目标。除了保留消除贫困、保健、教育、粮食安全和营养等发展优先事项外，它还提出了广泛的经济、社会和环境目标。它还承诺建立更加和平、更加包容的社会……我们今天宣布了 17 个可持续发展目标（见专栏 2.2）。这些目标寻求巩固千年发展目标，完成千年发展目标尚未完成的事业。它们要让所有人享有人权，实现性别平等，增强所有妇女和女童的权能。这些目标既是普遍性的，也是具体的，涉及每一个国家，无论它是发达国家还是发展中国家。它们是整体的，不可分割的，并兼顾了可持续发展的三个方面：经济、社会和环境。世界各国领导人以前从未承诺过在如此广泛和普遍的政策议程上采取共同行动和作出努力（United Nations，2015b）。

专栏 2.2

可持续发展目标

目标 1：在全世界消除一切形式的贫困

目标 2：消除饥饿，实现粮食安全，改善营养状况和促进可持续农业

目标 3：确保健康的生活方式，促进各年龄段人群的福利

目标 4：确保包容和公平的优质教育，让全民终身享有学习机会

目标 5：实现性别平等，增强所有妇女和女童的权能

目标 6：为所有人提供水和环境卫生并对其进行可持续管理

目标 7：确保人人获得负担得起的、可靠和可持续的现代能源

目标 8：促进持久、包容和可持续的经济增长，促进充分的生产性就业和人人获得体面工作

目标 9：建造具备抵御灾害能力的基础设施，促进具有包容性的可持续工业化，推动创新

目标 10：减少国家内部和国家之间的不平等

目标 11：建设包容、安全、有抵御灾害能力和可持续的城市和人类住区

目标 12：采用可持续的消费和生产模式

目标 13：采取紧急行动应对气候变化及其影响

目标 14：保护和可持续利用海洋和海洋资源以促进可持续发展

目标 15：保护、恢复和促进可持续利用陆地生态系统，可持续地管理森林，防治荒漠化，制止和扭转土地退化，遏制生物多样性的丧失

目标 16：创建和平、包容的社会以促进可持续发展，让所有人都能诉诸司法，在各级建立有效、负责和包容的机构

目标 17：加强执行手段，重振可持续发展全球伙伴关系

三、可持续发展目标的提出

与专栏 2.1 列出的 8 个千年发展目标相比，可持续发展目标有一些不变的维度（如消除贫困），还有一些结合在一起的维度（例如儿童死亡率和孕产妇健康），但主要是被分开的维度（例如贫穷和饥饿被分开）以及

新增加的维度（即增加了一整套环境目标，以及不平等、和平、城市化、就业等目标）。

政治和压力使 8 个千年发展目标的范围扩大到 17 个可持续发展目标（及其相关的 169 个具体目标和 230 多个指标）。每位支持者都为自己认为重要的特定目标而争论，希望能在目标总清单上占有一席之地。例如，迈克尔·多伊尔和约瑟夫·斯蒂格利茨（Doyle and Stiglitz, 2014）认为减少不平等是一个明确的目标，并且如愿使其成为一项目标。气候变化是作为一个单独的目标提出的。例如，"养护和可持续利用海洋和海洋资源以促进可持续发展"的目标也是一个单独的目标。城市里的支持者实现了他们的目标，即"使城市和人类住区具有包容性、安全性、弹性和可持续性"。事实上，每个人都希望他们关注的焦点（如法治、不平等、城市问题等）被列入可持续发展目标清单，这至少证明了他们相信这些目标的力量。倡导者认为，将其包括在内会增加他们所关注领域取得进展的机会。但是，正如一些人所说，17 个可持续发展目标和 169 个具体目标是不是太多了？答案取决于使用这些目标的目的，即设定的"目标"。

四、可持续发展目标和具体目标的表述

正如《变革我们的世界：2030 年可持续发展议程》关于可持续发展目标和具体目标的表述：

（1）可持续发展目标和具体目标是一个整体，不可分割，是全球性和普适性的，兼顾各国的国情、能力和发展水平，并尊重各国的政策和优先事项。具体目标是人们渴望达到的全球性目标，由各国政府根据国际社会的总目标兼顾本国国情制定。各国政府还将决定如何把这些激励人心的全球目标列入本国的规划工作、政策和战略。必须认识到，可持续发展与目前在经济、社会和环境领域中开展的其他相关工作相互关联。

（2）我们在确定这些目标和具体目标时认识到，每个国家都面临实现可持续发展的具体挑战，我们特别指出最脆弱国家，尤其是非洲国家、最不发达国家、内陆发展中国家和小岛屿发展中国家面临的具体挑战，以及中等收入国家面临的具体挑战。我们还要特别关注陷入冲突的国家。

（3）我们认识到，仍无法获得某些具体目标的基线数据，我们呼吁进一步协助加强会员国的数据收集和能力建设工作，以便在缺少这类数据的国家制定国家和全球基线数据。我们承诺将填补数据收集的空白，以便在掌握更多信息的情况下衡量进展，特别是衡量那些没有明确数字指标的具

体目标的进展。

（4）我们正在编制各项指标，以协助开展这项工作。需要优质、易获取、及时和可靠的分类数据，帮助衡量进展情况，不让任何一个人掉队。这些数据对决策至关重要。应尽可能利用现有报告机制提供的数据和资料。我们同意加紧努力，加强发展中国家，特别是非洲国家、最不发达国家、内陆发展中国家、小岛屿发展中国家和中等收入国家的统计能力。我们承诺制定更广泛的衡量进展的方法，对 GDP 这一指标进行补充。

第三节　可持续发展目标设定的基本原理

一、可持续发展目标设定的问题

我们至少可以提出两个关于可持续发展目标的问题（实际上是关于千年发展目标）。

（1）在何种意义上说它们是发展进程的目标？

（2）目标设定是如何有助于发展进程的？

二、布吉尼翁提出的三个问题

可持续发展目标是发展的"目标"吗？我们可以将弗朗索瓦·布吉尼翁等（Bourguignon et al.，2010）对千年发展目标的疑问转化为对可持续发展目标的疑问：

（1）可持续发展目标（接近）是否达成了一致认可？

（2）可持续发展目标是否是最终的发展目标？它们是投入、结果还是产出（中间变量主要是因为它们与某些最终目标的关系）？[①]

（3）如何衡量可持续发展目标之间的相对性？

第一个问题可能最容易从正式意义和实质意义上回答。从正式意义上讲，可持续发展目标已由世界上几乎所有国家的政治领导人签署，并被纳入联合国大会的决议。在国际环境中，没有比这个协议更具全球性。从实

---

① 投入－产出－结果在文献中很常见。当然，任何将整体分为三类的方法都是有问题的，但是作为一种分析工具是有用的。以基础设施为例，将混凝土作为道路建设的投入、道路的里程数作为产出、节省了出行的时间作为结果。举一个教育方面的例子就是，将学校支出作为投入、入学的学生人数作为产出、衡量学习的考试分数作为结果。

质意义上讲，可持续发展目标作为一整套目标之所以可能达成共识，正是因为它们所涉及的范围很广，因此，17 个目标和 169 个具体目标中纳入了许多关于发展和福利的观点。但正是这种综合性导致了下一个问题，即它们到底代表了什么。

关于第二个问题，17 个可持续发展目标（无论是在其总说明中，还是对其具体目标的进一步说明中）是从投入到产出再到结果的因果链的融合。例如，目标 8（经济增长和体面工作）"促进持久、包容和可持续的经济增长，促进充分的生产性就业和人人获得体面工作"。这一目标及其相关目标融合了投入、产出和结果。继阿马蒂亚·森（Sen, 1985）的《商品与能力》（*Commodities and Capabilities*）出版以及 SSF 报告发布之后，GDP 被视为一种投入，一种达到目的的手段，而不是目的本身。但是，可持续发展目标 8.1 是"根据各国国情维持人均经济增长，特别是将最不发达国家 GDP 年增长率至少维持在 7%"。在将就业和薪酬平等作为目标时，可持续发展目标 8.5 更接近最终结果变量："到 2030 年，所有男女，包括青年和残疾人实现充分和生产性就业，有体面工作，并做到同工同酬"。

三、可持续发展目标 17 中的具体目标

在千年发展目标中，关于伙伴关系的目标 8 是建立促进发展的全球伙伴关系。而在可持续发展目标中，目标 17 是"加强执行手段，重振可持续发展全球伙伴关系"。

目标 17 的具体目标不少于 19 项，分为筹资、技术、能力建设、贸易和系统性问题。

（一）涉及筹资的具体目标

（1）通过向发展中国家提供国际支持等方式，以改善国内征税和提高财政收入的能力，加强筹集国内资源。

（2）发达国家全面履行官方发展援助承诺，包括许多发达国家向发展中国家提供占发达国家国民总收入 0.7% 的官方发展援助，以及向最不发达国家提供占比 0.15%~0.2% 援助的承诺；鼓励官方发展援助方设定目标，将占国民总收入至少 0.2% 的官方发展援助提供给最不发达国家。

（3）从多渠道筹集额外财政资源用于发展中国家。

（4）通过政策协调，酌情推动债务融资、债务减免和债务重组，以帮助发展中国家实现长期债务可持续性，处理重债穷国的外债问题以减轻其

债务压力。

（5）采用和实施对最不发达国家的投资促进制度。

（二）涉及技术的具体目标

（1）加强在科学、技术和创新领域的南北、南南、三方区域合作和国际合作，加强获取渠道，加强按相互商定的条件共享知识，包括加强现有机制间的协调，特别是在联合国层面加强协调，以及通过一个全球技术促进机制加强协调。

（2）以优惠条件，包括彼此商定的减让和特惠条件，促进发展中国家开发以及向其转让、传播和推广环境友好型的技术。

（3）促成最不发达国家的技术库和科学、技术和创新能力建设机制到2017年全面投入运行，加强促成科技特别是信息和通信技术的使用。

（三）涉及能力建设的具体目标

加强国际社会对在发展中国家开展高效的、有针对性的能力建设活动的支持力度，以支持各国落实各项可持续发展目标的国家计划，包括通过开展南北合作、南南合作和三方合作。

（四）涉及贸易的具体目标

（1）通过完成多哈发展回合谈判等方式，推动在世界贸易组织下建立一个普遍、以规则为基础、开放、非歧视和公正的多边贸易体系。

（2）大幅增加发展中国家的出口，尤其是到2020年使最不发达国家在全球出口中的比例翻番。

（3）按照世界贸易组织的各项决定，及时实现所有最不发达国家的产品永久免关税和免配额进入市场，包括确保对从最不发达国家进口产品的原产地优惠规则是简单、透明和有利于市场准入的。

（五）涉及系统性问题——政策和机制的一致性的具体目标

（1）加强全球宏观经济稳定，包括为此加强政策协调和政策一致性。

（2）加强可持续发展政策的一致性。

（3）尊重每个国家制定和执行消除贫困和可持续发展政策的政策空间和领导作用。

（六）涉及系统性问题——多个利益攸关方伙伴关系的一致性的具体目标

（1）加强全球可持续发展伙伴关系，以多个利益攸关方伙伴关系作为补充，调动和分享知识、专长、技术和财政资源，以支持所有国家，尤其是发展中国家实现可持续发展目标。

（2）借鉴伙伴关系的经验和筹资战略，鼓励和推动建立有效的公共、公私和民间社会伙伴关系。

（七）涉及系统性问题——数据、监测和问责的一致性的具体目标

（1）到 2020 年，加强向发展中国家，包括最不发达国家和小岛屿发展中国家提供的能力建设支持，大幅增加按照收入、性别、年龄、种族、民族、移徙情况、残疾情况、地理位置和与各国国情有关的其他特征分类的高质量、及时和可靠数据的获得。

（2）到 2030 年，借鉴现有各项倡议，制定衡量可持续发展进展的计量方法，作为对 GDP 的补充，协助发展中国家加强统计能力建设。

目标 17 如此复杂也证明了可持续发展进程是如何迎合关注其目标或指标的广大支持者（无论是减少不平等，还是初等教育、创造就业机会、水和卫生设施等目标），这些目标出现在可持续发展目标清单中就具有一定的合法性，无论是作为投入、产出还是结果。

关于布吉尼翁等（Bourguignon et al., 2010）提出的第三个问题。数量较多的可持续发展目标和具体目标沿着投入—产出—结果链分布，这样会产生很明显的评估和评价问题。假设我们在关注人类福利的真实结果变量上达成一致，我们如何解决不可避免的权衡取舍问题呢？在讨论千年发展目标时，布吉尼翁提出的问题是："在资源有限的世界中，一个千年发展目标取得进展往往不得不以牺牲或推迟另一个千年发展目标为代价。假设 A 国在千年发展目标的 x 上突飞猛进，但在千年发展目标的 y 上落后，而 B 国则相反。如何评估两国的千年发展目标表现？该如何选择权重——A 国、B 国或确定的权重？"

如果用可持续发展目标代替千年发展目标，也可以提出同样的问题。随着从 8 个千年发展目标扩大到 17 个可持续发展目标和相关具体目标，这个问题变得更加突出。也许在国家层面解决这个问题的最好办法就是，选择在特定国家背景下与本国最相关的可持续发展目标和具体目标，但这当然不能避免权衡问题。

四、目标设定是如何有助于发展进程的

本节开头提出的第二个主要问题是，目标设定是如何（如果有的话）有助于发展进程的？这个问题的答案可以在全球层面和国家层面给出（Bourguignon et al., 2010）。在国际层面，从技术角度来看，目标设定是有用的，可以量化实现选定目标所需的资源。因此，例如，杰弗里·萨克

斯（Sachs，2005）利用千年发展目标估计，为了实现这些目标，发展援助每年需要增加到约 2000 亿美元（2000 年初约为 650 亿美元）。每个领域详细的技术计算是得到这一总援助的基础，而具体的领域目标和指标再次发挥了指导和关注这些技术计算的作用。鉴于归属的困难，对这类主张进行定量评估并不容易。这些评估在性质上更倾向于定性评估，如约翰·麦卡锡（McCarthy，2013）所述：

> 千年发展目标最大的成功无疑与健康有关。千年发展目标激励了多边机构，如全球疫苗免疫联盟（The Global Alliance for Vaccines and Immunization，GAVI），① 该联盟旨在"通过关注表现、成果和结果"来实现千年发展目标。这些目标也刺激了私营部门援助的大幅增加。雷·钱伯斯（Ray Chambers）是一位受人尊敬的慈善家，也是纽约一家私人股本公司的联合创始人，他在 2005 年第一次了解到这些目标。此后，雷·钱伯斯与杰弗里·萨克斯（Jeffrey D. Sachs）等合作，协调了一个由政策、商业和非政府组织领导人组成的全球联盟，努力帮助发展中国家实现疟疾治疗和预防的目标。自 2000 年以来，疟疾相关死亡率下降了约 25%，其中大部分可能发生在 2005 年之后，一部分原因是得益于这项全球成就。许多制药公司也做出了巨大努力，以使其药品在贫穷国家得到更广泛地使用，并且新的举措正在不断形成。千年发展目标健康联盟成立于 2011 年，由世界各地的企业和非政府组织领导人组成，致力于实现千年发展目标的健康目标，包括消除母婴艾滋病毒传播。

毫无疑问，许多领域都可以宣称取得了这种成功，这也许有助于解释千年发展目标转化为可持续发展目标时，目标和具体指标大幅增加的原因。

可持续发展目标中目标和具体指标大幅增加的其他原因有：用于发展可持续发展目标的包容性进程；可持续发展目标扩大视野，纳入环境和人权议程。

或许，以恰当的方式探讨可持续发展目标就是要从更广泛的角度来看待它，将它看作一个为世界各地的民间社会奠定基础的平台，以便它们可以围绕可持续发展目标的众多问题之一组织活动。可持续发展目标还为国

---

① 全球疫苗免疫联盟是一个公私合作的全球卫生合作组织，成立于 1999 年，工作宗旨是与政府和非政府组织合作促进全球健康和免疫事业的发展；工作职责是提供技术和财政支持；推广的疫苗有乙型肝炎、流感、黄热病。参与成员包括发展中国家和捐助国政府、WHO、UNICEF、世界银行、工业化国家和发展中国家的疫苗产业界、比尔与美琳达·盖茨基金会、非政府组织和科研及卫生技术研究机构。

家民间社会组织提供了与本国政府对话的切入点。可持续发展目标在某种程度上得到了世界各国领导人的认可，这给各国民间社会组织活动提供了一个起点，如果他们愿意以这种方式使用它们，不过这样做会存在一个隐患，即太过侧重于讨论测度问题，而忽略了关于如何真正实现目标的讨论。这就强调了，最终必须在国家层面实施可持续发展目标，并转化为具体目标和指标，其是人类的共同愿景，也是世界各国领导人与各国人民之间达成的社会契约。它们既是一份造福人类和地球的行动清单，也是谋求取得成功的一幅蓝图。在这里，从 17 个可持续发展目标和 169 个具体目标到一个仪表盘都需要技术上的可操作性以及政治上的显著性，仪表盘可以捕捉关键的国家政治问题，便于监测和沟通。

第四节　可持续发展目标对国家政策的影响

一、问题提出

经过协商并平衡众多国际组织之间的利益之后，把各不相同的 17 个目标和多个指标混在一起形成可持续发展目标，这并不能为国家政策提供具体指导。

不过可持续发展目标可以根据需要提供有用的参考框架，但这一指导必须来自国家关切和国家进程。在"测度非洲福利和发展"（Measurement of Wellbeing and Development in Africa）高级别专家小组研讨会开幕词中，国家政策制定者、南非经济发展部部长埃布拉希姆·帕特尔（Patel, 2013）认识到 GDP 的重要性和问题的严重性后，提出了两个问题：

（1）我们能找到一个单一的合成指标来取代 GDP 吗？

（2）如果不能，仪表盘应该包括多少指标，应该包括哪些指标（除了 GDP 或者作为替代指标的家庭收入或消费指标）？

二、能用单一的合成指标来取代 GDP 吗?

正如 SSF 报告所说，GDP 被滥用了。洛伦佐·菲奥拉蒙蒂（Fioramonti, 2013）在经济表现和社会进步测度高级专家组研讨会的演讲中，从非洲的角度来看，提出了若干方向可以对 GDP 进行修改、补充，甚至替代。正如他所说，GDP 已经成为"一切事物的代表"（proxy for everything）。实际上，这可能是因为，GDP 的简单性以及它或多或少与福利的其他维度的相关性。尽管 GDP 存在局限性，但事实证明它是决策者的一个实用工具。尽管对 GDP 的批评很尖锐，但替代它的建议却并非如此——这也许反映在 17 个可持续发展目标和 169 个具体目标中。实际上，如此广泛的目标和数量众多的指标无法为实际决策提供依据。

那么，GDP 应该被合成指标取代吗？当然，有许多可能被认定为合适的指标。虽然可以提出许多可能的贫困指标，从绝对贫困到相对贫困，但我们可以先从收入领域考虑国家贫困的衡量标准。或者，我们仍然可以在收入领域，依靠经过收入不平等校正的人均国民收入指标（例如，可以将人均收入乘以 1 减去基尼系数作为我们的综合指数）；那么，如果在保持 GDP 不变的情况下，收入不平等上升，则"校正"后的 GDP 将下降。但即便如此，约瑟夫·斯蒂格利茨（Stiglitz, 2013）在测度经济表现和社会进步高级专家组研讨会上也指出，基尼系数作为测度不平等的一种方式可能过于简单，会掩盖收入分配中的重要变动信息（例如收入分配顶层的收入份额变化）。

但所有这一切都仍然停留在收入领域。联合国开发署的人类发展指数的各种版本——从人均收入、识字率和预期寿命的简单平均值开始——试图超越收入领域。如前所述，人类发展指数在国际领域取得了相当成功，在各国之间建立了比较，并向每个国家的民间社会提供了事实和信息，以促进各国政府之间的健康竞争，从而推动人类发展指数的组成部分的发展。当然，人类发展指数中的组成部分是国家平均值，没有考虑到平均值以外的分布情况。因此，在对三个维度的数据进行平均之前，可以开发出更复杂、分布敏感的分量值。"不平等调整后人类发展指数"（UNDP, 2016）可以给出明显不同的排名，并且在某些目的上，可以成为规范制定的焦点。然而，每一个子指数的复杂程度越高，整体指数的复杂程度也越高，该指数作为交流工具的能力就越可能丧失。

萨比娜·阿尔凯尔等（Alkire et al., 2015）开发的多维贫困指数（Multidimensional Poverty Index, MPI）是一个将关注贫困或社会剥夺的多个维度组成部分结合起来的指数，由阿尔凯尔在测度经济表现和社会进步高级专家组研讨会上提出。这里的问题是维度的选择，确定每个维度上可以识别贫困群体的界限，以及规范选择个人贫困的维度数量，才使这个人整体上算作贫困。将复杂的多维简化为单一指标引发了批评，可以更普遍地解释为，这些批评是对任一合成指标的批评，以及对指标仪表盘的支持：

认识到贫穷不仅仅是家庭对市场商品缺乏支配，并不意味着人们需要将多个维度分解为一个（单维）指标。认为任何一个指标都能涵盖所有情况中的所有重要东西的说法是不可信的……但当一个人面临权衡时，由于一项政策涉及了多个维度，那些与结果有利害关系的人，几乎可以肯定的是，他们会比校正贫困指标的分析人员更容易决定使用何种权重（Ravallion，2011）。

斯蒂格利茨在测度经济表现和社会进步高级专家组研讨会上的演讲中也认为，仪表盘优于合成指标。不同的指标用于不同的目的，在进行选择时，本国的具体情况是最重要的。

三、仪表盘的指标数量

这就引出了帕特尔（Patel，2013）的第二个问题：仪表板中指标应该包括多少，应该包括哪些指标？在目标和指标的数量上，答案当然是根据国家的具体情况来选择，但在数量上可能会有一些共识。大家普遍认为，可持续发展目标是一个很好的平台，但169个指标太多了，无法在国家对话中成为"仪表板的主要指标"，这也是测度经济表现和社会进步高级专家组研讨会上的所有与会者的观点。例如，"真实进步指数"（Genuine Progress Indicator）（Talberth et al.，2006）没有真正启用——是因为它有26个组成部分吗？墨西哥政府利用收入贫困和其他七个方面的贫困来监测国民福利。[①]《阿特金森全球贫困委员会报告》（Atkinson Commission on Global Poverty）（Atkinson，2016）也提出了指标数量有限的理由。总的来说，仪表盘上用于测度和监测福利和发展的主要指标的数量不应太多，可以考虑10个或7个左右，具体选择取决于各个国家的具体情况，不过还是有人会认为，10个或7个左右的指标数量可能也太多了。

当然，仪表盘上应该包括哪些指标也是根据国家的具体情况来选择。例如，对于南非来说，除了GDP以外，主要的福利指标必须包括就业方面的指标。正如威廉·巴阿·博阿滕（Boateng，2013）在测度经济表现和社会进步高级专家组研讨会上所说，在整个非洲，将失业率作为一个指

[①]　CONEVAL（2010），Methodology for Multidimensional Poverty Measurement in Mexico，www. 3ieimpact. org/media/filer_public/2014/02/19/methodology_poverty_measurement_mexico. pdf.

标存在诸多问题。[①] 失业指标如此不正规意味着国际劳工组织对失业的标准衡量没有抓住缺乏生产性工作的本质。在南非，有人主张将就业而非失业作为主要指标。[②] 在南非，收入不平等问题同样是政策辩论和国家意识中的前沿和中心问题。但是，测度不平等的标准是什么——基尼系数，还是顶层 X% 人口的收入份额？以及家庭物质条件的衡量标准是什么（例如人均或等价的家庭消费或家庭收入税后净额或总额）？获得基本服务也是南非的一个主要问题，但在这里，我们有可能面临教育（不同层次）、医疗卫生和住房等多个维度激增的隐患。也许对于这些社会维度，就像阿尔凯尔等（Alkire et al.，2015）所建议的那样，可以构造一个多维剥夺指数。但这些指标都没有涉及长期的环境退化问题。此外，在南非，按种族分类是政策对话的核心，按性别分类也是如此。

最终，选择仪表盘上应该包括的指标是一项国家政策决策，而不是简单的技术方法。但是，如果按照帕特尔的问题，对于一个像南非和其他非洲国家这样的国家，不得不优先考虑 5 个指标：（1）人均收入；（2）收入不平等和贫困；（3）就业；（4）基于获得基本公共服务的多维剥夺指数；（5）长期环境退化。

总的来说，这些指标需要按种族（通常是族裔）和性别以及年龄等其他类别进行分类；因此，由于这些按人口分组的分类，仪表盘上个别指标可能感觉不切实际。此外，这些关键指标背后还有一些次级指标，如工资、就业不足或多维剥夺指数中的个别贫困指标，或长期环境退化的各个指标。甚至在前 5 个主要指标的选择上也可能存在分歧。我们需要的是在国家层面上进行讨论，将可持续发展目标作为一个平台，建立一个满足国家需求和优先事项的仪表盘，以及每个国家生成所需数据的统计能力。[③]

---

① www. slideshare. net/StatsCommunications/hleg-thematic-workshop-on-measurement-of-wellbeing-and-development-in-africa-william-baahboateng-paper.

② 但这一观点似乎将正式工作置于非正式的生产性工作之上。问题在于，从现有数据来看，很难将真正的、能增加国民收入份额的非正规部门的生产性工作从那些通常需要获得大部分公共资源租金的工作区分开来。

③ 作为全球层面和国家层面指标设置之间的中间步骤，世界不同地区已经开展了各项举措。10 多年来，欧盟已经确定了一套 100 多个可持续发展指标，这些指标围绕 10 个主题展开。为期两年的监测报告（http：//ec. europa. eu/eurostat/web/sdi/indicators）由欧盟统计局（Eurostat）汇编发布。这些报告评估了长期（2000 年以来）和短期（过去 5 年）的进展情况。欧盟统计局目前正在考虑如何使其可持续发展监测活动适应可持续发展目标。2013 年，欧洲统计学家会议（the Conference of European Statisticians，CES）还商定了一套衡量可持续发展的建议。根据在欧洲区域取得的经验，联合国欧洲经济委员会、经合组织和欧盟统计局目前正在为可持续发展目标制定统计路线图，这将有助于构建联合国欧洲经济委员会区域的统计报告。

四、可持续发展指标在国家层面的作用

统计数据既具有影响力，也具有政治性。拉维·坎伯（Kanbur，2013）在经济表现和社会进步测度高级专家组研讨会的报告中讨论了统计数据在殖民统治、争取独立以及印度独立后的治理中所起的作用。[①] 在19世纪和20世纪初，英国政府管理印度事务的部门印度事务部（India Office）被要求向议会提交一份关于"印度的道德和物质进步及状况"（Moral and Material Progress and Condition of India）的年度报告。事实上，约翰·梅纳德·凯恩斯（John Maynard Keynes）大学毕业后的第一份工作就是在印度事务部工作，并且在1906~1907年还编辑了这份报告。

但是，殖民者用以说服自己相信文明使命的手段，却被那些争取独立而斗争的人反过来用在了他们身上。1936年，由印度未来的总理贾瓦哈拉尔·尼赫鲁（Jawaharlal Nehru）领导的印度国会国家规划委员会（National Planning Committee of the Indian National Congress）发表了一份报告，贾瓦哈拉尔·尼赫鲁在其《印度的发现》（*Discovery of India*）一书中提道："……缺少食物、衣服、住房和其他人类生存的基本要求。"需要独立来"确保人民有适当的生活水平，换句话说，就是摆脱人民的赤贫"。整整一代印度分析家一直在使用官方统计数据，并自己进行调查，实际上是为了支持印度独立的实证依据。

鉴于统计数据在印度独立斗争中的作用，尤其是人口福利统计数据所起的作用，印度在独立后特别关注消费和贫困分配数据以及获取公共服务的数据，这或许并不奇怪。印度国家抽样调查（National Sample Survey，NSS）是发展中国家开展时间最长的家庭调查，可追溯到20世纪50年代。每次发布数据时，都会围绕着关键的统计数据进行激烈地辩论和讨论，因为这些统计数据可以评估未来的政策成果和方向（Angus and Kozel，2005）。

可持续发展目标进程以及在这一进程中对可持续发展目标、具体目标和指标的重视，凸显了发展中国家，特别是非洲国家统计数据的产生和使用情况。这包括研究人员和普通大众对数据的可访问性和可用性。南非统计学家兼南非前统计局局长帕利·莱霍拉（Pali Lehohla）在测度经济表现和社会进步高级专家组研讨会的报告中强调，GDP为其要测度的对象提供

---

① www. slideshare. net/StatsCommunications/hleg-thematic-workshop-on-measuring-inequalitiesof-income-and-wealth-ravi-kanbur.

了一个很好的框架，但它被滥用了。例如，原则上，社会核算矩阵（Social Accounting Matrix，SAM）框架可用于丰富基于 GDP 的分配讨论。南非储备银行（South African Reserve Bank）现任副行长、南非统计局前国家账户负责人拉沙德·卡西姆（Cassim，2013）也表达了类似的观点：

　　……正确衡量 GDP 及其构成部分并非小事，像南非这样的中等收入国家在制定一系列正确的常规经济指标方面面临着许多挑战，更不用说发展中国家……紧张关系不仅存在于社会和经济数据之间，还存在于高频经济数据和结构性长期经济数据之间。换言之，我们是否应该加快统计基层基础建设的步伐，尽可能准确地跟踪商业周期，还是为了其他目的而牺牲这一点——比如在估计非正规部门的增值时投入更多的资源，进行区域抽样以更好地了解小型企业？[1]

　　卡西姆详细阐述了国家统计局在实践中面临的一些权衡取舍问题，包括那些涉及数据质量的问题，即使是在相对标准的国民核算领域，更不用说按照可持续发展目标进程的要求扩大其权限，以便跟踪和监测大量指标。

　　坦桑尼亚国家统计局（National Bureau of Statistics）的丹尼尔·马索瓦（Daniel Masolwa）进一步强调了对这些问题的担忧，并强调了开展定期企业和家庭调查的成本，以及针对非正规交易（如未记录的跨境贸易）进行专门调查的成本。[2] 联合国非洲经济委员会数据技术科主任朱古德齐·埃齐巴利克（Chukwudozie Ezigbalike）估计，2005 年对 3000 户家庭进行调查的成本超过了 50 万美元。[3] 但是，他也认为使用新技术，以及改进和扩大行政数据，可能会引发一场非洲数据革命，从而可以快速、低成本地收集农业和其他数据。

　　对于许多低收入国家来说，这些融资需求已使其统计部门落入了捐助者的手中，这些捐助者有自己的优先事项，而且经常会改变优先事项。在一些低收入国家，其整个统计体系是按照捐助者希望收集的统计数据来收集的。例如，如果鼓励政府收集按性别分类的福利数据，这也许不是件坏事。但是，一般来说，民主国家的统计数据应该由政府必须收集的数据来

---

　　[1]　www. slideshare. net/StatsCommunications/hleg-thematic-workshop-on-measurement-of-wellbeing-and-development-in-africa-rashad-cassim.

　　[2]　www. slideshare. net/StatsCommunications/hleg-thematic-workshop-on-measurement-of-wellbeing-and-development-in-africa-daniel-masolwa.

　　[3]　www. slideshare. net/StatsCommunications/hleg-thematic-workshop-on-measurement-of-wellbeing-and-development-in-africa-chukwudozie-ezigbalike.

推动进行，以满足人们的监测和规划需求。

埃齐巴利克所强调的数据革命和新技术的使用，不仅仅是一种以更低成本的方式收集相关数据的技术解决方案。它还突出了民间社会和普通大众在统计话语中可以发挥的作用，使其超越技术专家的领域范畴。当然，一个关键的要求是统计系统独立于党派政治。但是，除了这一基本治理要求之外，我们又回到了国家层面仪表盘中应该包括多少个主要指标这一问题。可以说，一套过多和过于复杂的指标实际上会打击社会中有见地的讨论（包括民间社会的积极参与）。

特定领域之间可以而且总是会相互影响，为了评估和监测这些领域的进展和前景，资源会来回流动，以反映政治利益的起伏和流动。但是，如果可以商定数量相对较少的主要指标，例如前一节概述的 5 个指标，国家讨论就可以集中在这些指标上，并可以向国家统计局提供足够的资源，为此类讨论提供数据基础。国际社会需要作出的一项重要贡献就是，为数据收集提供额外资源以及为制定工具和方法提供帮助。[①]

第五节　全球层面的可持续发展目标测度

可持续发展目标是在全球层面制定的目标，但其主要意义在于国家层面，如前几节所述。一个国家的话语权固然是发展进程的核心，但是，可持续发展目标的关键要素也有独特的全球维度，为此，我们必须从超越国家的角度来看待问题。这就需要建立国际商定的统计标准，国际劳工组织、经合组织或欧盟统计局（欧洲层面）等全球和区域组织在这方面发挥着重要作用。[②] 考虑三个这样的例子：全球贫困、全球不平等和全球气候变化。

可持续发展目标 1.1 是第一个可持续发展目标的第一个量化目标："到 2030 年，在全球所有人口中消除极端贫困，极端贫困目前的衡量标准是每人每天生活费不足 1.25 美元。"这也是世界银行新的"双重目标"（twin goals）中的第一个目标。"消除"的通常定义是将其减少到 3%。但

---

① 关于工具，见经合组织（OECD，2017）的文献，了解经合组织国家发展和应用可持续发展目标测度工具的情况。

② 对国际商定的统计标准的需求也适用于主要由个别国家负责监测的目标的指标。对国家进行比较，尤其是结合国家信息以获得全球情况，需要可比较的数据。

请注意，这是一个全球目标，换句话说，这是一个衡量全球贫困程度的目标。这马上就提出了如何衡量全球贫困的问题。迪安·乔利夫（Dean Joliffe）在测度经济表现和社会进步高级专家组研讨会上阐述了世界银行当前的思路以及由此引发的困境。[①] 安东尼·阿特金森全球贫困测度委员会（2016）报告更详细地讨论了这一问题。

一、全球贫困测度问题

贫困的货币测度指标在全球贫困测度中产生了两个问题。

（1）如何将世界各地的名义收入和消费变成可比较的实际收入的测度指标？通过使用官方汇率（比如美元）将当地货币价值转换为全球通用货币，这就提出了疑问，即这些汇率是否能衡量不同国家之间的实际生活成本差异。一般来说，答案是否定的，因为市场汇率只反映交易的商品，也可能反映资金流量和政府对市场汇率的干预。为了解决这些问题，世界银行和其他国家使用购买力平价（purchasing power parity，PPP）汇率，其使用本身就充满了争议（Deaton，2010；Ravallion，2014），每当一套新的 PPP 汇率公布时，这一争议就会再次出现。问题不在于是否使用 PPP，而在于计算方法。当然，PPP 是一篮子商品和服务的换算系数，而不是穷人消费量的代表。

（2）即使我们成功地在全球实现了实际收入的真实分配，第二个问题也会出现。那么我们应该把贫困线划定在哪里呢？这里有各种各样的概念基础，例如，从受阿马蒂亚·森启发的基本能力开始，然后从这些能力延伸到收入领域中的一条界限上（Reddy and Pogge，2010）。但是，实际上，世界银行利用各个国家的贫困线信息，构建了全球贫困线（Ferreira et al.，2015），假定了这些国家贫困线反映了一系列实际的规范性观点。根据这种方法得到按 2005 年购买力平价计算的贫困线为每人每天不足 1.25 美元，这是可持续发展目标 1.1 中规定的贫困线，按 2011 年购买力平价计算的贫困线为 1.90 美元，如弗朗西斯科·费雷拉等所述。这两条贫困线并没有导致全球贫困人口数量出现巨大差异（仅占世界人口的 14% 多一点）。

[①]　www. slideshare. net/StatsCommunications/hleg-thematic-workshop-on-measurement-of-wellbeing-and-development-in-africa-dean-jolliffe.

二、全球不平等问题

下面关注不平等问题，可持续发展目标 10 是"减少国家内部和国家之间的不平等"，这实际上提出了一系列有趣的问题，这些问题超出了统计和测度的范畴，涉及概念问题。以收入不平等为例，世界上所有人际不平等可以分解为国家之间的不平等和国家内部的不平等。[①] 如果一个国家的每个人都获得了该国的平均收入，国家之间的不平等就是全球收入分配的不平等。换句话说，如果在每个国家消除了国内不平等，那就只剩下国家之间的不平等。那么国家之间不平等与总体不平等之间的差异，就是国内不平等占全球不平等的比例。

将全球不平等分解为国家之间和国家内部两个部分时，结果是什么呢？对于不平等的"平均对数偏差"（当每个人的收入相同时，其值为零，而随着收入越来越不平等，其值会上升），2008 年国家之间不平等所占比例为 77%，低于 1988 年的 83%。在同样的 20 年里，全球不平等指数下降了 10%（Lakner and Milanovic，2015）。这些趋势大致反映了我们对全球不平等趋势的了解。在亚洲大国中，国内不平等程度一直在加剧（Kanbur and Zhuang，2012），而且由于这些国家的人口规模，这种作用影响了拉丁美洲国内不平等程度的下降。低收入国家的增长速度比高收入国家快得多，其结果就是国家间的不平等程度下降了。综合这些影响，总的结果就是全球收入不平等程度有所下降。

这些相反的结果（国家内部不平等上升，但国家之间不平等下降）提出了一个概念性问题，即我们如何权衡不平等的这些组成部分。国家之间不平等的结果在数值上要大得多（一个人是否幸福的机会主要取决于他们出生在这个国家或那个国家的可能性）。因此，从这个角度来看，监测国家之间不平等和国家内部不平等同样重要，可持续发展目标 10 也认识到这一问题的必要性，尽管联合国统计司商定的"全球清单"中没有任何指标提及国家之间的不平等。

三、气候变化及其决定因素

全球测度的第三个例子就是气候变化及其决定因素，这是全球性最明显的例子，对全球层面的监测和评估至关重要。尽管气候变化的短期后果

---

① 有关分解方法的介绍，见拉维·坎伯（Kanbur，2007）的文献。

可能因地区而异——海平面上升将摧毁小岛屿国家，但温度上升可能有利于某些温带地区——但长期后果会对人类的生存构成威胁，尤其是在达到某些临界点时，这些全球转折点正好就是全球性的例子。我们接近某些临界点的程度不仅取决于这个国家或那个国家的温室气体排放量，还取决于全球排放量。同样，地球的碳封存潜力也取决于世界上的森林覆盖总量，世界各地的气象系统也是相互联系的。

因此，尽管应对气候变化的调整和缓解行动必须是由各个国家组成的，但监测和评估在性质上同样必须是全球性的。这样的全球监测并不像在可持续发展目标平台上那样突出。在可持续发展目标 13 下，可以在可持续发展目标 13.3 中看到，"加强气候变化减缓、适应、减少影响和早期预警等方面的教育和宣传，加强人员和机构在此方面的能力"；或者在关于可持续发展伙伴关系的目标 17.19 中看到，"到 2030 年，借鉴现有各项倡议，制定衡量可持续发展进展的计量方法，作为对 GDP 的补充，协助发展中国家加强统计能力建设"。无论如何，全球气候变化监测无疑是测度经济和社会进步的一个关键组成部分，而通用的全球测度工具和核算体系，如环境经济核算体系（System of Enviornmental-Economic Accounting，SEEA），对制定通用的指标至关重要。它确实是典型的公共产品，就像测度和监测全球贫困或全球不平等一样。

第六节　可持续发展目标：如何测度贫穷国家的进展

在第一章中，自 SSF 报告发布以来的一个重大变化是国际社会一致同意制定一套可持续发展目标，这是一个适用于发达国家和发展中国家的全球准则制定过程。2015 年联合国大会通过了可持续发展目标，扩大了目标的范围，远远超出了 2000 年制定的千年发展目标，而千年发展目标是发展共同体到 2015 年实现的愿景。可持续发展目标要求确保共同的经济和社会进步以及环境、社会和经济可持续性。

目标从 8 个增加到 17 个，有 169 个具体目标。这些目标将决策者和人们的注意力集中在国际社会认为重要的问题上。一方面，目标的激增反映了扩大经济和社会进步评估及监测指标之间不可避免的矛盾。另一方面，必须将相对较少的指标保持在"仪表盘主要位置"，以便促进国家讨论和政策制定。当然，信息越详细、数据越大，对正在发生的事情的描述就越完整。但是，人类注意力是有限的，这就要求简化指标，如果统计数据要影响公众的讨论，这一点尤其如此。经济表现和社会进步测度委员会通过建立一个指标仪表盘，从而"完成了不可能完成的事"。国际社会商定的 169 个可持续发展的具体目标和 232 个"全球监测"指标显然是太多了。

对发展中国家来说，目标集中尤为重要，因为这些国家的资源有限，这些资源也包括为实现目标设计和实施的政策，以及制定大量指标以监测进展情况所需的人力资源。

鉴于不同国家的情况不同，很自然，它们会并且应该关注不同的目标。发达国家和发展中国家之间的差异可能特别显著。例如，虽然前者中的大多数已设法实现了相对较高的正规就业率和较低的极端贫困水平，但生产性就业的缺乏和贫困仍然是大多数发展中国家关注的中心问题。但是，不同国家追求不同的目标是有代价的，它会破坏国家间的可比性。国家本身需要注意可比性的好处：要知道一个国家表现得如何，就要知道其他类似国情的国家表现得如何。因此，许多处境相似的国家可能会选择类似的目标。

一、指标确定

即使确定了一组目标，指标的选择也会产生影响——这是经济表现和社会进步测度委员会的另一条信息——发展中国家希望关注的指标可能与较发达国家的指标大不相同。

例如，在可持续发展目标 1（消除贫困）的情况下，联合国统计委员会就目标 1.1（到 2030 年，消除世界各地所有人的极端贫困）商定的指标是生活在人均每天 1.9 美元以下的全球贫困线的人数。[1] 大多数发达国家可能已经实现了这一目标：贫困在发达国家通常意味着一些明显不同的东西。[2]

---

① 1.9 美元是每人每日 1 美元贫困标准的更新值。

② 经合组织通常根据设定为中等（同等）可支配收入一半的阈值（即美国两个孩子的单亲母亲每天约 82 美元，即人均每天 27 美元）报告其收入贫困衡量标准。这并不意味着发达国家已经根除了"极端贫困"（基于世界银行的传统临界值）。安格斯·迪顿（Deaton, 2018）认为，根据世界银行的数据，2013 年每天生活费不足 1.9 美元的 7.69 亿人中，美国有 320 万人，其他经合组织国家有 330 万人。根据美国人口普查局收入和项目调查的数据，报告显示根据税前收入计算，2011 年 4.3% 的美国有孩家庭（以及 5.1% 的无孩家庭）每人每天生活费不足 2 美元；如果基于包括食品券和其他福利在内的福利指标，1.6% 的美国有孩家庭（和 4.3% 的无孩家庭）处于相同的情况。

或者考虑可持续发展目标 10（减少不平等）。为目标 10.1（到 2030 年，逐步实现和维持最底层 40% 人口的收入增长，并确保其增长率高于全国平均水平）选择的指标是最底层 40% 人口中家庭支出或人均收入的增长率。剑桥大学经济学家何塞·加布里埃尔·帕尔玛认为，衡量收入不平等的一个更为敏感的指标，特别是对新兴经济体和发展中国家而言，是 10% 最高收入人口总收入与收入最底层 40% 人口总收入之间的比值。他认为，至少在中等收入国家和发展中国家，中产阶级的收入份额似乎相对相似，因此这一比例确实可以确定各国之间的差异。因此，迈克尔·多伊尔和约瑟夫·斯蒂格利茨（Doyle and Stiglitz，2014）认为，帕尔玛比值[①]可能是可持续发展目标中收入不平等的首选标准。

当然，衡量标准包括价值观和关注点。世界银行倡导的目标 10.1 比极端贫困更具包容性，但仍与世界银行传统上注重低收入分布的做法保持一致。

二、全球性政策问题

一个重要问题涉及全球关注事项的指标。最重要的是，我们需要了解气候变化发生了什么（需要测量一个国家经济活动的全球碳排放量，即与该国境内生产相关的排放量，以及与该国进口相关的排放量，以满足其国内需求）。人们对全球收入不平等的情况也有深厚的兴趣（如果我们按照世界上所有人的收入进行排名，就像他们生活在同一个国家一样，我们就能发现这种不平等），尤其是在评估国家内部不平等加剧与国家间收入差距的抵消效应时（Deaton，2013；Milanovic，2016）。国家统计局在充分可比的基础上收集数据是有意义的，我们可以对这两方面的情况作出合理的估计。

---

① 全球发展中心研究员安迪·萨姆纳（Andy Sumner）和亚历克斯·科巴姆（Alex Cobham）共同撰写了题为《"帕尔玛比值"作为更具政策相关性的不平等测度指标》的文章，提出了帕尔玛比值（Palma ratio）这一指标。该指标是基于剑桥大学经济学家何塞·加布里埃尔·帕尔玛的研究。帕尔玛在研究各国收入分布时发现，在 1990~2010 年间，各国占人口 50% 的中等收入群体（按收入由低到高 10 等分组的第 5 组到第 9 组）的总收入占国民总收入的比例基本保持在 50% 左右。国民总收入的另外 50% 被 40% 的低收入者和 10% 的最高收入者所分享，但不同国家二者分享的比例差异较大。帕尔玛认为，一个国家的收入分配平等程度主要取决于低收入者和高收入者之间的分配比例。研究发现，10% 的最高收入人口的总收入与 40% 的低收入人口的总收入之间的比值，最能敏感地反映出收入分配的变动情况。

第七节　中国可持续发展目标的进展

一、国家层面实现可持续发展目标的进展

《变革我们的世界：2030 年可持续发展议程》提出之后，为了将该议程与国家中长期的发展规划相结合，2016 年 3 月中国政府在制定"十三五"规划纲要时，充分考虑了各领域发展的可持续性，体现了在国家层面上对该议程的重视。随后，为落实该议程，中国政府专门建立了由外交部牵头，40 多个部门组成的部际协调机制。同时，在中共十八届五中全会上强调中国会积极承担国家责任和义务，主动参与该议程。中国致力于落实该议程，全面推进国内落实，取得积极进展，在多个可持续发展目标上实现"早期收获"，并于 2020 年实现消除绝对贫困的可持续发展目标。同时，中国积极参与落实该议程的国际合作，与各国加强知识共享和经验分享，为其他发展中国家落实该议程提供力所能及的帮助。

2016 年 9 月中国通过并颁布《中国落实 2030 年可持续发展议程国别方案》，制定了各项目标的规则、具体措施和职责分工，且积极推动其他国家共同实现 2030 年可持续发展议程的目标，采取"共同但有区别的责任"原则，依据各国国情及能力推进工作的落实，为共同的目标贡献相应的力量。2017 年首次发布《中国落实 2030 年可持续发展议程进展报告》，全面阐述了自 2015 年 9 月以来中国在推进可持续发展目标方面的工作进展、面临的挑战及下一步工作计划。2019 年再次发布进展报告，以更加丰富翔实的数据展示了中国落实可持续发展目标的进展情况，同时阐述了中国在精准脱贫、创新引领发展、生态文明建设、乡村振兴、共建"一带一路"等五个方面落实可持续发展目标的典型案例。

与此同时，中国颁布了各项规划策略，与联合国可持续发展目标相对应，促进中国可持续发展进程。在社会经济全面发展方面，每 5 年制定一次《中华人民共和国国民经济和社会发展规划纲要》；在消除贫困方面，制定《中国农村扶贫开发纲要（2011—2020 年）》《农业行业扶贫开发规划（2011—2020 年）》等；在教育方面，颁布《国家中长期教育改革和发展规划纲要（2010—2020 年）》等；在环境资源方面，制定了《全国国土规划纲要（2016—2030 年）》《全国矿产资源规划（2016—2020 年）》《国

家适应气候变化战略（2013）》等。

为了探索可持续发展的实践之路，发挥示范效应。早在 1986 年就建立了"社会发展综合试验区"，而后在 1997 年更改为"可持续发展实验区"。在 30 年的发展中，截至 2016 年底，共建立了 189 个国家级可持续发展实验区，显著提升了区域科技创新能力和城乡协调发展能力，取得了明显的成效，如资源开发与环境保护并重的吉林"白山模式"，以"猪 – 沼 – 果"生态农业为特色的"恭城模式"等。

在践行联合国可持续发展目标方面，在自然资源部、国家统计局的联合指导下，浙江省德清县挑选适合德清县情的指标群，对县域行政区进行了可持续发展目标指标定量评估与综合分析。指标群涉及 16 个目标、104 个指标，其中有 88 个指标使用社会经济统计数据量化统计，6 项指标使用地理空间数据量化统计，10 个使用统计数据与地理空间数据结合方法量化统计，最终在 2018 年形成了《德清践行 2030 年可持续发展议程进展报告》，此次可持续发展定量评估具有开创性，为其他国家和区域提供了一个可借鉴的案例。

二、学术层面推进可持续发展目标的研究

关于《变革我们的世界：2030 年可持续发展议程》以及在此框架下制定的可持续发展目标，中国学者主要从以下三个方面进行研究。

（1）回顾可持续发展进程，分析中国面临的机遇与挑战。董亮等（2016）重点介绍了在未来 15 年的规划中，环境的可持续发展目标会影响中国环境的治理，将给中国经济的可持续发展和产业转型升级提供新的能量，而且会激发全民环保意识。薛澜等（2017）以《SDGs 指数和指示板》为参照，评估了中国在当前阶段实现 17 个 SDGs 所面临的挑战，目前仍然在消除饥饿、提升公共医疗条件、缩小贫困差距、创建绿色城市、生态环境等方面表现不足。魏彦强（2018）提出亟须将可持续发展目标本土化以适应中国国情，因此需要将其与政府的中长期发展规划战略、各项发展政策以及实际建设工作相融合，并广泛开展与国际社会的合作，共同解决全球性发展问题，共同分享发展经验，以便实现全球可持续发展的终极目标。吕永龙（2018）为了实现 2030 年联合国可持续发展的目标，结合可持续发展目标框架的基本原则、推进方法和政策保障等具体措施，制定适合中国实施可持续发展的战略方针。鲜祖德等（2020）归纳总结了全球、区域、国别层面实施可持续发展目标与指标统计监测的理念与实践，

阐述分析了我国落实可持续发展目标的现状，并就如何进一步推动统计监测提出了若干建议。

（2）确定适用于中国国情的可持续发展目标体系。王军等（2017）构建了涵盖经济发展、社会民生、资源环境、消耗排放和治理保护五个维度的可持续发展指标体系，共有 41 个具体指标，并利用 2010～2015 年的时间序列数据对此指标体系进行数据验证分析。朱婧等（2018）利用层次分析法、专家咨询法，整体考察了 2012～2016 年期间的经济发展、环境质量、民生改进、资源利用等方面，并且与 SDGs 进行详细比较，专门制定了适合评价中国可持续发展进度的指标体系。王鹏龙等（2018）以联合国可持续发展目标 11 为导向，在结合传统统计数据的基础上，合理融入遥感数据和网络大数据等数据源，从城市包容性、城市安全性、城市便宜度、城市抵御力和城市清洁度 5 个维度建立了开放的城市可持续性评价指标体系框架。

（3）在各可持续发展目标的背景下，中国的目标落实进展及存在的挑战。陈军等（2018）将地理信息也纳入 SDGs 评估体系，可以加快可持续发展的实践进度，同时可以给予其他国家示范性经验。周新等人（2018）利用联合国相关组织和世界银行的数据库，定量化度量中国的 51 个指标以及对应的 108 个目标，使用社会网络分析和主成分分析法，筛选出 17 项关键目标和 17 个核心指标。董仁才（2018）从软件工程学的角度出发，有别于目前使用的评估城市可持续发展能力的指标体系，创新地提出建立评估城市可持续发展能力的元数据管理系统，有助于解决可持续发展实验区亟须高效获取和管理评估所需数据的问题。

本　章　小　结

SSF 报告的发布是在千年发展目标之后，在可持续发展目标进程开始之前。SSF 报告坚持"超越 GDP"的主张，与经济表现和社会进步测度议程的扩大有着密切的联系，并对扩大这一议程作出了重大贡献。但 SSF 报告并没有对发展中国家出现的问题给予适当的重视。可持续发展目标进程确实侧重于发展，现在正是测度发展中国家和全球在经济表现和社会进步方面取得进展的时候，当然也包括发达国家，为此提出三个重要的问题。

第一，一方面拓宽扩大评价和监测经济表现和社会进步指标之间不可避免的持久性矛盾，另一方面必须有相对较少的指标作为"仪表盘中的主要指标"，以便促进国家讨论和决策。解释可持续发展目标从 8 个千年发展目标扩大到 17 个可持续发展目标和 169 个具体目标的原因。这个清单可以作为一个选择和缩小目标范围的平台，但必须在国家层面选择目标。

第二，必须赋予国家统计局独立的管理权和财政资源，以便为国家层面进行基于数据的经济表现和社会进步对话提供框架。

第三，经济表现和社会进步测度在某些方面具有全球性，超出了任何一个国家统计局的权限。为了开展这些活动，并将其作为向国家统计局提供支持的渠道，国际社会需要为这种全球公共产品投入资源。

第三章　测度家庭收入、消费和财富的分配

本章论述了测度家庭收入、消费和财富的纵向不平等所带来的挑战。介绍了有关经济不平等的国际数据库，突出了这样一个事实：这些数据库不仅经常显示出不同程度的不平等，而且对某些国家来说，还显示出不同的趋势；讨论了由于代表性不足和收入顶层少报漏报（即遗漏的富人）而导致的测度不平等的挑战，以及纠正这个问题的方法；讨论了国际数据库中用于测度经济不平等（可支配收入和/或消费支出）的典型福利指标的局限性，强调需要更全面的测度指标，使用包括实物社会转移（特别是教育和医疗卫生）的收入变量，并增加消费税和补贴影响；提出了解决收入和财富不平等测度中存在不足的若干建议。

第一节　家庭收入、消费和财富分配的基本问题

家庭经济资源（收入、消费和财富）如何分配的问题相对于其他问题被忽略了几十年，最近又回到了议程上。正如阿特金森（Atkinson，1997）书里所写，"把收入分配从受冷落状态中摆脱出来"（bringing income distribution in from the cold），将其置于政治和研究的聚光灯下（to putting it in the political and research spotlight）。在联合国可持续发展目标中，可以显而易见看到分配的重要性日益凸显，与千年发展目标相比，联合国可持续发展目标现在包括了一个有关于此的具体目标（目标 10：减少国家内部和国家之间的不平等）。同样，国际货币基金组织、经合组织、联合国机构、世界银行等多边组织以及全球非政府组织也对经济不平等的原因和后果给予了前所未有的关注。这种凸显的现象在很大程度上是收入和财富分配发生重大变化（特别是发达国家不平等现象日益加剧）及其影响政治

结果的产物。这也是经济理论发展和现有数据改进的结果。[①]

一、关注经济资源在个人和家庭中的分配

为什么我们关心经济资源在个人和家庭中的分配？这是一个涉及价值判断的问题，不同学者的研究得出了截然不同的结论。长期以来，经济学的一种传统观点认为，促进经济增长需要激励措施，而这些激励措施意味着在物质激励方面存在某种程度的不平等（Mirrlees，1971）。更严重的不平等也可能源于一个历史进程，即一些人先于其他人摆脱贫困，由于技术进步带来的好处，更高的生活水平和更好的政策首先惠及了一些人和地区，然后才传播到其他地方（Deaton，2013）。

从规范的角度来看，对不平等的兴趣与对正义的考虑有关，正如约翰·罗尔斯（Rawls，1971）所强调的，与公平有关。罗尔斯认为，被"无知之幕"（veil of ignorance）——不知道自己生活中的命运——所蒙蔽的公民会选择一种社会安排，使不太富裕的人所获得的福利水平最大化（最大最小值原则）（maximin principle），将其作为公认的社会契约。这一原则确立了公正的基本概念，即事前机会平等（World Bank，2006）。以这种方式，机会平等意味着个人的生活结果（包括收入）与初始环境无关（见第五章的讨论）。结果的不平等也同样令人不快。机会和结果的高度不平等是大多数社会中都会存在的问题。[②]

除了对规范性方面的担忧之外，还有一些发挥重要作用的方面来让我们关注不平等。经济资源分配更加不平等，降低了经济增长对减少绝对贫困的影响（Bourguignon，2003；Ravallion，2001）。经济不平等也可能转化为健康和教育方面的不平等，通过降低生产机会，可能会抑制经济体的整体生产力和经济增长。经济不平等也表现为资源分配不当和利用效率低下。由于一些经济差异是由市场失灵引起的，因此，减少这些差异可以在生产力和效率方面产生重要的效益，提高个人创造收入的能力，并有助于

---

① 经济理论的一个关键发展就是证明，一旦阿罗－德布鲁条件（没有增加回报、没有垄断、现有和未来货物的完整市场、完整的保险市场、完全可用和对称的信息以及可用的一次性转账工具）放宽，就不会出现效率与公平的分离。在信息不完全的情况下，一次性再分配禀赋可以在某些条件下提高效率（即至少让一个人过得更好，而不会让其他人过得更糟），或者在其他条件下降低效率。在缺乏一次性工具的情况下，市场干预可能会降低效率，但会提高公平性。效率和公平必须结合在一起，即它们不可分离。

② 例如，参见皮尤研究中心的全球态度项目。另见世界银行（World Bank，2017）关于这一问题的讨论。

经济的总体增长。

经济不平等也可能促进社会和政治不平等，滋生社会冲突、不满和暴力。富人的财富和收入高度集中与某些行为者过大的影响力有关，并导致政府被俘获和政策扭曲，从而有计划地维护富人的利益（Esteban and Ray，2006）。这样一来，不平等不仅会影响当今行为者的议价能力，还会影响下一代的议价能力。总之，高度不平等可能与较低的代际流动有关，即将穷人长期困在被剥夺的状态中。资本高度集中也可能造成收入持续不平等的恶性循环（Piketty，2014），家庭经济资源的分配会对宏观经济政策有影响（Alvaredo et al.，2017a）。例如，资产负债的规模和分布对宏观经济稳定具有影响，而分布范围内家庭储蓄率和财富收入比的差异对需求管理有影响，这或许可以解释危机后复苏乏力的原因。

鉴于其重要和深远的影响，准确测度经济不平等的水平和演变是至关重要的。本章重点介绍测度纵向经济不平等（即收入和消费不平等）时遇到的数据挑战，而且，只要可行，家庭或个人的财富还可以按其经济资源的水平排序。世界银行的《全球贫困监测：全球贫困委员会报告》（Atkinson，2016）在许多方面补充了这里讨论的问题。例如，如何解决分布底层人口的漏报和代表性不足问题；关于现有购买力平价数据的局限性；以及如何解决价格指数的局限性。

二、结构安排

本章结构如下。第二节将对关于不平等的国际数据库进行批判性评估，我们将看到令人担忧的事实，国际数据库不仅显示出不同程度的不平等，而且对某些国家（特别是撒哈拉以南非洲国家）来说，也显示出不同的趋势。这些数据库局限性背后的一个关键因素是基础数据的质量：也就是说，用作建立基础数据的投入——家庭调查（微观数据）；开展家庭调查时遇到的挑战是第三节的问题，其中一个突出的挑战是，家庭调查存在着最高收入者覆盖范围不足和少报的问题，即"遗漏的富人"；鉴于不平等测度的重要性，第四节将讨论"遗漏的富人"问题，并提出了一种分析分类法，以纠正"遗漏的富人"问题。如第二节所述，用于测度国际数据库中不平等的典型福利指标是可支配收入和/或消费支出，但是，这些指标只考虑了税收和转移对人们经济福利的部分影响；第五节扩展家庭经济福利指标；第六节收入和财富的不平等；第七节为中国测度家庭收入、消费和财富分配的进展；最后为本章小结。

第二节　测度经济不平等：国际数据库的范围和局限性

由于学术界、国家统计局和国际组织在改善和协调不平等数据方面作出了种种努力，提供经济不平等测度指标的公开数据库数量有所增加，这些数据库涵盖的国家范围比较广，从特定的全球区域（如拉丁美洲、经合组织国家）到全球所有/大多数国家。所有这些数据库都包含一些统计量（常见的是基尼系数），这些统计量描述了（极少数例外情况）多年来多个国家在国家层面的收入或消费支出不平等情况。这些跨国不平等数据库正被越来越多的研究人员用于描述全球或区域不平等趋势（Atkinson and Bourguignon，2015a；Atkinson，2015；Bourguignon，2015a；Piketty，2014），以及感兴趣的学者在跨国回归分析中使用不平等指标，无论是作为因变量还是作为自变量（Acemoglu et al.，2015；Ostry，Berg and Tsangarides，2014）。但是，不同的数据库通常是为不同的目的而设计的，并且以迥然不同的方式构建。鉴于结果可能对数据集的选择很敏感，弗朗西斯科·费雷拉和诺拉·拉斯蒂格（Ferreira and Lustig，2015）编辑的《经济不平等杂志》（*The Journal of Economic Inequality*）特刊致力于评估这 8 个数据库的优缺点。

一、国际数据库的类型

根据汇总的不平等统计数据的来源，直接或间接依赖家庭调查的数据库有四种类型。[1]

（1）基于微观数据集，直接从家庭调查中计算出不平等指标。[2] 其中包括：联合国拉丁美洲和加勒比经济委员会（Economic Commission for Latin America，CEPAL）编制的 CEPALSTAT，它为拉丁美洲国家提供收入分配估计，并由欧洲经委会根据该地区统计局传送的微观数据计算；杜兰大学公平承诺研究机构的标准指标；以欧盟税收－福利微观模拟模型（Eu-

---

① 安东尼·阿特金森等（Atkinson et al.，2010）讨论了收入不平等数据集标准化所采用的方法体系。他们认为："简而言之，我们有一个标准化程度的'层次'：①通用调查工具（欧洲共同体家庭小组）；②事前协调框架（EU-SILC）；③事后标准化微观数据（LIS）；④事后定制结果（经合组织）；⑤结果的荟萃分析。"

② 这里的"直接"是指指标由组织或国家统计局直接计算，但遵循确保可比性的具体指南。

ropean Union tax-benefit microsimulation model，EUROMOD）为基础的收入分配估计（埃塞克斯大学，University of Essex）；经合组织收入分配数据库（Income Distribution Database，IDD）提供成员国的国家联络点根据共同定义和处理方法计算出的指标和初步汇总表；卢森堡收入研究中心（Luxembourg Income Study，LIS）提供的收入和财富分配的微观数据文件；由阿根廷拉普拉塔国立大学（Universidad Nacional de La Plata）的社会经济数据库和世界银行编制的拉丁美洲和加勒比社会经济数据库（Socio-Economic Database for Latin America and the Caribbean，SEDLAC）；以及全球贫困监测的在线分析工具（PovcalNet）。[①]

（2）辅助源数据集，结合了来自其他各种来源的不平等指标，通常来自家庭调查。这些数据包括所有的基尼指数（All the Ginis，ATG）、基尼项目，以及全球收入不平等数据库（Atkinson and Brandolini，2001）。

（3）基于估算和统计推断的数据库。这种类型的数据集通过各种估算和统计推断方法来产生不平等测度指标，而不是直接依赖家庭调查或单位记录数据集。其中包括全球消费和收入项目（Global Consumption and Income Project，GCIP）；标准化世界收入不平等数据库（Standardized World Income Inequality Database，SWIID）；[②] 得克萨斯大学收入不平等项目（University of Texas Income Inequality Project，UTIP）。

（4）2017 年 1 月启动的世界财富与收入数据库（World Wealth and Income Database，WID. world），其前身是世界高收入数据库（World Top Incomes Database，WTID）（Alveredo et al.，2015a）。与其他数据集不同，WID. world 使用来自纳税申报表（主要）的信息来估计收入顶层的某些群体（如顶层 1% 或 0.5% 人口）的收入份额，以及把收入总额加起来，使之与国民经济核算相匹配。WID. world 包括 30 多个国家的收入不平等序列，跨越 20 世纪和 21 世纪初的大部分时间，增加了 40 多个正在研究的国家。最近扩展了该数据库来研究顶层人口财富份额的长期演变（Saez and Zucman，2016；Alveredo et al.，2016；Garbinti，Goupille-Lebret and Piketty，2017）。WID. world 的主要特点是以系统的方式将经济数据（特别是税务数据）、调查数据和国民账户数据结合起来。这一特点使其有别于几乎完全依赖调查数据的其他数据集以及依赖估算或统计推断的数据集。

---

① 应当指出的是，不平等指标并非总是直接从微观数据中产生的，因为在许多国家中，只有分组数据是可提供的。

② 关于 SWID 局限性的讨论，参见斯蒂芬·詹金斯（Jenkins，2015）的文献。

正如其网站上所述：WID. world 的总体长期目标是能够生成分配国民账户（distributional national accounts，DINA），即使用与宏观经济国民账户一致的收入和财富概念，提供收入和财富分配的年度估计。[①] 第六章详细讨论实现这一目标的建议方法。

二、数据库的差异

上面的数据库在很多方面有所不同。

（1）最明显的是，它们的地理覆盖范围不同，因此，它们所依据的基础国家数据的质量也不同。

（2）它们使用的个人福利指标在性质上有所不同：鉴于大多数发展中国家的家庭调查都是基于消费的，因此现有的全球范围内的数据集报告了大多数发展中国家和新兴国家的消费不平等，以及发达国家和拉丁美洲的收入不平等。

（3）对于发达国家，经济不平等通常是根据等价收入来衡量的（即家庭收入是通过汇集每个家庭成员的收入流，然后根据"调整"将其分配给每个成员来衡量的，以反映不同规模和结构家庭的需求差异），而在世界上的其他地区，使用的是人均消费或收入。

（4）虽然原则上收入变量应为可支配收入（即扣除直接税和经常性转移后的收入），但在发展中国家的数据中，这一点往往不是很清楚，在这些数据中，通常难以确定报告的收入是扣除直接税的净收入还是毛收入，还是转移前或转移后收入。同样，虽然收入或消费应包括自给性商品的消费和自有住房的虚拟租金，但在实践中，一般情况并非如此，在某些情况下，很难判断。

（5）在是否对微数据进行调整（以及哪些调整）以纠正漏报、消除异常值或解决应答项缺失方面存在差异。[②] 虽然大多数经合组织国家，在向用户提供数据之前，是由国家统计局自己进行这种调整和数据整理，但这种做法在低收入国家和中等收入国家并不常见，这意味着地理覆盖范围广的国际数据集通常依赖负责辅助源数据的机构实施的调整，或依赖于没有对无应答项进行调整的数据。对于使用估算方法或统计推断的数据集，结果对所使用的方法很敏感，并且即使谨慎地描述了方法（也不总是如此），人们通常也没有关于基础数据特征的完整信息。

---

① DINA 项目的第一个序列在美国和法国的 WID. world 中提供。

② 关于国际数据库的差异，见文献中的表 2（Ferreira, Lustig and Teles, 2015）。

考虑到数据库之间定义和方法的差异，根据所使用的数据库，分析可以得出经济不平等在水平和趋势方面存在矛盾的结果。例如，就撒哈拉以南非洲在 20 世纪 90 年代和 21 世纪第一个十年的不平等动态而言，国际货币基金组织财政监测表明，在 16 个撒哈拉以南非洲国家中，有 11 个国家的不平等程度在 1985 ~ 1995 年和 2000 ~ 2010 年之间有所下降。如表 3.1 所示，与世界银行的 PovcalNet 不平等趋势相比，不仅是水平，更重要的是变化方向对数据库的选择很敏感。如果我们也利用其他数据库，情况会变得更加复杂。

表 3.1　　　　1985 ~ 1995 年和 2000 ~ 2010 年不平等程度的变化

国家	国际货币基金组织财政监测	PovcalNet 平均值
科特迪瓦	5.0	6.5
加纳	2.4	6.3
肯尼亚	− 6.2	− 2.1
马达加斯加	− 1.0	0.2
尼日尔	− 6.2	0.4
塞内加尔	− 7.8	− 7.6
赞比亚	− 3.1	2.3

注：不平等的变化是用两个时点之间的基尼系数的百分比变化来衡量的。
资料来源：见文献中的表 5（Ferreira, Lustig and Teles, 2015）。

此外，一些重要问题，如经济不平等是否已经在世界各国收敛——收入不平等在高度不平等的国家有所下降，反而在相对平等的国家有所上升（Ravallion, 2003）——也受到数据库选择的影响。不同的数据库经常在不平等收敛方面产生不同的结果，即使在国家、福利概念、不平等指标和时间周期相同的情况下。

财政再分配的评估对数据库的选择也很敏感。图 3.1 显示了同一调查和同一国家的可支配收入（即净收入）和市场收入的基尼系数之间的差异，如 CEQ（通过详细的财政发生率分析进行计算，由当地专家验证，并通过一系列稳健性检验）和 SWIID（其中所有数据点都是通过多种估算法进行估计的，使用其他来源的可用数据作为所谓"矩形化"的基础）。虽然这两个来源之间的差异不是系统性的（SWIID 对再分配的估计有时高于 CEQ，有时低于 CEQ），但它们之间的差异可能相当大（如危地马拉和印度尼西亚），或者相互矛盾（例如，根据 SWIID 的数据显示，亚美尼亚的税收和福利是不等的，即净收入不平等高于市场收入不平等，但在 CEQ 中是相近的）。①

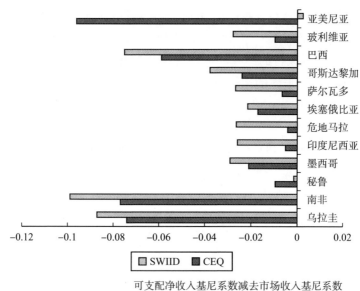

可支配净收入基尼系数减去市场收入基尼系数
（测度的基尼系数从0~1）

图 3.1　财政再分配：两个数据库的基尼系数变化

资料来源：http：//commitmentoequity. org/datacenter 和 SWIID：V 5. 0。

　　上述讨论表明，国际数据库的许多局限性基本上是由于其主要投入的局限性：国家层面的家庭调查，我们将在下一节讨论这个问题。

第三节　家庭调查中的数据挑战

　　过去40年中，绝大多数关于收入、消费和财富不平等的分析都是基于（直接或间接）家庭调查，家庭调查是研究分配的主要数据来源。与 SSF 报告发布时相比，数据可用性、覆盖率和质量都有所改善，但仍有许多重要问题有待解决。此外，高收入国家在衡量经济福利分配方面所面临的问题，如果放到较贫穷国家和中等收入国家中，问题会变得更严重，因为这些国家不经常（如果有的话）进行家庭调查，并且家庭调查通常会基

---

① 这些差异表明，在根据基于 SWIID 估算的数据解释跨国回归分析结果时需要谨慎。

于不同的福利指标（收入或消费），由于抽样框的不足和过时，往往无应答率很高。

一、数据收集滞后的挑战

大多数经合组织国家根据 20 世纪 80 年代或 90 年代开始的家庭调查或登记，定期（每年一次，有时每 2 年或 3 年一次）收集收入分配数据。在经合组织国家，家庭预算调查大约每 5 年进行一次，通常基于记录其消费支出的家庭日记。[①] 但即使在经合组织发达国家，在各种收入流（如虚拟租金）或资产类型（如养老金财富或耐用消费品存量）的覆盖范围、数据收集的频率和所得估计值的及时性方面也存在着重大挑战，这些挑战其中包括：许多国家的 GDP 数据发布时间都滞后了几年。在这些领域，尽管许多国家统计局自 2009 年以来采取了许多举措，但仍远未达到用收入分配数据（要求与传统的季度 GDP 增长指标一样及时）进行政策讨论的目标。

发展中国家的数据可用性情况是不同的。自 1990 年以来，进行家庭调查的低收入国家和中等收入国家的数量急剧增加。例如，世界银行 1990 年对极端贫困的估计仅基于 22 个国家的数据。世界银行的 PovcalNet 数据目前覆盖 153 个国家，截至 2013 年 7 月，其中 34 个国家被列为高收入国家（Atkinson，2016）。[②] 但是，缺乏数据仍然是一个棘手问题。在中东和北非地区，有 19 个国家，只有大约一半的国家被 PovcalNet 覆盖。此外，根据世界银行（World Bank，2016）的数据，2008～2013 年间至少有两个可比数据库的国家最多是 83 个。这一数据覆盖了全球 75% 的人口，但不到全球一半的国家；东亚和太平洋地区的人口覆盖率为 94%，而撒哈拉以南非洲只有 23%。[③④] 即使能进行调查，许多国家的政府仍然限制获取数据，这一因素限制了独立研究人员进行自身分析能力。

（1）除了个别调查外，家庭调查收集的数据是关于收入的，或者是关

---

① 见关于国际数据库的局限性和缺点的部分。

② 为了更好地理解该数据，2016 年 1 月，联合国共有 193 个会员国和 2 名常驻观察员国（梵蒂冈和巴勒斯坦）。

③ "各地区的地理覆盖范围不统一。在 83 个国家中，有 24 个属于一个区域，即东欧和中亚，而东亚和太平洋、拉丁美洲和加勒比以及撒哈拉以南非洲分别为 8 个、16 个和 9 个国家。在南亚有 4 个国家，在中东和北非有 2 个国家"（World Bank，2016）。

④ 世界银行的 PovcalNet 显示了其数据库中包含的每个国家的公共访问政策，http：//iresearch.worldbank.org/PovcalNet/data.aspx。

于消费的，这大大限制了对变量进行联合分析和进行严格的跨国比较的可能性。例如，在世界银行（World Bank，2016）的 83 个国家中，34 个国家包含消费数据，49 个国家包含收入数据。后者主要包括经合组织国家和拉丁美洲。如果将经合组织高收入国家排除在外，在世界银行 PovcalNet 数据库中的 165 个数据集中，41%（59%）是基于收入（消费）的（见表 3.2）。尽管收入分配（如果收入能得到适当的衡量）可能与经济发展水平较低国家的消费支出分配密切相关，但随着各国的发展和家庭储蓄率的提高，这一假设难以成立，人们对将收入和消费不平等的测度指标结合起来的做法提出了质疑，就好像它们描述的是同一个潜在现象一样。[①]

表 3.2　　　　　　　PovcalNet 中的收入和消费分配（数据集数量）

	微观数据	分组数据	合计（占比）
收入	399	79	487（41%）
消费	163	124	687（59%）
合计	962	203	1165（100%）

注：本表不包括 LIS 和其他数据库中提供的高收入国家的分布。
资料来源：Ferreira et al.，2016。

　　虽然有衡量收入分配的国际公约和标准，最早在 2001 年《堪培拉家庭收入统计小组手册》（*Canberra Group Handbook on Household Income Statistics*，简称《堪培拉手册》）中阐明，随后编入了国际劳工统计会议（International Conference of Labor Statisticians）通过的 2003 年标准中，并在 2011 年修订的《堪培拉家庭收入统计小组手册》（*Canberra Handbook*）中进行了更新，但仍然存在若干重要问题，如在收入分配两端存在系统性地瞒报收入的问题。

　　（2）世界银行的生活水平测度调查（Living Standards Measurement Surveys，LSMS）使用一系列指南来衡量家庭消费，但在这一领域没有国际公约或指南。通常，用于收集消费支出微观数据的方法（家庭预算调查）其主要目的是为消费者物价指数得出平均权重，而不是评估家庭经济福利。尽管在非正规性普遍存在的欠发达国家，家庭消费调查被认为比收入调查更容易实施，但这些调查结果估计值的可比性会受到诸多因素的影

————————

　　① 上面描述的全球知识产权数据库将调查中测度的福利概念进行了标准化，以提供基于收入的全球不平等估计。

响，比如所考虑的参考期长度，以及要求家庭报告的项目列表（Beegle et al.，2012）。这些不足导致全球贫困委员会将制定一套家庭消费统计标准作为其主要建议之一（Atkinson，2016）。

（3）测度家庭财富分配的国际准则还没有经历负责在全球制定标准的国际机构制定公约的类似过程。[1]

（4）即使存在家庭收入、消费和财富分配的测度标准，SSF报告的一项重要建议是，很少有国家能够以统一分析家庭收入、消费和财富的联合分布的方式来收集这些数据。[2]

即使有国际标准和手册，各国的数据收集也可能在不同程度上遵循这些标准和手册，这意味着某些国家可以使用某些项目并将其包含在家庭收入和消费指标中（例如，虚拟租金、缴纳的税和自给性消费的农产品），而其他国家则不能这样做。[3] 最好的情况就是，家庭调查中提供的收入或消费概念与《堪培拉家庭收入统计小组手册》所描述的"可支配收入"和"最终消费支出"相对应，但并非所有国家都能够很好地测度这些指标。[4] 此外，有证据表明，家庭调查中与无应答个案、无应答项目和测量误差有关的问题随着时间的变化而增加（Groves et al.，2009；Meyer，Mok and Sullivan，2015）。

尽管有些国家存在各种行政记录关于财富分配的长期历史序列数据，但基于调查的家庭财富分配数据的收集比收入数据的收集要晚得多，而且各国之间现有数据的可比性远远低于收入数据，这主要是由于获取顶层收入分配信息的调查能力不同。美国（基于消费金融调查）、英国（基于财富和资产调查）、欧元区国家（通过欧洲中央银行协调的家庭金融和消费调查）以及澳大利亚、新西兰、加拿大、中国、印度尼西亚、挪威、韩

---

① 经合组织根据经济表现和社会进步测度委员会的建议，制定了财富分配测度指南（OECD，2013a）。欧洲央行还为欧元区成员国制定了实施欧元区家庭金融和消费调查的指南。

② 经合组织于2013年发布了家庭收入、消费和财富微观统计联合分析框架（OECD，2013b）。乔纳森·费舍尔等人（Fisher et al.，2016）提供了美国收入、消费和财富联合分配的分析实例。经合组织－欧盟统计局的一个专家组目前正在为大约25个国家制定关于家庭收入、消费和财富联合分布不平等的实验性方法。

③ 除经合组织国家外，大多数收入调查没有提供家庭支付的直接税数据。大约1/3的经合组织国家缺乏财富分配的微观数据，这一比例在发展中国家要高得多。经合组织国家消费支出的微观数据很少用于分配分析。

④ 评估数据质量和可比性的清单（Atkinson and Bourguignon，2015b）。

国、日本和智利的财富分配数据质量各不相同。[①] 如第四章讨论的，还有一系列新的方法，测度按性别划分的财富分配。在财富分配方面，调查估计出错的可能性更大，原因很简单，财富分配比收入分配更不平等，因此，与估计极少数富人财富持有者的份额相关的所有问题都更加困难。

如前所述，绝大多数不平等数据都基于家庭调查。北欧国家与其他国家的不同之处在于，它们依赖于一个完善的登记系统，使统计部门能够从各种个人记录中获取个人收入（有时是财富）信息，然后将这些信息合并到家庭档案中。尽管行政记录可以更准确地获取人们有关经济资源的信息，并将同一个人的这些资源联系起来，有时甚至要跨越几代人，但这些记录还远不够完善。一个重要的缺点是，它们不可能完全匹配属于同一个家庭的人，并将同一家庭的成员记录为不同家庭的成员（例如，一年中有一段时间不与父母同住的学生）。

此外，基于调查和基于记录的方法之间的区别变得越来越模糊，因为发达国家的一些统计机构已开始采用混合的数据收集方法，通过这种方法，可以从行政记录中检索出调查所需的一些信息（在大多数情况下，事先征得受访者同意），或者，使用行政记录中的信息来确定应在调查中进行过抽样的个人群体（如美国消费者金融调查所做的）。尽管这些混合的数据收集方法在提供更高质量的信息方面被证明是有效的，但是它们的使用有时受到统计法律和行政约束。显然，行政登记处提供的统计数据的质量取决于登记的质量（例如，偷税漏税现象的普遍程度），取决于各行政部门将其记录联系到一起的能力。

二、微观数据与宏观数据整合的挑战

家庭经济资源分配数据面临的另一个挑战是，如何协调微观数据得到的总量数据（即家庭调查和行政记录中的消费、收入和财富）与宏观数据中得到的总量数据（即 SNA 中的相同变量）。对世界上大多数国家而言，二者的结果是不匹配的。这些差异在有些国家可能非常大，表 3.3 以拉丁美洲国家为例。[②] 此外，差异不仅限于不同类型家庭经济资源的水平，更

[①] 2015 年经合组织发布的财富分配数据库提供了 28 个国家的家庭财富分配数据。这些数据有的源于国家调查，不过这些调查可能在某些重要的方面有所不同，也有的来自一些北欧国家的登记数据。

[②] 例如，根据玛丽斯·费索和玛丽亚·利维亚娜·曼托内蒂（Fesseau and Mantonetti, 2013）的数据，就墨西哥而言，调整后的国民账户总量比收入和支出家庭调查的微观总量高出 7 倍以上。

重要的是，还扩大到其增长率（Deaton，2005）。在许多国家，宏观统计数据和微观统计数据之间的差异不断扩大。差异不断扩大的原因还不完全清楚（造成这种差异的原因可能与上文提到的对高收入者覆盖面不足和收入漏报的问题相同），这种差异的存在使人们对试图根据测度指标来理清GDP增长与收入分配之间关系的做法产生了怀疑，因为这些测度结果不仅依赖于不同定义的家庭收入，而且本身也可能会有一系列的测量误差。家庭调查和国民账户之间收入和消费的分化趋势促使经合组织和欧盟统计局成立了欧洲综合国民经济核算差异专家组（Expert Group on Integrating Disparities in a National Accounts），美国人口普查局和美国其他机构也在努力应对这一挑战。

表 3.3　　　　　　　选定拉丁美洲国家家庭调查平均收入
与国民账户中人均家庭最终消费支出的比

国家	1997年	1998年	1999年	2000年	2001年	2002年	2003年	2004年	2005年	2006年	2007年	2008年	2009年	2010年	2011年	2012年
玻利维亚	1.26		1.07	1.01	1.08	1.08			1.17	1.19	1.17	1.21	1.27		1.26	1.27
巴西				0.84	0.84	0.85	0.82	0.82	0.84	0.86	0.83	0.84	0.82		0.78	0.81
哥伦比亚					0.50	0.67	0.60	0.63	0.66			0.65	0.68	0.71	0.71	0.67
哥斯达黎加					0.80	0.79	0.80	0.75	0.76	0.75	0.80	0.80	0.90			
多米尼加共和国				0.92	0.88	0.82	0.69	0.58	0.60	0.57	0.59	0.48	0.55	0.49	0.47	0.50
厄瓜多尔				0.47			0.66	0.87	0.70	0.75	0.75	0.66	0.66	0.70	0.69	0.71
萨尔瓦多								0.57	0.56	0.53	0.54	0.49	0.55	0.52	0.50	0.51
洪都拉斯					1.13	0.93	0.95	0.96	0.91	0.92	0.98	1.03	1.03	1.01	0.98	
墨西哥		0.44		0.49		0.47		0.43	0.43	0.43		0.43		0.42		0.44
巴拉圭	1.44		1.34		1.32	1.22	1.26	1.15	1.18	1.08	1.07	0.98	1.10	1.06	1.06	0.00
秘鲁	0.74	0.81	0.81	0.70	0.67	0.76	0.71	0.72	0.67	0.72	0.75	0.73	1.77	0.78	0.76	0.77
乌拉圭	0.76	0.80		0.83	0.82	0.76	0.71	0.70		0.69	0.69	0.71	0.82	0.74	0.73	0.70

资料来源：Bourguignon，2015b。

　　家庭调查最重要的一个局限性是，富人和穷人的代表性不足，而且分配两端都有可能漏报收入。研究人员和统计学者目前的大部分注意力都集中在分配的顶层。虽然在后面的章节中会更详细地讨论这一问题，但这里需要强调的是，正如安格斯·迪顿（Deaton，2005）所强调的那样，在"选择性抽样不足"的情况下，不存在估计的不平等会有上下偏差的一般假设。每当大部分有关分配变动的行动针对顶层人口时，顶层人口覆盖面不足、代表性不足和漏报问题就变得尤为重要，尤其在严重不平等的社会，这种社会的特点是收入和财富高度集中在少数家庭手中。

　　正如安东尼·阿特金森（Atkinson，2016）所讨论的那样，测量误差的可能性不仅限于分配的顶层人口，而且会延伸到底层人口。因为穷人居住在集体生活区（如贫民窟），或者他们是最近才到该国的人（如难民），缺少家庭永久地址（如无家可归者），因此现有测度方法可能无法充分覆盖穷人。由于他们的活动没有提供，有时是非法的，极端贫困的人也可能不愿意在调查中完全申报他们的收入。许多低收入者陈述的消费支出水平往往远远超过他们提供的收入，这就强调了对收入、消费和财富进行联合分析的重要性，例如这种分析能使我们确定穷人是否在"吃光"（eating up）其资产。

　　尽管在分配两端的人口都存在代表性不足和收入漏报的问题，但对于不平等测度，纠正遗漏的富人的数据尤其重要，这一问题将在下一节中讨论。

第四节　家庭调查中"遗漏的富人"问题

　　我们有理由相信家庭调查并不能很好地获取富人的收入、消费或财富数据。我们怎么知道在家庭调查中没有包括富人群体的收入呢？为什么这个问题很重要？其原因是什么？可以通过什么方法来解决？在这里，介绍了家庭调查中导致"遗漏的富人"问题的因素，并回顾了解决问题的方法。①

---

　　① 不管是什么原因，把这个问题称为"遗漏的富人"问题。还有人使用了其他说法，例如，斯蒂芬·詹金斯（Jenkins，2015）把这个问题称为富人的"覆盖面不足"。

一、问题的提出

我们可以发现，调查中的最高收入至多接近高薪经理人的收入；此外，调查中测度的资本收入仅为国民经济核算中住户部门应计收入的一小部分。[①] 事实上，在家庭调查中遗漏了大多数的富人，并且他们的收入经常少报，这一事实或许可以部分解释为什么会出现这样令人担忧的结果，特别是在中低收入国家，基于调查的人均家庭收入（或其部分组成）或消费指标经常显示出其水平大大低于国民账户[②]或税收记录中的人均家庭收入或消费。"遗漏的富人"问题也可以解释不平等水平和趋势存在显著差异的原因，这取决于数据来源（例如调查与税务登记）（Alveredo and Londoño-Velez，2013；Alveredo and Gasparini，2015；Belfield et al.，2015）。如果调查中遗漏了富人，则应谨慎看待基于调查的收入、消费或财富分配以及随之而来的不平等结果：实际的不平等可能与调查估计迥异。[③] 但是，纠正富人信息缺失不一定会导致更高的不平等。

二、遗漏富人问题的影响因素

在家庭调查中，遗漏富人，尤其是超级富人最明显的原因是目标群体中的富人非常少；因此，在调查（样本）中包含其中一个富人的概率是相当低的。正如诺拉·拉斯蒂格所讨论的，数据收集过程中可能导致家庭调查中遗漏富人问题还包括另外 5 个因素。

（1）抽样框或代表性不足的误差；

（2）无应答个案；

（3）无应答项目（收入）；

（4）漏报；

（5）顶层编码和整理。

调查可能会遇到第 1~5 个问题中的任何一个或多个问题，其中任何一个问题都可能导致低估富人收入群体的收入份额。此外，如前所述，即

[①] 见哥伦比亚的法昆多·阿尔瓦雷多等（Alveredo et al.，2013）、英国的斯蒂芬·詹金斯（Jenkins，2015）、拉丁美洲国家的米格尔·塞凯利和玛丽安·希尔格特（Székely and Marianne，1999）。

[②] 见奥斯卡·阿迪米尔（Altimir，1987）在这方面的开创性工作。

[③] 全球贫困委员会的报告（Atkinson，2016）对这些有关分配底层群体的问题进行了深入讨论，并就如何处理这些问题提出了建议。在这里，我们将集中讨论各种解决类似问题的方法，但这些问题是关于分配的另一端，即高收入群体或所谓的富人。

使有完全覆盖率和应答率，也没有少报收入的问题，也没有顶层编码或整理，由于稀疏性，富人可能也不会出现在家庭调查中：即在真实分布支撑的上尾部的所有点都没有密度质量，特别是对于极端值。[①] 顶层观测点的稀疏性或低频率会导致经常低估富人的收入份额，但有时也可能会高估收入份额。

如果存在上述任何一个抽样和非抽样问题，基于调查的不平等结果都会有偏差。不平等结果的偏差方向可正可负，因为使用校正后的数据既会影响顶层的情况，也会影响校正"遗漏的富人"问题如何影响平均值（Deaton，2005）。[②] 即使所获得的样本中没有导致有偏差的不平等估计的误差，上尾部的稀疏性也会导致不稳定的不平等估计。如果富人在样本中以非常低的频率被选中，那么基于调查的不平等测度结果通常会低于真实的不平等结果，有时也会高于（Higgins，Lustig and Vigorito，2017）。如诺拉·拉斯蒂格（Lustig，2018a）所述，在统计学和测度不平等文献中提出了各种方法来解决"遗漏的富人"问题。[③]

三、数据源的分类

根据所使用的数据源，这些数据可分为三大类。

（1）替代数据（即依赖税务登记等替代数据而非调查）；

（2）调查调整（即使用参数和非参数方法调整调查中的最高收入）；

（3）调查和外部数据（即通过使用参数和非参数方法结合调查、行政数据和国民账户来纠正调查数据或不平等估计）。

现有方法之间的一个主要区别是，它们是通过用参数分布（如帕累托）替换最高收入来纠正数据，还是使用外部信息（如税务登记）；还是

---

① 换言之，沃伦·巴菲特或比尔·盖茨在美国家庭调查样本中被选中，或卡洛斯·斯利姆在墨西哥家庭调查样本中被选中的概率是微不足道的。

② "……富人的无应答程度更高，因此不能普遍假设估计的不平等会因富人的选择性抽样不足而上下产生偏差（选择性去除富人应该会减少测度的不平等的直觉是错误的，这在文献中有时被认为是显而易见的，也许是因为它没有考虑到从选择中降低平均值）"（Deaton，2005）。一个简单的例子可以说明这一点。假设我们观察的是 4 个人，前 3 个人的收入是 0 美元，第 4 个人的收入是 1 美元（0，0，0，1）。该分布的变异系数为 2，并且最富有者的收入占比为 100%。现在假设遗漏了一个"富人"，那么实际分布是（0，0，0，1，1）：在这种情况下，变异系数为 1.37，最富有者的收入份额为 50%，也就是说，当校正样本以完全获得分配顶层人口的信息时，不平等会降低。

③ 弗兰克·考威尔和伊曼纽尔·弗莱凯尔（Cowell and Flachaire，2015）将（右）尾误差分为两种主要类型的"数据问题"：（1）测量误差和数据污染；（2）不完整数据。他们的论文讨论了解决这些问题的各种方法。

更改"富人"和"非富人"人口的权重，即重新加权或事后分层。第一种方法假设在所完成的抽样调查中，富人和非富人所占的比例是正确的，而问题在于从高收入群体获得的收入信息是不正确的。这可能是因为调查中少报或漏报了收入，或是因为调查中受访者并不能真正代表富人（由于覆盖面不足、代表性不足、顶层编码和/或稀疏性）。第二种方法假设样本中富人和非富人的总体权重不正确：必须在分布顶层"增加人口数"，要么通过增加调查中富人的权重，要么通过一些参数或非参数方法产生顶层群体。在替换和重新加权的方法下，存在着多种方法。

第五节　扩展家庭经济福利指标

经济学家和统计学者长期以来都在讨论描述人们经济福利的最佳指标。SSF 报告提出的一个观点是，在理想情况下，我们希望关注在社会经济群体和几代人中消费可能性的分布。尽管收入流和财富持有量是评价社会权力关系的一个重要指标，但狭义的经济观点认为，对人们的经济福利真正重要的是他们的消费（包括跨代消费）。

消费可能性不仅取决于当下收入，还取决于积累的财富以及利用现有财富或未来储蓄进行借贷的能力。财富是观测到的消费可持续性的一个重要指标：对于给定的收入，消费可以通过减少资产或增加债务来提高。同样，储蓄和资产增加也会减少给定收入水平下的消费。除了赚取的收入流和财富外，消费的可能性还取决于家庭之间（如礼物、汇款和继承）以及家庭内部（如从收入者到其他成员）的转移。

消费可能性也由国家行为决定。扣除工人缴纳的直接税（如个人所得税和财富税）和社会保障缴款，并将政府和非营利机构提供的当前转移支付（如向穷人或无法工作的人提供的现金转移）加在劳动所得和非劳动所得中，从而得到可支配收入。任何时点上的可支配收入都不能准确地反映消费可能性。衡量后者的更好指标是最终消费支出，其等于可支配收入加上通过借贷或减少资产和减少储蓄而筹资的消费。在实践中，测度的最终消费支出也不能准确地反映消费可能性。例如，除了住房以外的耐用消费品的收益通常在支出发生时记录，而不是在提供这些收益的较长时期内记录。在某些情况下，为了避免消费支出出现扭曲性激增，不包括除住房外的耐用消费品支出。当排除特定类型的难以测度的收入流时（例如：虚拟租金，即业主从其拥有的住房中获得的收入；或家庭自给性消费的商品价值，这在拥有大量自给性农业的国家中很重要），还会出现其他的限制。

在本节中，家庭收入和支出是被排除在外的两个因素，它们通常用于分析经济不平等：政府和非营利机构向家庭提供的免费实物服务（特别是教育和医疗卫生）；消费税和补贴。[①]

一、实物社会转移

除了收入和现金转移外，家庭还获得政府免费（或以高补贴价格）向家庭提供的教育、医疗卫生和社会住房等福利，这些福利的提供是由税收资助的（以及通常由使用此类服务的人支付的使用费用或其他形式的直接费用）。将这些实物福利纳入家庭收入和消费的指标中是很重要的，例如，要避免直接税收的减少（被减少这些政府服务的提供来抵消）就导致高估人们的经济福利，这仅仅是因为同时发生的公共服务的减少还没有被记录下来。理论上，将这些服务的价值（也称为实物社会转移）增加到家庭收入和消费中，可以更好地衡量家庭的消费可能性。但是，对于如何进行这些估算还没有达成共识。也有人担心，这样的估算可能导致指标值与人们实际感知的距离更远（UNECE，2011）。

实物社会转移的估价既带来了概念上的挑战，也带来了测度上的挑战。需要根据考虑的服务范围作出决定（理想情况下，由政府和非营利机构提供的所有类型的个性化服务，不包括国防或法制等公共产品）；所提供服务的货币价值；对各种受益人的分配。[②]

在实践中，最常用的方法是以政府在生产过程中产生的生产成本对实物转移进行估价（Lustig，2018a）。对于教育而言，常用的方法是将价值分配到上公立学校的学生，使用的价值等于从行政数据中获得的每个受益人的投入成本，并把这个价值加到家庭收入中。例如，从行政数据中获得每位小学生的平均政府支出，根据公布的在公立学校上学的学生数量将其分配给各个家庭（同样的方法也适用于其他层次的教育）。关于学龄儿童是否上公立学校或私立学校的信息，或者他们是否在学校上学的信息，可能不会在收入和消费调查中进行收集，因此，基于儿童年龄的一般分配可能无法确定真正的受益人，或者无法确定向他们分配从未得到过的福利。

[①]　这些概念以及它们如何影响家庭收入在诺拉·拉斯蒂格（Lustig，2018a）中进行了详细讨论。

[②]　弗朗西斯卡·巴斯塔利（Bastagli，2015）概括了这些选择。

在医疗卫生方面，个人使用者的估算甚至更为复杂。在这种情况下，福利分配是按照"实际消费法"（actual consumption approach）或"保险价值法"（insurance value approach）进行的。如肖恩·希金斯和诺拉·拉斯蒂格（Higgins and Lustig，2018）所述，"实际消费法"是将公共服务的价值分配给实际使用该服务的个人。"保险价值法"是根据所有具有相同人口特征的人都有权享受这些公共福利的原则，将相同的人均支出分配给所有具有相同特征（如年龄或性别）的人，而不考虑他们对这些服务的实际使用情况。对一种方法的依赖通常取决于数据的可用性，但这种选择也会引发概念性问题，并导致迥异的实证结果。为了根据实际消费情况估算从公共医疗服务中获得的价值，家庭调查必须提供有关医疗服务使用的信息，并区分公共医疗服务（通常从公共卫生系统获得或由公共医疗保险计划支付）和私人医疗服务。在缺乏关于所接受的治疗是否由政府补贴的信息的情况下，调查可能会向患者了解是否投保了私人保险。接受了医疗服务并报告有私人医疗保险的患者被视为接受了私人医疗服务，因此没有接受实物转移，而那些没有私人医疗保险的病人被认为接受了公共医疗服务。理想情况下，调查还应包含一个或多个关于所接受服务类型的问题（Higgins and Lustig，2018）。向使用者提供医疗服务还意味着患者比其原来的生活"更富裕"，同时也提出是否应为他们更高的需求提供补贴的问题，而在分析中常用的均等比忽略了这一点。

总而言之，对公共教育和医疗服务的效益进行估价的方法等于提出了以下问题：如果一个家庭必须以政府的全部成本为免费或补贴的公共服务（或适用于医疗卫生福利的保险价值）支付费用，那么该家庭的收入将会增加多少？这个问题的常规答案是看产生成本。但是，这种方法产生了许多问题：它没有考虑到不同收入或年龄组的需求变化，也没有考虑服务质量，而且可能不能反映受益人的实际估价。[①] 教师可能不会按时到校上课，而且，提供的教育服务质量可能只是家庭在缴纳税款后认为足够的一小部分。对实物转移的分配分析可能表明，贫困家庭比高收入家庭在特定类别的公共支出中获得更大的份额。这一结果可能是由于中产阶级和富人因公

---

① 安东尼·阿特金森和弗朗索瓦·布吉尼翁（Atkinson and Bourguignon，1990）；经合组织（OECD，2015）；大卫·萨恩和斯蒂芬·扬格（Sahn and Younger，2000）。通过使用平均数，这种方法忽略了不同收入群体和地区之间的差异。例如，政府可能会减少（或增加）对贫困学生的人均支出。建议尽可能按分类级别进行平均（例如，不仅按教育层次，还按州和州内的农村/城市区域）。可以分类的级别将取决于国民账户的数据。从教育部获得的数据可能比从国民账户中获得的数据更容易被分类。

共教育和医疗质量差而选择不接受这些公共服务。鉴于现有数据的局限性，提供成本法是目前最好的方法。[①]

二、消费税和补贴

通常被排除在人们消费可能性评估之外的第二个因素是消费税和生产补贴对我们所称的"可消费收入"（consumable income）的影响——遵循公平承诺项目（Commitment to Equity Project）中规定的命名约定，即人们对商品和服务的实际消费。[②] 为了说明这一点，考虑两个国家（或同一个国家，但不同时点），假设两个国家的最终消费支出相同，但一个国家的增值税为 10%，另一个国家为 20%。显然，对于一定数量的货币收入，在第一种情况下的家庭实际消费量会高于第二种情况。

消费税可以加剧贫困。在 28 个低收入和中等收入国家的样本中，公平承诺项目发现，对于亚美尼亚、玻利维亚、埃塞俄比亚、加纳、危地马拉、洪都拉斯、尼加拉瓜、斯里兰卡和坦桑尼亚而言，根据每人每天生活费 2.50 美元的贫困线（2005 年购买力平价），可消费收入的贫困人数高于市场收入（在个人所得税和消费税、现金转移和消费补贴之前的收入）的贫困人数，即消费税增加了收入贫困的普遍性。在加纳、尼加拉瓜和坦桑尼亚，当包括消费税时，从 0 ~ 1.25 美元/天（按购买力平价计算）的收入范围（即极度贫困人口，the ultra-poor）开始都是财政制度下的净支出者。在危地马拉、埃塞俄比亚和亚美尼亚，从 1.25 ~ 2.50 美元/天的收入分类（即极端贫困人口，extreme poor）开始都是净支出者。在斯里兰卡、秘鲁、萨尔瓦多、多米尼加、洪都拉斯和玻利维亚，从 2.50 ~ 4 美元/天的收入分类（即中等贫困人口，moderately poor）开始都是净支出者。[③]

除了对绝对消费水平的这些影响之外，消费税还可能对分配产生影

[①] 杰里米·巴罗夫斯基和斯蒂芬·扬格（Barofsky and Younger, 2018）描述了 3 种方法的优缺点，这些方法可用于评估医疗卫生支出的分配影响：平均成本法、行为结果法和支付意愿法。他们的结论是，所有的方法都有其优缺点：它们提供不同类型的信息，因此，应该互相补充而不是替代。

[②] 诺拉·拉斯蒂格（Lustig, 2016）。公平承诺项目中的可消费收入定义为扣除间接税和补贴后的可支配收入。在其他情况下，可消费是指应缴纳消费税的收入（Ebel and Petersen, 2012）。有关公平承诺项目的更多信息，请访问 www.communitionoequity.org。

[③] 这些结果基于了公平承诺研究机构的研究，并由诺拉·拉斯蒂格（Lustig, 2018b）进行了总结。此外，见肖恩·希金斯和诺拉·拉斯蒂格（Higgins and Lustig, 2016），了解税收（扣除转移和补贴）可能产生的财政贫困程度的估计，以及如何正式测度这种现象。消费补贴的作用方向则相反。

响。当把年收入作为衡量经济福利的一项指标时，消费税是递减的，也就是说，相对较多的消费税是由低收入群体支付的，因为穷人的消费占收入的比重比富人高；相反，如果将终身收入用作衡量经济福利的指标，消费税可能是成比例的（甚至是累进的），前提是假定当下储蓄将用于未来消费。即使从生命历程的角度来看，当考虑到积累的储蓄可用于为未来购买资本货物（如住房）而非消费品提供资金，这种购买可能在国外而不是在国内进行，不同的消费品可能要征收不同的税，并且消费结构可能在收入分配中有所不同，那么消费税也可能会产生递减效应。在所有这些情况下，消费税将产生再分配效应，除了通过一般价格水平发挥作用之外，而这通常被财政再分配研究机构所忽视。尽管人们承认，由于消费税/生产补贴转嫁到家庭为商品和服务支付的价格上，家庭消费的可能性得以降低/增加，但考虑到这一影响，并不是通常用于分析家庭经济福利差异的常规方法的一部分。①

第六节　收入和财富的不平等

SSF 报告认为，GDP 不能很好地衡量经济和社会表现的原因之一是它没有考虑分配：一个大多数人生活糟糕而少数人生活很好的社会，从根本上讲，经济运行未必良好，即使 GDP 在增长，甚至可能增长很快。事实上，美国和其他大多数发达国家也是如此。以 GDP 作为衡量标准，美国经济似乎表现得相当不错，但分配的测度结果提供了一个明显不同的情况。正如一些评论员所说，如果你生在美国，又是在高收入的顶层 1% 家庭甚至更好（如在收入顶层 0.1%）家庭，那就太棒了；但出生在底层 90% 家庭，境况则明显不同。

在 SSF 报告发布之后的几年里，人们对收入不平等的关注显著增加。部分原因在于新数据的可用性，这些数据表明了收入不平等的长期性，高收入的前 1% 人口所占的份额不断提高（Piketty，2014）；部分原因是，自 20 世纪 70 年代末以来，收入不平等现象急剧增加。比较数据分析还表明，

---

① 2011 年《堪培拉家庭收入统计小组手册》指出："……理想情况下，在任何有关政府福利和税收对家庭收入分配的影响的综合分析中，都应包括以某种方式可归属于个别家庭的所有间接税。这不仅包括家庭最终支出的消费税，还包括商品和服务生产过程中征收的税"（UNECE，2011）。

这种不平等增加的规模存在跨国差异，表明国家特定因素，特别是政策和制度，具有相当大的重要性。

收入不平等，其原因、后果和应采取的措施，已成为世界各国政策讨论的焦点。这是一个新的、重要的发展，也反映了经济表现和社会进步测度高级专家组成员的贡献。研究凸显了收入不平等及其随时间变化而加剧的一些决定因素，包括经济结构的变化（全球化、技术偏向性的技术变化、服务业尤其是金融业的更重要作用、许多行业公司的更强市场支配力）以及工人讨价还价能力的减弱。收入不平等本身也是其他一些变化的函数。政策变化影响市场以及可支配收入的分配。其中包括劳动力市场、公司治理、全球化和反托拉斯规则的变化；影响跨代优劣势转移的政策变化，如遗产税和公共教育；以及影响通过税收和转移进行再分配的政策。然而，在所有情况下，减少不平等的政策都需要更好的数据，并更系统地纳入政策考虑中，分析替代政策对收入和财富分配的影响。

SSF 报告不仅强调了收入和财富不平等的重要性，而且还强调了福利的其他各个方面：健康、教育、政治发言权、人身或经济不安全、司法公正、机会。这些不平等指标中的许多都与在许多方面处于劣势的同一家庭或个人相关。人们应该把家庭（最好是个人）作为分析的单位，同时关注影响福利的所有方面。仪表盘需要考虑到平均健康状况的变化，同时还要考虑健康状况好坏的个人。前面提到的安格斯·迪顿（Deaton，2015）研究的案例强调了这一问题：即使寿命在增加，死亡率在平均水平上也在下降，但只受过高中教育的美国白人却恰恰相反，他们的收入也在下降（在进行跨国比较时也会出现同样的问题）。

一、大多数发达国家的不平等日益加剧

30 多年来，虽然主要新兴市场（如中国、印度和巴西）与发达国家之间的收入差距缩小了，但大多数发达国家之间（但并非全部）的收入差距却在拉大。根据经合组织的数据，23 个经合组织国家中有 18 个在 20 世纪 80 年代中期到 2013 年左右经历了收入不平等的显著增加（OECD，2015a）。在某些情况下，政府税收和转移计划抵消了市场收入不平等的加剧。在其他国家，尤其是美国，情况并非如此，统计数据令人担忧。到 2017 年，经通胀调整的家庭收入中位数几乎没有超过 25 年前的水平，实际工资仅略高于 60 年前的水平，全职男性工人的实际收入的中位数低于 41 年前。

虽然美国是极端的例子，但其他国家也紧随其后。经合组织的研究表

明，即使是在瑞典（以实现平等主义而闻名）这样的国家，收入不平等也在加剧。尽管它们的不平等现象大幅增加，但它们的不平等程度远远低于其他国家，收入不平等的加剧在大多数新兴国家也同样重要。

二、全球视角的不平等

布兰科·米拉诺维奇（Milanovic，2016）将国家内部和国家之间发生的事情结合起来，形成一幅全球图像。图 3.2 概括了大部分内容，有两类群体表现得很好，全球最富有的 1% 人口（图 3.2 中的 D 点）以及中国和印度的新兴的中产阶级，大约在 50% 人口（C 点）。这两个群体是全球化的主要受益者。相反，两个底层群体表现不好，例如受冲突影响地区的群体或发展中国家勉强维持生活的农民（A 点），一定程度上受到了欧洲和美国农业补贴的打击；欧洲和美国的工人/中产阶级（B 点），特别是受教育程度有限的人。

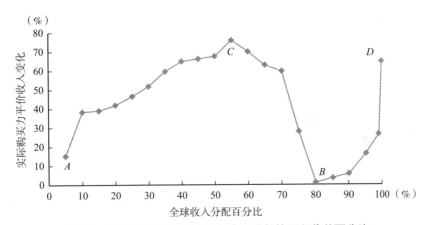

图 3.2 1988~2008 年全球实际收入增长的累积收益百分比

资料来源：Milanovic，2016。

利用测度不平等的标准指标基尼系数，减少跨国不平等和增加国内不平等的影响在很大程度上相互抵消。[1] 但是，把图 3.2 概括为一个单一指

---

[1] 根据米拉诺维奇（Milanovic，2016）的数据，全球基尼系数（基于约 120 个国家的家庭调查数据和 2005 年购买力平价）的值从 1988 年的约 0.72 下降到 2011 年的 0.67。基于人均 GDP 指标用于各国平均收入、20 世纪 90 年代的购买力平价以及各种来源的国内不平等测度指标，弗朗索瓦·布吉尼翁和克里斯蒂安·莫里森（Bourguignon and Morrison，2002）以及莫阿索斯等人（Moasos et al.，2014）对全球基尼系数进行历史估算，显示 19 世纪 20 年代（基尼系数约为 0.50）到 50 年代（0.67）持续增长，此后总体稳定。

标（如基尼系数）会忽略很多方面，例如，发达国家中产阶层和收入金字塔底层中产阶层之间的不满，以及富人的巨额收益。

米拉诺维奇的数据可能会受到一系列假定和测度问题的影响（Kharas and Seidel，2018）[①]，并不能全面反映各国收入不平等水平和变化的程度。在美国收入不平等（大多数指标测度的结果）不仅高于其他发达国家，而且也是增长最快的。有些经合组织国家，不平等的加剧集中在 20 世纪 90 年代初，而在德国，不平等的加剧始于 21 世纪初，法国则始于 21 世纪末（Bourguignon，2012b）。拉丁美洲的一些国家尽管收入不平等的水平很高，但可以看到已经缩小了收入不平等。在中国等一些国家，已经实现贫困人口大幅度减少，但伴随着收入不平等的加剧——富人的收入增长超过了穷人。

三、一系列数据问题

经合组织国家[②]已经拥有了收入分配的比较数据，但这些数据不是在 20 世纪 70 年代中期和 80 年代初开始的不平等加剧的长期"浪潮"时出现的（英国、美国、新西兰）。如果当时可以获得这些数据，政策制定者和相关公民可能已经注意到这一趋势了，并可能已经采取行动来应对。虽然早些时候个别国家注意到经济不平等的加剧，但这往往被认为只是反映了国家的特殊情况。事实上，经济不平等加剧的共同模式在各国越来越明显和普遍，部分原因是 70 年代末和 80 年代初其他地方采用了英国和美国推行的同一套政策。在造成损害很久之后，收入不平等才成为一个令人关注的领域。[③]

如今，最需要经济不平等数据的国家（例如，在没有适当社会保障计划提供缓冲的情况下，那些经济增长强劲的新兴国家和发展中国家），它们的经济不平等数据往往不太充分。尽管这些国家存在各种关于经济不平等的数据，但这些数据往往来自研究人员的估计。即使存在高质量的官方微观数据，研究人员和国际组织通常也无法获取这些数据。此外，关于发

---

① 正如米拉诺维奇（Milanovic，2016）所指出的，测度全球收入不平等是最近努力尝试做的一件事情，其估计值受以下因素的影响：个别国家可用的收入分配数据的质量、使用的购买力平价波动以及是否采用基于国民账户的调查和国民账户之间平均收入差异进行修正。

② 见经合组织收入分配数据库，www. oecd. org/social/income-distributiondatabase. htm。

③ 斯托尔珀 – 萨缪尔森定理（Stolper and Samuelson，1949）预测，发达国家和欠发达国家之间的开放贸易将降低发达国家的工资，尤其是非熟练工人的工资，即使考虑到消费者必须支付较低的价格。

展中国家和新兴国家经济不平等的大多数数据都是基于对消费支出而非收入的调查。当国家快速增长，家庭储蓄增加时（对于那些从增长中受益的家庭而言），消费不平等的增长幅度将小于收入不平等的增长幅度。同样，随着这些国家经历城市化和人口转型的过程，由于家庭规模较小，人均家庭收入和消费的增长可能会超过按消费单位的人均家庭收入和消费的增长。在这两方面，由于数据不充分，这些国家的决策者可能低估了日益加剧的经济不平等。

　　即使在发达国家，过时的收入不平等数据也是一个问题，这些数据通常比最近的 GDP 数据滞后数年。关于收入不平等的数据在政策讨论中几乎没有吸引力，因为当数据可用时，它们代表着"不可改变的事实"（water under the bridge），并且常常会反映出前几届政府所做的政策决定。

　　如一些例子所示，在关于经济不平等的国家官方统计数据中，指标的局限性可能会使政策讨论产生偏差。为了测度不平等，利用调整后的可支配收入（包括政府向家庭免费提供或以补贴价格提供的个人服务），但大多数可用的收入不平等测度指标通常是基于现金收入。虽然在测度非现金公共服务方面存在方法上的挑战，但将非现金公共服务排除在收入指标之外，往往会让决策者不再"幻想"（fiction）通过减税来改善人们经济福利，即使减税被有价值的公共服务抵消。同样，一些发展中国家也投入了大量资金，通过更好的教育和医疗卫生项目来帮助穷人。这些项目改善了贫困儿童的福利，但并未表现为受益人现金收入的增加。[1] 随着时间的推移，它们应该会带来更高的收入，使人们摆脱贫困，但这些收入效应需要一段时间才能显现出来。[2]

　　关于家庭经济资源分配的统计数据在其他方面仍然有限。

　　（1）传统的家庭收入分配调查未能反映出富人收入情况的变化，因此受到越来越多的关注。其他来源的数据资料（主要是税务登记）使用得越来越多，尤其是在安东尼·阿特金森和托马斯·皮凯蒂（Atkinson and Piketty, 2007）及其合作者的研究之后。使用行政数据集会产生如下问题：每个数据资料来源的作用、它们的优势和局限性，以及整合它们的可

---

　　① 这些项目是否能直接改善父母的福利还存在争议。在传统的影响分析中使用的假设表明这些计划确实能改善父母的福利，因为他们把这些计划的费用看作是参与计划家庭的收入。

　　② 将调整后的收入作为福利指标本身就存在解释上的问题。农村贫困家庭往往不会从医疗和教育服务中受益，因为这些服务主要惠及的是城市居民区的富裕家庭，因此，通过不成熟的技术就将这些服务"归因于"他们，只会夸大他们的经济福利。将较高的医疗服务费用归因于最终使用者，分析结果也会产生同样的向上偏差。

能方法。税务登记通常不能充分反映底层群体的收入情况。尽管有一种假设认为富人的收入被低估了，原因是在某些情况下是由于利用法律漏洞造成的，而在其他情况下是由于有很多可疑的近乎偷税的行为造成的。在一些国家，富人的大部分收入都是通过公司获得的，因此，本应属于他们的收入却并非如此。在大多数国家，只有在出售资产时，资本收益才会在纳税申报中报告（如果有报告的话）。[①] 事实上，当资本收益可以获得税收优惠时（通常情况下是这样），富人就已经找到了将股息转化为资本收益的简单方法。对于分配的另一端，即使调查比行政数据能更好地获取底层群体的收入情况，也不够充分（Atkinson，2016）。调查遗漏了无家可归者、住在公共机构和监狱里的人或那些没有固定住址的人。[②]

（2）一方面是收入不平等，另一方面是消费支出和财富不平等，两者水平上都会存在很大差异，有时也会发生变化。行政数据可以提供良好的收入衡量标准，不过会存在上述的局限性，但在测度消费支出时，我们还是必须要依靠调查。测度消费，而不是收入，既有优点也有缺点。一方面，个人可以更好地（通过记账）报告他们所消费的东西，而不是他们所获得的收入：例如，"净收入"对于一个不记账的小店主来说，是一个抽象概念，报告的数字可能就会不准确。另一方面，个人消费水平数据也有其局限性：对于调查参与者来说，报告这些消费数据是一项很繁重的工作，意味着调查结果可能会遗漏底层群体；他们可能会忽略耐用消费品的支出，或者，当他们包括耐用消费品时（通常在单独的模块中），会将其记录为消费支出，理论上，这些消费支出应在数年内进行分配。[③] 这些数据也会受到自身测量误差的影响，原因包括回忆时间的长短、账本中列出的消费项目的数量以及参与者是自己记录消费还是接受采访。[④] 特别麻烦的是，目前只有一些国家的收入不平等数据和一些国家的消费不平等数据，这使得跨国比较变得困难。

（3）如何处理政府提供的商品和服务也是个严重的问题，因为这些项

---

① 《堪培拉家庭收入统计小组手册》（第 2 版）提供的家庭收入标准定义不包括资本收益。也就是说，在标准的经济分析中，资本收益将像股息一样算作"收入"。

② 覆盖不了一些难以接触的人口群体，这是对调查所得收入和国民经济核算所得之间差异的一种解释。

③ 在国民经济核算体系中，所有耐用消费品的家庭支出在购买时都记为消费。

④ 根据在坦桑尼亚进行的实验（从同一人群中抽取 5000 户家庭的 8 个随机样本），凯瑟琳·比格尔等（Beegle et al.，2012）得出的结论是，相对于基准家庭预算调查的 14 天回忆期和消费项目清单较长的情况相比，将回忆期缩短为一周，测度的平均消费量会降低 12%，同时缩短回忆期和减少商品项目清单，测度的平均消费量会减少 28%。

目可能占低收入个人"有效消费"（effective consumption）的很大一部分。忽略这些商品和服务可能会误导人们对经济不平等和平均生活标准的水平和变化的看法。问题（SSF 报告引起了人们的关注）在于，由于这些交易不是市场交易，很难对它们进行估值，在某些情况下，甚至很难确定谁是接受者。医疗服务对于非参保人来说尤其难以估价；但即使对于医疗保险覆盖的人，以市场价格对交易进行估价也不令人满意，因为市场价格通常是失真的。在许多国家，如美国，提供医疗服务的成本上升速度远远快于一般生活成本。结果是，即使名义上的医疗服务支出增长快于消费物价指数（生活成本的总体测度指标），但如果使用医疗服务价格指数，实际的医疗服务可能会下降。这一点很重要：理查德·博克豪瑟、杰夫·拉瑞莫尔和科萨利·西蒙（Burkhauser, Larrimore and Simon，2012）指出，使用名义收入，一旦考虑到（名义）医疗服务支出的大幅增长，美国生活水平的不平等程度就比声称的要小。然而，考虑到医疗服务价格上涨，就会得出相反的结论。

（4）仍然缺乏充分的家庭财富分配数据。在许多富裕国家一直减少对财富持有、资本收入、资本收益和遗产的税收之际，缺乏这些数据尤其令人烦恼（OECD，2018b）。这些政策的退化影响在政策讨论中没有得到足够的重视，部分原因是没有足够的财富分配数据。[①] 除了前面描述的有关收入测度的问题外，家庭财富数据还有两个更为关键的局限性。首先，在一些国家，大量的财富被存放在海外，包括在避税天堂（是指那些为吸引外国资本流入、繁荣本国或本地区经济，在本国或本地区确定一定范围，允许境外人士在此投资和从事各种经济、贸易和服务活动，获取收入或拥有财产而又不对其征直接税，或者实行低直接税税率，或者实行特别税收优惠的国家和地区）。尽管加布里埃尔·祖克曼（Zucman，2015）已经表明了这种隐匿财富的巨大规模，但将其纳入各国的财富分配数据是一个巨大的挑战。其次，在一些国家，富人可能在信托和基金会中持有大部分财富，而信托和基金会的受益所有权往往是不透明的。由于如此持有的财富比例在各国之间可能存在显著差异，因此很难对财富不平等进行跨国比较。同样地，随着时间的推移，如此持有的财富比例也会发生显著变化，

---

① 经合组织已开始根据《家庭财富微观统计手册》（*Guidelines for Micro Statistics on Household Wealth*）（经合组织，2013e）收集财富分配数据。经合组织财富分配数据库的第一批数据包括 17 个国家，2018 年发布的第二批数据将覆盖范围扩大到 27 个国家。

尤其是随着法规和税法的变化。[①]

（5）关于家庭收入、消费和财富的微观统计数据很少会联合起来一起收集，每个组成部分都可以从各个家庭获得信息资料。[②] 不同类型的经济资源之间的相关性越强，即使每种类型的（边际）分布不变，也意味着经济不平等程度越高。如前所述，分析的自然单位是家庭或个人，而底层的群体通常在所有方面都处于贫困状态。美国收入、消费和财富联合分布的证据表明，它们之间的相关性随着时间的变化而增强，这意味着"真正的"经济不平等比单独看待每种类型的经济资源增长得更快（Fisher et al.，2016）。对于大多数其他国家，无法知道低估的程度。经合组织对收入和财富联合分布的研究表明，例如，经合组织国家中40%以上的人口缺乏流动性金融资产，如果他们不得不放弃3个月的收入，这些资产可以防止他们陷入贫困，表明他们很容易受到不可预见的经济冲击的影响（Balestra and Tonkin，2018）。

四、技术性问题

除上述问题之外，在比较不同国家和不同时期的经济不平等时，还必须解决一系列重要的技术性问题。例如，有许多问题影响数据的可比性，而这些问题又反过来影响跨国比较的能力。发达国家和发展中国家之间的数据集性质也存在差异，受访者提供的数据在多大程度上符合收入或消费的确切定义。对于发达经济体来说，经济不平等通常是根据等价收入来衡量的（对家庭规模进行调整，有时还会对每个家庭成员的年龄进行调整），对于其他国家，更普遍的做法是用人均消费或收入。各国之间以及随着时间的变化，家庭规模的巨大差异引发了对收入不平等的跨国比较的质疑。一些发展中国家，家庭的概念（同吃同住的）可能难以界定和衡量。

原则上，分析不平等时应关注的收入变量是可支配收入（个人在缴纳直接税款和接受各种当前转移后可以支配的），但大多数拉丁美洲国家受

---

① 由于个人是否获取了非个人直接持有的财富，甚至会导致财富不平等的变化方向而有所不同。这就不仅仅是缺乏披露的问题。有时，信托文件故意隐瞒谁是受益人，只指出可能受益的几个人。只有受托人知道谁可能从信托中受益。沃伊切赫·科普丘克和伊曼纽尔·赛斯（Kopczuk and Saez，2004）认为，信托中持有的财富相对于家庭总财富来说是很小的，其遗漏不会影响他们财富不平等的结果。

② 经合组织和欧盟统计局与一些国家统计局联合，目前正在根据经合组织关于家庭收入、消费和财富联合分布的统计框架，对家庭收入、消费和财富的联合分布进行实验性估计。

访者使用的确切收入概念（调查通常测度的是收入而不是消费）往往不太清楚。同样，尽管这一领域的国际标准，联合国欧洲经济委员会（UN-ECE，2011）认为收入和消费应包括家庭内部生产的自给性商品（家庭内提供的服务，如儿童保育，由于难以测量，因此被排除在外）以及自有住房的虚拟租金（如果个人租房，他们必须支付的租金），实际上，情况并非如此，即便是在工业化国家。[①]

同样，消费税和补贴对家庭经济资源的影响通常被忽略。人们普遍认为，由于消费税/生产补贴被转移到家庭为其购买的商品和服务支付的价格上，那么家庭消费可能性会因消费税/生产补贴而降低/增加，但通常在分析家庭经济福利差异以及分析政府税收和支出再分配影响时，按照惯例并不太会考虑到这一影响。[②] 税收的财政影响研究突出了显著的分配效应（Lustig，2018）。

辅助数据库（二级数据库、二级库，secondary databases）在是否对基础微观数据进行调整以纠正少报漏报、消除异常值或解决特定项目的无应答方面也存在差异。这种情况会导致数据集之间的不一致，意味着即使基础数据源相同，不同的数据集也可能对不平等程度产生不同的结果。在某些情况下，这些问题可能非常重要，以至于确定各国之间的不平等程度是否已经趋同，可能仅仅取决于使用哪一个辅助数据库。

五、描述收入不平等：指标的选择

呈现（并总结）有关收入不平等的数据也会产生一些问题。通常的指标是基尼系数，基尼系数是根据洛伦茨曲线（见图 3.3）找出了判断分配平等程度的指标，该曲线绘制了人口的累积份额与收入的累积份额（例如，收入底层 10% 的群体可能获得总收入的 5%，收入顶层 20% 的群体可能获得总收入的 12%）。基尼系数是洛伦茨曲线和对角线之间的面积（两倍），相当于样本中所有对个体之间的平均收入差。

---

① 《堪培拉家庭收入统计小组手册》（UNECE，2011）所提出的家庭收入的"可操作性定义"中包含了虚拟租金，经合组织国家（加拿大、韩国、新西兰和美国）的一些统计部门却并未将其纳入收入分配统计中。即使是包含虚拟租金的国家，方法上的差异（如住房、估计方法、租赁者类型）也很大，无法进行国际比较。

② 部分原因是，与评估不同税收和补贴的一般均衡影响有关的问题都很复杂。这对于评估不同政策的分配影响尤其重要。

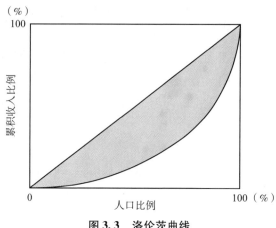

（%）

累积收入比例

人口比例　　　　　100（%）

图 3.3　洛伦茨曲线

　　但是，只有当某一年曲线上分布的所有点都低于另一年的曲线时，才可以说基尼系数越高不平等程度越加剧，也就是说，所有反对不平等的社会都倾向于平缓的那条曲线而不是另一条曲线。当这些曲线"交叉"时，收入不平等变化的评估取决于曲线不同部分的"权重"。例如，一些社会可能更关注中产阶层的空心化（hollowing）（即中产阶层不再是主流），另一些社会可能更关注最高收入 1% 的群体占有国家经济很大一部分份额，而还有一些社会则更关注贫困的深度。即使这些曲线没有交叉，出于政策目的，也要知道收入分布中每一群体都发生了什么——底层群体（生活贫困）、中间群体（中产阶层）和顶层群体（高收入的 1%）。应定期报告不同分布点上不平等指标的发展情况，同时总结总体分布的情况。

　　安东尼·阿特金森（Atkinson，1970）提出了一种基于福利的测度方法，考虑到社会对不平等的关注，该方法评估了收入不平等导致的社会福利损失。该方法提出的问题是：如果能消除所有的不平等，人们愿意放弃多少收入。通过合理假定"不平等厌恶"程度，证明福利损失是相当大的（是其平均收入的 1/3 或更多）。即使是这种测度方法也可能低估了"不平等的代价"（price of inequality），因为它的重点是消除所有的不平等。在大多数情况下，相关的问题是一个国家愿意支付多少来消除某些不平等，例如，在经济学的其他领域，人们需要一个边际指标。约瑟夫·斯蒂格利茨（Stiglitz，2009）研究出了一个这样的指标，该指标计算的结果通常比阿特金森的计算结果要大得多。但与阿特金森的方法不同，到目前为止，该指标鲜有人使用。

六、在政策设计中使用不平等指标

在许多监管领域，例如涉及环境和安全的领域，通常需要进行成本效益分析，迫使决策者评估监管的效益及其成本。同样，像国际货币基金组织现在已经开始做的那样，对任何重大政策都要求对其分配结果进行评估，这应该成为一种惯例。① 可以想象，如果这一过程成为常规的，那么在克林顿总统执政期间，美国可能不会大幅削减资本利得税，这在很大程度上加剧了不平等；如果削减资本利得税，那么它的设计很可能会有所不同。② 这类评估也同样有可能导致人们重新反思一些欧洲国家在金融危机后实施的紧缩政策。同样，最好也要评估劳动力市场监管变化对分配的影响。例如，在没有提供充分的社会保障和有效的劳动力市场计划的情况下，改变劳动力市场监管可能会对不平等产生不利影响。

第七节　中国测度家庭收入、消费和财富分配的进展

一、测度经济不平等的研究进展

国内关于经济福利的研究重点是收入不平等对社会福利的影响和区域差异。王鹏（2011）利用2006年中国综合社会调查数据，实证检验了收入差距对居民主观幸福感的影响。黄嘉文（2016）利用中国综合社会调查数据，研究区域层面的收入不平等对居民幸福感的影响。邓靖（2016）利用中国210个地市及以上城市1994~2014年的数据对居民经济福利进行实证分析，以市辖区职工年平均工资来表示市辖区居民的收入水平，居民经济福利在地区和城乡两个方面表现出明显的差异性。陈昌云等（2020）利用安徽省2007~2017年统计数据来构建经济福利指标，采用熵值法进行测度及动态分析，分别用城镇居民可支配收入和农村居民人均可支配收入两个指标来表示城镇居民和农村居民的实际收入水平，结果表明收入对经济福利的贡献不稳定，且没有随着安徽省经济增长实现同步增长，对经

---

① 国际货币基金组织和世界银行进行的评估是根据公平承诺研究所（Commitment to Equity, CEQ）开发的财政影响工具。CEQ于2015年在杜兰大学（Tulane University）成立，根据CEQ手册中描述的方法，迄今为止已为43个国家（还有23个国家的工作正在进行中）开发了税收和福利模型。

② 例如，以前的投资也受益于减税，这意味着负的分配效应，对激励措施没有正面影响。

济福利贡献较低。刘李华（2020）利用中国综合社会调查数据和反事实法，以客观的代际收入传递机制为标准对收入不平等进行分解，并结合省际宏观变量的面板数据，检验了不同来源的收入不平等的经济增长效应。

财富分配对经济不平等也会产生重要的影响，且区域间的差异在逐渐扩大。陈彦斌（2008）通过分析形成贫富差距的原因，根据其特征和家庭资产结构，选择奥尔多投资研究中心关于家庭资产的调查数据，结果表明我国城乡之间的贫富差距比较严重。原鹏飞等（2013）为了了解我国城镇居民在住房财富分配方面的不平等情况，利用来自中国人民大学数据与调查中心的家庭微观调查数据，计算基尼系数和阿特金森指数，并将基尼系数的测算结果进行贡献率分解，研究结论为我国城镇居民的住房财富分配相当不平等，且两者之间的不平等有逐渐加大的趋势。王晶（2019）根据中国家庭追踪调查 2010 ~ 2016 年的数据进行了收入不平等和财富不平等的实际测度和分析，包括不平等的程度、结构、城乡差异等，并通过收入分布与财富分布的对比初步测度了二者的关联性，结果表明我国居民家庭财富的不平等程度是远高于收入不平等的，家庭层面收入和财富的分配存在一定的差异性。

郭新华（2014）认为经济不平等的重要体现就是消费不平等，这对研究居民福利水平差异非常具有参考价值。孙豪等（2019）同样认为消费不平等比收入不平等更具参考意义，因此将消费不平等作为研究对象，在多维度测度消费不平等的基础上，分析了消费不平等形成的原因。刘洪等（2014）认为由于对消费不平等的研究相对较少，虽然理论成果比较丰富，但应用层面还相对比较滞后。大多数有关消费不平等的测度指标都是参考收入不平等的生成指标，或者采用单一的测度不平等的指标，如基尼系数（李涛和么海亮，2013；孙豪等，2017）、分位数（杨继东，2013）进行消费不平等测度，或者采用方差、变异系数、泰尔指数等多种指标进行消费不平等测度（曲兆鹏和赵忠，2008；谢邦昌和么海亮，2013；邹红等，2013）；也会使用若干新方法来测度消费不平等，如非参数方法（谢邦昌和么海亮，2013）和拓展的基尼系数法（戴平生和林文芳，2012）。

二、数据来源

大多数不平等研究都是基于家庭调查数据，更具体地说是基于微观家庭调查数据。以下是中国比较权威且统计资料比较全面的基础调查数据库，包括：

第一，中国家庭收入项目调查（Chinese Household Income Project，CHIP），它是由国家统计局农调总队和中国社会科学院经济研究所共同开展此项专门调查。调查内容主要包括：收入、消费、就业、生产等有关方面的情况。是我国最早进行家庭收入项目的调查，分别在 1988 年、1995年、2002 年、2007 年和 2010 年对城镇和农村进行了五次入户调查，既收集了住户的收入信息，也收集了财产信息，因此可对中国居民的家庭财产分布进行全面分析。

第二，中国综合社会调查（Chinese General Social Survey，CGSS）由中国人民大学中国调查与数据中心负责开展，是我国最早的全国性、综合性、连续性学术调查项目，全面、系统地收集社会、社区、家庭、个人多个层次的数据，充当多学科的经济与社会数据采集平台，描绘出社会变迁的总体趋势，推动国内科学研究的开放与共享，为国际比较研究提供数据资料。刘军强等（2012）利用 2003～2010 年的 CGSS 数据，分析发现在过去 10 年内中国国民幸福感一直处于上升趋势。黄嘉文（2016）利用CGSS2005 年的数据，得出收入分配体系的合理性才是影响国民幸福感的高低的重要因素，并非收入不平等本身。

第三，中国社会状况综合调查（Chinese Social Survey，CSS）是中国社会科学院社会学研究所于 2005 年组织的一项全国大型连续抽样调查项目，旨在通过对全国居民的劳动就业、家庭社会生活、社会态度等方面的长期纵贯调查，获取社会转型时期中国社会变迁的数据资料，从而为社会科学研究和政府决策提供详细而科学的基础信息。赵宝福和黄振国（2015）通过整理 2011 年中国社会状况综合调查（CSS）数据，对农户收入的决定因素和农户收入差距的成因进行定量分析，发现物质资本、社会资本、劳动力人数及劳动力平均受教育年限对农户收入具有显著的正向作用，而劳动力平均年龄和家庭负担率对农户收入具有负项作用。

第四，中国家庭动态跟踪调查（Chinese Family Panel Studies，CFPS，后更改为"中国家庭追踪调查"）是由北京大学中国社会科学调查中心开展的，从 2010 年开始，原计划每年（后来改为隔年）3～7 月在全国进行实地调查，8～10 月进行数据清理，11 月至次年 2 月向北京大学及合作调查的院校师生提供数据，并撰写关键的指标报告（报告名称为《中国报告》，现改为《中国民生报告》）。秦海林等（2019）根据 2014 年 CFPS 数据，运用工具变量法和中介效应模型，研究人力资本对家庭财产性收入的影响。

第五，中国家庭金融调查（China Household Finance Survey，CHFS），国内学者基于此调查数据，揭示了中国家庭财富状况的演变特征。

第六，奥尔多（Aordo）投资研究中心的家庭资产调查，梁运文等（2010）利用 2005 年和 2007 年的数据，计算出我国城镇居民和农村居民净财产不平等的基尼系数分别为 0.58 和 0.62，我国居民财富不平等的主要来源在于金融资产和房产。

第七，官方统计数据也为不平等的研究提供了数据支持，主要是利用历年统计年鉴和住户调查统计年鉴的数据，如城乡居民收支指标等。国家统计局开展的住户调查主要包括：农民工监测调查、农民工市民化监测调查、农村贫困监测调查、农户固定资产投资调查、城乡居民的收支和生活状况以及退耕还林（草）监测调查等。《中国统计年鉴》和《中国住户调查年鉴》的"人民生活"章节中"农村贫困状况"反映了自 1978 年以来农村贫困人口和贫困发生率情况。另外，国家统计局出版的《中国农村贫困监测报告》迄今为止已出过 2000～2011 年、2015 年至今的版本，涵盖了当年全国农村贫困状况、贫困地区农村贫困状况、区域性贫困状况等数据资料。

本 章 小 结

21 世纪初以来，无论是政策制定者还是普通大众，对家庭经济资源的分配都越来越重视。与此同时，各国可用的微观数据集越来越多（尤其是关于财富的数据集），开始更多地关注收入分布的顶层群体、调动其他数据源（如税务登记）、采取措施使宏观和微观数据流更紧密地结合在一起，对"全球收入分配"也日益重视，构建了将不同国家数据来源结合起来的大型国际数据集。

与 SSF 报告发布时相比，情况发生了巨大的变化。特别是，重新使用税收数据，尤其是将它们与（收入和财富）调查和国民账户的数据结合起来，具有许多开创性的贡献，并帮助人们以前所未有的方式关注收入顶层群体。[1]

---

[1]　在 WID 网站上可以看到相当长的已完成和正在进行的研究列表，以及他们依次引用的研究。

一、存在的问题

虽然取得了一些进展，但要实现衡量家庭经济资源在不同国家和不同时期的分配的目标，仍然存在若干重大问题：

第一，不同的国际数据集在同一国家和同一时间内的不平等水平和变化方面都存在着重要差异；

第二，微观和宏观来源的不平等水平和趋势的描述不一致，并且在某些情况下，随着时间的变化不一致的程度越来越高；

第三，不平等指标往往只能部分反映不平等的真实程度，原因是因为在家庭调查中富人收入少报漏报和覆盖面不足；

第四，测度确切的收入概念仍然具有挑战性；

第五，国际标准仍然不完整；

第六，关于财富不平等的数据虽然比以前更加普遍，但仍然缺乏。

二、若干建议

在此背景下，提出了若干建议。

第一，定义和测度更全面的收入概念。如上所述，需要进行更多的分析和实证工作，以在更广泛的收入概念中准确反映政府和非营利机构向家庭提供的教育和医疗服务等实物福利的价值。此外，在衡量消费可能性时，必须考虑家庭自给性消费而提供的服务以及消费税和补贴的影响。《堪培拉小组家庭收入统计手册》提出的国际标准认为，有必要扩展家庭收入的概念定义以考虑到实物福利，但对于如何在实践中实现这一点没有明确规定，同时排除自给性家庭服务以及消费税和补贴。这种情况需要改变，但不能损害其他收入来源现有衡量标准的质量和可比性。这可以通过以基于更广泛概念的实验性方法（例如，综合实物福利价值、家庭为自给性消费提供的服务和消费税的测度方法）来补充现有的家庭可支配收入指标（主要遵循国际准则）来实现。显然，消费可能性会因增值税税率的不同而不同：两个可支配收入（或调整后的最终收入）相同但消费结构不同的个人，当适用于不同商品和服务的增值税税率不同时，消费支出的可能性也不同。

第二，修正富人的漏报和覆盖面不足。在测度经济不平等的过程中，评估分配顶层群体（和底层群体）漏报的程度，以及富人（和穷人）是否从收入、消费和财富分配中"遗漏"应该是一种常见的做法。许多国家都有"富豪榜"（收入顶层的个人和家庭的数量和收入/财富价值），而且税务登记（质量好时）为实施这一修正提供了重要的资源。应在国家层面提出适当的调整建议，以减少调查的代表性和覆盖面不足。所有这些都将需要大量投资来改进和开发统计数据。最重要的是，各国政府应提供（匿名）税务登记中的信息，并允许通过个人身份号码在调查和登记之间建立联系。① 研究不平等问题的学术界应对各种方法进行全面、系统的评估，以应对漏报和覆盖面不足的情况，提出最佳做法的建议（包括一些关键的稳健性检验）。

第三，增加财富分配数据的可用性。有一系列来源可以获取财富分配信息：专门的家庭财富调查；有关投资收入的行政数据，据此得到潜在财富的估计值；巨额财富所有者名单，如《福布斯》美国年度富豪榜或英国《星期日泰晤士报》富豪榜；人口普查（在某些情况和年份包括家庭财富问题）；有关个人遗产的行政管理数据，可用于估算在世时的财富；根据每年征收财富税获得财富的行政数据。国际社会应加大努力来评估财富分配数据的可用性和质量并提出建议，以便在尽可能多的国家定期收集必要的数据，并使这些数据在不同国家和不同时期具有可比性。

第四，解决国际数据集不一致的问题。最近，人们对收入或财富的"全球分配"（即当全世界所有人都被视为同一国家的公民时所获得的分配）越来越感兴趣，导致了结合来自大量国家来源的信息的国际数据集的激增。尽管这些数据集的质量通常取决于基础国家数据，但创建这些数据集的机构和研究人员经常做出各种假设，以填补数据空白或提高这些估计的事后可比性。即使这些国际数据集仅限于世界上更容易获取国家层面数据的地区，用户也可能看不到对国家数据采用不同的数据处理方法和数据收集的差异（不同国家和不同时间）。鉴于全球不平等分析对数据库的选择如此敏感，数据集用户应该对他们将要使用的数据中所包含的假设和方法选择有透彻的理解，并进行系统的稳健性检验，以确定他们的结果是否对特定数据集的使用敏感。数据集生产者应清楚、完整地记录所有假设；公开数据、方案和结果，以便在应用时可复制；相互比较它们的方法和结果，并最终在微观数据、辅助数据和基于估算的数据源测度不平等指标时，在常规和最佳做法上达成一致。最后，国际社会应投入更多的财政资源，使较贫穷国家能够建立必要的统计基础设施，以弥合差距，并提供所

---

① 乌拉圭政府采取了这样一项措施，并与学者分享了这类信息（Higgins，Lustig and Vigorito，2017）。

需的数据，以便更好地了解国家和全球不平等。更好地了解全球收入分配具有全球公共产品的性质（例如，需要评估全球化对世界各国的影响），这意味着富裕国家应提供实现这一目标所需的部分资源。

第五，根据《全球贫困报告》（*Global Poverty Report*）的主要建议，国际组织应带头建立一个关于经济不平等的常设统计工作组，负责制定测度家庭收入、消费和财富的手册，检验这三者之间的关系，调查家庭调查、国民账户、税务登记和其他数据来源之间的关系，并就如何提高数据来源的一致性提出建议。后面这项建议对于解决不同来源之间关于不平等水平和趋势的描述有时不一致的问题很重要。

第六，整合还是不整合？毫无疑问，如果有一个关于家庭收入、消费和财富分配的综合数据源，通过住户调查、行政记录、金融机构和国民账户提供的报表等来源进行汇编得到这个数据源，那么将大大简化经济不平等数据用户收集数据的过程。但是，我们离这个理想还很远：基于不同的约定和定义，各个数据源以不同的目标进行编写。国民核算人员在整合来自不同机构部门的对应信息时所做的假设可能不适合调查统计学者。尽管发达国家目前正在采取一些举措（既要整合家庭部门的微观和宏观统计数据，也要整合各种类型的微观统计数据），但在低收入和中等收入国家，关于数据质量的问题使得整合变得极其困难。例如，当调查收入占国民账户中收入的40%~60%之间时，人们会怀疑问题是否真的出在调查中存在少报和覆盖面不足的情况，或者更确切地说，国民核算是否准确。在这种情况下，采用多源方法调查收入、消费和财富的分配具有相当大的价值。单凭一种方法是不够的，必须让人们注意到它们的优缺点（Alvaredo et al.，2016）。在这些情况下，与其选择一种替代方法，不如同时采用整合数据方法和仪表盘方法（Bourguignon，2016）。仪表盘方法将需要分别报告来自家庭调查和税务数据（以及可能还有其他分配数据）的估计数，因为它们描述了分配的不同部分；例如，通过第六章所述的分配国民账户方法整合这两种方法以及上述其他方法；并利用国民账户和行政数据来调查不一致的来源，评估其对不平等结果的影响。

解决所有这些问题将需要政府、国家统计局、多边组织、慈善基金会和研究人员等投入更多的资源（包括财力和智力）。它还需要这些支持者之间的合作，在缺乏国际公约的地方制定国际公约，并在需要时制定实施手册。最后，准确测度经济不平等需要政治承诺。各国政府、国际组织和学术界需要致力于提高透明度，并以有助于测度和分析经济不平等的方式公开信息，同时保护受访者的身份以对受访者信息保密。

　　本章论述现有经济不平等测度指标的缺点、问题和局限性，采用了支持全球贫困委员会报告的相同观点（Atkinson，2016）。应该意识到不平等指标的不确定性，还要意识到不平等的水平和变化都是以相当大的误差来衡量的。不同的数据源受到不同的问题和偏见的影响，通过交叉不同的观点和数据源，可以更好、更丰富地理解潜在的现实。因此，与其采取什么都不能说的立场，更希望鼓励研究界和统计界确定不同的潜在错误来源，制定解决这些问题的方法，并指出其可能的规模，以及提出引入一些更稳健的方法来测度经济不平等（Atkinson，2016）。

第四章　测度横向不平等

本章讨论横向不平等的重要性，即具有共同特征的人群在收入和非收入方面的不平等；家庭内部的不平等；财富分配中的性别不平等（性别贫富差距）。横向不平等的测度提出了一系列问题，即应采用哪种类别的分类法，是否根据每一群体的人口规模对其测度指标进行加权以获得一个总体指标，以及如何考虑群体内部的分配。讨论了忽略家庭内部不平等可能对总体不平等的估计结果产生的影响，强调了家庭和个人福利之间的差异，以及如何更好地估计性别贫富差距。

第一节　测度横向不平等的基本问题

SSF 报告主要关注的是个人收入、消费和财富的不平等。这种不平等（也称为纵向不平等）在许多情况下很重要，但忽略了人口群体之间的系统不平等，通常仅限于不平等的"经济"维度，并假定家庭中的每个人都获得该家庭的平均收入。本章讨论了家庭内部不平等在收入和非收入方面横向不平等（即具有共同特征的群体之间的不平等）的重要性，以及财富分配中的性别不平等（即性别贫富差距）。三个部分在涵盖各自重要的议题的同时，也以重要的方式相互联系。例如，家庭内部不平等的一个关键方面是家庭中性别不平等，这涉及社会中横向不平等的各种问题；反过来，在财富不平等的情况下，性别不平等尤为重要，本章将基于一个具体的测度指标来探讨这一问题。

横向不平等具有重要意义和政策相关性，但没有系统地收集必要的数据并公布适当的指标。这在一定程度上是由于测度横向不平等带来了概念上和实践上的挑战。标准化收集相关数据和扩大用于社会进步评估的诊断指标的做法，还有许多工作要做。

一、横向不平等的重要性

横向不平等是最重要的不平等类型之一，很大程度上是因为它们对公平正义和社会稳定的影响。相关的群体类别包括种族、民族、宗教、性别和年龄。尽管它们很重要，但在分析和政策中，人们通常更关注纵向不平等（或人际不平等）。

大多数人都是许多群体的成员，在评价社会的任何横向不平等时，首先要解决的问题是采用哪种群体分类。适当的分类将会反映出感知到的身份差异，不仅关系到人们对自己的身份认知，也关系到他们如何认知别人。有些群体类别可能是暂时的或不重要的，例如某个俱乐部的会员。但是其他类别塑造了人们看待自己的方式，以及他们如何被对待和行为的方式。年龄和性别差异在任何情况下都很重要，但是社会对其他显著特征的看法是不同的，而且随着时间的变化，它们的重要性也会发生变化。例如，种族在南非一直是一个重要的身份特征，但今天它可能没有以前那么重要了。在许多拉丁美洲和非洲国家，种族是一个高度相关的类别，与歧视、不满，有时还与大规模暴力有关。宗教构成了当今世界人们之间的一条重要分界线，但它不会再引发曾经发生在欧洲的战争。

群体分类是不固定的，可能边缘模糊，但仍能敏锐地感知到，这往往是歧视的根源，而且通常与群体间信任程度低和社会互动弱有关。当类别重叠时，身份差异对社会和政治稳定的影响尤其显著，例如，不同民族的成员也信奉不同的宗教。

分配问题通常是沿着一个维度来考虑的，特别是在收入方面，尽管人们强烈主张需要采取多维测度方法（Sen，1980）。多维性是横向不平等的一个基本特征，它的三个主要维度是社会经济、政治和文化认同。对于每个维度，都包括多个领域。例如，社会经济维度，相关的不平等包括获得教育、医疗卫生、饮用水等基本服务领域的不平等，以及收入、资产、就业等经济资源领域的不平等。政治维度，相关的不平等包括在政府、上层机构、军队和警察以及地方政府中代表性的不平等。文化认同维度，相关的不平等包括对语言、宗教和文化习俗的承认、使用和尊重。

在不同的维度和领域之间存在许多因果关系。例如，教育不平等可能导致一系列经济不平等，从相反的因果关系来看，低收入也往往与儿童受教育程度低有关。例如，如果一个群体的语言没有被用于政府业务或教育系统，那么文化认知的不平等可能导致教育和经济的不平等。因果关系越紧密,这些不平等就越重要。与群体分类一样,不同社会的相关维度也各不相同。例如,尽管土地不平等在农业社会中具有重要意义,但在农业相对不重要、金融资产所有权和技能不平等决定了生活机会的经济体中,土地不平等无关紧要。

(1)横向不平等本身及其利用价值都很重要,因为横向不平等会影响其他目标(Loury,1988)。最重要的是,任何令人不适的横向不平等都是不公平的,因为没有理由仅仅因为他们是黑人而非白人、是女性而非男性,或是某个民族而非另一个民族,就应该让他们获得不平等的报酬或拥有不平等的政治权力。根据这一原则,反歧视法是言之有理的。

(2)关注横向不平等的另一个内在原因是,横向不平等可能对福利产生直接影响。个人福利不仅会受到个人自身环境的影响,而且会受到他们所在群体的影响,因为某些群体的成员身份会构成一个人身份的组成部分。同样,相对的群体贫困使人们认为个人可能永远会被困在贫困的境地。例如,心理学家已经证明,非裔美国人的心理疾病有时与他们所在群体的地位有关(Broman,1997)。因此,有人认为,群体的相对地位应进入个人的福利函数(Akerlof and Kranton,2000)。

(3)除了这些内在的关注原因外,横向不平等还影响其他目标的实现。最有力的工具理性就是,横向不平等已被证明显著增加了暴力冲突的风险(Stewart,2008;Cederman et al.,2011)。群体不平等引发了强烈的不满,领导者可以通过呼吁文化标志(如共同的历史、语言或宗教)和指出对群体的剥削,就利用这些不满来发动政治抗议。这种动员尤其可能发生在政治和经济不平等的情况下,例如,较贫困群体的领导人被排除在政治权力之外,因此有了动员的动机。群体不平等已成为引发冲突的一个因素,例子包括科特迪瓦、卢旺达、北爱尔兰、恰帕斯和苏丹(Gurr,1993;Langer,2005;Stewart,2002;Murshed and Gates,2005)。国家内部(国家之间)令人不适的横向不平等是不满和政治不稳定的重要根源,而与纵向不平等的程度无关。事实上,大多数计量经济学研究表明,纵向不平等与冲突之间几乎没有联系(Fearon and Laitin,2000;Collier and Hoeffler,2004)。

(4)关注横向不平等的另一个重要原因是,横向不平等往往是历史和当前由于人们的身份而受到歧视的结果。当有才能的人未能发挥他们的潜力时,这种歧视可能会导致效率低下。大多数研究表明,美国对非裔美国人采取的平权法案对经济效率产生了积极影响(Badgett et al.,1995)。

（5）如果不解决横向不平等和贫困群体的整体地位，很难实现某些目标。如消除贫困或普及教育，因为贫困群体往往特别难以获得国家提供的服务。

二、测度横向不平等的三个问题

鉴于横向不平等的重要性，有必要对它进行系统测度和监测。尽管各国政府以及一些全球调查，如人口与健康调查（Demographic and Health Surveys，DHS）和生活水平测度调查（Living Standard Measurement Surveys，LSMS），越来越多地收集了按组分类的经济数据，但还是缺乏按组分类的系统数据。很少有收集有关政治权力或文化认同不平等的数据，只有个别学者在进行这项工作（Gurr，1993；Langer，2005；Wimmer and Min，2009）。

除了那些涉及测度纵向不平等的问题，横向不平等的测度遇到了三个特别的问题（Mancini，Stewart and Brown，2008）。

（1）采用哪种分类法的问题。

（2）群体规模各异，因此可能需要根据每一群体的人口比例对任一总体指标进行加权。

（3）考虑到群体内部分配可能也很重要，因为群体之间的不平等所产生的政治和政策影响可能会有所不同，这取决于差异是出现在各群体分配的顶层群体还是底层群体中，或者是因为每个群体的分布存在相同的差异。

测度一个国家总体横向不平等的一个常用指标是任一指标的群体平均表现的人口加权变异系数。詹姆斯·福斯特的一般均值法显示了群体差异在分布上的变化（Foster，Lopez-Calva and Szekely，2003）。这涉及在群体分布的不同点上估计每个群体的参数均值。总体上测度一个国家整体的横向不平等有助于各国之间和不同时期的比较，但就国内政策而言，将每个群体与国家平均水平进行简单比较就可以了。

三、测度横向不平等的未来发展方向

可持续发展目标 10（减少国家之间和国家内部的不平等）明确提及基于"年龄、性别、残疾与否、种族、族裔、出身、宗教信仰、经济地位或其他任何区别"的不平等。需要强调的是，如果一个国家的目标没有被重要群体实现，就不应认为已经实现了这个目标。这与测度、监测和政策有着明显的相关性。这是一个适用于全球性的问题。例如，在欧盟，已经有一个漫长的过程，旨在确定一组"核心社会变量"，将其纳入所有官方调查中，这将使得在不同的福利维度上对人口进行共同的分类。为了进行监测，需要在制定一套有关各国间机会和成果的共同分类和维度，并有共同的标准和定义，特别是对于一些横向分类，如残疾与否、种族和民族。然而，考虑到不同国家的显著群体和贫困程度的差异，只有一组最少或核心的指标可能适用于全球。为了适应具体的情况，需要灵活监测。

不同的国家采取了不同的政策来解决横向不平等问题（Mancini, Stewart and Brown，2008）。第一个要求是确定哪些群体极端贫困、哪些方面的贫困最为普遍。政策可以是普适性的，也可以是有针对性的。普适性政策根据普遍的类别提供福利或征税，平等地适用于社会中的每个人。一般来说，这些好处，如共同获得医疗服务，可能最有利于贫困群体，从而减少横向不平等。有针对性的政策会确定特定的群体，并给予其成员特别优待，例如获得政府就业或教育奖学金。这种有针对性的政策通常被称为"平权法案"。平权法案可能是有效的，但这些政策也可能产生不良的副作用，在某些情况下，行为会发生改变，鼓励受优待群体强烈认同其身份（种族化），并激起没有受到优待群体的反对（Hoff and Stiglitz，1974; Harrison et al.，2006; Brown，Langer and Stewart，2012）。

在某些情况下，为了减少贫困群体之间的不满，需要提高平权法案的可见性和快速性。当歧视是不平等的根源时，反歧视法是一项有效的政策，但需要通过普遍的法律途径加以实施和支持。诚然，许多横向不平等是由历史原因引起的，因此只有在非常宽泛地解释歧视，承认其历史渊源的情况下，反歧视法才能有效地减少这种不平等。最有效的方法是将普适性和针对性的政策结合起来，正如北爱尔兰和马来西亚成功采取的措施那样（Faaland，Parkinson and Saniman，2003; Todd and Ruane，2012）。但在这两种情况下，虽然横向不平等大大减少，但社会凝聚力仍然脆弱，这表明需要制定互相补充的政策来促进社会融合。

如前所述，影响人们福利的横向不平等远远超出了严格意义上的经济不平等，包括文化歧视、官方和非官方行为（如警察或媒体的行为）以及政治歧视，所有这些都会影响经济机会和福利。因此，政策领域需要相应地扩大。

第二节　家庭内部不平等与价值指标不平等的测度

一、为什么家庭内部不平等很重要

考虑经济或社会福利的任何指标，如消费、教育或健康。规范性框架通常建立在实现个人的这些指标之上。当某个指标值低于一个规范确定的临界值时，这个人就被认定为处于被剥削的状态。这个临界值可以是消费的贫困线，也可以是其他类似的线（例如适当的营养水平）。所考虑群体中不同个体的指标差异是测度不平等的基础。文献资料的一个重要分支就是开始解释不同维度的变化。例如，这种差异有多大程度是由于种姓、种族或民族的差异造成的，这往往是深入调查这些因素在不平等中的作用的起点。同样，性别造成的差异也是讨论社会性别不平等的一个关键因素。事实上，如前一节所讨论的，具有共同特征的群体之间的不平等是分析横向不平等的基础。

性别不平等提出了一个令人焦虑的问题：会不会是因为男孩和女孩，以及男性和女性在家庭中受到的待遇如此不同，以致他们的福利彼此不同？换句话说，家庭内部是否存在不平等？家庭内部不平等将导致我们对许多规范性框架产生疑问，在这些框架中，家庭是一个互相合作和公平的机构。如果家庭内部存在不平等，那么就会导致整体的不平等，而这种不平等的模式反过来又可以揭示整个人口中不同性别、不同年龄组的不平等。

二、测度家庭内部不平等

测度个人福利的标准方法是家庭调查，它可以收集个人和家庭层面的信息。在家庭层面收集的一项关键信息是关于家庭收入和消费（或者更准确地说，关于消费支出）的数据。这是许多国家得到总体贫困和不平等指标的中心数据来源。就消费数据而言，将许多讨论得很充分的问题放在一旁，如支出回忆期的长短，考虑到家庭生产的消费、住房服务和价格变化，就会遇到一个问题，即如何从家庭层面的消费转变为个人层面消费的信息，这是不平等和贫困测度所必需的。

对于大多数国家来说，官方数据的答案非常简单，但有些令人困惑。

家庭总支出通常除以家庭成员的数量，然后每个人都分配了家庭的人均消费。换句话说，假设家庭内部不平等不存在。当使用成人等价性来考虑不同人口特征的消费需求时，这也是一个隐含的假设。假设平等个体之间没有不平等。换句话说，总体不平等和贫困指标的标准方法系统地抑制了家庭内部不平等。因此，低估了整体不平等，只关注家庭人均消费的不平等。

实证研究之前，我们还需要提出这样一个论点：当重点关注不平等随时间的变化时，低估不平等程度并不一定很重要，因为持续的低估不会影响这种趋势。

这当然是正确的，但也应考虑以下几点：

第一，如果我们对整体不平等感兴趣，那么不平等程度当然也很重要——至少，在不同程度的不平等中，持续的低估可能有很大的不同。

第二，我们如何知道低估是不变的？除非我们从实证角度来探讨这个问题，并且至少知道低估的可能性，否则我们不会知道这一点。由于忽视了家庭内部的不平等，对不平等低估了多少？考虑到标准数据源的性质，这个问题不容易回答。如果我们有实际的个人消费水平数据（我们在标准家庭调查中没有该指标），这个问题无关紧要，因为我们可以观测到实际的整体不平等。我们可以采用两种可能的方法：

第三，利用结构计量经济学方法。在这种方法中，从家庭内部分配模型开始，使用一个可以推断家庭内部不平等的自由参数；然后根据观测到的家庭消费模式来估计这个参数。这就是杰里米·利斯与香农·塞茨（Lise and Seitz，2011）所采用的方法，他们得出的结论是，以往的研究低估了个人消费不平等的 25% ~ 50%。

第四，无论在标准家庭调查还是特别收集的数据集中，利用个体水平数据的指标。由于在这些情况下，我们确实有该指标在所有个人之间的"真实"分配情况，因此我们可以构建假设分配，即每个家庭中的每个人都被分配该指标的家庭人均价值。真实分配和综合分配中的不平等之差使我们可以估计出，如果我们没有指标的个体水平数据，我们会走错多远。

在卢森堡收入研究的大量调查中，对于双职工家庭，迪帕克·马尔甘等（Malghan et al.，2016）发现，家庭内部不平等占 30% 或更多，或者说是占总体不平等的 30%。索菲·庞蒂厄（Ponthieux，2015）使用了 EU-SILC 2010 主题模块中的一个问题（你的个人收入与普通家庭预算的比例是多少？）来构建"修正的等值收入"指标。结论是："背离夫妻共享全部收入的假设，会导致各种不平等指标的水平提高"。对于卡路里摄入量，劳伦斯·哈达德和拉维·坎伯（Haddad and Kanbur，1990）在第一次量化家庭内部不平等的研究中，对菲律宾少数家庭进行了专门调查，收集了个人营养摄入量数据。利用卡路里充足率作为福利指标，他们发现不平等的可能误差在30%左右。

当家庭内部不平等被抑制时，这些都是间接估计不平等低估的方法，就像我们的主要标准指标一样。但它们都表明，忽视家庭内部不平等的总体不平等的指标值显著增加了。

三、家庭内部不平等与减贫增长弹性

显然，总体不平等的估计水平受到忽视家庭内部不平等（intra-household inequality）的显著影响。这种低估肯定会影响一个社会对任何给定水平的人均收入的福利评估。实证研究没有足够的先进性来检验低估是否是恒定的，但就随时间的变化而言，持续的低估显然不会影响趋势。

在过去的 25 年，发展经济学引入的一个关键概念是"减贫增长弹性"（growth elasticity of poverty reduction）。这一概念背后的基本思想源于这样一个观点，即两个时期之间的绝对贫困减少可以分为"增长部分"（growth component）和"不平等变化部分"（inequality change component）。为了得到"增长部分"，分析人士构建了一个分配，在这两个时期内，所有收入都以人均收入的增长率增长，不平等是不变的，因为每个收入都以相同的比例增长。可以计算综合分配中的贫困程度，并将贫困变化称为贫困变化的"增长部分"，实际贫困变化的剩余部分可归为"不平等变化部分"。

贫困"增长部分"的百分比变化除以经济增长率（当然，也就是人均收入的百分比变化），被称为"减贫增长弹性"，衡量贫困对分配中性经济增长的反应程度。"减贫增长弹性"本身就是不平等水平的函数。一般情况下，在技术上是模糊的，但弗朗索瓦·布吉尼翁（Bourguignon，2003）已经表明，对于特定的函数形式和实证模拟，增长弹性越低，收入不平等程度越高。这一发现被解释为，这意味着对于给定的人均收入，减少不平等不仅可以对贫困产生直接的水平影响，而且还可以通过提高减贫对经济增长的灵敏度产生间接影响。布吉尼翁发现，当基尼系数上升 1/3 时，弹性系数下降 1/3。

上述讨论隐含的意思是，由于标准方法抑制了家庭内部不平等，因此

低估了不平等的真实水平。根据布吉尼翁的论点，意味着标准方法夸大了减贫的真正增长弹性，因为它们依赖的指标低估了真正的不平等程度。

四、估计不平等的"真实"水平

测度家庭内部不平等是实现更准确测度不平等程度和减贫对经济增长反应程度的第一步。它还可以为跨性别和跨年龄群体的不平等研究提供一个平台，这两种类别都属于横向不平等。但是，正如我们所看到的，就测度不平等的主要价值指标而言，家庭调查只在家庭层面收集消费信息，因此官方统计数据普遍存在对不平等的低估。

官方的全国家庭调查不太可能转向收集个人消费信息，特别是在发展中国家。但根据现有的少量实证文献可知，也有其他选择。

（1）结构计量经济学方法可以用来估计家庭内部的不平等参数。

（2）如果没有个人信息，可以分析在标准家庭调查中对个人层面可用的其他指标进行的系统调查，在这些情况下就会导致低估。因此，研究人员可以创造性地利用有关个人收入流的信息和有关收入集中程度的问题，探讨和估计家庭内部的不平等。

（3）可以进行一些小型的专门调查，就像劳伦斯·哈达德和拉维·坎伯（Haddad and Kanbur, 1990）一样。随着越来越多的数据被收集起来，我们将更加清楚地认识到，由于抑制了家庭内部的不平等，导致我们对不平等的认识不足。

第三节　性别贫富差距

一、为什么性别贫富差距很重要

越来越多的文献表明，家庭和个人福利不一定相同，家庭内部的不平等可能会影响经济成果。具体来说，一个女人的退路（如果家庭解散，她所控制的那些资源）是如何影响她在家庭中的议价能力，这一直是人们非常感兴趣的问题（Deere and Doss, 2006）。为了验证这一观点，许多议价能力的文献都集中在非劳动收入（家庭收入调查中很容易获得的数据，可从资产所有权或公共或私人转让中获得）或土地或金融资产等特定资产（如土地或金融资产）的所有权上。

　　很多人都熟知性别工资差距①，无论是在夫妻之间（即家庭内部财富分配），还是在整个人口中，对性别资产或财富差距的了解相对较少。这主要是因为通过家庭调查（包括大规模财富调查）收集的资产所有权数据，往往是家庭层面的数据而不是个人层面的数据，这就限制了性别分析。有关性别不平等的分析仅限于对家庭类型的研究，即与已婚夫妇相比，男性或女性独居的家庭。② 对夫妻组成的家庭进行性别分析时，有时会将重点放在受访者的性别上。③ 由于财富数据是在家庭而不是个人层面收集，因此这种分析并不能说明家庭内部的资产分配情况。假设在已婚夫妇中，所有资产都集中在一起，由所有家庭成员共享，即单一家庭的假设。在大多数法律制度中，财产权是分给个人的，而不是家庭的。对"家庭财富"的分析忽略了婚姻制度、继承法和社会规范所定义的管理个人财产权的制度框架（Doss，Grown and Deere，2008）。

　　事实上，资产所有权是否真的是婚姻（以及双方同意结合）中的共同财产，很大程度上取决于一个国家的默认婚姻制度，即规定在婚前和婚姻存续期内如何获得财产以及在婚姻破裂时如何处理财产的规则（Deere and Doss，2006）。例如，在财产分割制度下，许多非洲、中东和南亚国家的现行制度规定，④ 个人在婚前或婚后获得的所有财产，包括继承的任何遗产，均视为个人财产。也就是说，如果婚姻关系破裂，每个人离开时只能带走自己的私人财产。在一些传统上采用这种默认婚姻制度的国家，如英国，离婚立法改革随后修改了这一结果，从而使得在婚姻存续期内获得的财产与配偶一方的收入合并在一起，并平均分配这些财产。在这种情况下，结果类似于（夫妻的）共同财产，即婚前获得的财产和继承的任何遗产都被视为个人财产，而在婚姻期间获得的财产在婚姻关系解除时由配偶双方平均分配。

---

　　① 多里丝·魏斯勒鲍默尔和鲁道夫·温特·埃伯（Weichselbaumer and Ebmer，2005）对国际上的性别工资差距进行了荟萃分析；世界银行（World Bank，2012）对发展中国家的调查结果进行了很好的概述。

　　② 露西·施密特和普维·塞瓦克（Schmidt and Sevak，2006）美国收入动态面板调查的分析，以及亚历克西·山冈斯基和莉莎·凯斯特（Yamokoski and Keister，2006）利用美国国家青年纵向调查进行的分析。

　　③ 见乌尔维·尼拉坎坦和常云熙（Neelakantan and Chang，2010）对美国健康和退休调查的分析以及艾琳·鲁埃尔和罗伯特·豪瑟（Ruel and Hauser，2013）进行的类似研究（利用威斯康星纵向研究）的分析。

　　④ 世界银行（World Bank，2012）概述了许多发达国家和发展中国家的默认婚姻制度（default marital regimes）。

　　主要的问题就是制度参数决定了个人财富的积累，而且必须在数据收集工作和经济分析中适当考虑。厄瓜多尔的（夫妻的）共同财产占主导地位，继承规范和做法公平，已婚妇女拥有夫妻财产的44%；相反，在加纳和印度卡纳塔克邦，已婚妇女仅拥有夫妻财产的19%和9%（Deere et al.，2013），两个国家的特征都是对财产婚姻制度分割及男性继承遗产有偏见。

二、测度性别贫富差距

　　如上所述，在家庭调查中收集资产所有权数据时，往往是家庭数据而不是个人数据，这限制了性别分析。例如，在卢森堡财富研究所（Luxembourg Wealth Study）包括的大规模财富调查中，只有德国社会经济小组（German Socio-Economic Panel）收集了大量个人实物和金融资产所有权的数据，从而能够对家庭内部财富分配进行分析（Grabka，Marcus and Sierminska，2015）。另外两项调查收集了有关个人财产的部分数据：英国财富和资产调查（United Kingdom Wealth and Assets Survey）（金融资产和负债、养老金财富和房地产的调查）和意大利家庭收入和财富调查（Italian Survey of Household Income and Wealth）。[1]

　　发展中国家的多用途调查是生活水平测度调查（Living Standard Measurement Survey，LSMS）和人口与健康调查（Demographic and Health Survey，DHS）。LSMS对世界6个区域21世纪最初十年中期72份问卷样本的分析表明，绝大多数国家收集了住房、土地、牲畜和主要耐用消费品的家庭所有权数据。这些收集到的数据中，只有21%的人拥有住房，土地拥有者占17%，非农业企业拥有者占14%（Doss，Grown and Deere，2008）。随后对23个拉丁美洲和加勒比国家的167份家庭调查问卷进行了分析，发现只有11个国家的23份问卷收集了至少一项按性别分列的资产所有权信息，最常见的是主要住房的所有权信息（Deere et al.，2012）。自2009年以来，人口与健康调查就开始调查受访者，他们是住房和土地的所有者还是共有者。[2] 因此，尽管测度特定资产的性别差距越来越有可能，但在估计个人总财富和性别贫富差距方面，仍然存在较大的差距。

　　测度个人财富水平进展缓慢的原因之一是在方法上的考虑，例如，是否可以从受访者那里获得有关资产估值的可靠数据。还有一些其他问题，

---

　　① 财富调查的内容见 www.lisdatacenter.org/frontend/home。

　　② 见 www.measuredhs.com。

比如在资产调查中如何确定调查对象、如何定义所有权、如何衡量资产价值以及是否需要将所有资产包括在财富估计中。[①] 性别资产差距项目于 2009 年启动，目的是探讨在发展中国家收集详细的按性别分类的财富数据是否可行，并研究在使用方法时可能存在的性别偏见。为此，2010 年在厄瓜多尔和加纳进行了一项国家一级的家庭调查，在印度进行了邦一级的家庭调查（Doss et al.，2011，2014）。另外两个项目目前正在调查其中的一些问题：从性别角度测度资产所有权的方法学实验（Methodological Experiment on Measuring Asset Ownership，MEXA）[②] 以及两性平等的证据和数据（Evidence and Data for Gender Equality，EDGE）[③]。

关于家庭收入调查，还提出了在旨在收集个人水平数据的家庭财富调查中如何确定调查对象的问题。越来越多的人认为，直接报告优于委托报告（其中一个家庭成员报告所有其他家庭成员的收入或资产，而不仅仅报告自己拥有的资源）。MEXA 报告建议，家庭调查不应依赖对单个受访者（无论是户主还是家庭中"知识最渊博"的人）的提问，应包括多个受访者在内，如果家庭成员不全是成年人，那么就从主要成员（即夫妻）开始（Kilic et al.，2016）。

如何定义所有权的问题主要是在资产信息的背景下提出的，[④] 因为有多种方法可以测度所有权：申报所有权、文件记录所有权或产权的一个或多个组成部分。文件记录所有权（有契约或其他形式的文件）往往是最安全的所有权形式。在发展中国家，住房和土地所有权并不总是普遍存在。为了缓解这个问题，许多最近的财富调查首先询问是否有申报的所有权，然后询问是否有文件记录的所有权，如果有的话，还会询问文件上有谁的名字。在私人财产权定义不明确的情况下，单独询问全部所有权（即使用、租赁、用作抵押品、出售或遗赠）以探索"有效产权"（effective

---

① 经合组织（OECD，2013）讨论了一些普遍性问题。

② 在 EDGE 和世界银行生活标准测量研究综合农业调查的支持下，世界银行发展数据组在乌干达实施了 MEXA。见塔利普·基里奇等（Kirich et al.，2016）了解 13 个资产组五种调查处理的初步结果。

③ EDGE 是联合国统计司和妇女署与非洲开发银行、亚洲开发银行、粮农组织、经合组织和世界银行合作的一个项目。旨在为收集个人层面资产所有权和企业家身份的数据制定指南，并正在 7 个国家试行数据收集。

④ 在家庭收入或就业调查中，通常假定赚钱者"拥有"收入，并能控制其使用。然而，发展中国家越来越多的证据表明，尤其是妇女并不一定总是能控制她们的收入。见世界银行（World Bank，2012）文献中的图 2.9。

rights）可能会有用。[1]

资产估价通常是通过询问受访者一项资产在当前情况（可能的销售价格或变现价值）或重置成本下，今天可以出售的价格来衡量。家庭收入调查经常询问不动产的租金价值，根据该价值可以估计资产的现值。所有这些指标都假定资产存在租赁或销售市场，尽管在发展中国家，其中一些市场可能比较薄弱。尽管如此，性别资产项目（Gender Asset Project）发现，这些不同价值测度方法的未报告发生率相对较低（Doss et al.，2013）。另一个关注点是，对资产市场及其价值的了解是否存在性别偏见，这会因调查对象的不同而导致多报或少报资产价值的问题。在缺乏不动产管理数据等基准的情况下，很难确定这一点，因为在大多数发展中国家，缺少不动产管理数据（Doss et al.，2013；Deere et al.，2016）。

三、估计性别贫富差距

收集有关全部资产所有权和价值的数据是一个耗时的过程，这就引出了是否有捷径可走的问题，尤其是如果要将资产模块添加到多用途家庭调查中。性别资产差距项目（Gender Asset Gap Project）收集了 3 个发展中国家的所有权和价值数据直到最后一只鸡的数据，建议至少收集所有不动产（即主要住房、农业用地和其他房地产）、企业和金融资产的数据。在该项目涉及的 3 个国家中，不动产和企业占家庭物质财富总额的 82%（加纳）至 93%（印度）。[2] 尽管如此，财富的构成可能因财富分配的不同而有所不同，耐用消费品在最贫穷的五分之一家庭的财富中占据了很大份额。因此，需要纳入财富调查的资产范围和数量取决于其具体目标。

为了进行比较，家庭财富调查必须收集有关婚姻制度的数据，也就是说，夫妻是否是根据民法、宗教法或社区法结婚的；如果是前者，当有不同的选择时，具体选择是什么。此外，为了丰富性别分析，重要的是收集有关资产是如何获得的、由谁决定其用途，以及确定被调查者的父母是否拥有不动产（可能作为工具变量）。

除了分析家庭内部的资源分配之外，按性别分列的财富数据还可以回答许多问题。可以分析的问题类型包括：性别贫富差距有多大？它是否会

---

[1] 关于衡量非洲土地所有权，见谢里尔·多斯等（Doss et al.，2015）。在乌干达进行的 MEXA 实验中，另一种选择是将重点放在经济所有权上，即如果资产被出售，谁持有出售所得。

[2] 其余份额对应于牲畜、农业设备和各种耐用消费品，包括车辆。金融资产范围为家庭总财富的 2%（厄瓜尔）至 5%（加纳）（Doss et al.，2013）。

因各国经济发展水平的不同而有所不同，还是因分配的不同而有系统的差异？各国的制度框架，尤其是婚姻和继承制度，在多大程度上制约着性别贫富差距？夫妻之间的性别贫富差距和总体人口之间是否存在巨大差异，这与离婚率的上升和具体离婚立法有何关系？男性和女性拥有的资产构成是否不同？性别贫富差距的来源是什么？其中有多少可以用男性和女性可观测到的特征来解释？

第四节　中国横向不平等测度研究进展

一、性别不平等的研究

国内关于收入性别差异的研究有很多，多集中于讨论市场化与收入性别差异变化的关系上。对于市场化到底是扩大还是缩小了收入性别不平等，至今未有定论。目前关于收入性别差异的研究慢慢开始从对整体收入性别差距的研究转向更加细分的领域，因为在收入性别差异中同样存在着群体的异质性，不能忽略其结构特征，例如体制、行业、职业、地区的隔离等。贺光烨等（2015）研究发现在机关事业单位工作的性别收入差距非常小，而随着就业单位市场化程度越高，收入差距就越大。

城乡分割是我国经济二元结构的一个重要特征，又因为户籍制度这堵"无形的墙"导致了就业分割，使得城乡居民之间的收入差距日益加剧，因此学术界不断深入研究我国城乡之间、城乡内部、行业之间、性别之间的收入差距。邢春冰（2008）利用 2005 年中国人口普查数据，实证研究了城镇地区农民工与城镇职工的收入差距，结果表明农民工的平均劳动收入水平显著低于城镇职工，在进一步的分解结果中，造成两者收入差距的最主要原因是由教育水平差异引起的。

我国国土辽阔，各地区经济地理环境差异比较大，西部地区、特别是少数民族聚居地区的经济社会发展程度与内地、东南沿海地区存在着显著的差距。吴丽容、陈晓枫（2011）分析了目前我国居民财产性收入在城乡、不同地区和不同收入组之间的差异，结论是中西部地区的经济增长速度显著低于东部地区，东部与中部、西部之间的财产性收入差异正在逐步拉大，中部与西部之间的财产性收入差异渐渐持平。

除此之外，还有其他方面的横向不平等也会对人们的生活产生重要影响。比如，劳动力市场的性别不平等是一种显而易见的现象，通过梳理现有的文献，通常将劳动力市场性别不平等分为工资收入性别不平等和就业机会性别不平等。从工资收入看，我国男女劳动力市场的同工不同酬现象十分严重，且性别工资差距在持续扩大。性别歧视是造成性别工资差距的重要因素，其中学历低、职业差、年纪轻的女性劳动者更容易受到歧视（葛玉好和曾湘泉，2011；李实等，2014）。从就业机会看，我国女性劳动者与男性劳动者在就业和晋升上也存在着显著差距。卿石松（2011）指出，女性在职位层级和晋升概率上存在显著的性别差异，职位晋升对女性劳动者能力的要求高于男性，性别歧视可能是一个重要的原因。劳动力市场的城乡不平等或者户籍差异也是一个重要的制度因素。俞玲（2013）分析得出，我国居民平等就业的重要阻碍之一仍然是户籍制度，而且伴随户籍制度改革和劳动力流动政策的变化，劳动者就业不平等也会出现阶段性变化。还有教育性别不平等，城乡公共服务不平等，以及不同民族文化对幸福感的差异等都具有研究价值和现实意义。

二、家庭内部不平等的研究

如果更进一步区分领域，可将国家的横向不平等细分为区域内部的不平等，甚至是家庭内部的不平等。因为家庭内部存在不平等，那么就会导致整体的不平等，而这种不平等的模式反过来又可以揭示整个人口中不同性别、不同年龄组的不平等。而家庭内部的不平等通常还是以性别差异为基础，即家庭内部的男女分工不同如何解释男性和女性在各方面表现的差异。吴琼（2011）分析了海南的家庭分工情况，发现导致家务劳动分担不均的原因有父权主义思想、不健全的法律与滞后的政策、传统与独特的分工模式等。如果希望改变这种情况，最好的方法就是解放妇女，完善相关劳动制度，这需要社会各界的积极响应。蒋永莉（2013）通过比较纳什议价模型两个阶段的理论：优势理论和边干边学理论，分析未婚男女和已婚夫妇的效用函数，并对不同劳动分工下的效用函数进行理论分析和关系式推导，发现婚姻契约能够有效改善家庭内部劳动分工。因此，家庭分工可以有效降低家务劳动一方的谈判意愿，从而导致参与家务劳动的一方增加市场劳动而减少对家务劳动的付出，造成家务劳动方投资不足的现象。在这个模型中，还引入了离婚抚养费，可以有效保护从事家务劳动一方的财产权益，同时也可以有效平衡家庭内部分工。鲁元平等（2020）以中国2011年出台的《婚姻法》（下称"新婚姻法"）作为准自然实验，利用

2010～2016 年中国家庭追踪调查（CFPS）四期面板数据和广义双重差分（DID）模型，证实已婚女性劳动参与受家庭议价能力的影响。研究发现，新婚姻法的出台不仅降低了已婚女性家庭议价能力，提高了其劳动参与概率，而且增加了其工作时间。新婚姻法对家庭议价能力的影响是通过改变家庭财产产权归属实现的，已婚女性为平衡男性"威胁点"增强会更多地选择进入劳动力市场。进一步研究发现，新婚姻法还显著降低了已婚女性的主观幸福感，但其对已婚女性家庭议价能力的影响并不存在溢出效应，表现为对适龄未婚女性的劳动参与和工作时间均没有影响。

本 章 小 结

本章讨论的不平等的不同方面对测度和统计有着明确的影响，并且在每一小节中都强调了这一点。对家庭内部收入、消费和财富不平等进行测度时，在许多国家，社会援助是基于各种家庭收入调查展开的，不包括那些非贫困家庭中个人贫困、只获得家庭收入和财富一小部分的成员。

同时，只关注纵向不平等，而不关注基于种族等各种类别的群体之间的不平等，可能在纵向不平等下降而横向不平等上升的情况下误导决策者，从而引发社会不稳定。

作为最后一个例子（将性别贫富差距与家庭内部分配联系起来，因为贫富影响家庭内部的议价能力），忽视性别贫富不平等将会误导政策制定者对转移和其他针对家庭层面的计划的最终受益者的判断。但在发达国家，特别是在发展中国家，关注横向不平等、家庭内部不平等和性别贫富差距将带来政策红利。

第五章 测度机会不平等

本章讨论了机会不平等（也称为事前不平等，ex ante inequality）的含义，即个人非自愿继承或面临的不同环境如何影响其以后的经济结果。这一概念还包括程序的公平性。阐述了可用于测度机会不平等的理论原则。从关于机会不平等，尤其是代际经济流动的应用文献中，通过实例和特征事实说明了测度的实际问题。总结了监测机会不平等的可观测维度所需数据的性质，并就应定期编制的统计数据提出建议，以便有效地监测这些数据。

第一节 机会不平等的概念性问题

家庭经济资源分配的不平等和其他个体特征并不是关系到人们和社会的唯一一种类型的不平等。事实上，许多观察家认为重要的不是结果不平等，而是机会不平等。在一个公平的社会里，每个人都应该有平等的机会获得好的结果，不管他或她的出生环境如何。例如，著名的政治家认为，尽管美国的收入不平等程度高于其他国家，但它的机会更均等。为了检验这个问题的答案，需要一个概念框架——如何定义机会均等——以及用来进行评估的指标和数据。

一、机会不平等的定义

机会不平等可以定义为个人或家庭在不同情况下可获得的一组选择的差异。因此，经济学文献中的一个重要流派试图区分个人的环境和努力。该流派认为，机会均等意味着，无论环境如何，付出努力程度相同的个人都应该有相同的结果（或结果的概率分布相同）。① 尤其是，这意味着出生在贫困家庭、付出一定努力的人，其成功的机会与出生在富裕家庭、付出相同努力的人一样大。

不过我们通常不观测努力。这在实践中意味着，无法用可观测的环境来解释结果的差异都归因于努力。如果这些环境只解释了一小部分结果，那么就可以假定机会平等程度很高。事实上，如果环境差异显著改变了某一给定努力水平下结果的概率分布，那么很难区分是环境还是努力造成的结果。此外，我们努力的能力和意愿本身可能会受到出生环境的影响。因此，环境和努力之间的概念区别充其量是模糊不清的。

二、机会不平等与结果不平等

从概念上讲，经济不平等（economic inequality）结果可以从两个不同的角度来考虑。事后观（the ex post view）着眼于个体经济成果或"结果"的差异，如经济福利、生活水平、工资、收入等；事前观（the ex ante view）着眼于个体非自愿继承或面临的环境对其经济成果的影响；也包括了不平等的程序方面——程序是否公平。事后观被称为结果不平等，收入不平等可能是最常见的例子；事前观被称为机会不平等。这两种类型的不平等有着明显但不对等的方式联系着。所有事物都是平等的，事前不平等的加剧将导致事后不平等的加剧。同样地，某一时点或某一代人的结果不平等可能会影响未来或下一代的机会不平等。

举例说明，这就好像马拉松的参赛者不是从同一条线出发。事后不平等实质上是完成时间的分布，事前不平等是指参赛者为了到达终点线而必须跑的距离。事后不平等和事前不平等是不一样的，因为参赛者在比赛中可能没有付出同样的努力，获胜者很可能是距离最短的人，但也可能是跑得最远却有最强的获胜意志和遭受挫折最少的人。

关注一种或另一种不平等可能取决于对不平等的价值判断。关注事后不平等背后最常见的价值判断是"平均主义"（egalitarianism）；事前不平等和程序不平等背后的价值判断是"公平意识"（fairness）。在马拉松比赛中，无论参赛者的起跑位置在哪，主张平均主义的观测者只想尽量缩小获胜者和失败者之间的距离。更包容开明的观测者会坚持公平意识，并试

---

① 除了环境和努力之外，运气在人们的生活中也起着重要作用。罗伯特·弗兰克（Frank，2016）指出在赢者全胜的社会中运气的作用变得越来越重要，他认为"成功人士……低估运气在成功中的作用"的倾向，使他们不太愿意投资于公共产品。

图让参赛者跑相同的距离，而不管表现分布如何。当然，这样做很可能也会减少完成比赛时间的差异，因此在实践中，两种不平等的方法并不一定是相互对立的。

机会不平等的另一个方面是，它可能会削弱激励机制，从而降低一个经济体的总效率或平均结果。这种影响（在最近的经济文献中得到了强调和讨论）很容易理解。在不平等竞赛中，跑得最远的参赛者几乎没有跑得快的动力，因为他们很可能是最后一个越过终点线的人。但同样的道理也适用于跑的距离最短的人，因为他们知道即使自己不费吹灰之力，也会是第一个跑完全程的人。换言之，事前不平等有两个重要后果：一方面，它会产生更多的事后不平等；另一方面，它可能会降低社会的总体表现。因此，纠正机会不平等可能会强化激励——而纠正结果的不平等往往会起到相反的作用。

两个不平等概念的另一个区别是它们的测度方法。在过去 40 年左右的时间里，关于如何测度工资、收入或生活水平等数量结果的不平等，以及这些测度方法背后的价值判断，有着丰富的认识，而对机会不平等的认识比较肤浅。尽管"A 国的不平等比 B 国少"或"T 时期的不平等比 $T-1$ 时期的不平等小"这样的说法很容易理解，而且在结果方面会有坚实的数据基础，但在机会不平等的情况下很难加以证实。

沿用罗纳德·德沃金（Dworkin，1981）、理查德·阿内森（Arneson，1989）和约翰·罗默（Roemer，1998）的传统定义，将机会不平等定义为"个人无法控制的环境"中的不平等，实际上，永远不可能观测到不同环境下个体之间的差异，这些差异可能独立于个体的意愿而影响其经济结果，事实上，个人"意志"本身可能是一种"环境"，从而在机会不平等的定义中引入了循环性（circularity）。此外，不受个人控制的情况，即环境，以及通常被称为"努力"的情况，可能非常模糊。还应该提到，环境和努力可能会相互作用产生一些结果，从而使它们之间的区别更加模糊。由此可见，不可能从一般意义上来测度机会不平等，像我们测度（比如工资或收入）结果的不平等，并在空间或时间上进行比较。当然，这并不意味着无法去测度机会不平等的某些可观测到的维度，以及最重要的是，它们对结果不平等的影响。事实上，这就是机会不平等文献并不总是使用机会不平等表述的原因。

分析一个人的收入如何取决于父母的受教育程度或收入（当他还是孩子时）、成长地、性别、种族、移民状况等，我们可以了解到特定环境

（家庭特征、出生地或劳动力市场如何区分性别或种族）在形成收入分配方面的作用。对于政策来说，重要的是要了解这一作用是否增加了，或者说，当代人收入的不平等很可能会给未来几代人带来更多的不平等，这种分析基本上是偏颇的。一方面，未观测到的环境可能抵消观测到的环境的影响，因此基于代际收入流动的机会不平等的结论可能具有误导性。另一方面，衡量一个特定环境对结果的影响并不能说明这种影响发生的途径以及纠正它的政策，这需要对一些具体政策进行更深入的分析。

三、结构安排

本章的目标基本上是切合实际的。这并不是在某种绝对意义上对机会不平等的定义进行规范性讨论，也不是对其潜在的效率成本进行正面讨论。它更关心的是评估特定个体特征的不平等，适当地将其视为一种环境；更重要的是，衡量其对结果不平等的影响。后一个目标也适用于同时考虑若干环境的情况，因为有各种方法可以将特定环境的不平等映射到给定结果的不平等上。简而言之，本章的重点是测度问题和可用指标的实际应用。

本章分为六节。第一节讨论了一些概念性问题；第二节讨论了我们为什么要关心机会不平等的问题；第三节定义和测度机会不平等的概念问题；第四节测度机会不平等的现实问题及程式化事实；第五节为实际问题概述；第六节中国测度机会不平等的研究进展；最后为本章小结。

第二节　我们为什么要关心机会不平等的问题

人们关心机会均等，因为机会不平等是不公平的、是低效的，或者二者兼有。大多数人认为一个人对他们出生的环境没有责任，如果一个人的生活机会是由这些环境决定的，许多人会觉得这是非常不公平的；机会不平等在经济上是低效的，因为它会产生消极因素，降低士气，并导致资源分配不当。那些认为结果在很大程度上是由出生环境决定的人很少有动力去努力。认为经济制度被人为操纵，那些出生在金字塔顶端的人将成为赢家的看法，也会降低士气（有时被称为公平效率工资效应）。如果机会不平等的部分原因与缺乏获得教育或其他资源的机会有关，意味着那些处于社会最底层的人将在教育或其他资源方面投资不足。所有这些因素都意味着机会不平等会导致社会效率更低、不平等加剧。

事实上，机会不平等将导致结果不平等一直存在。当代人的收入和财富的不平等（这是他们子女获得一系列机会的重要决定因素）大多会转移到下一代人身上。反过来，下一代的不平等变成了再下一代机会的不平等。因此，一代人更高程度的不平等被转化为下一代人的不平等，这个过程是累积的。用艾伦·克鲁格（Krueger，2012）的话来说，过去 30 年来，美国不平等现象的加剧已经达到了这样的程度：收入不平等导致了不健康的机会分配，并对经济增长构成威胁。恢复美国就业市场更大程度的公平将对企业、经济和国家都有益处。[①]

迈尔斯·克拉克（Corak，2013）描述了机会不平等与结果不平等之间的系统关系。[②] 他指出，结果不平等程度越高的社会，其经济流动水平就越低。例如，数据表明在学校表现不佳的美国富人子女的最终收入比在学校表现良好的美国穷人子女的高（Bartik and Hershbein，2018）。决定结果的不是努力（甚至是智力），而是出生环境。[③]

这一分析的一个重要含义是，虽然概念上很清楚，但机会均等和结果均等之间的实际界限是模糊的。欣喜的是，现有的统计数据提供了一些政策指导，这些政策可能会增加机会均等。

一、测度机会不平等的指标

尽管 SSF 报告强调了测度收入和财富不平等的困难，但机会不平等遇到的困难要大得多。一个简单的方法就是测量子女和他们的父母（通常是父亲）在相同年龄的收入之间的关系（Corak，2013）。通过两者之间相关性的大小来测度机会均等。一般来讲，当没有相关性时，跨代收入流动性就会很高，机会均等程度也很高。在这种情况下，至少知道一个关键环境变量（如父母的收入），否则无法提供关于子女前途的信息。实际上，在许多其他国家（OECD，2018c），这种相关性很高。

但这种方法并不能给我们提供所需的信息，用来确定机会均等未能解

---

① 2012 年 1 月 12 日，艾伦·克鲁格（以奥巴马总统经济顾问委员会主席的身份）在美国进步中心发表声明。https://milescorak.files.wordpress.com/2012/01/34af5d01。

② 艾伦·克鲁格在 2012 年的声明中把这种关系称为"了不起的盖茨比"（Great Gatsby）关系。哈吉·柴提（Raj Chetty）和他的合著者的研究结果表明，在美国的各个地区之间也存在着类似的关系（Chetty et al.，2018）。

③ 简单解释这种关系就是，当阶梯离得比较远时（就像在结果不平等程度更高的社会中一样），很难向上爬。

决的根源。一个社会可能会被标记上贫困陷阱的特征，即使总体来说有一个合理的流动水平。一种常用的方法是流动矩阵，流动矩阵描述了父母处于收入中等十分位数的人向上或向下移动到上（或下）五分位数的概率。这种流动矩阵可以显示出贫困陷阱的存在，收入最低十分位数的人向上流动的概率很小，即使收入中等十分位数的人有更多的流动性。

有了足够的数据，我们可以完善上面描述的相关性分析，计算父母的收入（和教育）与（父母在收入分配的底层、中间层或顶层）子女的收入之间的相关性。实现这些想法的一个关键问题是缺少数据，如果想确定长期趋势，缺少数据是主要局限。理想的情况是，我们想知道今天某个人的终身收入与他或她父母的终身收入之间的关系，以及父母和祖父母之间的关系，这需要几十年前的收入数据。[①] 在数据比较少的情况下，比如说，可以确定一个 40 岁的人和他父母在 40 岁时的收入。但是，如果收入状况随着时间的变化而变化，并且在不同的收入水平上表现的方式不同，那么子女的结果与父母的特征之间的相关性将无法提供太多的有用信息。

当然，代际优势和劣势不仅可以通过收入传递，还可通过更广泛的环境传递，最重要的是通过教育传递。

长期观测的一个捷径是观察未来表现的指标：举个例子，学生的考试成绩，例如经合组织针对 15 岁学生进行的国际学生评估项目（Programme for International Student Assessment，PISA）。通过这些数据，可以了解学生的一些情况（例如，父母的教育、在家中所用的语言或现有书籍的数量）。是否对他或她在学校的表现有显著的影响，结果是有影响，并且家庭的社会经济条件占学生在学校获得的能力的很大一部分（OECD，2013b）。其他研究表明，儿童期的计划、母亲的健康状况以及怀孕期间暴露在不利环境条件下都可能对儿童的发展产生重大影响（Currie，2009）。

二、机会不平等中的政策问题

虽然现有证据表明，儿童结果的不平等（例如，在父母受教育程度和收入水平不同的儿童）程度很高，而且在许多情况下，这种不平等会随着时间的变化而加剧，但就所考虑的结果和儿童的年龄而言，这些证据是有局限性的。如果有这样的证据，也许可以更早地进行干预，并避免后期采

---

① 如果我们想确定收入动态是否是马尔可夫式的，即是否存在代际传递性，那么这种长时间序列尤其重要。在瑞典，有一些数据表明，存在此类影响的证据（Adermon，Lindahl and Palme，2016）。

取成本更高的补救干预措施。越来越多的证据表明，这些不平等现象，特别是处于分配底层的儿童，已引起世界各地对儿童教育的兴趣激增（Heckman and Masterov，2004）。

人们的一生中会经历各种冲击（疾病、裁员等）。对这种冲击的反应能力——以及经历这种冲击的可能性、深度和持续时间——在很大程度上取决于环境。这可能是成年人生活中出现机会不平等的主要原因。这些数据将有助于评估社会政策在抵消此类冲击的长期影响方面的作用。尽管我们的讨论集中在收入和财富方面的机会不平等，但同样重要的是，过上健康长寿生活的机会。特别是在公共卫生服务供给不足的国家，贫穷父母家庭的子女更有可能面临着寿命较短、健康状况较差的生活。当然，健康和经济结果是密切相关的，低收入导致健康状况不佳。

性别是形成结果不平等的一个主要环境，许多传统上用来描述性别不平等的指标，如收入差异，都表明至少在经合组织国家，正在逐步减少这些不平等，尽管速度缓慢。然而，当控制影响收入的许多特征时（如教育、工作经验），这个结论就不那么明确了。由布吉尼翁提供，来自多里斯·魏斯勒鲍默和鲁道夫·温特·埃伯（Weichselbaumer and Ebmer，2005）的文献，表明当控制一些其他特征时，女性收入差距几乎没有或根本没有减少。换言之，在控制诸如教育等可观测到的努力时，出生环境——性别——仍然是决定结果的主要因素。机会是不平等的，因为经济制度对待具有相同特征的男女是不同的。这反过来意味着，仅旨在提高女性入学率和劳动力市场参与率的政策未能解决长期存在的工资歧视问题。

对于一个公平社会来说，没有什么比确保机会平等更重要了。但是，在任何领域，我们所需要的数据与我们所拥有的数据之间都存在着差距。为了消除这一差距需要持续、协调和一致的行动，即我们需要长期的标准化数据集。

第三节　定义和测度机会不平等的概念性问题

首先阐述了机会的定义，区别于其他可能导致结果不平等的因素，然后讨论一些可以指导机会不平等测度的理论原则。

一、机遇和经济结果：规范性和正面性问题（normative and positive issues）

关于机会不平等与结果不平等定义的讨论，见图 5.1。图 5.1 左侧的方框指的是个人无法控制的因素，称为"环境"，可能会影响她或他在经济领域的表现。其中有些是可以观测到的，比如个人特征——性别、种族、身患残疾、出生地——或者父母背景。有些是无法观测到的，如遗传特征、父母的社会资本或文化价值观。它们一起构成了机会不平等的基础。

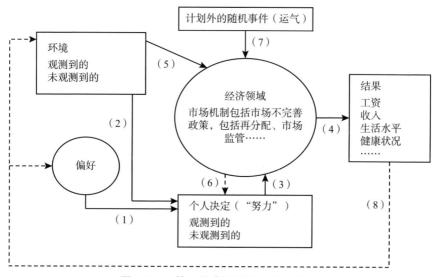

图 5.1　环境、机会和结果之间的关系

环境框下的圆圈代表个人偏好，应独立于环境，因此具有某种遗传或由各种生活经历所产生，与父母背景无关。当然，这个假设是有争议的，将在下面进一步讨论。

经济领域的环境、偏好和一些关键参数，如价格和工资，决定了图5.1 底部框中的个人经济决策——箭头（1）（2）和（6）。这些决定限定在个人对经济系统的贡献程度时，它们被称为"努力"。一个很好的例子是劳动力的供给，取决于个人的财富（即继承情况、工资率、劳动所得税和偏好）。

考虑到市场机制和在经济领域实施的政策，以及这些机制中的一些随机性，个人对经济领域结果的贡献——箭头（3）和（4）——在某些个人经济成果中，无论是工资、收入、消费支出等。关键是，环境也可能通过经济领域决定结果以及个人决定。例如，如果一些个人特征影响劳动力市场的报酬（如根据性别、移民身份、族裔或社会出身存在歧视），则会出现这种情况。环境通过经济领域对结果的直接影响用箭头（5）表示，从环境到经济领域。结果中相应的不平等与通常所说的"程序性"不平等有关。环境也可能通过改变个人面临的价格和工资间接影响个人决策——箭头（6）。

在这种经济结果决定因素的表述中，后者直接来自个人的经济决定，这些决定本身是个人偏好和经济条件造成的，而间接的原因是个人特质和父母的影响可能会影响经济领域某项努力的回报。

在这个框架中，机会不平等对应于个体环境的多样性以及它映射到不平等结果上的方式。但是，在动态环境中，不平等的结果本身可能映射到不平等的个人环境中。例如，图 5.1 中的细虚线（8）可能代表不平等的代际传递：当代的成功人士为下一代提供了更好的环境。在同代人中，这种联系也可能代表生活中某个时刻的随机事件，考虑到个人的偏好（尤其是风险方面的偏好），就像贫困陷阱现象（poverty trap phenomena）一样，会影响未来的收入潜力（earning potential）。

在研究经济不平等文献中，在环境空间和结果空间中定义不平等进行了关键区分。从道德哲学和规范经济学的角度来看，这种区分显然很重要。[①] 有些人认为，只有个人环境的不平等才是重要的，因为在某种程度上这些不平等是强加给个人的，个人不需要为此负道德责任。因此，社会公平要求这些不平等的来源在结果空间得到补偿，例如，通过现金转移来补偿。相反，由于个人的决定或努力而产生的结果不平等不应成为社会关注的问题，因为它本质上是由个人的自由意志或偏好造成的，因此个人对

---

① 本段简要总结了一篇重要的经济学和道德哲学文献，这些文献始于约翰·罗尔斯（Rawls, 1971），其主要贡献来自罗纳德·德沃金（Dworkin, 1981）、理查德·阿内森（Arnesen, 1989）、杰拉德·柯亨（Cohen, 1989）、约翰·罗默（Roemer, 1998）、马克·弗勒尔巴伊和弗朗索瓦·马尼奎特（Fleurbaey and Maniquet, 2011）。这个结论有点像阿马蒂亚·森对"能力平等"的强调，而不是"功能平等"，至少当能力被定义为一个人可以使用的一组功能时（Sen, 1980, 1985）。解释作为结果载体的功能，森的"能力平等"概念，类似于杰拉德·柯亨（Cohen, 1989）中的"获取优势的平等"概念，将包括平衡一组可访问功能的决定因素，这些功能在概念上与"机会平等"框架中的"环境"非常相似。唯一的区别是，在这种情况下，平衡是通过平衡这些环境，而不是在结果空间进行补偿。

此负道德责任。① 有些人则反对这种环境与努力之间的区别，因为偏好本身部分地由其家庭或所属的社会群体传递给个人。如果是这样的话，大多数决定结果的因素都可以视为环境，纠正不平等应完全集中在最终结果的分配上。

在这个阶段，必须考虑激励措施。在所有决定结果的因素（包括偏好努力工作）都被视为环境的情况下，如果不考虑个人的行动和主动性，对所有这些因素进行补偿将会导致结果均等，从而消除工作、创业或创新激励。在只有某些收入决定因素被视为环境的情况下，补偿其中的差异而不加以纠正个人决定所引起的不平等，可能并不总是合理或有效的。例如，对于在劳动力市场受到歧视而言，我们知道移民中的妇女或儿童基本上都会受到歧视，但要在个人层面上确立这种歧视是困难的，当然也会引起争议。即使有可能，通过一次总付的方式补偿那些受到歧视的人，也会加剧由歧视造成的市场扭曲，因为人们将获得与以前相同的工资，一次性的总的补偿会让他们少付出一些努力。这是一个明显的例子，机会的不平等导致了效率低下和结果的不平等，唯一有效的纠正政策是首先消除导致机会不平等的市场缺陷。

二、定义机会时的模糊性和可观测性问题（ambiguity and observability issues）

图 5.1 所示的框架，以及通过结果空间中的转移来补偿机会不平等的观点，除了前面的无效性论证外，在实际应用中还存在以下问题。

第一，关于哪些内容可以被定义为环境和个人决策，存在模糊性问题，这是由于假定与环境无关的偏好所导致的。

第二，即使环境和努力之间的区别是明确的，也存在一个问题，即许多环境和努力是不可观测的。

第三，机会和结果之间的关系实际上是双向的。如果在某一时刻，当从左到右观察图 5.1 时，机会不平等正在影响结果不平等，图 5.1 中（8）表示结果不平等，可能是由于经济主体的自由决定，可能会动态地影响未来的机会不平等。

机会不平等和结果不平等之间区别的第一个局限性是如何区分个人控制之外的环境和反映独立于个人偏好的个人决定，但关于它的第一个批评

---

① 社会学文献中关于在社会经济地位较低的环境中长大的人可能继承工作偏好低的讨论说明了这一点。见托马斯·皮凯蒂（Piketty，1998）中的讨论摘要。

就是很难认为偏好是在个人控制之下的，就好像它们是由人们自由选择的一样。理查德·阿内森（Arnesen，1989）对这一假设进行了深入的批评。有些人对工作、节俭或创业的爱好一定来自某个地方，可能来自家庭环境。如果是这样，由于环境和个人决定而导致的结果不平等之间的区别具有模糊性，实践上也无法操作。

许多环境没有被观测到的事实，也是为什么环境和努力之间的区别可能缺乏经验相关性的另一个原因。许多影响人们职业和家庭轨迹的环境是不可观测的。然而，它们可能会影响个人决定和结果。例如，父母可能会向子女传递价值观或天赋，让他们决定去读研究生，同时也会帮助他们的事业。但是，如果没有观测到这些价值观和天赋，我们如何才能在观测到的结果中厘清哪些是由观测到的努力（如硕士学位）造成的，哪些是由于未观测到的环境造成的？只有当能够假定努力不取决于未观测到的环境时，才有可能进行这种分辨。如果不是这样的话，努力对结果的贡献就无法确定，这又使得环境和努力之间的区别有些人为。

图 5.1 所示的机会不平等和结果不平等之间区别的另一个局限性是，如果结果是由环境和个人决定的，那么某一时点的结果可能决定未来的环境。整个框架是静态的，事实上，它应该是动态的。一代人或一个时点的结果可能会影响下一代人或未来时点的环境，例如通过积累或减少财富或人力资本，也可以把它视为一种环境。在这些条件下，忽略那部分由个人决定导致的结果不平等，意味着忽略了环境空间中不平等的一个未来根源。也可以注意到，在这种动态框架中，测度结果不平等会产生一些问题。如果时间单位是一代人，如何定义结果？当然不是以他们在某个时点的价值来衡量。在动态的代际分析中，难道不是许多"个人决定"很快就变成了环境，因此环境和努力之间的区别又产生了有限的见解？

一些道德哲学家和规范经济学家是对机会不平等的关注，而不是对结果不平等的关注，在理论上是完全合理的。实际上，在个人责任（努力）和非责任（环境）之间必须作出的区分往往具有模糊性，部分原因是可观测性的问题。即使仅仅依靠观测到的环境和努力，一旦承认观测到的和未观测到的环境可能会影响结果和努力，就很难弄清结果不平等的哪一部分是由哪一方面造成的。事实上，唯一可靠的实证证据是可观测到的环境决定结果的方式，即基本上是一些个人特征和家庭相关特征。

从经验上讲，在确定结果时，很难区分机会和努力的作用。考虑一个包含个人收入、环境和努力信息的数据库和一个线性模型，其中个人 i 的

收入对数 $\mathrm{Log}y_i$，取决于同一个人的环境 C_i 和努力 E_i，将两个向量分为观测向量（C_{i1}，E_{i1}）和未观测向量（C_{i2}，E_{i2}）两个部分：

$$\mathrm{Log}y_i = a + b_1 C_{i1} + b_2 C_{i2} + c_1 E_{i1} + c_2 E_{i2} + u_i \qquad (5.1)$$

其中，u_i 总结了结果的所有其他决定因素，包括运气和测量误差，a、b 和 c 是参数或参数向量。

虽然环境和努力之间相互作用的规范将更为普遍，但下面所述的要点同样适用于更完整的模型，但从符号的角度来看，则更为复杂。

重新排列上述方程式中的各项，可得到

$$\mathrm{Log}y_i = a + b_1 C_{i1} + c_1 E_{i1} + \varepsilon_i \qquad (5.2)$$

其中，$\varepsilon_i = b_2 C_{i2} + c_2 E_{i2} + u_i$。在不损失一般性的情况下，剩余项 ε_i 可假定为样本中每次观测的预期值为零。

目的是估计两组系数 b_1 和 c_1，以阐明观测环境和努力在观测结果中的作用。要使用标准的普通最小二乘法，就需要残差 ε 独立于解释变量 C_1 和 E_1。事实上，人们为增加结果所付出的努力，应该取决于他们所面临的环境，可以形式化为

$$E_{i1} = \alpha_1 + \beta_{11} C_{i1} + \beta_{12} C_{i2} + \theta_{i1} \qquad (5.3)$$
$$E_{i2} = \alpha_2 + \beta_{21} C_{i1} + \beta_{22} C_{i2} + \theta_{i2} \qquad (5.4)$$

其中，θ_{i1} 和 θ_{i2} 代表努力的其他决定因素，可能与环境无关，但可能相互关联。将式（5.3）~式（5.4）代入式（5.2），ε_i 与观测到的环境 C_{i1} 和观测到的努力 E_{i1} 相关，通过未观测到的环境和努力，即使假设两者都与观测到的对应项正交。

由此可见，等式（5.2）不可能无偏估计，而且，在确定结果时，要厘清努力和环境的作用通常是不可能的。[①]

这不妨碍估计观测到的环境对收入的总影响。将式（5.2）中的式（5.3）和式（5.4）替换为

$$\mathrm{Log}y_i = \delta + \gamma . C_{i1} + \omega_i \qquad (5.5)$$

其中，$\delta = a + c_1 . \alpha_1 + c_2 . \alpha_2$；$\gamma = b_1 + c_1 . \beta_{11} + c_2 . \beta_{21}$；$\omega_i = (b_2 + c_1 . \beta_{12}) . C_{i2} + c_2 E_{i2} + u_i + c_1 \theta_{i1}$。

对于式（5.5）中的剩余项 ω，为了独立于 C_1 中观测到的环境变量，必须假设未观测到的环境 C_2 和努力 E_2 与观测到的环境正交。如果不是这

---

① 弗朗索瓦·布吉尼翁、理查德·费雷拉和玛尔塔·梅内德斯（Bourguignon, Ferreira and Menendez, 2007, 2013）试图找到 b_1 和 c_1 系数的界限，但事实证明它们太大，无法用于识别以努力为条件的机会不平等。

样，意味着式（5.5）中的系数 γ 不仅直接通过努力解释观测到的环境的影响，而且也解释了与观测到的环境相关的未观测到的环境和努力的那部分。

实际上，机会不平等的参数经验分析是基于类型式（5.5）的模型。降低了文献中提出的一些机会不平等的理论测度的相关性，并证明了重点关注可从简化形式式（5.5）中得出的测度结果。

三、测度观测到的机会不平等

家庭调查或行政记录提供了具体结果、某些环境和某些可能的努力的数据。在此基础上，可以估计具体结果、环境和努力之间的关系。

在开始测度机会不平等，或者更确切地说机会不平等的某些维度之前，在这些数据库中，有必要将这种关系和上一节的论点模型化。假设人口调查样本可提供有关个人或家庭经济特征和背景的信息。用 y_i 表示样本中个人 i 的结果；用 C_i 表示他/她观测到的环境；用 E_i 表示他/她的努力。我们可以通过以下函数关系来表示环境和努力决定结果的方式：

$$y_i = f(C_i, E_i) + u_i$$

其中，$f(\cdot)$ 是下文规定的一些函数，u_i 代表未观测到的环境和努力以及对观测到的结果的短期冲击或测量误差的作用。在实证研究中，这种关系通常假定为对数线性的关系：

$$\text{Log} y_i = a. C_i + b. E_i + u_i \tag{5.6}$$

其中，a 和 b 是参数统计量。对函数 $f(\cdot)$ 的规定是非常严格的，因为人们期望环境和努力在决定结果时会有一些交互作用。对于我们的目的来说，已经足够了。

前一节的论点表明，E_i 与观测到的环境 C_i 和未观测到的环境 U_i 有关。由于后者，不可能得到 a 和 b 的无偏估计。在这些条件下，唯一能够可靠估计的实证关系是简化模型，其中结果仅取决于观测到的环境：

$$\text{Log} y_i = \alpha. C_i + v_i \tag{5.7}$$

其中，α 是一组系数，通过与努力（观测到的或未观测到的）的相关性直接或间接地描述观测到的环境对结果的影响，v_i 代表所有与观测到的环境的不同结果的决定因素。应注意的是，对于无偏差估计 α，有必要假设所有这些未观测到的结果决定因素独立于观测到的环境 C_i。否则，估计的 α 系数也将包括所有未观测到的结果的决定因素的影响，这些决定因素以某种方式与 C_i 相关。

通过普通最小二乘法（ordinary least squares，OLS）估计模型（5.7）是一项简单的工作，它是在结果变量 y_i 和解释变量 C_i 的各种规定下进行的。也许最熟悉的范式就是著名的明瑟方程，它将就业者的收入率为结果变量，以教育[①]和个人特征为解释变量。

基于模型（5.6）或模型（5.7）来测度机会不平等的文献迅速增加。模型（5.6）基本上是将结果中的实际不平等与观测到的不平等进行比较，如果数据样本中的所有个人都面临相同的环境，或者都付出一定程度的努力。泽维尔·拉莫斯和德尔克范德·加埃尔（Ramos and Van de Gaer，2012）以及保罗·布鲁诺里（Brunori，2016）详尽总结了这些文献。努力要么没有被观测到，要么是内生的（即与未观测到的结果决定因素相关），基于这样一个事实，在这里采取了一种更简单的方法，模型（5.7）是测度由变量 C_i 描述的机会不平等的唯一可靠依据。

可以注意到，在某些情况下，可以不考虑结果和模型（5.7），测度 C 的单个分量的不平等。例如，父母的收入或认知技能可能是 C 的组成部分，在一些数据库中可以观测到 C 的不平等。[②] 如果 α 中的相应系数严格为正，C 的单个分量的不平等越大，结果的分配就越不平等。

C 分布的不平等也可以用结果的不平等来表示。当用对数方差来计算后者，C 只有一个单量时，模型（5.7）意味着

$$\mathrm{Var}(\mathrm{Log}\, y) = \alpha^2 \mathrm{Var}(C) + \mathrm{Var}(v)$$

因此，如果结果的其他决定因素被消除，也就是说，在所有个体的结果都相同的情况下，C 的单个分量的不平等也可以表示为结果的不平等。如果用对数方差（VL）来衡量结果的不平等，在这种情况下，C、$I_{VL}(C)$ 的不平等可以写成

$$I_{VL}(C) = \alpha^2 \mathrm{Var}(C) \tag{5.8}$$

和

$$I_{VL}(C) = \alpha' \mathrm{Covar}(C)\alpha$$

当 C 有多个组成部分时。这一定义可以推广到任何结果不平等的测度指标 $M\{\cdot\}$（即基尼系数、泰尔系数、平均对数偏差），以及以两种方式推广到 C 中任意数量的分量。

第一，定义每个个体 i 的"虚拟"结果 $y^o(C_i, v^e)$，如果除 C 中的机会外，所有的结果决定因素都等于某个外生变量 v^e，那么个体的结果为

---

① 学校教育被认为是一种"环境"，主要由父母的背景决定。

② 下面详细分析了两种不平等的来源。

$$\mathrm{Log} y^o (C_i, v^e) = \alpha C_i + v^e \tag{5.9}$$

计算整个样本中 $y^o(C_i, v^e)$ 分布的不平等 $M\{\cdot\}$ 的指标。再用 $M\{y^o(C, v^e)\}$ 给出 C 中机会不平等的绝对指标，其中 $y^o(C, v^e)$ 代表样本中 $y^o(C_i, v^e)$ 的整体分布。马克·弗勒巴伊和埃里克·斯科卡尔特（Fleurbaey and Schokkaert, 2012）将这一指标称为与 C 相关的机会不平等的"直接不公平"（du）：

$$I_M^{du}(C) = M\{y^o(C., v^e)\} \tag{5.10}$$

因此，$I_M^{du}(C)$ 通过考虑机会不平等对结果不平等的影响来测度 C 中的机会不平等，而不考虑其他结果的决定因素。当然，C 中机会不平等的测度指标都可以定义为结果不平等的每一个测度指标 $M\{\cdot\}$。由于大多数结果不平等测度指标 $M\{\cdot\}$ 都是尺度不变的，因此 v^e 的任意值实际上并不重要。[①]

第二，我们可以在下面的意义上使用前面关于机会不平等的定义中的"对偶"。而不是不平等除 C 以外的结果决定因素，可以定义样本中所有个人的 C 中机会均等产生的虚拟收入。设 C^e 是机会的共同价值，$y^*(C^e, v_i)$ 是相应的虚拟收入：

$$\mathrm{Log} y^* (C^e, v_i) = \alpha C^e + v_i \tag{5.11}$$

对于任何结果不平等指标 $M\{\cdot\}$，C 中机会不平等的另一个绝对指标可以定义为实际结果不平等与样本中所有个体的环境均等所导致的结果不平等之间的差异。弗勒巴伊和斯科卡尔特（Fleurbaey and Schokkaert, 2012）建议将这一现象称为与 C 有关的机会不平等的"公平差距"（fg）：

$$I_M^{fg}(C.) = M\{y.\} - M\{y^*(C^e, v.)\} \tag{5.12}$$

与以前一样，当结果不平等指标是尺度不变的时候，该指标独立于随机值 C^e。

机会不平等的两个衡量标准也可以用"相对"的术语来定义，将它们表示为所研究结果的实际不平等的一部分 $M\{y.\}$，分别表示为 $\tilde{I}_M^{du}(C.)$ 和 $\tilde{I}_M^{fg}(C.)$。

前面的符号可能看起来很复杂，它们的解释在应用于实际数据时非常简单和直观。

第一，将式（5.7）作为一组观测到的机会的结果的标准回归方程，

---

① 因此，在不损失一般性的情况下，当式（5.7）用普通最小二乘法估计时，可以将 v^i 的样本平均值设置为零。

将未观测到的结果的决定因素 v 作为回归的残差。那么，如果结果不平等指标 $M\{\cdot\}$ 是对数方差，那么测度直接不平等的式（5.10）和测度平等差距的式（5.12）都等于机会 C 所解释的结果的对数方差，相应的相对指标只是与回归方程（5.7）相关的熟悉的 R^2。

第二，现在考虑一下由 C 中的变量与数量较少的观测值组合定义的单个"类型"。例如，如果 C 中只有性别，则有两种类型。根据性别和父母教育的两种可能价值，有四种类型：低学历父母的男性、高学历父母的女性等。结果表明，机会不平等的直接不平等式（5.10）与由类型定义的群体之间的结果不平等非常接近，只是不平等是在结果对数的平均值上定义的，而不是在结果平均值上定义的。①

第三，前面评估观测到的机会不平等的表达式是指线性情况，其中所考虑的机会对结果有独立的影响。当然，在解释收入不平等时，也可以考虑机会之间的相互作用，例如性别和教育之间的相互作用。

第四，在考虑类型时，上述公式似乎没有为不同类型的结果不平等留出多少空间。这并非完全正确，因为式（5.10）所对应的类型之间的结果不平等与类型平均结果之间的不平等不同，这种差异取决于不同类型的结果分布。一种更明确地考虑不同类型的结果不平等的方法是测度机会不平等，这可以从约翰·罗默（Roemer，1998）设定的原则中得出

$$I^R = \frac{1}{\bar{y}} \int_0^1 \left[\bar{q}(\pi) - \mathrm{Min}_t\{q_t(\pi)\} \right] \mathrm{d}\pi \tag{5.13}$$

其中 $q_t(\pi)$ 是类型 t 的结果分布中 π 阶分位数的结果，$\bar{q}(\pi)$ 是这些分位数在不同类型中的（加权）平均值，$\bar{y}$ 是总体平均结果。换句话说，由类型定义的机会不平等是一个罗尔斯类型的不平等的分位数的平均值，它测度每个分位数的不同类型。②

前面的不平等指标对应于这样的情况，即式（5.7）中的残差项 v 与分布是异方差的，因此方差取决于观测到的环境变量 C，或不同类型的变量。这与残差项 v 的期望值为零且与 C 正交的通常假设完全一致。由于异方差性，不再可能通过式（5.10）或式（5.12）来定义机会不平等。式

---

① 每种类型都有足够的观测结果，这两个平均值的差异取决于类型内未观测到的结果决定因素的不平等。

② 约翰·罗默通过考虑不同类型的个体付出相同的努力来证明比较给定分位数的不同类型的结果是正确的。上述公式并未出现在罗默（Roemer，1998）的文献中，但从逻辑上讲，它是从其政策设计中的目标函数的说明中得出的，以尽量减少机会的不平等。还要注意的是式（5.13）中的 $\mathrm{Min}_t\{q_t(\pi)\}$ 可以被跨类型的任何标准结果不平等度量所取代。

(5.9）中对虚拟收入的定义忽略了残差项对 C 的依赖性，并且式（5.11）中的均等情况需要修改 v_i 项，所以它的分布不再依赖于 C，或者，类似地，类型之间是相同的。

第四节 测度机会不平等的现实问题及程式化事实

前一节的讨论集中在机会不平等的定义和测度的概念问题上。现在，讨论实证文献中处理这些测度原则和方法，以及关于机会不平等的某些特定维度的程式化事实。

首先，重点将放在机会不平等的单一维度上，而不必参考具体结果。然后将上述各种测度方法的更直接的应用方式与结果（收入、工资）和机会组合放在一起考虑。本章将特别强调测度不平等的代际传递，这一点已引起社会科学家的广泛关注，可以看作是上述测度原则的一个特例。重点还将放在劳动力市场歧视上，当从机会不平等的角度研究时，会遇到一些有趣的问题。

一、机会不平等某些特殊维度的直接测度

测度机会不平等的具体维度可以自主进行，而无须明确参考经济成果。这种直接方法只是分析特定情况的分布 C。如果用定量指标来描述，许多个体特征可以用这种方法进行分析。鉴于机会不平等在文献中的重要性，本节着重于认知技能，并考虑直接解决机会不平等的其他单一维度的困难。

（一）作为机会和结果的认知技能

经合组织的国际学生评价项目（Programmer for International Student Assessment，PISA）提供了第一手数据，以测度个体环境中最重要的不平等：认知技能。该项目通过三项测试收集了来自 70 多个发达和新兴经济体的 15 岁学生的样本分数：第一个是阅读，即回答关于短文的问题；第二个是数学；第三个是科学素养。自 2000 年以来，该项目每隔 3 年进行一次实地测试。除了学生对这些评估测试的回答之外，数据库还提供了学生的家庭背景和学校特点的信息。

将 PISA 分数视为环境，隐含着这样一个假设：将 15 岁时的认知技能视为未来个体经济成果，特别是收入的重要决定因素之一，并承认这主要取决于遗传因素和家庭背景。人们不应该为自己生命中的那一部分负责

任，今天 15 岁儿童的 PISA 分数不平等将导致他们今后面临的机会不平
等。但是 PISA 的分数也可以看作是教育过程的结果，所以它取决于家庭
背景、子女的努力以及教育系统本身。[①] 因此，就学校如何纠正家庭背景
造成的机会不平等问题展开了讨论。后面还会讨论前一种观点，即认知分
数作为一种环境。

　　每轮 PISA 就各个国家的分数、国家排名以及排名随时间变化的情况
进行了广泛的宣传。从测度机会不平等的角度来看，最重要的是认知分数
的统计分布或者学生之间的差异。

　　图 5.2 描绘了 PISA 数学分数的不平等（用变异系数衡量的）与经合
组织国家 2012 年测试的平均分数之间的关系。有趣的是，不平等与得分
均值之间存在着明显的负相关关系（撇开智利、墨西哥和土耳其这三个新
兴经济体不说，这些国家的 PISA 调查覆盖率远低于发达国家，主要是因
为 15 岁儿童中有相当一部分已经辍学了）。[②] 可能是因为，从逻辑上讲，
通过提高分布下尾部而不是上尾部的分数，可以获得更高的平均分数。更
重要的是，在相同平均分数范围内，各国的分数不平等程度存在巨大差

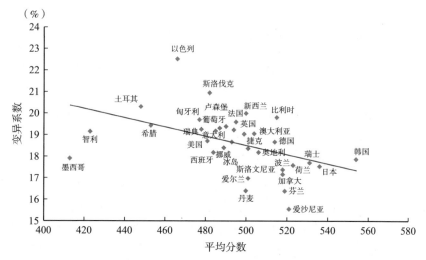

图 5.2　2012 年 OECD 国家 PISA 数学分数的均值和变异系数

资料来源：OECD，2014。

---

　　① 经合组织（OECD，2016）在一项分析中详细研究了 PISA 分数对家庭环境的依赖性，在
该分析中，认知技能被视为一种结果，而不是一种环境。

　　② 弗朗西斯科·费雷拉和杰米·吉诺克斯（Ferreira and Gignoux，2011a）在跨国比较中分
析了这一偏差来源。

异。例如，在平均分数之上，比利时的不平等比芬兰或爱沙尼亚高出30%；接近平均分数的法国与丹麦的情况也是如此。

　　只有当认知技能是决定个人收入或生活水平等结果的决定因素时，才能将其视为经济机会的一个维度。在这方面，有必要强调的是像 PISA、经合组织的成人技能调查（Survey of Adult Skills，PIAAC）或其前身（国际成人识字调查，International Adult Literacy Survey，IALS）这样的调查中的测试分数仅解释了个人收入差异的有限部分。理查德·默南等（Murnane et al.，2000）和亨利·莱文（Levin，2012）基于美国调查数据提出了这一点。根据前一种观点，学生高中考试成绩提高 1% 意味着其在 31 岁时收入增加 2%，这是相当可观的。[①] 由高中考试分数解释了成人（对数）收入的差异很小一部分，其中男性略低于 5%（Murnane et al.，2000）。当考虑到考试成绩在很大程度上取决于父母的教育程度和收入时，家庭背景对收入的影响更大。

　　与图 5.2 所示的跨国比较结果不同，分数的整体分布在一个给定的国家是如何随时间变化的。经合组织（OECD，2012）提供的数据包括自2003 年以来进行的四次测试的 90/10 分位数和 75/25 分位数的比值。除新兴经济体外，这些结果都非常稳定，因为在新兴经济体中，由于下尾部向上移动，不平等程度降低，同时平均分数上升。法国是少数几个发达国家之一，90/10 分位数的比值随着时间的变化显著增加。由于法国的平均分变化不大，意味着分数高的人表现更好，而分数低的人表现更糟，表明机会的具体组成部分的不平等程度有所增加。对各个国家考试分数分布的演变进行细致的研究，可能会揭示出其他有趣的特征。令人惊讶的是，过多的关注放在方法的演变上，而没有考虑到分布特征。

　　一些组织正在对年龄更小的学生基于不同的测试进行同样的分析，例如由国际教育成就评价协会（International Association for the Evaluation of Educational Achievement，IEA）[②] 组织的国际阅读识字研究的进展。这些

---

　　① 考试成绩的标准差为 7 分，这意味着高中结束时的考试成绩可能导致接近 30% 的收入差异。

　　② 以开展和促进跨国教育成就评价为目的的非政府国际组织。20 世纪 50 年代末成立。1962～1969 年协调中心附设于联合国教科文组织教育研究所（汉堡）。其后，秘书处迁至斯德哥尔摩大学国际教育研究所，1990 年改设荷兰海牙。1962～1966 年间，协对 13 个国家学生数学成绩进行国际比较研究；1966～1975 年进行科学、阅读理解、文学，作为外语的英、法语和公民教育 6 门学科的学生学业成绩调查研究；80 年代后，进行课堂环境、学前教育、科学教育、计算机在教育中的应用等研究。自 1991 年起开展第 3 次国际数学和科学教育研究。协会最高权力机构为代表大会，每年举行 1 次大会。协会有会员 40 多个，中国 1984 年正式加入该协会。

结果并没有引起那么多的关注，即使它们在机会不平等的分析中不算很重要，也是同样有价值的，因为许多研究表明，个体认知技能的差异在生命的早期就出现了。学前测试已经显示，不同家庭背景下的儿童差异性很大。一些研究表明，这些差异可能会产生长期的影响，因为学校系统最多只能弥补其中的一部分。旨在公平竞争的学前教育项目的实验，比如美国的佩里学前计划或教父计划，就证明了这一点（Kautz et al.，2014）。如詹姆斯·赫克曼等（Heckman et al.，2012）的研究所示，这些学前不平等在很大程度上是由于"育儿"方面，即父母对儿童的照顾以及儿童的健康因素。

（二）机会不平等的其他维度

非认知技能的初始不平等在人的一生中也很重要，被视为机会不平等的另一个维度，因为没有综合的衡量标准，空间或时间上进行社会比较变得很困难。

健康状况是与家庭背景相关的儿童成长环境的另一个维度，也是人力资本的另一个组成部分。正如 15 岁时的认知技能会影响未来的收入，并且在年轻人中具有异质性一样，同样地，儿童时期的健康状况可能也会影响人们的整个职业生涯，而且也具有异质性。[①] 困难在于监测健康状况的不平等。有一些重要的文献，例如，将出生体重作为健康状况、未来教育成就和成人收入水平的预测因素的文献（Currie，2009）。早期的人体测量指标可能也是如此，尽管大多数指标都受到出生时体重的强烈影响。令人惊讶的是，人们没有更多地关注这些指标中的不平等现象，也没有关注教育考试分数对父母特征的依赖程度。

与人力资本不同，机会不平等的另一个维度，是继承性金融资本。在给定的时期内，可以测度遗产流量的不平等性。爱德华·沃尔夫（Wolff，2015）利用密歇根大学收入动态小组调查（Panel Study of Income Dynamics，PSID）的数据对美国进行了研究，并得到了整个人口和受访者之间遗传流动的基尼系数。但是，由于继承人的年龄存在异质性，这方面的信息并不多。目前尚不清楚在 55 岁时继承父母财富（这是经常发生的事情）在多大程度上可以被认为是机会不平等的一部分，除非，在某种程度上，一个人能够在生命早期有效地或实际上借到钱，以应对未来的财富流。由于信贷市场高度不完善，继承的时间或继承的数量都高度不确定，甚至不

---

①　一篇有趣的论文介绍了怀孕（出生前）因素对成人收入的影响（Almond et al.，2015）。

确定估计所有 25 岁个人的预期贴现遗产流的不平等程度是否有意义。此外，还必须考虑捐赠和继承。

继承是机会不平等的一个维度，其不平等很难评估，尽管它是影响经济成果不平等的一个决定因素（如收入或生活水平），但在调查中很少涉及。

二、基于结果的机会不平等测度

不是孤立地考虑各种机会维度的不平等，而是可以利用上述模型（5.7）的关系，通过它们对所研究结果的不平等的总体影响来间接测度。人们发现，这种关系以各种方式提供了机会不平等的间接标量指标。这种方法的各种说明如下所示，同时也提供了机会不平等的一些主要组成部分的特征事实。

（一）收入的代际流动

许多研究都致力于估算模型（5.7），其中结果 y_i 是被观测个体的（全职）收入，i 和 C_i 是父母（通常是他们的父亲）大致在同一年龄观测到的（全职）收入的对数。用 $y_{-1,i}$ 表示后者，因此模型的基本规范是

$$\text{Log}y_i = \gamma \text{Log}y_{-1,i} + a + v_i \tag{5.14}$$

其中 a 是一个常数，v_i 是一个零均值的随机项，代表所有不受父亲收入影响的未观测到的收入决定因素，系数 γ 概括了父亲的收入以及他们自己的决定因素（如教育）可能影响子女收入的所有可能因素。

这一模型与著名的弗朗西斯·高尔顿（Galton，1886）对跨代身高相关性的分析类似，通常被认为是属于代际流动的文献，最小二乘估计 $\hat{\gamma}$ 被解释为代际弹性（inter-generational elasticity，IGE）或者跨代的不流动程度。同样地，在弗朗西斯·高尔顿的分析中，系数 $1 - \hat{\gamma}$ 被解释为"趋中回归"的速度。

这种代际流动方法是基于参数规范和特定参数的估计。非参数化规范以流动矩阵的形式出现，父亲收入在收入等级 i 到收入等级 j 中，子女收入的概率 p_{ij}，依次考虑这两种方法。

（二）代际流动（inter-generational mobility）的参数表示

为了更清楚地看到代际弹性与机会不平等之间的关系，可以考虑直接应用本章前一节中提供的机会不平等的另一种定义。将式（5.9）~ 式（5.12）应用于模型（5.14），假设不平等测度 $M\{\cdot\}$ 是尺度不变量，可以看出：

$$I_M^{du}(y_{-1.}) = M\{y_{-1.}^{\hat{\gamma}}\} \text{ 和 } I_M^{fg}(y_{-1.}) = M\{y.\} - M\{\exp(\hat{v}.)\}$$

其中符号 ^ 指的是最小二乘估计。在 $M\{\cdot\}$ 是对数的方差 VL 的特殊情况下，由于方差的可加性，结果表明两个度量的绝对值是相同的：

$$I_M^{du}(y_{-1.}) = I_M^{fg}(y_{-1.}) = \hat{\gamma}^2 VL(y_{-1.})$$

而对相对值而言：

$$I_M^{du}(y_{-1.}) = I_M^{fg}(y_{-1.}) = \frac{\hat{\gamma}^2 VL(y_{-1.})}{VL(y.)} = R^2 \qquad (5.15)$$

式中，R^2 是回归模型（5.14）中自变量解释力的度量，或者在本例中，是父母和子女收入取对数之间相关系数的平方。

可以看出，收入的代际弹性和与父亲收入相关的机会不平等之间存在差异。前者与后者成比例，系数等于子女收入与父亲收入不平等的比率。[1] 换言之，只有在收入不会发生跨代变化的社会里，基于对数方差的机会不平等和代际弹性才是一致的。

在他们研究美国代际流动的地理差异时，哈吉·柴提等（Chetty et al.，2014a）将收入分配中父母和子女的排名作为流动性的相对衡量标准。基于两代收入（对数）的联合分布的"连接函数"（copula），也就是说，父亲/子女的联合分布在他们各自的收入分布中排名，这个指标与对数收入的边际分布无关。结果表明，对于后者合理的小数值，秩–秩相关性与对数–收益相关性没有太大区别。通过模型（5.15），可以从秩–秩相关性中找到代际弹性。

（三）非参数表示：流动矩阵（mobility matrices）

另一种表示收入代际流动的方法是通过一个两代转换矩阵（transition matrix）表示从父亲既定的收入水平过渡到子女的另一个（或相同收入）收入水平方式（见表 5.1）。假设有 N 个收入群体，用 Y_k 表示，并用 p_{ij} 表示群体 Y_i 中父亲的子女发现自己在群体 Y_j 中的概率大小。收益分布由矩阵 $P = \{p_{ij}\}$ 的总行和列给出，但也可以通过将收入等级定义为父亲和子女收入分布的分位数（十分位数、分位数……）来摆脱这些分布。[2]

---

① 注意，这只适用于作为不平等度量的对数方差。

② 当群体是行的父项和列的子项收入分布的 1/10（或其他分位数）时，转换矩阵是双随机的，列和行的和等于 0.1 或 0.05。该流动矩阵是上述父/子收入联合分布的变形。

表 5.1 收入代际转换矩阵

子	父					
	Y_1	Y_2	Y_3	$\cdots$	Y_n	合计
Y_1	P_{11}	P_{12}	P_{13}		P_{1N}	$P_{1.}$
Y_2	P_{21}	P_{22}	P_{23}		P_{2N}	$P_{2.}$
Y_3	P_{31}	P_{32}	P_{33}		P_{3N}	$P_{3.}$
$\cdots$	$\cdots$	$\cdots$	$\cdots$	$\cdots$	$\cdots$	$\cdots$
Y_n	P_{N1}	P_{N2}	P_{N3}		P_{NN}	$P_{N.}$
合计	$P_{.1}$	$P_{.2}$	$P_{.3}$	$\cdots$	$P_{.N}$	1

资料来源：http://dx.doi.org/10.1787/888933839601。

转换矩阵或"流动"矩阵是根据收入等级或分位数来定义的，对两个矩阵的比较给出的解释也并非毫无意义。当提到收入等级时，矩阵显示出"绝对"流动性（absolute mobility），也就是说，子女的收入可能比他们的父母高或低，这是当今许多父母所关心的问题。相反，用分位数定义矩阵提供分析"相对"流动性（relative mobility），而不考虑收入水平。这两种方法的区别主要在于，后者没有考虑到各代之间收入分配的变化。[①]

关于如何从父母收入对子女收入影响的这种表述中得到流动性指标，有大量文献，见加里·菲尔兹等（Fields et al., 1999）或马库斯·甘蒂和斯蒂芬·詹金斯（Jäntti and Jenkins, 2015）的研究。例如，流动性通常用 1 减去流动矩阵的迹来测度。安东尼·夏洛克斯（Shorrocks, 1978）提出了一个"归一化迹线"（Normalised Trace）方法，由 $[N-trace(A)]/(N-1)$ 给出，其中 A 是矩阵 P 的行归一化为 1 的矩阵，即 N 的概率 p_{ij} 除以行的和 p_i。其他指标是基于从一个群体或分位数变换到另一个群体的预期次数。

除了根据流动性指标比较转换矩阵，还制定了一些主流标准，可能导致不完全排序，从而导致两个矩阵之间的不可比。例如，对角线准则指出，如果所有的对角元素（而不是它们的和）在前一个矩阵中比在后一个矩阵中都小，那么在转换矩阵中比在另一个矩阵中流动性小。安东尼·夏洛克斯（Shorrocks, 1978）提出了一个更强有力的准则，即"强对角线视图"，根据该视图，如果 $a_{ij} \geq b_{ij}$，对于所有 $i \neq j$，矩阵 A 中的流动性大于 B

[①] 社会学家习惯于与社会经济阶级合作，而不是与收入或收入合作，他们倾向于强调"绝对"流动性，即从社会阶梯的一个等级向另一个等级转移。传统上，经济学家倾向于"相对"流动性——见哈吉·柴提等（Chetty et al., 2017）对绝对收益流动性的分析。

中的流动性。

尽管有关联，但这种基于转换概率的指标与机会不平等的指标之间只有间接的联系，因为它没有以结果的分布来表示，从逻辑上讲，这应该是子女收入的分布，建立这种联系的方法多种多样：

第一，约翰·罗默机会不平等的式（5.13）是一种方法，尽管很少使用，主要是因为与之一致的转换矩阵在概念上不同于上面的 P。事实上，子女的收入等级应与行相关，以便对应于父母在给定收入范围或分位数中子女收入分布的十分位数或其他分位数。

第二，另一种方法是将一个标量关联到矩阵的每一行，该标量取决于平均收入及其在该行中的分布。在更一般的意义上，德尔克范德·加埃尔（van de Gaer，1993）建议通过不同"类型"的平均收入不平等来测度机会不平等，也就是说父亲的收入，实际上是式（5.9）中定义的 I^{du} 类型的指标。阿诺·勒弗兰克等（Lefranc et al.，2009）主张将平均值与类型内的一些不平等指标相结合。一般来说，我们可以将观测到的与父亲收入相同的子女收入的分布，看作典型子女在该类型中的事前随机收入分布。然后，在给定的风险规避水平，将转换矩阵的每一行与该行收入分配的确定性等同起来。安东尼·阿特金森（Atkinson，1970）认为，这相当于将该行的等价分配收益（equivalently distributed earnings，EDE）与矩阵的每一行关联起来，将机会不平等定义为这些等价分配收入跨行之间的不平等。

阿特金森（Atkinson，1981）、阿特金森和布吉尼翁（Atkinson and Bourguignon，1982）提出了一种测度代际流动的社会福利方法，这与本章提出的机会不平等分析框架有所不同。它包括定义一对父子的社会福利，使转换矩阵中的每个单元都被赋予效用 $U(Y_i, Y_j)$，社会福利由该效用的平均值定义，并由转换概率 p_{ij} 加权。最简单的情况是当 $U(\cdot)$ 是父母和子女收入的累加。阿特金森和布吉尼翁（1982）根据函数 $U(\cdot)$ 的性质，推导了基于该标准比较转换矩阵的占优准则（dominance criteria）。

拉维·坎伯和约瑟夫·斯蒂格利茨（Kanbur and Stiglitz，2015）也沿用了类似的思路，通过在不变的转换矩阵和代际收入分配的假设下，考虑一个由无限朝代组成的经济体的稳定状态来扩展前面的方法。在这一框架内，确定了一个基于社会福利的主流标准，即一个矩阵优于另一个矩阵，或者换句话说，一个具有代际流动性特征的稳定经济状态优于另一个具有不同流动性矩阵的稳定经济状态。

从机会不平等的角度看，后面两种方法存在着局限性：

第一，一个完全稳定的经济和基于无限世代的社会福利主流比较的假设，看上去都很极端，尽管稳定性假设常常隐含在关于代际收入流动的表述中。

第二，环境本质上是被用来比较具有相同环境的不同群体的结果，这也是一个问题。换言之，富裕家庭里子女的流动性可能没有贫穷家庭里子女的流动性那么重要。从机会不平等的角度来看，重要的是收入分配在父母收入水平上有多大程度的不同，而这些收入水平并不是特别重要。

综上所述，与收入代际流动性的非参数规范相对应的机会不平等的测度方法存在一定的模糊性。根据社会福利标准，有多种方法可以评估流动性或比较转换矩阵。但是，它与从模型（5.14）的简单参数模型（至少在残差项 v 的同方差假设下）中得出的机会不平等的测度指标之间的联系尚不清楚。

（四）数据要求

估计代际弹性或父母子女收入转换矩阵的数据要求似乎非常苛刻。人们应该观测父母（一般是父亲）和子女（一般是儿子）在差不多相同年龄或相同生命周期的收入。超过 20 年的长面板数据库可以做到这一点。例如，美国收入动态面板调查（panel study of income dynamics，PSID）收集了近 50 年来同一家庭及其后代的数据。英国和德国的家庭面板数据库也超过了 25 年。在一些国家，登记数据（通常是税务数据）可以让研究人员在他们的一生中以及从一代人到下一代人之间进行跟踪，但只有少数国家在这一阶段有公开和匿名的登记数据。

但是，估计模型（5.14）并不需要面板数据，可利用长期重复的截面数据。此外，它们提供以一致的（渐进无偏的）方式估计代际弹性，这在面板数据中是不确定的。

要了解这一点，必须要注意的是，$\text{Log}y_{-1}$ 的计算最有可能包括测量误差，或者至少包括父亲收入的短期变动部分（这部分收入不太可能对子女的收入产生任何影响）。用普通最小二乘法计算模型（5.14）中的 γ，如果没有对测量误差的预防，就会导致所谓的衰减偏误（一种在代际流动研究中被证明是相当重要的偏误）。[1] 解决的办法是通过将变量回归到当时一些父亲或父母的特征 Z 上对当时父亲或父母的某些特征上的变量进行回

---

[1]　见马库斯·甘蒂和斯蒂芬·詹金斯（Jäntti and Jenkins, 2015），了解美国文献中的例子。衰减偏误（attenuation bias）：总是朝向零的估计量偏误，因而有衰减偏误的估计量的期望值小于参数的绝对值。

归来"检验"Logy$_{-1}$（在同一日期），假设t_{-1}，并在使用普通最小二乘法计算模型（5.14）时使用预测值而不是观测值。因此，如果在t时期观测到父母的特征Z与子女的收入在同一个数据库中，以及如果在t_{-1}时期有早期的截面数据，这就可以使我们能够估计具有Z特征的成年人的对数收入。使用t_{-1}时期父母的预测收入，运用普通最小二乘法来估计模型（5.14），会得到一个代际弹性渐进无偏估计量。通过双样本工具变量（two-sample instrumental variable，TSIV）估计方法（Björklund and Jäntti，1997），拥有受访者父母信息且覆盖时间足够长的重复截面数据足以估计代际弹性。[①]

上述方法需要注意的是，首先，刚刚描述的工具变量方法仅在假设工具Z与子女收入正交的情况下有效。必须承认的是，这种情况不太可能发生，因为大多数可观测到的父母的特征，如教育、职业、财富等，可能被认为是影响子女经济结果的因素。其次，即使 TSIV 方法可以用重复截面而非面板数据一致估计代际弹性，也不能够按照模型（5.15）的定义来估计相应的机会不平等。这是因为父母工具化的收入方差与实际收入的方差不同。

测量误差也可能影响上述转移概率矩阵方法对流动性测度、社会福利占优检验（dominance tests）和机会不平等的估计。在这种情况下，父亲和子女的误差都很重要。前者可能会导致在收入规模上错误分类父亲的收入，而后者则在转换概率中引入了噪声。

三、程式化事实

关于测度代际流动性的文献，最好的例证就是著名的"了不起的盖茨比曲线"（Great Gatsby Curve），这由迈尔斯·科拉克（Miles Corak）提出，并由艾伦·克鲁格（Alan B. Krueger）推广的。它根据当代发达国家和发展中国家的不平等程度绘制了对代际弹性的估计（见图 5.3）。

沿着图 5.3 的纵轴，可以观测到估计的代际弹性离散程度非常大，从北欧国家的 0.2（瑞典略高于该水平）到美国的 0.5，拉丁美洲国家的 0.6。如果假设父母和子女的收入不平等程度相似，那么式（5.15）表明，测度机会不平等的一致指标是代际弹性的平方，或者子女收入对数与父亲

---

① 安德斯·比约克隆德和马库斯·甘蒂（Björklund and Jäntti，1997）运用这一方法来比较瑞典和美国的流动性，而丹尼·阿伦森和巴莎尔·马苏德（Aaronson and Mazumder，2008）则利用这一方法来比较美国随时间变化的收益流动性。

收入对数回归的 R^2。由此可以看出，在北欧国家，与父亲收入相对应的机会不平等程度非常低，不到收入对数方差的 4%，而美国则比较严重，相当于子女收入不平等的 25%。如果没有其他与父母收入不相关的情况限制子女的收入，仍然会给流动性留下相当大的空间。

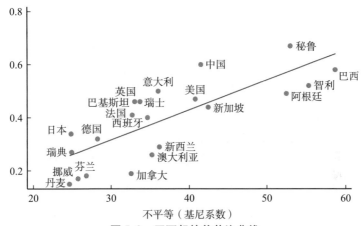

图5.3 了不起的盖茨比曲线

资料来源：Corak，2012。

图 5.3 还显示了收入不流动性（即代际弹性）或机会不平等与不平等程度（通过在某个时点上家庭可支配收入的基尼系数来衡量）之间的强相关性。对图 5.2 所示的负相关给出了若干解释。最常见的一种解释是依赖于父母收入与子女人力资本投资之间的关系存在某种凸性，或者根据父母的收入，有可能获得不平等的优质教育。如果富裕的父母将自己收入的较高比例投资于子女的教育，或者只有高于一定收入水平的父母的子女才有机会接受优质教育，那么父母之间收入差距的扩大应该会减少代际流动性。

前面的论点相当于假设基本模型（5.14）存在某种非线性，或者更确切地说，代际弹性可能取决于收入水平。如前所述，如果代际弹性随着收入的增加而增加，线性近似模型（5.14）确实会得到一个普通最小二乘法的估计值，该估计值会随着收入不平等程度的增加而增加。[1] 就美国而言，

---

① 假设模型（5.14）中的 γ 与 $y_{-1,i}$ 呈线性关系，以便观测 i，例如，$\gamma_i = \gamma_0 + \gamma_1 y_{-1,i}$，其中 $\gamma_1 > 0$。取模型（5.14）两边的平均值，得出整个人口的平均代际弹性为：$\bar{\gamma} = \gamma_0 + \gamma_1 \frac{1}{n} \sum_i y_{-1,i}^2 / \bar{y}_{-1}$，其中 n 是样本的大小，$\bar{y}_{-1}$ 是父母收入的平均值。对于给定的平均父母收入，样本中的平均代际弹性随着方差而增加，或者更普遍地说，随着父母收入的不平等而增加。请注意，盖茨比曲线是指在观测子女收入时家庭收入的不平等。

根据收入水平，代际弹性会有差异（Landers and Heckman，2016）。[1]

盖茨比曲线负斜率的另一个更机械的解释是关于式（5.15）。如果将父母一代的收入不平等程度相同的两个国家进行比较，那么当两代人收入的相关系数（R^2）相同时，当今不平等程度比较高的国家的代际弹性会更高。例如，拉斯穆斯·兰德瑟尔和詹姆斯·赫克曼（Landersø and Heckman，2016）表明，如果子女收入的分布与美国的分布相同，丹麦的代际弹性将比现在大得多。这再次说明了代际弹性所描述的"不流动"概念与父母收入相关的机会不平等概念之间的区别。然而，如果代际弹性替换成式（5.15）中定义的机会不平等，那么美国的非线性代际弹性不太可能有根本的不同。[2]

关于正斜率的盖茨比曲线还有其他解释，是从流动性到不平等，而不是相反的方向。例如，约纳坦·伯曼（Berman，2016）强调，如果残差项 v 的分布是不变的，模型（5.14）将导致收益的稳态分布，其不平等由

$$VL(y) = \frac{\mathrm{Var}(v)}{1 - \gamma^2}$$

给出。因此，收入不平等随着代际弹性的提高而增加。应该注意的是，这一特性并不是只在稳定状态下保持的。在一代人收入分布相同的两个社会中，如果一切都是平等的，在父母传递给子女更多的赚钱能力的社会，其不平等程度将会更高。形式上，模型（5.14）意味着：$VL(y) = \gamma^2 VL(y_{-1}) + \mathrm{Var}(v)$，其中 γ 为正。

不平等与代际不流动之间的这种正向关系是否也可能存在于跨期，有趣的是，巴莎尔·马苏德（Mazumder，2008）的研究表明，美国 1940～2000 年间工资不平等的趋势与代际弹性的趋势一致，这一时期的前一部分差距在缩小和后一部分差距越来越大。[3] 但是，没有足够的数据可以在跨国基础上检验这一假设。

其他经济结果也可采用同样的分析方法。沿着模型（5.14）的思路，重要的是要确保父母和子女都能观测到相同的变量。例如，将父母的收入放在等式右边，将人均收入（或相当于成人人均收入）放在等式左边是很有趣的，但是这种解释不再是根据收入潜力的代际传递，因为人均收入也取决于家庭规模、婚姻和劳动力供应。右边变量的观测周期也存在问题。可以推测，父母的收入会影响子女的终身收入。在子女生命的某个阶段，

①　另见哈吉·柴提等（Chetty et al.，2014a）。

②　事实上，代际不平等的变化不太可能弥补代际弹性的差异。

③　巴莎尔·马苏德（Mazumder，2008）使用上述 TSIV 方法和美国人口普查数据。

短时间内观测他们时，可能无法反映出来。

哈吉·柴提等（Chetty et al.，2014a）在分析美国代际收入流动的空间异质性时解决了这一问题，因为他们确实根据行政税务数据，将终身税前家庭收入作为两代人的收入变量。他们发现各个"通勤区"（commuting zones）的收入流动的空间差异很大："在夏洛特（北卡罗来纳州），一个来自收入最低的五分之一家庭的子女达到最高收入五分之一家庭的概率是4.4%，而圣何塞（加利福尼亚州）的概率是12.9%。"

利用行政记录数据的时间长度，哈吉·柴提等（Chetty et al.，2014b）还研究了代际流动的时间变化，实际上是父亲和子女收入之间的等级相关性。他们发现1971～1982年出生的群体没有显著变化。这与李哲和加里·梭伦（Lee and Solon，2009）利用美国1952～1975年出生群体的收入动态小组调查的面板数据集得出的结果一致。两个结果都与巴莎尔·马苏德（Mazumder，2008）有所不同。正如约翰·戈德思罗普（Goldthrope，2012）对乔·布兰德等（Blanden et al.，2011）结论的评论所示，在英国，这种流动性会下降。

哈吉·柴提等（Chetty et al.，2017）研究了另一个有趣的概念，更接近于社会学对流动的看法。"绝对流动性"（absolute mobility）是指在30岁的子女中，他们的实际收入高于父母30岁时的收入的比例。结合1970年以来的登记数据和对等级相关性的假设以及之前时期的截面数据，1940～1965年的出生队列（即婴儿潮一代，the baby boomers），绝对流动性不断下降。随后，稳定下来，但很快又因为金融危机（即对于出生于20世纪70年代末的那些人）而再次下降。

奇怪的是，很少有人研究财富不平等的代际传递以及遗产在机会不平等中的关键作用。部分原因在于数据的可用性，典型的家庭调查通常不包括财富数据。即使有，不一定包括父母的数据，也不一定在一段时间内重复使用TSIV方法。至于面板数据，有几轮收入动态小组调查确实包括财富调查问卷。凯文·考非·查尔斯和埃里克·赫斯特（Charles and Hust，2003）利用它们来估算财富代际弹性。遗憾的是，没有可用于纠正测量误差的信息。英国和德国的家庭调查小组的确包括了财富方面的数据，但观测数据太少，无法估计中年时期财富的代际弹性，在这个年龄段，财富概念对父母和子女都很重要。人们也可以考虑使用遗产统计数据，但这些数据实际上缺乏相关性，因为它们与机会不平等的联系是通过继承人实现的，而并未观测继承人的财富。

在北欧国家，最近几项关于代际财富动态的研究都依赖于行政数据。西蒙·博塞鲁普等（Boserup et al.，2014）对丹麦人中年期的财富代际弹性进行了估计，阿德里安·阿德蒙等（Adermon et al.，2015）也对瑞典进行了同样的估计。两项研究都涵盖了两代人以上。在这两个国家，财富代际弹性估计值是可比的，约为0.3，这一结果与瑞典的收代际弹性相当，是丹麦的两倍。

第五节　实际问题的研究和概述

一、广义代际流动分析与观测到的机会不平等

父母收入只是影响子女经济结果的一个因素，即使它可能与其他环境相关。为了提供一个更完整的描述，模型（5.14）中的父亲收入 y_{-1} 可以被一个变量向量代替或补充，该变量是指当代个体的父母特征。劳动力或家庭调查通常提供受访者父母的信息（教育、职业、住所、受访者 10 岁时父母的年龄）。与其利用双样本工具变量估计方法根据这些特征估计父母的工资或收入，不如可以简单地通过父母的特征（包括他们自己收入的决定因素）在当代人的收入不平等中所占的比例来衡量与之相关的机会不平等。

形式上，模型（5.14）被替换为

$$\mathrm{Log}y_i = \beta Z_i + v_i \tag{5.16}$$

其中，y_i 是一个特殊的经济结果；Z_i 是变量的向量，包括所有观测到的父母特征和一些个人无法控制的其他特征；以及所有 v_i 与 Z_i 正交的未观测到的经济结果的决定因素。与式（5.12）的定义一致，当用对数方差测量结果的不平等时，该回归方程的 R^2 统计量可解释为与 Z_i 中的个体特征相关的机会的不平等。有些人更喜欢利用其他不平等的衡量标准。[1]

与模型（5.14）相比，模型（5.16）被视为"广义"流动性的模型，考虑到父母更多特征，这些特征不一定包括当代人所解释的结果。还可注意到，当通过数据库中可用的一组特征对父母收入进行工具化（即双样本

---

[1]　弗朗索瓦·布吉尼翁等（Bourguignon et al.，2007）利用了式（5.12）的相对方法，其中基尼系数用于不平等度量 $M\{\cdot\}$，Z 的平均值用于式（5.11）中的参考环境 C^e。保罗·布鲁诺里等（Brunori et al.，2013）利用平均对数偏差。

工具变量估计方法）时，该模型与用于收入代际流动分析的模型相同。模型（5.16）将对应于收益流动模型的"简化"形式，比模型（5.14）的结构形式限制更少。

图 5.4 显示的就是这种处理机会不平等的方法，该方法借鉴了保罗·布鲁诺里等（Brunori et al.，2013）的一篇论文，论文汇总了一些研究成果所提供的某些国家观测到的机会不平等维度的估计值。本章所用的测度机会不平等是式（5.10）中定义的，以平均对数偏差作为不平等的测度。[①] 图 5.4 显示了观测到的机会相对不平等（纵轴）与结果总体不平等（横轴）的关系。

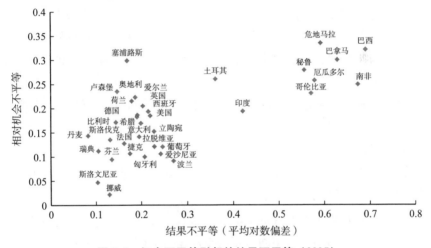

图 5.4　机会不平等引起的结果不平等（2005）

资料来源：Brunori，Ferreira and Peragine，2013。

从某种意义上讲，图 5.4 相当于盖茨比曲线，其中所观测到的机会不平等取代了代际弹性。[②] 这种对盖茨比曲线的概括，包括用观测到的父母的特征和个人特征代替父母的收入，导致观测到的机会不平等和结果不平等之间的关系仍然是正向的。与后文图 5.5 中观测到的情况不同，当将样本限制在发达国家时，这种关系就消失了。

----

①　经济结果为 y_i 的个体样本中的平均对数偏差（mean logarithmic deviation，MLD）。对于图 5.4 中的一些国家，基于个体的"类型"，使用半参数模型。由特性 Z 的特定组合定义，而不是由这些特性本身定义。

②　在这种情况下，基于平均对数偏差的观测机会的相对不等式接近于观测机会结果回归的 R^2。从模型（5.14）开始，意味着该指标的平方根与代际弹性相当。

不过，这种差异必须谨慎对待。一方面，国家是不同的。另一方面，保罗·布鲁诺里等（Brunori et al.，2013）的结果变量和观测到的环境 Z 在各国可能不相同。经济结果 y 是指欧盟国家和美国的劳动收入[①]、拉丁美洲国家的人均家庭收入、印度的人均家庭收入和南非的人均家庭总收入。从这些做法中吸取的一个重要教训是需要使用统一的变量定义。并非总能在不同的国家做到这一点，但对同一个国家进行不同时期的比较是绝对有必要的。

图 5.4 中提供的观测到的机会不平等是对整个人口而不是对特定年龄组的估计，正如在对代际收入流动性的研究中一样。换言之，隐含的假设是，这种不平等在各年龄组或群体是一致的。经济结果取决于个人和父母环境，这种方式可能会随着生命周期的变化而变化，也可能随着群体的变化而变化，群体绝对是最相关的统计参考量。政策制定者和分析人士感兴趣的是，与年龄较大的群体相比，年轻群体对家庭背景的依赖程度是否更低。[②]

改进和标准化上述类型的广义流动性分析（使其在不同国家、不同时间和不同群体之间具有可比性）可能比标准化代际收入流动性更容易实施。能够对结果不平等的决定因素进行有效监测，无论是收益、收入还是主观福利，都能确定不平等水平的变化。这种分析如果能够系统地进行，将有助于不平等领域的政策制定。

用于代际流动性分析的非参数矩阵规范也可以在这里使用。表 5.1 中的矩阵 P 只因行的定义而不同。它们不是指父母的收入，而是指当前一代的个人类型，这些类型是由最常见的个人特征组合 Z 定义的。这将不再是流动矩阵或联结，而只是一个比较给定经济成果在具有不同社会和家庭背景或个人特征的个人之间的分布矩阵。相应的测度机会不平等可以用上面的罗默式测度方法式（5.13）或讨论代际流动测度时提出的一些建议。

二、兄弟姐妹的差异研究

文献中还使用了其他方法来确定结果不平等的哪一部分在严格意义上源于家庭背景，而不是家庭调查中发现的各种特征 Z 的混合。在这种情况下，利用兄弟姐妹或双胞胎之间的差异或相似性的想法特别有吸引力。

---

① 在欧洲案例中，这种一致性来自一个共同的数据源，即欧盟成员国之间大致一致的 EU-SILC。

② 这类队列分析在弗朗索瓦·布吉尼翁等（Bourguignon et al.，2007）的研究中进行。

如果研究的经济结果是劳动收入，兄弟姐妹之间的收入相关系数的平方可以直接衡量来自共同家庭背景的结果不平等所占比例。这需要对基础收益模型进行一些假设。① 如果这些假设被认为是合理的，那么这个相关系数在逻辑上解释了所有观测到的和未观测到的家庭背景特征，以及推测其他在兄弟姐妹的童年或青春期常见的环境。因此，以这种方式解释的结果不平等的比例预计会高于基于观测到的环境的其他估计，即使兄弟姐妹可能不具有相同的家庭背景因素，而这些因素可能会影响他们以后的收入。这种研究结果的数量级似乎与跨代收入流动研究中得到的结果数量级相当——在少数两种估计都可用的国家。例如，在丹麦，兄弟收入之间的相关系数为 0.23（Jäntti et al.，2002），美国为 0.49（Mazumder，2008）。前一个结果略高于图 5.4 所示的结果，而后者大致相同。

这种类型的兄弟姐妹分析很可能能够获取家庭背景对结果不平等的整体影响的更大部分，但是，与前一小节中描述的研究类型相反，它没有对这种影响背后的路径做过多的说明。此外，这类分析不能在标准家庭调查的基础上进行，标准家庭调查是测度结果不平等最常用的来源。

三、与性别或其他个人特征相关的结果不平等

广义代际流动方法中所考虑的特征 Z 可能是不同类型的。它们可能是性别、种族或移民身份等个人特征、家庭背景特征，或者更普遍地说，是人们从家庭中获得的资产，包括教育。上述观测到的机会不平等的分析并没有对 Z 的这些不同组成部分作出任何区分。然而，与之相关的不平等可能受到不同的价值判断的影响，并且可能对结果的不平等产生不同的政策影响。

性别就是一个很好的例子。如果性别是一般模型（5.16）中 Z 变量的唯一组成部分，那么不平等的相关分解将归结为区分不同性别的平均结果的相对差异。这是关于性别收入不平等文献的第一步，更一般地说是关于"横向不平等"，即具有不同个人特征（如种族、移民地位或居住地）的群体的平均结果不平等。关于性别收入不平等的图 5.5 是文献特有的。图 5.5 显示了在过去几十年中，经合组织成员国中性别收入差距最大的国家是如何大幅下降的，但在大多数国家，这一比例仍然相当大，大约在 15% 以上。

① 本质上，在模型（5.16）型中的同方差性。

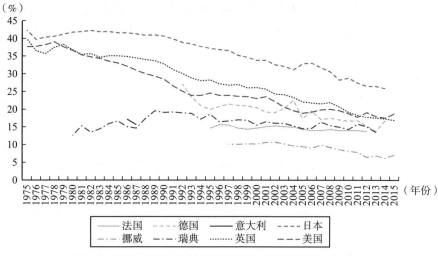

图 5.5　1975 ~ 2015 年选取的 OECD 国家的性别工资差距

注：全职工人中男性和女性收入中位数之间的百分比差距。

资料来源：OECD，2018。

　　同时，图 5.5 也提出了与机会不平等文献中环境与努力之间区别的直接相关的问题。所观测到的收入差异在多大程度上是由于男女工人所从事的不同职业和事业选择，还是由于完全超出其控制范围的特征（如教育），或最重要的是，劳动力市场中的雇主歧视？此外，图 5.5 所示的差异在多大程度上反映了劳动力参与率的差异，而劳动力参与率本身与诸如年龄或工作经验等工资决定因素有关？这些问题的答案对政策非常重要，特别是要确定劳动力市场歧视的作用以及对其他收入不平等来源的可能补救措施。例如，由图 5.5 可知，如果性别劳动力的构成随着时间的变化发生变化，或者如果高薪女性的比例在增加，那么 40 年前性别歧视的比例约 45% 的国家，现在的性别收入歧视比例下降了 15 ~ 20 个百分点，这种结论是不正确的。

　　上述问题的部分答案是通过在模型（5.16）中添加其他个人特征和环境作为性别的回归变量得到的。例如，如果学校教育作为一个附加的环境变量引入，一旦考虑到男女学校教育差异对收入差异的影响，性别构成系数将反映性别收入差异。在一个更一般的模型中，性别系数将测量除所有观测到的收入决定因素中的性别差异之外的性别收入差距。这一系数通常被称为"调整后的"性别收入差距。

　　通过性别与 Z 的其他组成部分之间的相互作用，使模型非线性化，这是可能的，即

$$\mathrm{Log}y_i = \beta Z_i + \delta Z_i \times G_i + v_i \qquad (5.17)$$

其中，G_i 是一个虚拟变量，代表 i 的性别，δZ_i 系数测量与 Z_i 中个人特征相关的收入差异。或者，模型（5.17）可分别计算男女工人：

$$\mathrm{Log}y_i^g = \beta Z_i^g + v_i^g, \; g = M, \; F \qquad (5.18)$$

基于对两组系数 β_g 的估计，性别收入差距可以分解为收入决定因素的性别差异和这些决定因素的回报率差异，即估计系数 $\hat{\beta}_F$ 和 $\hat{\beta}_M$ 之间的差异。例如，女性的工资可能低于男性，因为她们受教育程度较低，这在一段时间内是这样，而且对年龄较大的群体来说仍然如此，但她们在任何额外一年的教育中也可能比男性低，这可能被视为纯粹的歧视。

从形式上讲，这种所谓的瓦哈卡 - 布林德分解是：

$$\mathrm{Log}\bar{y}^F - \mathrm{Log}\bar{y}^M = \left(n_F \hat{\beta}_F + n_M \hat{\beta}_M \right) \left(\bar{Z}^F - \bar{Z}^M \right)$$
$$+ \left(\hat{\beta}_F - \hat{\beta}_M \right) . \left(n_F \bar{Z}^F + n_M \bar{Z}^M \right) \qquad (5.19)[1]$$

式中，符号"$-$"表示平均数，n_F、n_M 表示人口样本中女工和男工的权重。第一项对应于男女个体特征差异的贡献，即收入差距和上述调整后的收入差距之间的差异。第二项代表真正的歧视，即相同的特征在男性和女性中不会以相同的方式得到报酬。实际上，正是前面定义的调整后的收入差距，式（5.19）的兴趣在于，这个调整后的差距可以分解为 Z 的各个组成部分的贡献。在性别不平等的背景下，这一调整后的差距可被视为程序不平等的一个指标，即两组个体的相同特征不会以相同的方式得到报酬。

图 5.5 说明了这种分解，同时展示了相当显著的程式化事实。该结果来自性别工资歧视的荟萃分析，在一组 263 份不同时间点覆盖大量国家的论文中，显示了平均性别收入差距和调整后的收入差距。该结果分布了每年提供一年内估计数的所有研究方法。随着时间的变化，性别工资差距的平均值已大幅下降（见图 5.5）。同时，平均调整后的差距，或上述瓦哈卡 - 布林德方程中的第二项，在平均值上或多或少保持不变。换言之，各国平均而言，性别收入差距下降的主要原因是教育或工作经验等工资决定因素的性别差异有所下降，而不是因为这些决定因素的回报率变得不平等。假设此荟萃分析中的研究是完全可比的，意味着与劳动力市场歧视有关的机会不平等在大多数国家没有改变。

---

[1]　瓦哈卡 - 布林德分解的其他表达式使用第一项中一组的 β 系数和第二项中另一组的平均特性，而不是两组的平均特性。问题是，分解过程取决于为 β 选择的组。这里使用的公式是路径无关的。

　　从政策的角度来看，瓦哈卡－布林德方程具有明显的利益，因为它显示了为减少性别不平等而选择的方向，因此总收入不平等。从机会不平等的角度来看，这也增加了一个有趣的问题是，仅仅关注环境作为不平等的根源可能并不总是合理的。经济制度对努力的回报方式也很重要，这取决于个人环境或个人特征。

　　举例说明，考虑解释收入或工资的对数与受教育年限和工作经验的函数关系的标准切斯特方程。一个先验的观点是，把数年的学校教育视为父母或家庭背景强加给个人的一种环境似乎是合理的，而工作经验更能从逻辑上反映一个人在成人生活中所做的决定。但现在，假设瓦哈卡－布林德分解表明，教育和工作经验对男女工人的报酬是不同的。那么，劳动力市场歧视导致的机会不平等实际上取决于环境不平等（即教育），也取决于努力与性别之间相互作用的结果。换句话说，一个女性必须比一个有着相同内在生产力的男性付出更多的努力，这一事实应该是被观测到的机会不平等的一部分。

　　说到这里，这一问题仍然是努力与环境之间的根本区别。由育儿引起的工作、劳动力参与和职业生涯的中断仅仅是女性的责任吗？是不是社会作为一个整体，在各种经济和社会压力下，限制了妇女的劳动力参与，并逐步放松了这种约束？这些都是棘手的问题，同时也揭示了与性别有关的机会不平等的概念及其测度的模糊性。[1] 在这种情况下，最好忽略环境和努力之间的区别，并确保我们正确测度不同个人特征（包括工作经验或兼职工作）对收入总体不平等的影响以及经济体制对这些特征的不同回报的影响。

　　为了总结这些关于测度与性别有关的机会不平等的评价，必须强调一个事实，即收入差距或调整后的收入差距仅指男女工人两个样本中的平均值。此外，还应考虑到两组的收益率在平均值附近的分布可能存在很大差异。对于模型（5.16），这相当于允许剩余项 v 的方差依赖于性别，即异方差。这是一个很好的例子，可以使用式（5.13）中定义的罗默方法，或者遵循上面的建议，用均值和方差的函数替换均值收入。

---

　　[1]　如果由于劳动力供应、婚姻、选择婚配和生育问题将成为重要问题，而不是关注工资、关注收入的性别不平等或更确切地说是家庭收入（人均或等价收入），则会出现更多的困难，除此之外，家庭内部的收入分配没有直接观测到。

四、实际问题概述

测度机会不平等似乎是不现实的。最好的办法是测度一些似乎超出个人责任的因素对结果不平等的影响。从这个意义上说，我们只能测度机会不平等的某些维度。但是，在确定经济结果时，即使区分个人控制之外的环境和自愿的个人决定，也往往具有模糊性。事实上，机会不平等的某些维度取决于个人决定，正如劳动力市场歧视的情况一样。

可以直接测度机会不平等的某些维度，而不受其对经济结果的影响。例如，青少年或学龄前儿童的认知技能就是这样的，[①] 这些个体特征可被视为导致收入或生活水平等个体结果不平等的环境，也可被视为一种结果，其不平等可由家庭相关特征解释。多数情况下，测度机会不平等的可观测维度是通过测度机会不平等对经济结果不平等的影响来实现的。

测度机会不平等的单一维度最明显的例子是大量关于收入或其他经济或社会经济结果的代际流动的文献。机会不平等的可观测维度是父母的收入，它是通过其对子女收入不平等的贡献来测度的。可以概括为其他观测到的家庭特征，这些特征可能包括或不包括父母工资或收入以及像性别或种族这样的个人特征。这种分析所需的数据远低于测度收入代际流动性所需的数据。代表性的家庭调查，包括受访者家庭背景的回忆信息，是基本的数据来源。当然，随着时间的变化，监测机会不平等的相应维度，或在各国之间进行比较，都需要这些调查中可获得的信息具有一定的一致性。

当应用于个体特征时，上述类型的分析相当于测度不平等文献中所谓的"横向不平等"，通常是收入不平等或其他收入变量跨性别、种族、移民身份或其他个人特征。结合其他可能依赖于个人特征的个人环境，对机会不平等的这些维度进行测度，可以通过被研究的特征详细分析观测到的社会对个人施加的歧视。

关于机会不平等的实证文献依赖于各种类型的指标。当关注机会不平等的单一数量维度时，还不清楚经济结果的各种可用测度指标（隐含地基于价值判断）是否相关。例如，基尼系数是否足以代表健康状况或认知技能的不平等？方差、变异系数或分位数比率可能足以描述分布的离散状况。当观测到的机会不平等的维度在结果空间中被测度时，或者通过它们对结果不平等的贡献来测度时，情况就不同了。在这种情况下，必须区分

---

① 例如，通过 PISA 中非认知技能问题答案的主成分分析。

参数方法和非参数方法。

对结果和个体特征之间关系的参数化说明，使我们能够弄清楚不平等是什么，如果只考虑到由于个体特征而产生的结果差异；或者，忽略它们会对结果的整体不平等产生的影响。由此产生的"虚拟"结果不平等可以用通常的结果不平等方法来评价，包括基尼系数、对数方差、阿特金森方法等。基于经济结果与个人特征之间的对数线性关系，这种方法往往会导致过于简单地测度机会不平等的可观测维度：用对数方差测度结果不平等时的 R^2 相关系数；当观测到的个体特征组合被用来定义个体类型时，可分解不平等指标的组间分量；或是在单一个人特征（如性别）的情况下的平均收入差距。当然，测度机会不平等的很多指标都可以定义为结果不平等的指标。

而非参数规范则不同，非参数规范充分考虑了结果在个体类型上的分布差异。这包括类型与父母收入水平相对应的情况，作为被研究机会不平等的维度，以及通过转换矩阵描述结果的代际流动。在这些情况下，比较分布需要比较这些矩阵，并提出了一些有趣的比较标准，这些标准通常依赖于对一个社会以给定转换矩阵为特征的社会福利评估方式的强假设。在这个阶段，还不能说对这些标准达成了共识。

在这种情况下，结果的总体不平等表现为不同类型群体的不同结果分布，这些结果分布由一组假设在其控制范围之外的特征定义的，是测度机会不平等的可观测维度的最普遍和最现实的规范。

当未观测到的结果决定因素的分布效应取决于正在研究的个体特征，即核心规范中的异方差性时，相当于参数化规范。文献中使用的大多数测度方法都忽略了测度问题的这一方面。例如，调整后的性别收入差距忽略了这样一个事实，即不仅平均值不同，而且以平均值的比例表示的收入分布在不同性别之间也不同，约翰·罗默（Roemer, 1998）提出的不平等测度方法弥补了这一点。

第六节　中国测度机会不平等的研究进展

一、影响机会不平等的因素

关于机会不平等的定义，大多数研究都遵循了约翰·罗默（Roemer,

1993）的"环境－努力"二元因素分析框架，将个人收入看作是由环境和努力两方面因素共同作用的结果，其中环境因素是指诸如年龄、性别、家庭背景、户籍类型等个人无法控制的外生因素，而努力因素是指诸如受教育程度、就业状况等个人可选择的且社会可以问责的主观行为因素。由环境因素（直接渠道）和环境努力交叉因素（或可观测到的努力因素，间接渠道）造成的收入不平等称为机会不平等，需要通过社会的补偿机制来消除这部分不平等才能实现机会平等，称为补偿原则。由努力因素导致的不平等称为努力不平等，它是个人应当承担其责任的部分，因个人努力程度不同造成的收入差异，是合理公平的收入不平等，可以用回报原则来解释努力不平等，关注的是环境特征相同而努力程度不同的个人。尽管阿诺·勒弗兰克等（Lefranc et al.，2009）在此框架基础上加入了"运气"因素，构建了"环境－努力－运气"三元因素分析框架，但两者在本质上并无区别。

国内大部分学者的研究基本都是沿用罗默的"环境－努力"二元因素分析框架，构建相对比较全面的环境集和可观测的努力集。因为影响机会不平等的环境因素比较多，通过研究有关机会不平等的文献，大致将采用的环境集归纳为四类：个人特征、家庭背景、地区特征和其他背景（见表5.2）。环境集中有许多重要且不可或缺的变量，因此不同学者选取的环境集变量会有所重复，如年龄、性别、父母的受教育程度等，但还会根据研究的需要选择不同的变量，如李莹等（2016，2018）选择寻找工作的途径作为社会资本的代表变量。

表5.2　　　　　　　　　　　环境集的变量分类情况

环境因素	具体变量	相关文献
个人特征	年龄、性别、民族等	李金叶等（2019）、董丽霞（2018）、宋扬（2017）、徐晓红等（2012）
家庭背景	父母受教育程度、父母的职业、父母的收入、14 岁时的家庭状况、家庭人口数、家庭可支配收入	陈东等（2015）、刘波等（2015）、江求川等（2014）
地区特征	出生地、户口类型、居住地区或省份、地区经济发展状况、地区产业结构、地区文化水平、地区社会保障情况	陈晓东等（2017）、李莹等（2019）
其他背景	寻找工作的途径	李莹等（2016，2018）

注：不同文献选取的环境集中包含多个重复的变量。

对于可观测的努力集，一般选取个人可选择且应当承担责任的变量，如个人的受教育程度、职业状况、工作年限、家庭经济状况、婚姻状况等变量。关于教育变量可能会产生内生性的问题，因此会采用工具变量来消除内生性，如家庭成员的数量或者兄弟姐妹的数量以及学生时期的学习成绩等变量（徐晓红等，2012；李莹等，2018）。

测度机会不平等最重要的问题就是数据来源，大多数学者使用的数据都是来自国内比较权威的调查数据库，如中国综合社会调查（CGSS）、中国家庭收入调查（CHIP，前身为中国居民收入调查）、中国健康与营养调查（CHNS）等，这些数据库能够提供比较全面的基础性数据资料，保证统计口径和样本的一致性。

二、测度机会不平等的实证研究

遵循约翰·罗默的"环境－努力"二元因素分析框架，马克·弗勒巴伊等（Fleurbaey et al.，1995）将随后产生的一系列测度机会不平等的方法划分为"事前法"和"事后法"，前者关注的是那些拥有相同环境集的个人所组成的类别，用组间收入不平等来测度机会不平等，后者关注的是努力程度相同的个人，用组内收入不平等来测度机会不平等。由于"事后法"涉及努力因素，但努力程度难以像环境变量一样直接测度，因此这种方法存在很大的局限性，通常采用"事前法"的文献比较多。

在"事前法"测度机会不平等的前提下，根据分布假设的强弱性，将测度方法进一步区分为非参数法和参数法。非参数法测度机会不平等的原理是，根据环境变量观测值将样本划分为互斥类型，然后通过消除各环境类型内部的不平等，构造出个人收入水平的反事实分布，最后再应用基尼系数或者广义熵指数来计算反事实分布的不平等程度。因此非参数方法会受到样本量大小的限制，一般适用于环境变量数量较少的情况，如果选取太多环境变量，就会导致类别内或群组内样本量过少而无法测算。参数方法测度机会不平等的过程是，以环境变量作为解释变量，个人收入水平对数作为被解释变量，建立明瑟（Jacob Mincer）① 收入方程，得到个人收入水平的反事实分布，它不受限于样本量的大小，因此为了选取更为完备的

---

① 美国著名的劳动经济学家雅各布·明瑟（Jacob Mincer）1922 年出生于波兰，1948 年到达美国。他于 1950 年在爱默里大学（Emory University）获得学士学位，1957 在哥伦比亚大学（Columbia University）获得博士学位。除了其他地方短暂的逗留，他的整个职业生涯几乎都是在哥伦比亚大学度过的。明瑟是第一位使用相对简单、易于操作的经济学模型来系统地阐述和解释劳动力市场行为。

环境集，大量的研究会使用参数法来测度机会不平等。

国内关于机会不平等的相关研究主要集中于对我国机会不平等的实证测度，还有些研究会进一步分解机会不平等。江求川等（2014）利用中国综合社会调查、中国家庭收入调查和"社会结构与社会现代化"调查数据，运用非参数法测度城市居民1996～2008年的机会不平等变化，发现在研究期内机会不平等对于收入不平等的贡献由25%上升到33%，且在不同年龄组、性别和地区之间机会不平等程度存在明显差异。陈东等（2015）利用中国健康与营养调查数据，用基尼系数来衡量不平等程度，利用参数法测度出1989～2009年由机会不平等造成的收入不平等达到54.61%，且父亲职业类型、出生地以及户籍对于子女收入具有显著的正向影响。宋扬（2017）运用2012年的中国综合社会调查数据，采用参数方法对中国机会不平等程度进行测度，使用泰尔指数作为机会不平等的水平，发现收入差距中有27%以上是由机会不均等导致的，验证了影响机会不平等的重要因素有教育代际固化、家庭背景，以及劳动力市场歧视。史新杰等（2018）利用2013年中国综合社会调查数据，通过参数估计法和方差分解方法来测度，并用广义熵指数来代表机会不平等程度，发现中国的机会不平等相对系数高达35.7%，发现出生地和户口类型以及父亲的背景是造成机会不平等最主要的环境因素。李莹等（2019）利用2008～2015年中国综合社会调查的调查数据，运用参数方法测度中国的机会不平等程度，以平均对数偏差（mean log deviation，MLD）作为测度机会不平等的指标，结果表明机会不平等程度的占比在逐年下降，影响最大的一类环境因素是个体特征类环境因素。

除了对机会不平等实证之外，还讨论了机会不平等对经济增长、居民幸福感、公平感的影响。潘春阳（2011）认为整体收入不平等对居民幸福感会产生很大的负面影响，因此进一步将收入不平等分解为机会不平等和努力不平等两个部分，通过检验发现机会不平等对居民幸福感存在显著的负面影响，但"努力不平等"对居民幸福感的影响并不大。陈晓东等（2017）利用2010～2013年中国综合社会调查数据以及对应年份的省级面板数据，发现机会不平等的上升会大大降低社会公平感，而努力不平等对社会公平感的影响并不大。雷欣等（2017）利用2003～2013年中国综合社会调查数据测算，发现收入不平等和经济增长之间没有明显的相关关系，但努力不平等对经济增长有明显的积极促进作用，机会不平等对经济增长有明显的负面抑制作用。

三、代际收入流动

机会不平等的定量测度开始于代际收入流动性的研究，即子女的收入在多大程度上受父母收入的影响。通常使用代际收入流动（或者代际收入弹性）来作为衡量子代收入相对于父代收入变化程度的指标，因此该数值越大，代际收入的关联性就越高。但是，父母的收入只是个人无法控制的几个因素之一，对此研究不能准确地衡量收入差距由机会不平等引起的程度。不过代际收入流动可以作为测度机会不平等的重要指标之一，父母收入也是个人无法控制的其中一个因素，因此代际收入弹性越高，机会不平等程度越高。

目前对国内代际收入流动的研究更多地停留在代际收入弹性的准确测算上，对代际收入弹性变异特征及其与收入不平等波动的关联性研究相对较少。王海港（2005）对中国代际收入弹性研究，实证分析发现，我国代际收入弹性较高。姚先国等（2007）利用中国健康与营养调查数据测算出我国代际收入弹性约为 0.7，高于其他欧洲国家，在此基础上将代际收入相关系数分解为健康、教育、社会资本三个路径，推算各路径的贡献率，得出社会资本是我国代际传递的主要途径的结论。魏颖（2009）首次利用分位回归估计代际收入流动模型，发现子代收入与受教育年限对代际收入弹性的影响有关。方鸣等（2010）利用收入均值法和百分位转换矩阵法，实证分析了我国农村居民代际收入流动水平，结果显示我国农村居民代际收入流动水平不佳，存在明显的收入代际传递现象。韩军辉等（2011）利用分位数回归模型分析了我国农村居民代际收入流动的情况，结果表明收入分布两端具有较高的代际流动水平，而在中位数附近呈现较低的流动水平。与此同时，一些研究开始关注代际收入弹性对收入不平等的影响。徐舒等（2015）将通过方差测量的收入不平等分解为父代组内、子代组内、父代和子代组间三种形式，发现通过组间收入不平等体现的代际收入传递可以解释总收入不平等的 35.5%。吕光明等（2017）利用 1989～2011 年中国健康与营养调查第九轮调查数据，运用分位数回归法测量中国代际收入弹性，发现中国代际收入弹性的波动大体上呈现"M"型态势，代际收入弹性在不同的收入分布上具有异质性。

本 章 小 结

到目前为止，对不平等的关注主要集中在收入、总收入或可支配收入、生活水平或财富等主要结果的不平等。监测结果不平等或事后不平等，对于监测社会进步和再分配工具至关重要。理想情况下，人们也希望监测事前不平等或机会不平等，因为它是事后不平等的关键决定因素。正如本章所述，这样的目标有些不切实际。当然最好的办法是监测可观测到的机会不平等的各个维度，或者同样地监测一些结果不平等的决定因素，这些决定因素可以被认为不是个人决策或经济行为的结果。当然，这种监测对政策至关重要，因为它可以确定所考虑的结果分配的变化来源，并在必要时采取纠正措施。这些变化的来源包括个体特征的人口分布，如个人特征、家庭背景（包括父母收入或财富）、认知和非认知技能、人们可以依靠的能够产生经济结果的所有资产。它们还包括经济领域回报具有不同特征或背景的人的努力的方式，即程序不平等。

在最近的经济文献中，一些观测到的机会不平等的维度受到了广泛关注，但公平地说，它们的测度仍然停留在研究层面。与通过基尼系数或其他不平等指标定期监测的可支配收入或收入不平等不同，很少有与机会不平等有关的统计数据是由统计机构定期编制并公开讨论的。例如，在大多数国家，我们无法知道代际流动（机会不平等的众多可行指标之一）在过去几十年中是增加了、保持不变还是减少了。许多国家在监测平均教育成就方面取得了进展，特别是国际学生评估项目，但没有系统地提供或讨论其分散程度的演变。如果大多数发达经济体定期报告不同性别的平均收入差距，那么调整后的收入差距、种族之间的差距、土著人与第一代和第二代移民之间的差距就不可能总是如此。在大多数国家，定期评估这些指标的数据要么是可得的，要么可以以很低的成本得到。

根据本章的分析，下面列出了改善这种情况所需的数据，并以系统的方式监测机会不平等的可观测维度，而不是依赖研究人员不定期的工作。还列出了应定期公布的统计数据，用以监测不平等状况，这些不平等状况会超越基尼系数或其他通常用于测度等价可支配收入或收益的不平等指标。

一、数据要求

了解家庭背景在决定工资或收入不平等方面所起的作用，对于理解不平等的原因及其可能的变化是至关重要的。从这个角度来看，理想的数据是到目前为止长面板数据，如美国的收入动态小组调查，它从 1968 年开始运行，涵盖了 5000 个家庭及其后代。通过这样的长面板数据，可观测到面板数据中年轻一代的童年和青春期的许多环境，包括父母的收入和财富。其他长面板数据包括英国 BHPS 或德国社会经济委员会的。在欧洲，EU-SILC 由纵向数据组成，但这些数据的时期通常要短得多，并且无法追踪后代，因此调查对象年轻期的家庭经济状况是不可观测的。①

长面板数据的替代方法是与行政记录联系起来。将 30 年前父母的纳税申报表与如今 40 岁子女的纳税申报表进行对比，可以直接观测到收入流情况。在某些情况下，甚至可以将家庭特征与收入以外的其他特征联系起来，从而对代际不平等来源进行更全面的研究。

这些数据可以对北欧国家财富的代际传递和美国代际流动的空间异质性进行详细研究（Chetty et al.，2014a）。尽管行政部门可以采取措施在今后更加系统地提供这些数据，但这样的数据仍然非常稀缺。

因为长面板数据很难获得，但并不是说不可能监测家庭背景在产生经济成果不平等方面的影响。重复进行的标准截面家庭或劳动力调查，包括对受访者家庭特征的回忆资料，已经能够监测家庭背景对工资、收入或生活水平不平等的影响。所需要的是确保这些信息在固定的时间间隔内以相同的格式（可能是最完整的格式）提供。在这一领域确立国际准则应该不太困难。不应忽略由于对这些数据源中高收入群体的不完全观测而产生的可能偏差，并应认真考虑防止此类偏差的措施。

本章回顾的一些研究表明可以利用这些信息。还要注意，在给定的截面数据中，可以在队列水平上（有某个共同特点的群体）进行分析。40～50 岁的群体的收入在某一特定时点取决于他们的家庭背景，这与 30～40 岁或 50～60 岁的群体不同。通过重复的截面数据，就可以区分队列和年龄效应。最后，请注意，如果重复的截面数据覆盖的时间足够长（许多发达国家现在的情况就是这样），那么可以使用家庭背景变量作为估计父母

---

① 关于 EU-SILC，应注意的是，短面板数据可能仍然有助于分析个人在最近经历的非自愿冲击造成的不平等，这可能是成人生活中出现机会不平等的主要来源。特别是，这些数据有助于评估此类事件的滞后性，以及社会政策在抵消其长期影响方面的作用。

工资或收入的工具，从而可以对代际收入流动进行一些监测，如前面提到的马苏德（Mazumder，2008）的研究。

在财富不平等领域，尽管有些国家正在效仿美国消费者金融调查（Survey of Consumer Finance）的做法，以及对分布顶层（大多数财富集中的地方）群体进行过采样，但截面数据比较少。这些调查是非常有用的，人们希望提高调查开展的频率。特别值得注意的是，更深入地研究如何监测遗产在增加财富和收入不平等方面的作用，尤其是在遗产流往往比收入增长更快的时候，如托马斯·皮凯蒂（Piketty，2014）所建议的。

通过标准家庭或劳动力调查，可以发现性别和其他个人特征之间的横向不平等。在这里，问题不在于数据的可用性，而在于数据的使用和分析的深度（见图5.4）。除了单纯的收入途径的差异之外，还有很多东西需要学习。在移民问题在许多国家已经变得如此重要的时候，还应提供监测土著人和移民在劳动力市场中所面临差异的数据。

在儿童和青少年的不同阶段进行国际学生评估项目类型的学生技能调查，对于发现机会不平等的维度变化非常有帮助，这一维度可能导致以后生活中结果不平等的变化。国际学生评估项目提供丰富的信息，尽管上文强调应该更加重视考试成绩的不平等，尤其是家庭背景的差异。此外，开发国际学生评估项目类型的工具来衡量学龄前儿童认知技能的不平等是至关重要的。对于小学来说，这些数据似乎是存在的，也许问题就在于如何更详细地分析和更好地宣传。

二、最重要的统计数据

这些数据可以而且可能会产生许多不同类型的统计数据，涉及机会不平等的各个具体维度。重要的是要确定那些在评估社会和经济进步方面可能最有用的，在研究人员、决策者和民间社会之间最容易引起讨论的，以及在相当多的国家中最可能及时获得的数据。

许多国家对代际流动是增加还是减少缺乏了解，这是数据缺乏的结果，也表明迄今为止，政策制定者和统计学者对监测结果不平等的关键来源缺乏兴趣，而不仅仅是用通常的不平等指数来测度收入不平等本身。但是，对这类信息的社会需求正在不断增加。

应优先关注三项基本统计数据，并应尽可能在国家间和一国内部长期进行协调。

第一，由父母背景引起的经济结果（工资、收入）不平等及其在总结果不平等中所占的份额。最简单的例子是对不同类型个体间结果的对数方差和家庭背景变量（至少包括受访者出生时父母的教育、职业和年龄）的 R^2 统计量来解释结果。统计部门可以设法每隔 5 年发布一次这些统计数据，有可能的话区分 5 年的队列数据。应该从能够系统地纳入分析中的关键家庭背景变量开始反思，以便开展国际比较和动态比较。

第二，对包括学前教育在内的较早年龄段的国际学生评估项目和类似的调查分数进行方差分析，以及父母/社会背景所解释的分数比例，或者来自不同家庭的学生之间的分数差距。有三轮国际学生评估项目的数据就足够了。

第三，收入中的性别不平等分为两类：一类是没有根据教育、年龄、工作经验、职业等方面的差异进行调整；另一类是根据教育、年龄、工作经验、职业等方面的差异进行调整。在基本系数（如对教育或工作经验的回报）中明确提及性别差异，或简单地显示原始的收入和调整后的收入的差距，会很有帮助。对于性别来说是很容易做到的，尽管还需要定义标准来考虑可比性。根据国家的不同，对种族、宗教或移民身份也应进行相同类型的分析。

关于公布的统计数据的性质，最简单的方法是依赖本章中强调的参数化方法以及它所产生的测度结果，因为它们很容易理解。但是，将它们扩展到非参数情况下，即机会不平等的可观测维度按结果水平以个体类型的矩阵形式表示，这样做也是可取的。

第六章　分配国民账户

本章总结了世界财富与收入数据库（WID. world）项目的概念、方法和目标，世界不平等数据库以及此来源的一些初步结果。WID. world 建立在世界顶级收入数据库（World Top Incomes Database，WTID）的经验基础上，构建了 30 多个国家（包括发展中国家和发达国家）收入、财富集中在分布顶层的时间序列。WID. world 提供有关收入和财富的在线信息（也就是说，个人层面的数据不是由直接观测产生的，而是通过再现基础数据的观测分布的估计产生的）。WID. world 长期目标是能够编制出分配国民账户（Distributional National Accounts，DINA），提供与宏观国民账户中收入与财富概念一致的年度收入与财富分配估算，这也会包含综合性的财富与收入的微文件。

第一节　分配国民账户的基本问题

在过去的 15 年间，对收入与财富分配不均长期演变研究的新兴趣导致了大量文献的涌现。特别建立起了很多国家高收入所占份额时间序列的一系列研究（Piketty，2001，2003；Piketty and Saez，2003；Atkinson and Piketty，2007，2010；Atkinson，Piketty and Saez，2011；Alvaredo et al.，2013）。这些研究项目产生了大量的数据，可以作为未来分析的研究来源，也可以在有关收入不均等的公共辩论中作为参考。本章很大程度上继承了西蒙·库兹涅茨 1953 年的文献，以及安东尼·阿特金森和阿兰·哈里森（Atkinson and Harrison，1978）合著的成果，并将其思想拓展到了更多的国家和年份。

一、WID. world 的构建

世界财富与收入数据库（WID. world）是一个致力于提供开放的国家

内与国家间收入与财富分布历史变化数据的大型数据库。它的原型世界顶级收入数据库于 2011 年 1 月建立，致力于提供现存数据便捷的获取方式。在上百位学者的贡献下，WTID 发展成为了包括 30 多个国家的，时间跨越 20 世纪大部分时间与 21 世纪初的收入不均等时间序列数据。WTID 创新方法的核心在于系统性地结合财政数据、普查数据与国民账户数据。这让我们可以计算比此前数据库（大部分建立在自行申报的普查数据，在高收入阶层有较大的漏报问题，时间跨度也更小）更可靠、跨度更久的高收入分配序列。这些数据对关于收入不平等的辩论产生了很大的冲击。尤其是可以对比长时间段跨国家高收入群体（比如顶层 1%）所占的份额。这些时间序列数据揭示了新的事实，让辩论的焦点重新回到了不平等的加剧上。原则上说，所有高收入份额的时间序列都使用了普遍相同的方法：继承西蒙·库兹涅茨（1953）的开创性工作，使用所得税数据、国民账户数据，以及帕累托插值法来估算高收入群体在总收入中所占的比重（尤其是顶层 1% 与 10%）。即使学者们做了最大的努力，但样本的单元、收入的概念，以及帕累托插值法都从未能实现跨国家与跨时间的同质化。更关键的是，大部分的注意力都局限在了前十分之一的收入上，而不是整个收入与财富的分配。这些因素都显示了从方法上重新审视和澄清问题的需求。

2015 年 12 月，世界顶级收入数据库 WTID 被并入了世界财富与收入数据库 WID。在 WTID 的顶级收入数据序列的基础上，第一版的 WID 包含了由托马斯·皮凯蒂和加布里埃尔·祖克曼（Piketty and Zucman，2013，2014）[①] 最先发展出的财富收入比，国民财富与国民收入结构长期变化的数据库。数据库的名字从 WTID 改为 WID 以表现新数据库更广的视野与雄心以及对财富与收入的双重重视。与此同时，在过去的几年里，个人财富的分配在被忽视了几十年后获得了越来越多的关注。顶级收入所占比的研究在近期拓展到了对于高资产阶层所占比在长期演变的研究。

在 2017 年 1 月，以获得更多学者与公众的关注为目标，发布了用户体验更加友好的新版本网站：WID. world，未来将努力把数据库拓展到三个方向上。

第一，WID. world 将在时间与空间上进一步拓展数据库的覆盖范围，尤其是亚洲、非洲和拉丁美洲的国家。WID. world 也会继续随着每年官方数据的发布不断更新数据库的样本。除此之外，一旦可能，WID. world 会

[①] 另见托马斯·皮凯蒂（Piketty, 2014），对于一个解释性的历史综合的基础上，这种新资料和顶级收入份额的时间序列。

逐步加入国家以下行政区域的不均数据（美国各州与中国城乡高收入所占份额的序列已经更新）。

第二，WID. world 计划在收入数据之外提供更多的财富收入比与财富分布的数据序列。

第三，WID. world 提供从低到高完整的收入与财富分布数据序列，而不仅仅是高收入所占份额。

WID. world 长期目标是能够编制出分配国民账户（DINA），提供与宏观国民账户中收入与财富概念一致的年度收入与财富分布估算。这也会包含综合性的财富与收入的综合性微文件，届时 WID. world 也会在网站上将其公布。

越来越多的人认识到，在寻找对逐渐增长的收入不平等的解释的过程中，不止需要关注工资与劳动回报，还需要关注资本回报。来自利息、股份以及租金的收入代表了全体个人收入的一小部分，但这一小部分依然是显著的，尤其在高收入的分配中，个人财产与个人收入的比例在增长。带来的结果之一是遗产所扮演的角色，在 20 世纪大部分时间不断减弱之后，在一些国家开始增强。除此之外，有大量的证据（如富豪排行榜）表明全球顶级财富的拥有者比平均水平增长得更快，因此也从他们显著增长的比重中受益。

为了能够更可靠地估计财富不均，在安东尼·阿特金森与阿兰·哈里森（Atkinson and Harrison，1978）的先行研究的基础上，用更有连贯性的方式结合所得税（使用收益资本化法）与遗产税（使用死亡乘数法）等不同来源的数据成了当务之急。也需要引入诸如全球富豪排行来解决跨国资产与离岸资产等新问题（Piketty and Zucman，2013，2014）。广而言之，以全球化的视角，而不是简单的国家层面来测度收入与财富不均变得越来越重要。

二、数据差距

经济统计的发展是一个漫长的历史过程，涉及经济理论、现有数据的局限性、一系列公约的构建以及学术界的一致性。SNA 的宏观经济总量（GDP、国民收入）是最广泛使用的经济活动指标。一开始，国民核算人员也是分配问题方面的专家，因为他们已经清楚地认识到国民收入估计与其分配之间的相互联系。到目前为止，SNA 的重点一直集中在经济的主要部门，只对整个住户部门的结果加以区分，而没有了解住户部门内部的差异。在一定程度上，由于这些发展，国民账户中显示的收入水平和增长率以及微观统计和基础分布数据中显示的收入水平和增长率之间的差异在所有方面都在增长：收入、消费、财富。一些学者已经清楚地意识到这些差异，还有一些想法来解释它们背后的原因，但是，系统和协调的行动，把它们放在一个一致的框架内，直到最近才开始。① 2011 年，经合组织和欧盟统计局成立了一个联合专家组，以微观数据为基础，在国民账户框架内编制家庭收入、消费和储蓄分配测度的可行性研究。2014 年经合组织国民账户框架中的差距问题专家组（Expert Group on Disparities in National Accounts，EG DNA）跟进，目的是系统地将微观和宏观结果结合起来，从而对 SNA 中的住户部门进行更具体的分类（关于经合组织国民账户框架中的差距项目的更多信息，见专栏 6.1）。这项工作最近才开始的一个原因很清楚：这绝非是一项简单的任务。

专栏 6.1

经合组织国民账户框架中的差距问题专家组的工作

　　为应对人们对家庭物质福利及其分配的日益关注，经合组织和欧盟统计局于 2011 年成立了一个专家组，对在国民账户框架内编制家庭收入、消费和储蓄分配指标进行可行性研究。根据一种循序渐进的方法制定了一种方法，帮助各国在微观数据和宏观数据之间建立最佳的概念联系；缩小微观数据和国民账户总量之间的任何差距；对微观数据源中可能缺少的任何项目进行估算；并将不同来源的数据联系起来，以获得不同家庭群体的一致账户集。经合组织国民账户框架中的差距问题专家组（OECD Expert Group on Disparities in a National Accounts framework，EG DNA）于 2014 年继续开展这项工作，改进方法并探讨提高分配结果及时性的可能性。经合组织成员国已进行了两次实验，以汇编试验分配结果，一些国家已开始公布其估计数（澳大利亚、荷兰和英国）。

---

① 社会账户矩阵是一个相关的先例。

EG DNA 项目与 DINA 项目有很多相似之处，因为这两个项目的目标都是根据国民账户总量编制分配结果，试图克服微观和宏观总量之间的任何差距。

DINA 侧重于收入和财富，经合组织项目最初侧重于收入、消费和储蓄，计划将财富纳入第二阶段，可能与欧洲中央银行（European Central Bank，ECB）和欧盟统计局合作。虽然有相似之处，但项目在某些方面也有所不同。第一，EG DNA 项目的目标是从国民账户中汇总得出家庭部门的分类，专注于特定的家庭群体（例如，按收入五分位数、主要收入来源或家庭构成进行分类）。而 DINA 致力于为收入和财富生成综合性的自述。第二，这两个项目在得出分配结果时采用了不同的收入定义：鉴于 DINA 的目标是使结果与国民收入保持一致，即将经济作为一个整体（区分5个收入概念）。而 EG DNA 项目具体针对家庭部门的收入，以初级收入、可支配收入和调整后的可支配收入为主。第三个区别与观测单位有关：DINA 项目侧重于 20 岁及以上的个人，但 EG DNA 考虑了家庭收入（假设收入完全共享，并且在家庭内部做出消费决定），使用等价尺度来调整家庭规模和构成的差异。这两种方法的差异可能导致两个项目得出的分配结果的差异。

自经合组织项目启动以来，成员国进行了两次实验，汇编了第一组实验分配结果。图 6.1 给出了 2015 年进行的实验得出的结果示例：给出了 S80/S20 比率的估计值，比较了收入最高五分位数家庭和收入

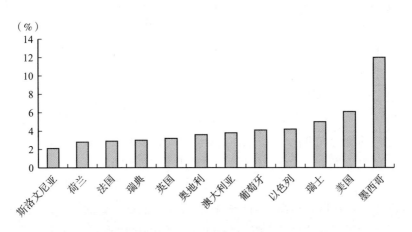

图 6.1 收入顶层和底层的 1/5 家庭经调整后的可支配收入比例

注：澳大利亚、法国、荷兰、葡萄牙和瑞士的是 2012 年和 2011 年数据。

资料来源：Zwijnenburg, Bournot and Giovannelli, 2017。

最低五分位数家庭的收入。根据这些结果，墨西哥的收入不平等程度很高，其次是美国和瑞士，而斯洛文尼亚的收入不平等程度最小，其次是荷兰、法国和瑞典。除了按收入五分位数划分的分配结果外，实验结果还包括对选定国家的主要收入来源和家庭构成的细分以及关于收入五分位数的社会人口构成的信息。

虽然一些国家已经开始根据 EG DNA 方法公布分配结果，但经合组织国民账户框架中的差距问题专家组正在努力改进该方法，以便在更广泛的国家范围内获得更有力和可比的结果。从这个角度来看，该项目面临着与 DINA 类似的挑战，特别是在更好地了解微观数据与国民账户总量之间差距的原因时，某些项目的差距非常大；以及改进对缺乏微观数据的项目进行估算的方法。这将产生一种更稳健的方法，并在未来几年内公布更多国家的分配结果。

资料来源：经合组织统计局和数据库。

一种与宏观总量一致的经济不平等测度方法应以系统的方式重建微观来源的分配数据与国民账户总量之间的桥梁。这是通过 DINA 实施的 WID. world 项目的主要目标。其目的是利用符合宏观经济国家账户的概念提供收入和财富分配的年度估计。这样，对增长和不平等的分析就可以在一个一致性的框架中进行。此外，WID. world 项目的目标还包括编制提供收入和财富综合性的微观文件（即不一定是直接观测的结果，而是通过估计再现基础数据的观测分布，包括年龄、性别、受抚养儿童人数、成人之间的收入和财富的联合分布），这些信息将在网上提供。长期目标是每年向所有国家发布综合性的收入和财富 DINA 微文件。这些数据可能在公众讨论中发挥关键作用，并可作为民间社会和学术界、商业界和政治界各行动者进一步分析的资源。

值得强调的是，WID. world 既有宏观维度，也有微观维度。其目的是用一致性的概念和方法，在国民收入和国民财富的宏观结构上，在收入和财富的微观分配上，发布同质的时间序列，有助于协调不平等测度和国民核算，即经济和社会福利的微观测度和宏观测度。在某些情况下，可能需要修改主要国民账户概念和估计的核心方面。值得一提的是，西蒙·库兹涅茨是美国国民账户的创始人之一（第一部国民收入系列丛书的作者），也是第一位将国民收入序列和所得税数据结合起来，估计 1913～1948 年间美国最高分位数的收入份额的演变的学者（Kuznets，1953）。[①] 安东尼·阿特金森和阿兰·哈里森（Atkinson and Harrison，1978）继续进行这一研究，他们利用历史遗产税数据和资本收入数据，研究了 1922～1972 年间英国个人财富分配的长期演变。这个研究需要覆盖更多的国家和年份，研究财富及其分配，而不仅仅是收入。

这是一个雄心勃勃的长期目标（每年分配的国家收入和财富，以及世界上所有国家的收入和财富），需要广泛的国际和机构伙伴关系。第一套方法论原则和建议是由正在进行的关于第一版《分配国民账户指南》的工作制定的（Alvaredo et al.，2016）。从 1910～1950 年，学者们才把国民收入的估计工作移交给官方统计机构。官方国民账户也花了近半个世纪的时间才纳入标准化的存量账户。事实上，1993 年和 2008 年的 SNA（在德国等一些主要国家，第一份官方资产负债表仅在 2010 年发布）中出现了第一份关于资产负债表的一致性准则（包括资产和负债存量）。同样，在学者和统计界达成共识之前，开发 DINA 体系需要很长时间。在这方面，令人鼓舞的是，正在编写分配结果的经合组织国民账户框架中的差距问题专家组已经进行了两次尝试，第一批国家已经开始根据专家组的方法公布分配结果（见专栏 6.1）。

WID. world 的方法与数据序列是不完善的，需要一直进行修订。WID. world 试图系统地融合现有的不同数据来源（尤其是税务数据、调查数据与国民账户数据）。WID. world 也提供了对研究方法与数据来源的详细解释，用户可以依此提供他们的改进意见。WID. world 的数据与方法应当被一种长期累积的合作研究过程的视角来看待。

本着这种理念，WID. world 也为学者、新闻媒体或任何有兴趣的用户提供了一套研究工具来协助他们制作自己的不平等数据。WID. world 的程序可以让用户利用基于统计机构与税务部门等提供的原始数据来估算收入与财富分布。

第二节　概念和方法

DINA 序列中使用的两个主要数据源仍然是所得税数据和国民账户

[①] 在此之前的 10 年，赫伯特·弗兰克尔等（Frankel et al.，1943）根据所得税申报表估计了欧洲在南非的收入分配情况，利用人口普查和国民经济核算的控制总量。

（与 WTID 序列中的数据源相同）。但 WID. world 以更加系统和一致的方式使用这两个核心数据源，采用完全统一的定义和方法，并结合其他来源（如家庭收入和财富调查、遗产、房地产和财富税数据）以及媒体编制的"富豪榜"提供的财富排名。在大多数情况下，WTID 序列中描述的不平等的一般趋势在 DINA 序列中不会有很大不同。[1] 后者将提供随着时间和各国之间进行更精确的比较、更系统的世界覆盖面和对影响机制的更一致分析。[2]

在《分配国民账户指南》（Alvaredo et al. , 2016）中，对 WID. world 中使用的以下关键要素进行了详细讨论：

第一，观测单位。

第二，收入概念（税前国民收入、税前要素收入、税后可支配收入、税后国民收入和财政收入）和财富概念（个人财富、私人财富、公共财富、公司剩余财富和国民财富，以及资本收益流量和回报率的相应概念）。

第三，用于将所得税申报表和家庭调查自述与国民账户总额以及财富不平等来源进行核对的方法（例如估算）。

第四，用于生成收入和财富的综合性微文件的方法。

第五，在数据来源更为有限的国家和时间段中可以使用的方法。

在本节中，简要介绍了观测单位以及 WID. world 中使用的收入和财富概念。正如国民经济核算的发展一样，方法论是站在发达国家的角度进行讨论，因为发达国家的数据来源质量和可用性更高（尽管不完善）。在我们考虑发展中国家时，还出现了一些附加的重要问题。在许多情况下，例如今天的中国、印度或墨西哥，只有最高分布的所得税数据，而问题涉及如何将它们与最低分布的家庭调查数据相结合，甚至包括税收数据的代表性。托马斯·皮凯蒂等（Piketty et al. , 2017）为中国的案例提供了一个例证。在这方面，还应当指出，在发展中国家，地下经济和非正规经济可能比在发达国家发挥更重要的作用，需要不同的估算方法和不同的手段来弥合微观数据和国民账户总额之间的差距。此外，现有数据源的水平和趋势差异可能非常大（Bourguignon，2015），值得特别关注。

---

[1] 法国和美国的学者已经获得了这些比较结果。
[2] 随着新 DINA 序列的出现，我们将系统地比较新、旧序列不平等趋势，并分析产生偏差的原因。

一、观测单位

WTID 序列的一个局限性是缺乏微观水平观测单位的同质性。大多数 WTID 序列都是使用"纳税单位"（根据国家税法在任何给定时间点的定义）作为观测单位来构建的。在法国或美国等联合征税国家，税收单位一直被定义为已婚夫妇（针对已婚个人）或单身成人（针对未婚个人），最高收入份额序列不包括对税收单位结构变化的任何修正（即已婚夫妇的综合收入不除以 2，因此，夫妻似乎人为地比未婚的人更富有）。这是有问题的，由于人口中单个个体所占比例的变化，或夫妻（与一个社会经济上与你相似的人在一起）的选择婚配程度的变化，可能会以各种矛盾的方式对收入不平等的演变产生潜在的偏差。在其他一些国家，税收制度在所得税的历史过程中（例如，1990 年在英国）转变为个人税收，这在 WTID 序列中造成了其他可比性问题（Atkinson，2005，2007）。

为了纠正这些偏差，DINA 序列尝试使用同质性观测单位。一般来说，基准观测单位是成人个体。也就是说，主要目标是提供所有 20 岁及以上个人的收入和财富分配的估计值（例如收入和财富分配的百分比），这些估计值可以根据年龄、性别和抚养子女的个数进行分解。理想情况下，目标是生成综合性的微文件，以提供对成人个体之间收入和财富的联合分布（按年龄、性别和抚养子女的个数）的最佳估计，但至少能够描述所有成人个体之间的收入和财富分配。

一个关键问题是，如何在属于一对夫妇（已婚或未婚）和/或同一家庭（即居住在同一住房单元的成人）的成人之间分配收入和财富。在可能的范围内，我们要为每个国家开发两组不平等序列："均等成人数据序列"（equal-split-adults series）和"个体成人数据序列"（individualistic-adults series）。在均等成人数据序列中，在属于同一对夫妇的成人之间平均分配收入和财富。在个体成人数据序列中，将收入和财富归因于每个收入接受者和财富所有者（在可能的范围内）。

这两个序列都同样有价值，它们对不平等的不同维度提供了两种互补的观点。均等分配的观点假设夫妻在成员之间平均分配收入和财富。按理说这可以用一个非常乐观的态度来看待夫妻之间的实际行为：在夫妻之间，议价能力通常是很不平等的，部分原因是这两个成员拥有不平等的收入流或财富储备。但相反的观点（资源零共享）也不现实，而且往往低估了没有工作的配偶可获得的资源（因此高估了女性在劳动力市场参与率低的社会中的不平等）。两组序列可以比较在两个不同的视角下，随着时间的变化以及国家之间不平等的水平和演变。理想情况下，最好的解决方案是以这样一种方式形成综合性的微文件：数据用户可以根据一些可选的共享规则（例如假设夫妻总收入的某一特定部分被等分）和/或某些可选的等价尺度（例如，将夫妻的收入除以 2）计算自己的不平等序列，这是 WID. world 的长期目标。

关于均等成人数据序列，一个重要的问题是，我们应该如何在夫妻中（狭义的均等分配）或是在家庭中（广义的均等分配）分配收入和财富。在明显有多代同居关系的国家（如祖父母与成年子女生活在一起），这可能会产生显著的差异（一般来说，广义等分序列假定更多的私有再分配，显示出更低的不平等程度）。在核心家庭普遍存在的国家，这几乎没有什么区别。理想情况下，两个序列都应该提供。实际操作中将狭义等分序列作为基准序列，这是因为数据可用性（税务数据通常在税务单位级别上可提供），因为狭义级别上可能存在更多的资源分割（这也可以说是财税立法通常在已婚夫妇层面而不是更广泛家庭层面上提供联合填补和征税的可能性的原因，后者的确切构成可能有所不同，不受法律关系的管制）。在税务数据有限且主要依赖家庭调查数据的国家（如中国），计算广义均等成人数据序列有时更容易。在进行国家之间比较（Piketty et al.，2017）以及中国、法国和美国的 DINA 序列比较时，应牢记这一点。最后，当研究税后可支配收入的不平等时，将抚养儿童个数引入分析中，以便能够计算转移给父母的相关现金和实物（家庭福利和税收抵免、教育津贴等）。

在个体成人数据序列中，观测到的劳动收入和养老金收入归于个体接受者。这在当今像英国这样的个人税收国家很容易做到，从定义上讲，是在个人层面上观测收入。一般来说，在法国等联合报税国家使用的纳税申报表和收入申报表中，分别提供了每个配偶的劳动收入和养老金收入。在某些情况下，例如在美国公共使用税文件中，只观察配偶双方提供的劳动收入或养老金收入，在这种情况下，需要使用其他来源和估算方法，以便在配偶之间适当地分配收入（Piketty et al.，2016）。

资本收益流的问题更为复杂。在个人所得税国家，通常在个人层面观察资本收益。然而，在联合征税国家，夫妻双方的资本收入通常不单独提供，通常没有足够的关于婚姻合同或夫妻财产安排的信息，无法将资本收入和资产分割为共同资产和自有资产。因此，在联合报税国家，只需在基准序列中假设，每位配偶拥有已婚夫妇财富的50％，并获得相应资本收益的50％。如果有足够的数据源可提供，也许能够对这一重要问题提供更为复杂的处理方法。

二、收入和财富概念

WTID 时间序列的另一个主要局限性是收入概念缺乏同质性，以及对各国税法的依赖性。相反，在所有国家和时间段内，DINA 序列中使用的收入概念以相同的方式定义，目的是独立于给定国家/年份的税收立法。使用4个基本的税前和税后收入概念来衡量收入不平等：（1）税前国民收入；（2）税前要素收入；（3）税后可支配收入；（4）税后国民收入（有关定义和挑战的详细讨论，参见 Alveredo et al.，2016）。① 所有这些概念都以国民收入（即 GDP 减去固定资本消耗，再加上整个经济的外国净收入）的概念为基础，其定义与 2008 年的 SNA 中提出的概念相同。在将收入归属于住户部门时，采用了比 SNA 中使用的更广泛的定义，因为还分配了经济中其他部门（即公司、一般政府和非营利机构）的收入，而不是将重点放在国民账户中定义的住户部门。与收入概念相同，财富概念指的是最新的国民账户准则，根据该准则定义个人财富、私人财富、公共财富、公司剩余财富和国家财富。

应该明确指出，选择国民账户收入和财富概念进行分配分析，并不意味着这些概念是完全令人满意或适当的。恰恰相反，官方的国民经济核算统计数据不足，需要大幅度提高。特别是，官方 GDP 核算的一个主要局限性是，它没有提供任何关于不同社会群体从 GDP 增长中受益程度的信息。通过运用国民经济核算概念并根据这些概念生成分配序列，有助于解决现有国民核算的一个重要缺陷，缩小不平等测度与国民经济核算之间的差距，也可能缩小人们对经济增长的个人水平认知与其宏观经济测度之间的差距。使用 SNA 概念的另一个原因是，这些概念在这一阶段仅代表了以共同方式定义收入和财富等概念的现有系统性尝试，它（至少在原则上）可以独立于国家特定和时间特定的立法和数据源应用于所有国家。

现有官方国民账户的一个重要局限性是，固定资本的消耗通常不包

---

① 保留与第一个最高收入份额序列相关的财政收入定义（Atkinson and Piketty，2007，2010；Alvaredo et al.，2011－2015）。

括自然资源的消耗。换句话说，官方统计数据往往高估了国民收入水平和增长率，在某些情况下，这可能比 GDP 要低得多。今后，需要逐步对 WID. world 数据库中提供的国民总收入数据进行此类调整，这可能会在总量和分配水平上带来重大变化。还应明确指出，一些发展中国家（有时也包括发达国家）的官方国民账户相对初级。它们通常不包括下面提出的收入和财富定义所需的详细程度。特别是，一些国家缺少关于固定资本消耗和外国净收入的适当序列，因此官方数据并不总是能够计算国民收入。[①]

三、收入和财富数据的局限性

在数据需求方面，DINA 序列的构建是非常苛刻的。各国通常不具备所需的所有数据源，许多国家/年份的局限性非常明显。这个问题也是国民经济核算发展的中心：设计国民经济核算体系意味着接受不能将标准设定在最佳水平，即在不太发达的国家实施标准必须是可行的。对于数据来源较为有限的国家和时期，需要制定方法，通常是基于所得税表而不是所得税自述，和/或所得税数据仅涵盖一部分人口而非整个人口，和/或所得税数据不足（例如，由于资本收入的大量或完全豁免）。《分配国民账户指南》提到了这些问题，并举例说明适用于中国（一个获得所得税数据有限的国家，见 Piketty et al.，2017）和法国（一个拥有详细税收数据，但 1970 年前仅提供所得税表格而非微文件的国家）的方法。

第三节　中国分配国民账户的研究进展

目前国内学者对于收入与财富不平等的研究多是利用住户调查的数据，从要素收入的角度出发，研究收入 – 人口分布。抑或是使用国民核算中的资金流量表，研究居民、政府、企业三部门之间的收入分配格局。而很少综合使用其他数据来源来研究收入分布，比如税收数据、国民核算数据等，因此按照皮凯蒂（Piketty，2019）的推断，单数据来源的收入分布并不能真实反映收入不平等的程度。

---

①　WID. world 提供了 SNA 中没有这些系列的国家固定资本消耗的估计值。WID. world 还估计，避税港的收入减少，以纠正外国净收入流。虽然这些估算远远不能令人满意，但它们提高了各国国民收入可比性的水平。

一、测度收入与财富分配

许宪春（2013）认为由于基本概念、口径范围、基本用途等方面的不同，资金流量表中的居民可支配收入与住户调查中的居民可支配收入之间存在显著的区别。

利用住户调查数据得到的收入分布，由于被调查者拒绝接受调查或者收入少报漏报的问题，会导致收入不平等的程度偏低。章上峰等（2009）利用中国健康与营养调查的家庭平均收入数据，比较了核密度估计、累积分布函数、洛伦茨曲线等方法刻画的我国城乡居民收入分布的动态演进图，结果显示城乡内部和城乡之间的收入分配不平等程度越来越严重，贫富差距两极分化。陈宗胜等（2015）利用 2003～2010 年的《中国统计年鉴》提供的分组数据，分别描画了各年份的收入－分布图，我国当前的收入分配格局正在从"金字塔型"转变为"葫芦型"，有陷入"中等收入陷阱"的苗头，近期不可能很快实现"橄榄型"格局。柏培文等（2020）利用 1988～2013 年的中国家庭收入调查数据（CHIP），得到我国的收入－人口分布图由"花瓶型"转变为"金字塔型"，居民劳动收入差距日益增大，收入分布逐渐恶化，而劳动收入不平等是拉开收入差距的主因。

二、描述分配格局

从资金流量表出发，分析国民收入的分配格局及其变动原因，总体来看我国国民收入的分配格局中居民的收入份额在逐渐下降，而政府和企业的收入份额在逐年增加，其中在再分配阶段政府的收入份额较初次分配又有所增加。白重恩等（2009）利用资金流量表、省际收入法 GDP 数据以及财政收入统计数据调整了资金流量表中的要素分配结构，调整结果表明在 1996～2005 年期间政府部门的收入占比在逐渐增加，导致居民收入占比的下降，政府正在挤占居民收入，其中居民劳动收入份额的大幅度下降是其下降的主要原因。夏万军等（2017）利用中国 2005～2014 年资金流量表和财政年鉴的数据，调整了白重恩的研究方法，结果显示住户部门和企业部门的收入占比不断下降，政府部门的收入占比却在逐年上升。孙玉娇等（2020）直接利用了 1992～2016 年资金流量表（实物交易）数据，分析发现居民收入占比低，居民消费水平下降，而国民收入分配向企业部门倾斜，以及政府再分配的调节力度不足使居民部门内部收入差距扩大。

对于世界不平等数据库的利用，国内学者基本都是直接使用世界收入与财富分配数据，来描述我国的收入分配格局，虽然收入不平等程度在国际水平上并不算太高，但国内不平等现象日渐严峻，贫富差距有逐渐加大的趋势。文雁兵等（2018）根据世界不平等数据库，证实了中国经济发展过程中的一个典型事实，即收入不平等程度持续上升，底层人口的收入份额在逐渐下降，而顶层人口的收入份额却在上升。宋朝龙（2019）直接利用 WID. word 的数据来说明中国居民收入不平等程度在世界范围内是偏低的，处于世界倒数第七位，说明中国虽然出现了新的贫富分化，但其程度要低于西方发达国家。王林辉等（2020）使用世界不平等数据库来说明中国收入顶层 10% 与底层 50% 人口的收入份额差距正呈现逐年扩大趋势，贫富差距问题愈发凸显。马丹等（2020）通过观察 WID. word 的中国基尼系数和人民币实际有效汇率指数，发现以 1994 年为节点人民币实际汇率和中国的基尼系数之间存在一个由负到正的相关关系。

国内鲜有学者基于 WID. word 数据进行进一步研究与应用。谭浩（2018）利用世界收入与财富不平等数据库，选取我国 1978～2015 年的居民收入的时间序列数据，对我国各收入群体的规模进行测度，当前我国社会收入分配格局呈"金字塔型"。黄平等（2020）利用世界不平等数据库中不同国家的财富数据，说明了全球财富在不同国家间的分布是不平等的，尤其是发展中国家和发达国家之间的财富不平等尤为突出，并且在一个国家内部也存在社会财富的分配不平等的问题，这是在经济全球化的大背景下，由各种生产要素价格的跨国流动差异、资本的高收益率优势、经济制度的差异化等因素造成的。

本 章 小 结

本章简要描述了 WID. world 和 DINA 项目开发中应用的基本概念、来源和方法。再次强调的是这些方法是不确定的、探索性的、可修订的。随着越来越多的国家加入数据库，将吸取新的经验教训，并对这些方法进行改进和更新。

介绍了基于 DINA 项目的收入和财富不平等动态的具体结果。全球不平等动态涉及强大和矛盾的力量。近几十年来，几乎所有国家的最高收入和财富份额都在上升。不平等加剧的程度在各个国家之间有很大的差异，表明不同的国家特定政策和制度有着相当重要的意义。新兴国家的 GDP 高增长率减少了国家间的不平等，但这本身并不能保证国家内部的不平等水平可以接受，也不能确保全球化的社会可持续性。获取更多更好的数据（行政记录、调查、更详细的国民账户等）对于监测全球不平等动态至关重要，因为这是一个关键的组成部分，既要正确理解目前的情况，也要了解未来的主导力量，并设计适当的政策对策。

第七章　测度主观福利

本章评估了自 SSF 报告发布以来主观福利测度的进展。总结了基于评价型指标、体验型福利和幸福感（个人认为他或她的生活有意义和有目的的程度）的方法。自 SSF 报告发布以来，许多国家的国家统计局对主观福利的测度方法有了充分的理解，对主观福利研究的文献也有所增加。2009年以来全球对"超越 GDP"的经济表现和社会进步分析，如联合国世界幸福报告、美国国家科学院（National Academy of Science，NAS）关于测度主观福利的报告、经合组织"生活过得怎么样"系列报告及"美好生活的倡议"。叙述了获取有关主观福利新认知的进展，以及将其应用于政策方面的进展。确定了一些需要解决的关键问题，更全面地理解主观福利（包括因果关系和数据收集）。

第一节　主观福利测度的有关问题

经济表现和社会进步的目标是增进人们的福利。评价人们生活过得怎么样以及确定影响人们福利的因素是什么，个人本身是最佳的评判者。金钱不是生活的一切，一个人比较富有，并不意味着他更快乐。

这些想法似乎很容易理解，用"超越 GDP"的方法来评估人们和社会的表现。GDP 增加是否增加了大多数公民的感知福利（或所谓的主观福利）？似乎是显而易见的，直到最近，经济学家与心理学家合作，才试图采用这种方法来评估经济表现和社会进步。SSF 报告建议各国国家统计局在调查中纳入主观福利问题，强调这种方法的潜力。主观福利提供了传统经济统计中没有反映出来的信息，但与之相反，传统经济统计也可能提供了主观福利数据无法获得的信息。

自 SSF 报告发布以来，在收集、分析和改进主观福利数据方面取得了广泛进展。许多国家的国家统计局已经投入到了这些规模宏大的测度项目中去，这些项目对主观福利与各种特征和体验之间的关系产生了重要的见解。

一、主观福利测度的技术性问题

自 SSF 报告发布以来，在解决技术性问题和使用主观福利测度指标方面都取得了巨大进展。美国国家科学院于 2015 年发布的报告是一个重要的里程碑（Stone and Mackie，2015），而《经合组织主观福利测度指南》（*OECD Guidelines on Measuring Subjective Well-being*）发布以来，几乎所有经合组织国家的国家统计局都采用了该指南（OECD，2013c）。一系列研究结果是主观福利测度成功的基础。首先，以这种方式获得的信息是可复制的，并且产生的统计数据高度可靠。其次，至少可以部分解释这些测度指标本身，并且解释具有直观的意义。例如，生活在冲突地区的人们，如叙利亚，他们自述的主观福利很低；而且，在不同国家，平均收入的增加也增加了人们的主观福利。经济下行降低了受危机影响最大的国家的人们的主观福利，尤其是那些失业人口（OECD，2015b）。

理解主观福利不仅具有学术意义，提供了增加个人和社会福利的方法。如果就业关系到人们的主观福利，那么这一证据将为应对经济下行提供强有力的动力，甚至可能会为政府就业计划提供一个正当的理由。如果经济不安全对主观福利产生不利影响，并且存在叠加效应（SSF 报告强调了"多重劣势的累积效应，如贫病交加所致的生活质量损失远远大于这两者分别造成的损失之和"），即失业和经济不安全对主观福利都有直接影响，二者的叠加可能会产生乘数效应，而不仅仅是加法效应，情况更是如此。

这些测度指标反过来可能有助于解释其他感兴趣的变量，尽管研究仍在进行中，但我们不得不担心其中的因果关系。人们的健康状况与主观福利呈正相关，但可能是较低的主观福利导致了负面的健康结果，而不是相反，负面的健康结果导致了较低的主观福利。事实上，因果关系是双向的。未来评估主观福利对信任的影响以及人们对政治制度如何运作的看法也将十分重要。

SSF 报告认为主观福利本身是一个多维度的结构，包括若干不同的方面，如认知评价、正面感受、负面感受以及幸福感（在生活中有目标感）。这些方面都需要有自己的衡量标准，并更好地理解其决定因素。

认知型评价要求一个人反思和评价他或她的生活。调查问题可以用来引出人们对当前生活的简要评价。基于这些问题的衡量标准似乎也大体上与人们的选择一致，因为人们倾向于根据他们对自己生活评价的预期影响做出决定，因此可以从经济学家的"效用"标准概念来理解这一点。

体验型评价是不同的：他们评估一个人在特定时刻的感受、情绪和状态（幸福、悲伤、痛苦），这些测度对个体的弹性和适应能力很敏感。

幸福感是衡量一个人认为自己生活有意义和目的的程度，与一个人的心理功能有关。

不同的衡量标准有时会对一个人的福利作出不同的评价。它们也受到不同变量的影响，对观测到的行为有不同的影响。了解这些差异是一个正在进行的研究领域。

在大多数自述中，人们都在反思过去的体验，而不是现在的主观福利。这两种情况可能不同，有时明显不同。当父母被要求回答有关目前抚养子女的体验的问题时，他们的反应往往不如几年后被问到时那么积极主动。这两种情况都可能反映福利的重要和不同方面，但出于许多目的，包括了解决策和某些其他结果，如健康，尤其相关的是同期评价。为了避免由于这些不同的主观评价而产生的一些问题，应鼓励收集实时或准实时数据，特别是收集人们的体验和感受的数据。但是，实时数据采集成本很高，有时不切实际，因此该标准转化为使用询问前一天的体验问题。

提问的顺序（所有家庭调查的标准方法问题）对提出主观福利问题的调查尤其重要，需要在调查设计中认真考虑。还有一个问题就是人际的可比性。不同的群体可能对问题有不同的解释，或者在他们的头脑中有不同的参考点。一个意大利人如果以 0~10 分的标准给自己的主观福利打分，结果是打 3 分，那么怎么知道他的主观福利的水平真的比一个给自己打 4 分的法国人低呢？这种人际的可比性问题长期困扰着福利经济学，福利经济学是经济学的一个分支，其核心是对一个经济体的表现做出评判。目前，缺乏必要的证据来确定在使用量表时人际的差异是随机性差异（在大样本中可以减小）还是由不同群体和国家造成的系统性差异。研究人员已经探索了解决人际的可比性问题的方法（例如，通过个人概况介绍，即受访者提供人们及其行为的具体例子，对此作出评价，用它来衡量他们自己的回答），而对问题措辞、选项格式、调查模式和背景影响的指导则可以控制和减少测量误差。探讨文化影响人们关于主观福利问题的回答的重要性，其研究也表明，这些影响尽管很重要，但只能解释一小部分生活评价中国家之间的差异（Exton，Smith and Vandendriessche，2015）。一般来说，如果不能确定水平的比较，那么研究水平变化可能是有意义的。换句话说，我们可以评价环境的变化如何影响人们的主观福利。

主观福利测度（见专栏 7.1）要求个人自述对其生活各方面的评价，包括对其整体生活的满意度、特定时刻的感受，或他们认为自己的生活有意义或目的的程度。这些测度关注的是人们的信仰和感受，而不是他们的客观条件，尽管他们可能与客观条件有关。由于许多国家的国家统计局和政府研究机构（如美国国家老龄化研究所）的大量投资，今天有越来越多的证据表明，这些测度可以作为个人和社会福利有用指标的基础，它们提供的相关信息没有反映在更传统的经济统计数据中（如GDP）。当然，这些更为传统的统计数据也获取到了主观福利衡量标准所没有的信息。

专栏 7.1

主观福利测度

"主观福利"是主观的，也就是说，它是基于一个人对自己信念和感受的自述。在这方面，它不同于包括可观测到的健康或物质结果的客观福利测度。主观福利是指没有明显的参照点，外部观察者可以用来评估一个人的自我评价。

一般来说，有三种类型的主观福利测度方法：

● 评价型测度方法要求一个人反思和评估他的或她的生活（或生活的某些方面，如健康）。通常是通过以下这样的问题来衡量的："下面这个问题是问你的满意程度，从 0～10 分。0 表示'一点都不满意'，10 表示'完全满意'。总的来说，你对最近的生活有多满意？"（OECD，2013）还有其他评价方法，包括坎特里尔阶梯量表和迪纳的多项目量表（Diener，1984）。

● 体验型福利是衡量一个人的感受、状态和情绪的指标，例如幸福、压力、痛苦或悲伤。虽然有时会用比较长的回忆时间，但这些测度方法在特定时刻或一天的过程中都会得到最佳评价（这可能会得到一种评价型而不是体验型的测度方法）。通常被称为"享乐"福利或

"影响"，尽管本章使用了更广泛的术语"体验型"福利，它超越了纯粹的情感状态，包括悲伤和其他痛苦（Stone and Mackie，2015）。这种享乐福利延伸的基本原理是，悲伤和痛苦是我们短暂的生活体验的重要组成部分，这些概念也符合更广泛的体验型福利结构。这些概念通常是通过一些问题来衡量（在日常评价中），例如，"你昨天感觉到了多少［快乐/压力/愤怒……］，从 0～10，其中 0 表示你根本没有体验到这种情绪，10 表示你一直在体验这种情绪"（Stone and Mackie，2015）。实时收集体验数据的一个优点是，这些报告信息可以链接到目标数据以及活动和资源。例如，情感可能与个人当时从事的活动类型（例如看电视）和可用资源（例如电视的大小）有关。

● 幸福感（eudaimonia）是指一个人认为他或她的生活有意义和有目的的程度（Ryff，2014）。但也可以指其他心理状态，如健康幸福或茁壮成长的想法。尽管可以获得幸福感的量表，但在最近的国家数据收集中包括了以下问题："总的来说，你认为你在生活中所做的事情在多大程度上是值得的？"（OECD，2013）。还可以选择多项目量表。

埃德·迪纳（Diener，1984）描述了生活评价（或生活满意度）和体验或享乐福利（正面情绪和负面情绪）。自 SSF 报告发布以来，福利一词就开始被广泛使用，用来描述那些不属于迪纳定义的心理功能方面，见经合组织（OECD，2013）。

在谈到"主观福利"时，我们必须清楚地指明我们所指的主观福利的具体类型，因为决定因素和相关因素在衡量标准中有所不同。很明显，当学者或决策者使用"幸福"一词而不说主观福利的哪个方面时，就会产生混乱。他们已经测度的——有时是评价型福利，有时是体验型福利，有时是两者兼而有之。

在个人层面上，主观福利数据能够洞察人们的学习、工作和生活方式，以及是什么使他们的生活满意和幸福，或者是什么导致他们痛苦和有压力。越来越多的人认为，更广泛的经济表现和社会进步测度应考虑到人们对自己生活的感受和体验，以及有关他们客观条件的信息。在社会层面上，主观福利是潜在的有效指标，它可以反映人们生活中更广泛的问题，把握普遍的情绪，并预测人们的行为。最近研究表明，主观福利指标可以预测投票行为——实际上比宏观经济变量更有效（Ward，2015）。主观福利指标也可以成为未来健康结果的重要预测因素（Steptoe，Deaton and

Stone，2015），并产生新的见解，挑战我们对世界的直观认识。例如，许多研究表明在讲英语的西方发达国家，评价型主观福利在人到中年后有所提升，而我们本以为由于老年人的疾病率较高，中年后的福利会有所下降（Stone，2010）。另一个令人惊讶的结果是，收入差异对评价型和体验型福利的影响是不同的。在较低的收入水平上，货币收入与主观福利呈正相关，而在较高的收入水平上，只有评价型福利与收入相关，而体验型福利与收入无关（Kahneman and Deaton，2010）。

研究进展正在促进公共和私营部门使用主观福利数据。例如，企业通常会获取员工和客户的满意度；有关消费者评分和选择的"大数据"会用来推荐要购买的产品、观看的电影和收听的音乐。

自SSF报告发布以来，主观福利数据的使用取得了快速进展，不过还有很多东西需要学习，这项工作应该继续下去。为了得出如何最有效地使用福利指标的结论，需要更大规模且统一的主观福利数据库，以及将主观福利指标与观测结果联系起来的面板数据。因此，收集主观福利数据需要持续的支持和投入。要获得支持还取决于能否证明这些主观福利测度方法是否有效，一些富有前景的测度方法、政策应用和社会指标已经在这样做了。

二、SSF报告发布以来主观福利的测度进展

目前在主观福利数据的方法和可用性方面取得了巨大进展，SSF报告是引发这方面进展的因素。许多国家的国家统计局对主观福利的测度方法有了充分的理解，对主观福利研究的文献也有所增加。专栏7.2节选了一些科学问题，其中主观福利的问题是2015年发表在"科学网"（the Web of Science）上的文章中的主要预测因素或结果（部分列表）。在将主观福利用作国家指标的理论理解方面也取得了很大进展（例如，Benjamin et al.，2014；Fleurbaey and Blanchet，2013）。

专栏 7.2

将主观福利作为其他结果的预测因素或其本身的结果

- 主观福利作为生育行为和生育决定的预测因素（Aassve，Arpino and Balbo，2015）
- 主观福利与自恋、精神病和马基雅维利主义的"黑暗三合一"（dark triad）有何联系（Aghababaei and Błachnio，2015）

- 中国主观福利下降的原因（Graham，Zhou and Zhang，2015）
- 瑞典成年人主观福利与获得现金保证金之间的联系（Berlin and Kaunitz，2015）
- 主观福利作为评估癌症患者痛苦程度的一个指标（Anglim et al.，2015）
- 乡村圣公会神职人员的主观福利（Brewster，2015）
- 主观福利作为衡量健康状况的指标（Brown，2015）
- 主观福利与信任和社会凝聚力的关系（Cramm and Nieboer，2015）
- 从早年生活的体验型福利预测晚年生活的主观福利（Coffey，Warren and Gottfried，2015）
- 不同类型的主观福利随年龄的变化及其与老年生存率的关系（Steptoe，Deaton and Stone，2015）
- 稳态过程如何产生稳定水平的主观福利（Cummins et al.，2015）
- 主观福利作为头颈癌患者自尊的预测因子（Devins et al.，2015）
- 主观福利在情绪和压力的关系中起调节作用（Pacheco and Rey，2015）
- 家庭成员关怀对日本成年人主观福利的影响（Niimi，2015）
- 综合治疗对自闭症青年人主观福利的影响（Gal et al.，2015）
- 主观福利与工作场所的空气和噪声污染有关（Mainar，2015）
- 课堂教师连通性作为学生主观福利的预测因素（Moya et al.，2015）
- 主观福利作为评估应对失业努力的手段（Hahn et al.，2015）
- 主观福利数据作为评估西班牙工作场所条件的工具（Mainar et al.，2015）
- 墨西哥移民的主观福利与土生土长的墨西哥裔美国人的比较（Cuellar，2015）
- 就业对美国老年韩国移民主观福利的影响（Kim et al.，2015）
- 员工日常能量管理对其主观福利的影响（Kinnunen et al.，2015）

- 利用主观福利数据探索日本老年人的社交网络（Saito et al.，2015）
- 欧洲人健康与主观福利的关系（Read et al.，2015）
- 心理控制点和手机使用与主观福利的关系（Li, Lepp and Barkley，2015）
- 老年护理者的态度及其对主观福利的影响（Loi et al.，2015）
- 父母教养及其对主观福利的影响（Muller and Litwin，2015）
- 性别差异和主观福利（Meisenberg and Woodley，2015）
- 乌干达艾滋病毒患者免疫标志物与主观福利的相关性（Mwesigire et al.，2015）
- 青少年学习成绩与主观福利的相关性（Steinmayr et al.，2015）
- 与父母生活如何影响青年人的主观福利（Nikolaev，2015）
- 吸烟法对主观福利的影响（Odermatt and Stutzer，2015）
- 自我控制和情绪调节作为主观福利的预测因子（Yi et al.，2015）
- 女性不孕和自我同情作为主观福利的预测因子（Bogdan et al.，2015）
- 体重指数与主观福利的关系（Linna et al.，2015）
- 劳动力市场政策对失业者主观福利的影响（Sage，2015）
- 日本室内清洁对主观福利的影响（Ivy，2015）
- 评估公园对主观福利的影响（Woodhouse et al.，2015）
- 强光对主观福利的影响（Stemer et al.，2015）
- 关闭工厂对瑞典工人主观福利的影响（Stengård et al.，2015）
- 苏联国家犯罪率与主观福利之间的关系（Stickley et al.，2015）
- 自然灾害与主观福利的联系（Tiefenbach and Kohlbacker，2015）
- 运动时间与主观福利之间的联系（Wicker, Coates and Breuer，2015）
- 技术进步对主观福利的影响（Zagonari，2015）
- 主观福利作为皮质醇分泌的调节因子（Zilioli, Imami and Slatcher，2015）

（一）国家统计局的数据收集

关于主观福利的调查数据（包括面板数据）正在迅速增加。各国的国家统计局在调查中越来越多地包括主观福利问题，大多数经合组织国家现在至少收集了一些主观福利数据。例如，近年来，除一个经合组织国家外，其他所有经合组织国家的国家统计局都收集了生活评价数据，超过 3/4 国家的国家统计局收集了一些关于幸福感和体验型福利的数据，[①] 这是自 2009 年以来取得的重大进展。《经合组织主观福利测度指南》（OECD，2013）为调查中纳入主观福利问题提供了明确的方向和建议模块，推动了这一进展。但是，在某些情况下，仍然需要采用不同的测度方法，特别是幸福感和体验型福利方面，在最佳实践方面还缺乏广泛的共识。为了确保数据具有更大的可比性和可接受性，需要开展进一步工作来协调各国的测度工作，并增加收集数据的频率，2015 年的最新研究成果（Exto et al.，2018）（见专栏 7.2）。

2013 年，欧盟关于收入和生活条件的调查（Eurostat，2013）包括一个关于主观福利的特设模块，其中包含了一个针对其三个主要要素的问题，为当时 28 个欧盟成员国以及冰岛、挪威、瑞士和土耳其提供了可比的主观数据。2015 年，欧盟统计局（Eurostat，2015）还发布了《生活质量：事实与观点》的报告，报告提供了说明性页面和互动工具，使各类用户更容易获取数据。作为补充，欧盟统计局 2016 年还发布了一份关于主观福利的分析报告。欧盟统计局专家组对包括主观福利在内的所有生活质量指标进行了评估。

基于这些经验，欧盟统计局目前正在考虑在 EU-SILC 调查问卷的核心部分增加一个关于生活满意度的问题，而每隔 6 年就会有一个包含大约 20 个相关变量的特别模块来补充这些信息。为研究界和政策界提供一个不同寻常的资源：这是一个统一的跨国数据集，拥有足够大的样本量，可以评价主观福利与一系列个人和地理特征的长期关系。欧盟统计局的年度测度项目是一个重要的步骤，将有助于为 30 多个国家构建一个时间序列。

在时间利用调查中纳入主观福利测度也取得了进展。这对于提高我们对体验型福利的理解尤为重要，因为它能够检验人们的活动、日常环境、社会交往和情感之间的联系。一些国家（美国、法国、波兰、卢森堡、英

---

① 尽管经常关注情感体验的长期方面，例如，过去两周的情感和情绪，但这会混淆评价型和体验型福利。

国和加拿大）在其时间利用调查中纳入了某种形式的体验型福利。例如，在美国，政府机构劳动统计局（Bureau of Labor Statistics）定期对超过12000个人进行时间利用调查（American Time Use Survey，ATUS）。2010年、2012年和2013年，时间利用调查中包括了一个福利模块，该模块对每个人的3次时间利用情况进行了采样，并询问了一些关于体验型福利的问题。尽管美国国家科学院小组强烈建议继续收集这些体验型福利数据，该模块仍只进行了三轮调查（Stone and Mackie，2015）。

　　各国的国家统计局在测度主观福利方面的投入极其重要，应该继续下去（见专栏7.3）。与GDP等其他指标一样，当人们能够观察和比较趋势时，主观福利数据最有价值，意味着需要长期数据。通过收集和传播大型、高质量数据集中的时间序列，将有助于持续推动方法论的进展。收集这些数据也将有助于产生与政策相关的见解。研究人员确保对现有数据进行分析和传播，可以帮助支持这一进程，证明这些数据的有用性；相反，各国的国家统计局可以通过确保及时提供微观数据来提供帮助。但是，在解释收集的数据时，必须考虑后面提出的方法和概念问题。例如，安格斯·迪顿（Deaton，2012）和安格斯·迪顿与阿瑟·斯通（Deaton and Stone，2016）认为，主观福利数据的跟踪可能会因问卷设计的改变或提供不适当的线索而中断，而且这些因素并不总是可以相互抵消的。

专栏7.3

英国国家统计局测度主观福利的经验

　　2010年11月，在时任首相戴维·卡梅伦（David William Donald Cameron）的支持下，英国国家统计局（UK Office for National Statistics，ONS）启动了"测度国家福利"（Measuring National Well-being，MNW）项目，旨在建立"一套公认和可信的国家统计数据，帮助人们了解和监测国家福利"。向人们提问"什么对他们来说是重要的"，开展了为期6个月的全国性讨论，英国国家统计局在其最大的一项家庭调查（年度人口调查）中制定并添加了4个关于主观福利的问题（在英国国家统计局倡议中称为"个人"福利）。以下是对英国国家统计局经验和教训的一些思考。

● 提出一系列强有力的个人福利问题。英国国家统计局开展了各种各样的工作，制定了一套强有力和可信的 4 个问题以获取个人福利，并将它们引入英国规模最大的家庭调查。在这个过程中面临的挑战包括调查访谈模式的效果、不同的反应量表、问题定位和认知访谈。这些问题随后被添加到年度人口调查中，大量样本量为分析个人福利以及众多其他变量提供了机会，同时也大大降低调查成本。英国国家统计局测试和开发的结果被用作向经合组织关于测度主观福利的指南提供信息的最佳实践。

● 从提问的这些问题中获得的经验是正面的。英国国家统计局的 4 个关于个人福利的问题只需要 75 秒就可以完成。由于调查空间非常宝贵，因此可以有效地利用时间和空间。面试官对此的反馈是正面的，许多人认为，这些问题提供了与受访者建立融洽关系的机会；通过关注人们对自己生活的感受，也有助于避免人们拒绝回答问题的情况。

● 对个人福利数据的需求持续增长。自 2011 年 4 月纳入年度人口调查以来，20 多个政府调查中使用了英国国家统计局的主观福利问题，涉及犯罪、家庭财富和游览自然环境等领域。研究人员利用这些数据来提高对个人福利与一系列其他结果之间关系的理解。

● 个人福利并不能说明一切。英国国家统计局开展了一场全国性辩论，强化了人们认为对自己的福利至关重要的诸多因素的重要性，增加了衡量国家福利计划的合法性。英国国家统计局制定了一套 41 项测度国家福利的指标，包括一系列跨领域的主观和客观指标，包括"我们的关系""健康""经济""自然环境"。英国国家统计局还认识到，提交报告对于接受这些指标和理解更广泛的方案至关重要，并制定了"国民福利互动指标轮"以应对这一挑战。互动指标轮最近被一个新的交互式仪表盘所取代，越来越多的用户依赖移动设备访问，移动设备能够实时更新，因为每个指标都有新的评估数据。尽管大多数媒体的注意力仍然落在个人福利的衡量上，越来越多的政策研究将"国民福利互动指标轮"的领域作为框架，构建政策评估和改进的方法。

● 成立了一个"福利工作中心"。2014 年底，成立了一个"福利工作中心"，致力于弥合证据与政策之间的差距。中心自成立以来，一直帮助确保有高质量的证据支持政策制定，将重点放在改善整个英国福利的努力上。英国国家统计局借调其个人福利主管两年以帮助建立中心，巩固证据和政策之间的联系。

- 主观福利的政策运用日益增多。在更广泛的国家福利衡量框架内对个人福利的估计，帮助决策者了解他们的决策如何影响人们的生活。运用个人福利数据的政策包括：公共卫生成果框架，该框架监测个人福利的 4 项指标，作为其改善和保护国家健康和福利愿景的一部分；通过职业介绍个人福利结果，以支持年轻人对其职业作出更明智的选择；并在试图将犯罪的人力成本货币化的过程中使用福利评估方法。

- 不打算开发单一福利指标。英国国家统计局经常被要求考虑一个单一指标来总结进展，并将福利置于与 GDP 相同的基础上。虽然一个指标（尤其是在协助沟通方面）的优势得到了承认，但是英国国家统计局并不打算开发单一福利指标，因为太多的概念和方法上的障碍尚未解决，无法在这方面取得进展。

（二）全球性报告和工具

自 SSF 报告发布以来，已出版并广泛传播了一些关于"超越 GDP"的经济表现和社会进步的全球分析报告，包括联合国世界幸福指数（O'Donnell et al. ，2014）、联合国世界幸福报告（UNDSN 自 2012 年以来每年发布一次）（Helliwell, Layard and Sachs，2018）、美国国家科学院关于测度主观福利的报告（Stone and Mackie，2015）、经合组织的"生活过得怎么样"系列报告及"美好生活倡议"（OECD，2015a）。尽管所有这些报告都包括关于主观福利的章节，每份报告都采用不同的方法来分析和比较各国的福利。这种方法和倡议的多样性有助于提高我们对主观福利的理解，以及如何使用主观福利指标。

两份特别重要的文件——《经合组织主观福利测度指南》（OECD，2013）和《美国国家科学院测度主观福利的报告》——阐述了目前在收集主观福利数据的经验，并为日益增加的方法论共识提供了一个焦点。将这些文件视为政策制定者和研究人员处理主观福利测度的"必读资料"，因为它们考虑了下面只简单提到的各种概念和方法问题。此外，在美国国家老龄化研究所的支持下，2015 年举行了一次关于时间利用和体验型福利的会议，以评价《昨日重现法》（*Day Reconstruction Method*，DRM）出版以来的进展情况，并确定今后的挑战。另外两份报告——《全球繁荣指数报告》（*Legatum Report*）和《全球幸福指数报告》（*World Happiness Report*）——更详细地介绍了主观福利测度的政策用途。

（三）改进的方法论

SSF 报告指出了一些方法论和解释性问题，这些问题引起了人们对测度主观福利的关注。自 SSF 报告发布以来，已就其中许多问题提出并探讨了解决办法。尽管深入研究这些问题对于测度主观福利很重要，但同样重要的是，与其他指标（如收入、消费或财富不平等）相比，避免为主观福利设定一个独特的高标准，也可能类似地从自述的结果中得出，这些结果对所使用的测度指标同样敏感，例如，用于支出日记的回忆期长度可能会对消费估计产生重大影响（Beegle et al.，2011）或还有其他与自述相关的问题。

遵循经合组织的《主观福利测度指南》是确保问题标准化的好方法，因为它们代表了问题制定和调查管理的最先进水平。欧盟统计局 2013 年关于主观福利的 EU-SILC 特设模块遵循了经合组织的《主观福利测度指南》，并以其推荐的问卷为基础。EU-SILC 的特别模块具有法律基础，并以所有欧盟国家的语言翻译了通用的变量、概念、分类和调查要求清单。这项法规附有 EU-SILC 方法指南，包括用所有语言翻译的推荐问卷。重要的是，这项法规要求所有欧盟国家都为这一努力提供数据。

为了说明不同的回答风格和系统性偏差的重要性，在这里进行了更详细的讨论。如果不同的群体在如何解释主观福利问题或使用反应量表（例如，由于语言或文化等一些共同特征）方面表现出系统性差异，那么仅仅比较这些群体的主观福利水平容易得出误导性的结论。这个问题的严重程度，在某种程度上取决于数据用来回答的问题。在某些情况下，如果主要关注的焦点是某一变量的变化是否在某一特定群体中产生主观福利的变化，而不是群体之间的直接比较，就无关紧要了。

在简单的描述性分析中，如果将不同群体（如性别或职业）或不同国家的主观福利水平进行比较，那么不同群体之间问题的说明或回答方式上的系统性差异有可能会导致偏差。例如，如果老年人以与年轻人不同的方式理解或回答主观福利问题，或者，如果富人的回答方式与穷人的回答方式有所不同，那么可能会高估或低估这些群体之间主观福利的差异。为了对问题的严重程度有更具体的认识，首先应该更好地了解为什么会存在这样的差异，并对关注如何解释和回答主观福利问题的系统性差异有一些理论上的理由。

　　如果目的是在某个时点比较群体之间的福利水平，则对系统偏差的关注，特别是它们与背景效应的潜在交互作用，并不能通过使用面板数据或纵向数据来解决。迪顿（Deaton，2012）提供了一个重要的例子，阐述了背景效应，并利用盖洛普组织收集的主观福利数据，迪顿和阿瑟·斯通（Deaton and Stone，2016）进一步完善了其含义。在这项研究中，迪顿发现了一系列政治问题对评价型福利问题（坎特里尔阶梯量表）产生重大影响的证据，这一影响比 2008 年的经济下行更大。造成这种影响的原因是，受访者认为国家正朝着错误的方向前进，这对他们回答随后的生活评价问题产生了强烈的向下偏差。重要的是，这些背景效应因种族或民族而异。例如，政治民意调查问题（与没有此类问题的对照组相比）对黑人的负面影响要小于对白人的影响。这意味着，尽管对照组的白人平均陈述的生活评价比黑人高 0.2 分（0 ~ 10 分量表），试验组与对照组之间几乎没有差异（小于 0.03 分）。这与性别、年龄和收入的结果形成了对比，在这些结果中，不同组的背景效应大小保持稳定（见专栏 7.4）。

专栏 7.4

老龄化与主观福利

　　心理学家、社会学家和经济学家从事的一项有趣的研究是，主观福利是否随年龄变化。简言之，对评价型福利（生活满意度，坎特里尔阶梯量表）问题的研究热度在 20 世纪 20 年代相对较高，40 年代末和 50 年代初降至最低点，70 年代达到最高水平（尽管老年人的数量可能会下降，见图 7.1）。这种模式适用于讲英语的富裕国家，但不适用于贫穷的非西方国家。也有证据表明，这种模式不能归因于群体效应，因为即使处于同一群体的个人也会经历不同的历史事件。人们对体验型主观福利如何随年龄变化知之甚少，但至少在美国不同影响的模式不是"U"型的。例如，斯通等（Stone，2010）发现压力从 20 ~ 50 岁都很高，在 70 岁迅速下降（这一模式的右侧与改善老年人结果的评价型福利模式一致）。至少对西方国家来说，这些模式令人惊讶的是，主观福利水平的提高发生在慢性病患病率上升的年龄，而疾病的存在与主观福利的降低有关。理论上的解释集中在老年人的重要事项、社会参与和时间利用的转变上，从而提高福利水平。

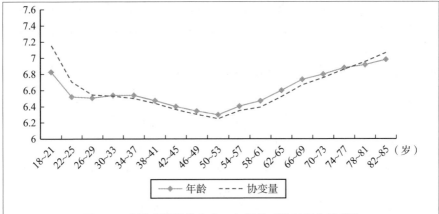

图 7.1 世界生活评价和人口年龄的"坎特里尔阶梯"

注：以 4 岁划分年龄组绘制的平均寿命评估。连续线表示原始数据，虚线表示经 4 个协变量（女性人口比例、与伴侣生活的比例、家中有子女的比例、失业人口的比例）调整后的数据。

背景效应对不同群体的作用不同，这一发现使对主观福利中群体差异的解释复杂化，需要更广泛的研究。由于各国的国家统计局不太可能提出政治投票问题，因此了解其他引导性问题是否也能在回答上产生重大转变是很重要的。例如，李成熙等（Lee et al.，2016）发现，与问题顺序颠倒的情况相比，在主观福利问题之前问一个自我健康评价的问题，会促使答案之间有更强的相关性。这一影响是由自述一种或多种慢性健康状况的受访者的子样本造成的：在没有慢性健康状况的受访者中，问题顺序在相关性的大小上没有显著差异。

总之，这些研究强调了问题排序对于测度设计和数据可比性的重要性。除非通过分离样本法明确测试，问题排序的影响往往隐藏在视线之外。尽管文献中对回答方式的系统性群体差异的论述不够充分，但也取得了一些进展。这些方法包括使用渐晕图分析来自偏头痛的数据，并使用带有面板数据的单独固定效果模型。

另一个与体验型主观福利研究相关的方法论发展领域是使用实时和近实时数据采集，例如，在人们日常生活中，以实时发放简短问卷为基础的瞬时数据记录，如生态瞬时评价（ecological momentary assessment，EMA）、每天记日记和昨日重现法。这些都是重要的方法，因为它们有可能评价体验型主观福利，与使用（相对）较长的回忆时间来询问情绪和疼痛波动水平的测度方法相比，具有较少的回忆偏差。长时间的回忆会把对体验的真实记忆和各种信念混为一谈，而各种信念不一定能准确地反映体验。从国家调查数据收集的实际角度来看，瞬时方法可能是笨拙的、繁重的、成本高的和不切实际的，因为它会在某些情况下（例如人们在开车时，或当他们从事不能被打断的活动时）产生选择效应。因此，对前一天情况进行提问的方法已经成为标准。这些方法包括关于昨天的简单总体问题（如英国国家统计局的调查和盖洛普世界民意测验中所用），基于昨日重现法的所谓"混合"方法（它捕捉了有关当天的一些细节，例如，从事各种活动的时长）和昨日重现法调查（如欧洲健康、老龄化和退休调查所做的，应对一天或一天中的部分时间）。

调查问题的补充方法已经或正在制定。现有的或正在开发的若干方法可以补充调查问题。例如，大数据正被用来"实时预测"（nowcast）主观福利（见专栏 7.5），并且正在开发新的方法来了解人们的偏好，包括他们如何评价相互竞争的目标之间的取舍信息。"自动数据采集"（automatic data capture）是这些创新方法的另一个例子，它将 GPS 测量或连续健康测量等数据与主观福利调查问题结合起来。

专栏 7.5

利用大数据"实时预报"主观福利

大数据为补充各国的国家统计局生成的主观福利指标提供了机会，但也必须考虑到一些重要的注意事项。从大数据中得出的主观福利指标能够提供更及时的估计、高频信息、地方一级数据和预警信号。大数据也是多维度的——例如，谷歌搜索查询（一种可以暴露行为的形式）可用于涵盖各种状态，如疼痛。大数据的丰富性意味着可以及时研究各种冲击的影响（例如，金融危机对美国城市内外的影响）。

但是，也面临诸多挑战。许多大数据都存在选择偏差和噪声，根据不同的人口群体对结果进行分类可能会产生问题。一个特别重要的问题是，很难可信地推断出提供数据点的人的意图：对于人们在谷歌上发推文或搜索特定词条的原因和时间，研究人员无法验证这些假设（也可以考虑为选择因素）。因此，使用大数据来源进行解读时应谨慎对待；将大数据测量的主观福利结构与更传统的数据收集方法相比较的研究可以阐明我们对这些选择因素的理解。

三、实质性进展：关于主观福利的新认识

(一) 全球概况

盖洛普世界民意调查数据表明，北欧国家、瑞士、荷兰、加拿大、新西兰和澳大利亚的主观福利水平最高；撒哈拉以南非洲较贫穷国家和经历战争的国家（如叙利亚和阿富汗）最低（见专栏 7.6）。自 SSF 报告发布以来，各国生活评价的演变也提供了证据，表明主观福利指数是衡量经济表现和社会进步的有用指标。2005～2007 年和 2012～2014 年，平均寿命降幅最大的是希腊，其次是埃及和意大利（Helliwell, Layard and Sachs, 2015），不过由于缺乏早期盖洛普世界民意调查的数据，该分析排除了目前排名最低的 10 个国家中的 5 个，包括叙利亚和阿富汗。

专栏 7.6

全球层面的主观福利

盖洛普世界民意调查的新证据表明，从最贫穷的国家到最富裕的国家，评价型福利与收入之间的正相关关系贯穿于人均 GDP 的所有方面。这一模式从世界价值观调查中并不容易看出，该调查不包括非洲真正贫穷的国家，并且不得不等到盖洛普世界民意测验建立起来之后才能确立。在此之前，许多研究人员观察到，当将各国的评价型福利与人均 GDP 进行对比时，国家的评价型福利在某个点上趋于平稳，在收入水平高于摩洛哥这样的国家时，较高的平均收入并不会导致较高的评价型福利。这使得该领域的许多研究人员得出结论：一旦国家摆脱贫穷，收入就不再重要了。在伊斯特林早期的论文中，用这一点作为证据，证明收入并没有改善人类的命运，至少在我们不再解决真正的贫困问题时（Easterlin, 1974）。

安格斯·迪顿（Deaton, 2008）使用盖洛普世界民意测验表明这个结论是错误的。当用生活评价与收入的对数作图时，结果非常接近于一条直线。人均 GDP 的边际效用递减是肯定存在的，但收入翻倍在收入水平的底部和顶部具有同样的效果，尽管底部收入的绝对变化要比顶部小得多（见图 7.2）。当然，有很多分散点，所以如果你不考虑整个范围，这种关系就不那么明显了。例如，如果范围仅限于富裕国家，观察者可能会得出这样的结论：生活评价与收入的对数的关系不大。

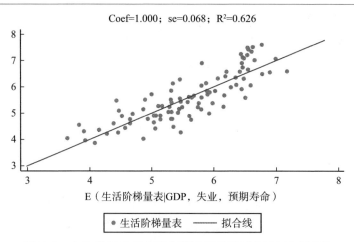

图 7.2　人均 GDP 与世界生活评价相关的"坎特里尔阶梯"

资料来源：盖洛普世界民意调查和世界银行世界发展数据。

　　这种关系的易变性也很重要，因为它表明，各国没有被其人均 GDP 水平所束缚。有些国家做得比其他国家差得多，有些国家做得好得多。一种解释是，这些偏差表明了政策空间：即使资源有限，政府也能促进主观福利水平，而像美国这样的国家，即使人均 GDP 很高，在主观福利方面也会有相对较差的结果。除了人均 GDP，许多因素决定着人们的主观幸福水平，从就业状况到健康，从环境质量到社会关系。尽管如此，国家间的差异也可能是由于报告风格的不同。不同文化背景的人使用不同的量表显然是合理的。例如，前苏联国家远远低于这一标准，但这是有充分理由的，而且这些国家的收入衡量标准很可能会受到较大测量误差的影响。在涉及以购买力平价衡量的人均 GDP 的全球比较中，GDP 指标也存在巨大的不确定性。因此，并非所有因素都必须归于生活评价指标。

　　盖洛普世界民意调查数据的另一个显著发现是，与评估型福利（如坎特里尔阶梯量表）相比，体验型福利指标与人均 GDP 的关系要小得多。在国家一般水平上，正面情绪（微笑／大笑、享受以及"昨天"休息得很好）与人均 GDP 对数之间只有低度的正相关关系，而负面情绪（"昨天"感受到愤怒、忧虑和悲伤的情绪）基本上与人均 GDP 对数之间没有关系。一些非洲国家的人和富裕国家的人"昨天"自述了同样多的正面情绪。正如边沁享乐主义功利主义者所主张的那样，如果政策的目的是最大化体验型福利，那么盖洛普世界民意调查数据将意味着科威特、特立尼达、多巴哥和巴拉圭应该向叙利亚、伊拉克和亚美尼亚提供援助，至少如果获得援助就能提高福利水平。压力（菲律宾排在第一，美国接近第一）、忧虑的感受（伊拉克）和愤怒的感受（阿尔及利亚、伊朗、伊拉克、土耳其）也与收入没有密切关系，而中东地区痛苦的感受最高。因此，较高的国民收入往往伴随着较高的生活评价，但对改善公民的情感生活作用不大。

尽管有这些结果，货币收入和主观福利之间的联系尚未解决。例如，贝齐·史蒂文森和贾斯汀·沃尔弗斯（Stevenson and Wolfers，2012）发现，基于坎特里尔阶梯量表的收入对数评估指标的导数约为 0.30，不管时间怎么变化，结果几乎都是如此。

盖洛普数据的其他发现表明，生活评价和年龄之间的 U 型关系在各国或至少在世界各地并不普遍（见图 7.3）。在前苏联和东欧国家，随着年龄的增长，福利水平会下降，这一点并不令人困惑，因为在脱离计划经济的转型过程中，老年人的损失最大。但世界上也有一些地区，如撒哈拉以南非洲，在这些地区，生活评价与年龄之间的关系是平缓的，但世界上也有一些地区，如撒哈拉以南非洲，生活评价与年龄之间的关系是单调的；其他地区如拉丁美洲和南欧，生活评价随年龄而下降；还有一些，像中国，也有与英语系国家一样的"U"型模式。当然，这些都是横截面数据的结果，但是，根据灵长类动物的证据，尚不清楚如何将它们与生物学上的普遍的"U"型模式协调起来（Weiss et al.，2012）。体验型福利的生命周期模式在世界各地比较统一。随着世界各地年龄的增长，负面情绪确实没有那么普遍了。这可能会取代"U"型评价型福利作为新的特征事实。

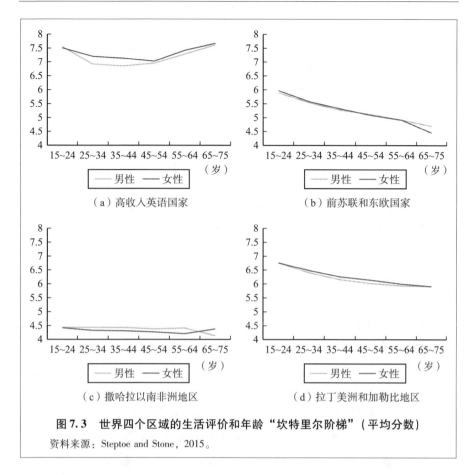

图 7.3 世界四个区域的生活评价和年龄"坎特里尔阶梯"（平均分数）

资料来源：Steptoe and Stone，2015。

（二）主观福利的相关因素和决定因素

在个人层面上，人们对与更高生活满意度相关的因素越来越达成共识：就业、收入更高、健康状况更好和人际关系更强是最重要的因素之一（欧盟统计局 2016 年发布的关于主观福利的分析报告）。一些数据集已经确定了大量其他相关因素，如环境条件和污染（Silva，Keulenaer and Johnstone，2012）。有关主观福利相关研究结果的部分列表，见专栏 7.2。

还有一项新的研究是关于童年时期作为以后主观福利关键时期的重要性。儿童的情感健康比认知技能更能预测成人的生活满意度（Layard et al.，2014；OECD，2015b）。这表明，尽管儿童的主观福利本身很重要，但童年作为关键时期也很重要，是因为它可能是青少年和成人结果的决定因素（如成人生活满意度、就业或学业成绩）。儿童的主观福利和情感健康反过来又与各种家庭特征相关，如经济困难、家庭结构、搬迁以及父母关系的质量。这项研究可能有助于决策者更好地理解为什么有些儿童能适应不利的环境或事件，而另外一些却不能，以及更好地理解对公共服务投资的影响。欧盟统计局目前正在开发一个关于儿童健康和物质福利的 EU-SILC 模块，该模块可能在以后每 3 年收集一次。当可提供这些数据时，将为深入分析这一主题提供许多机会。

主观福利水平不仅取决于使人们变得更好或更糟的事件，也取决于这些事件发生后"恢复"（bounce back）的程度。弹性是一个与（真实）适应密切相关的概念，近年来有多篇文献丰富了这方面的研究。但是，这些研究所描述的情况反应不一：有证据表明，生活满意度与某些生活事件（如婚姻或分娩）相适应，但与其他生活事件的适应程度较低（例如残疾、贫困、国际移民或失业）。一个可能的解释是，人们更适应正面而不是负面的生活事件，这能够表明损失厌恶和适应之间的关系。要明确评估主观福利的类型，这是因为体验型主观福利和评价型主观福利可能有不同的适应模式。

在分析主观福利方面也取得了进展，不仅是作为一种结果，而且作为一种预测因素，或在生产函数的框架内，作为对其他生活结果的投入。有证据表明，主观福利的三个组成部分即使在控制个体特征的情况下，也能预测个体的发病率和死亡率。同样，越来越多的研究支持这样一种观点：生活中的意义和目的（即幸福感，eudaimonic well-being）与健康和死亡有关。例如，美国对中年人研究的最新结果表明，主观福利与代谢综合征（metabolic syndrome）有关，代谢综合征是一组增加心脏病和其他健康问题（如糖尿病和中风，diabetes and stroke）风险的因素（Boylan and Ryff, 2015）。但是，英国百万女性研究的最新数据显示，在回归分析中考虑到第一个评价点的个人和健康状况时，"幸福感"（不可否认，从多维主观福利的角度提出了一个模棱两可的概念，见专栏 7.1）的评价与死亡率无关（Liu et al. , 2016）。这项研究忽略了男性，本来可以在主观福利测度方法上更加精确，并且控制了协变量的健康状况，但其结论还是挑战了对这一问题的普遍看法。

（三）解读"生活满意度"的含义

理解这些测度方法的背后是什么，特别是有助于了解不同指标是如何相互联系并能够相互结合的，当人们说他们对自己的生活感到满意时，理解他们的意思是什么是非常重要的，以及他们如何测度不同的福利结果——也就是说，哪些因素对人们的主观福利很重要。

这三种主观福利的相关性呈现出大体一致的情形，并提供了预测性证据，证明这些结果符合预期。不过，我们仍然有充分的理由更深入地了解评级的起源——也就是人们是如何产生评级的。在这方面，大多数工作都是在诸如生活满意度等评价指标上进行的，通过对总体满意度与诸如工作满意度、伴侣满意度、社会满意度等特定生活领域的评级进行简单的回归，就可以了解生活的哪些方面对生活满意度的判断影响最大（Helliwell, Layard and Sachs, 2016）。但是，简单的理论分析方法可能会导致错误的结论，更重要的是，会导致错误的政策推论。丹尼尔·本杰明等（Benjamin et al. , 2014）提出并检验了一种使用规定偏好分解全球生活满意度的计量经济学方法。这项研究表明，人们对未来的决定是基于对预期福利的多个想象结果的复杂加权。对于这个问题的另一种方法，正在进行的研究是采用传统的定性方法来理解与制定生活满意度等级相关的思维过程，例如，通过使用"有声思维"（think aloud）的实验方法。

四、政策应用进展

主观福利在政策上的直接应用还处于初级阶段。自 SSF 报告发布以来，许多国家在实施主观福利数据收集、了解使用主观福利数据的问题以及开发许多处理这些问题的技术方面都取得了巨大的成效。现在需要进行新的研究，以更好地了解主观福利衡量标准如何转化为决策者有用的衡量标准，以及它们以何种方式提供有意义的信息，从而有助于做出更好的决策。另外一个委员会（来自英国知名智库列格坦研究所，Legatum Institute）侧重于主观福利和政府决策，并提供了一种耳目一新的、实用的、深思熟虑的方法（O'Donnell et al. , 2014）。在许多政策应用中，可以确认一些效益和成本，但不能轻易或准确地以货币计量，因为这些效益和成本不存在明确的市场，而隐含的估值如果真的用在这些因素上，也只能是不完善的。因此，即使主观福利指标不完善，与通常使用的不完善的效益和成本指标相比，它们也能促进政策制定。

（一）成本效益分析

一些研究在成本效益分析（cost-benefit analysis）中使用了主观福利指标，作为评价非市场结果的一种方法（O'Donnell et al. , 2014；Fujiwara and Campbell, 2011）。这项研究的基本原理是，许多政策的成本和效益难以货币化。因此，比较货币化的成本和效益的标准成本效益分析，如果不考虑这些非货币的成本和效益，则将导致政策决策低估这些非货币的成本和效益。在对非市场因素进行成本效益分析的情况下，目前的方法存在严重的局限性，因此，将现有方法与基于主观福利评价的方法进行补充，可以提供更多的信息。

2011 年，《英国财政部的绿皮书》（*United Kingdom Treasury's Green Book*）（为政府机构评价政策建议提供正规指导）进行了更新，其中有一章节是关于社会成本效益分析的评价，包括通过主观福利方法进行的评价。为了使这种方法更可信，还需要做更多的工作。尤其是，主观福利水平的货币化差异存在许多问题（Kahneman and Krueger，2006），不仅缺乏高质量的个人收入和主观福利测度数据集，还在确定将主观福利转换为美元或欧元的度量单位时存在概念性问题。与其他测度问题一样，鉴于其他成本效益分析方法的困难，必须认识到将主观福利用于成本效益分析的困难——主观福利方法应被视为对传统方法的补充，而不是替代。

（二）项目和政策评价

一些政策或项目评估将主观福利作为一个结果指标，将其纳入既有助于评估项目的影响，也有助于更加自信地了解其机制。这些研究不仅支持主观福利可以用来有意义地衡量政策影响的观点，还支持主观福利的基本结构及其对生活环境的反应。在政策评价中使用主观福利指标的另一个好处是，能够表明干预措施具有传统结果无法衡量的好处；或者，反过来表明，虽然传统方法可能会带来好处，但这些好处可能会被较低的主观福利水平所抵消（两种情况下，都可以对项目的影响有更深入的理解）。

例如，英国的一项在职支持项目（in-work support programme）对参与者的主观福利产生了意想不到的负面影响（Dorsett and Oswald，2014）。同样，肯尼亚的无条件现金转移项目对参与者的主观福利产生正面影响，但对非参与者产生负面溢出效应（Haushofer，Reisinger and Shapiro，2015）。在摩洛哥，尽管市政供水对家庭健康或收入没有影响，但却可以增加福利（Devoto et al.，2012）。其他研究表明，投了保险的人对精神健康有正面影响（Finkelstein et al.，2012）、家庭休假政策对父母生活满意度有正面影响（D'Addio，2014）和英国国民服务对参与者主观福利有正面影响（UK Cabinet Office，2013）。最后，延斯·路德维格等（Ludwig et al.，2013）发现，在美国进行的"机会转移"（Moving to Opportunities）项目实验中，参与者心理健康的主观测度指标在身体健康之前就有所改善。主观福利的测度也有助于我们对人们经济不安全的理解（见专栏7.7），见第八章。

专栏 7.7

主观福利和经济不安全

人们可以通过若干可能的思路将主观福利和经济不安全联系起来。这两个主题的研究都面临着若干共同的方法论问题，特别是在主观经济不安全方面。此外，对经济不安全的一个主要关注是它降低了主观福利水平（即使不良事件实际上没有发生）。例如，欧盟统计局关于主观福利的分析报告（OECD，2016）显示，即使在控制收入或就业状况等其他变量的影响时，人们无法面对的意外开支，也会大幅降低他们的主观福利水平。

最近的一项经济趋势分析，利用盖洛普世界民意调查（Gallup World Poll）、美国行为风险因素监测系统（US Behavioral Risk Factor Surveillance System）和欧洲晴雨表（Eurobarometer）的数据，强调了GDP正增长和负增长对人们主观福利的不同影响（De Neve et al.，2015）。基于预期理论的推论（Kahneman and Tversky，1979），结果发现，在所有三项调查中，评价型福利（生活满意度）对GDP负增长的反应比对正增长的反应更强烈（这一模式与损失厌恶相一致）。另外，体验型福利只受到GDP负增长的影响：在经济下行期间，日常的快乐和享受减少，压力和忧虑增加。

这些结果对经济理论和宏观经济政策都有意义（包括失业的影响），并很好地证明了从多方面看待主观福利的实用性。

在继续完善对主观福利测度和理解研究的同时，应该开始在政策应用方面的实验。与许多领域一样，政策应用的实验、测度和理解的基础工作在相互加强的过程中相辅相成。

第二节　福利指标在决策中的运用

制定更好的经济表现和社会进步测度指标，在制定一个共同的、有据可证的、有利于改善生活的指标的理解方面发挥了重要作用。尽管需要扩大和改进指标，以更好地评价各国的经济表现和社会进步以及可能出现的问题，但这些指标本身并不会导致政策制定和框架的改变。各国新制定的指标都有可能成为"另一份报告"，而不是采取新的政策制定方法。各国采用的仪表盘中包含的许多福利指标已经确立，它们确实在政策导向（如失业）方面发挥了作用。除了许多这样的指标仍然需要改进以帮助避免过去的一些政策错误之外，重要的是，已经建立了制度机制，以促进各国政府在决策时使用这些指标。

问题是，当通过福利的视角来处理政策时，有什么不同？

专栏 7.8 描述了在政策周期的不同阶段，从确定行动的优先事项，到评价实现政策目标的不同战略的利弊，到分配实施所选战略所需的资源（预算、人力、政治），到在政策周期的不同阶段使用福利指标的不同方式。在实施过程中实时监测干预措施，最终评价所取得的结果，并就未来如何改变政策作出决定（见图 7.4）。论点是，一个涵盖人们生活最重要维度的广泛框架，不仅关注平均结果，而且关注政策如何影响社会各阶层，兼顾当下、未来以及本国和世界其他地区的福利，承诺会带来更好的结果，填补今天决策者和普通人之间的鸿沟。

专栏 7.8

政策周期中可使用福利指标和证据的阶段

描述测度指标影响政策决策的各种机会的一种方法是考虑政策周期的不同阶段（见图 7.4）。基于文献中描述的各种方法，可以区分以下阶段：

● 优先级/议程设置阶段。根据对当前形势的战略分析，包括随时间变化的趋势和不平等程度，对政策目标的战略评估。可能会先确定政府需要干预的领域，然后确定优先顺序和议程设置。这一阶段通常涉及国家政府、国家规划机构和/或议会以及公民，这些国家政府、国家规划机构和/或议会通常通过民间社会采取行动，使决策者注意到在结果和过程中发现的不足。

● 政策制定阶段（事前）。这一阶段包括政策选择的调查、对其成本、效益和可行性的评估，最后选择相关的政策工具和杠杆。这一阶段通常涉及国家规划机构、负责设计和实施政策干预的政府机构、政府机构之间的财政资源分配以及政府或议会关于预算编制的决定。

- 实施阶段。这一阶段包括由负责执行的政府机构执行方案和政策干预，并根据优先顺序和政策制定，向他们提供必要的资源。
- 监测阶段。评估政策影响的先决条件是在实施期间和实施之后对政策干预进行监测。监测包括评估用于政策干预的投入、产出和观测到的结果；综合评价也可以从监测政策干预的反事实中受益。在这个阶段，国家规划局和政府机构实施政策以及外部利益相关者可能会参与监测政策干预的影响。
- 评估阶段（事后）。这一阶段需要根据政策干预的目标评估政策干预的结果，并决定终止或继续。这一决策阶段可能涉及国家规划署、各种潜在利益相关者以及中央审计部门。

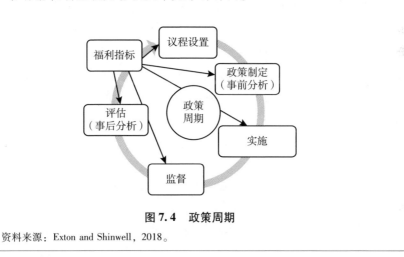

图 7.4　政策周期

资料来源：Exton and Shinwell，2018。

一、在政策环境中运用福利指标带来的好处

（一）提供任何特定司法管辖区人们生活状况资料的完整性

将关注点放在与人们生活息息相关的事情上，但由于缺乏合适的测度指标，在政策分析中通常不会考虑这些事情。在某种意义上，这就是"超越 GDP"议程的起点，正如我们所指出的，GDP 根本没有反映人们生活状况的关键方面。

（二）支持政府各部门成果的战略一致性

在整个政策周期中，政府间的合作和凝聚力至关重要。政府机构经常独立运作，专注于他们直接负责的资源和产出（住房、卫生、教育、就业等），而不考虑其行动的更广泛影响。例如，尽管来自其他政策领域和全社会模式（例如，贫困、住房、缺乏公共卫生和教育服务）的溢出效应可

能很大，但犯罪和司法机构将关注其在减少犯罪和执行安全措施方面的行动的直接影响。政策溢出效应也会向另一个方向发展，个人安全是其他政策领域成果的主要决定因素，例如，作为教育成果和社会关系的推动力量。所有政策领域都出现了类似的溢出效应。通过确定所有政策要考虑的结果范围，测度人们福利的框架可以促进整个政府的一致性，并为机构讨论这些影响提供共同语言。此外，多维福利框架（即包括影响人们生活的各个方面）可以在政府机构之间产生积极的互动，促使他们协调行动和计划，以实现更高层次的目标，并帮助它们实现这一目标。这些框架也有助于在不同级别的政府和不同利益攸关方之间明确责任，加强政策之间的协调。

（三）通过具体数据突出人们体验的多样性

与许多侧重于经济体经济表现和社会进步的合成指标不同，衡量个人和家庭一级成果的指标使我们能够重点关注不平等、贫困和脆弱性，以及那些成果未能跟上全国发展步伐的群体。经合组织的"包容性增长"或世界银行的"共同繁荣"的概念试图将更多的注意力放在评价经济增长的利益如何分配上。

（四）当下福利成果和未来资源的均衡性

GDP 的一个主要局限性是，无论是从经济增长本身是可持续的还是通过抵销部分（或大部分）经济效益的环境和社会成本实现的增长，都没有考虑可持续性。福利指标覆盖面（即经济、环境和社会）广泛是主要优点。此外，测度福利的大多数方法都包括前瞻性因素，如自然资本、人力资本、社会资本和经济资本存量指标，这些指标将支持未来福利（尽管如上所述，在测度这些资本方面仍有许多进展）。兼顾了大多数政策决策的短期重点（"此时"），并使各国政府能够考察当下福利进展是否是以消耗后代（"彼时"）或其他国家（"彼地"）的资源存量为代价而取得的。①

（五）具体政策对人们生活影响评价的全面性

鼓励不同的政府部门考虑其方案福利成果的广泛和影响，有可能帮助决策者识别方案的影响，并更明确和透明地阐明权衡取舍和溢出效应。结果问责制是有效治理的基础，这是事后评估政策干预的最终依据，也是战略优先设定的重要输入。福利框架可以构成政府机构问责程序的基础。在

---

① "此时"（当下福利）、"彼时"（未来福利）和"彼地"（跨境影响）是《布伦特兰开创性报告》（United Nations，1987）中的三个维度，支持欧洲统计学家会议提出的可持续发展指标概念分类（UNECE，2014）。

通过一系列与人们福利有关的指标来确定政策干预预期的一系列预期结果时，政策外评估可以增加对比以前考虑得更广泛结果的问责。就人们福利的规模和指标达成一致，也可以简化外部问责指标，这些指标通过议会监督、审计机构和民间社会实施，就各种政策和方案预期的利益类型建立了共同语言和共识。

（六）促进公众讨论

基于美好生活的通用概念，利用福利指标进行定期报告、监测和评价，使所有利益攸关方（政治家到民间社会、企业和普通公民）能够在全国范围内进行讨论。

二、政策决策中的福利指标整合机制

在政策周期的议程设置阶段，福利统计数据的例行报告本身有助于突出问题并为政策决策提供信息。只需向广大利益攸关者（如民间社会、政治家、企业和媒体）提供关于福利水平、福利不平等和福利趋势的数据，就可以改变观点，为讨论提供信息，并影响优先事项的确定。例如，关于学生技能的可靠数据的可用性，根据经合组织国际学生评估项目对其能力的标准化评估，在将教育政策的重点从入学率和毕业生数转到学校学生实际学到的知识上产生了巨大的影响。

尽管如此，为了释放上述福利指标的一些潜在好处，除了简单地向广大受众提供指标外，还需要进一步强化。例如，在政策制定和评估中整合福利指标需要对进行或委托进行这项研究和分析的人员，以及决策者对更全面的证据基础的要求；还需要一套公认的政府内部分析师专业的工具、模型和技术，如英国财政部绿皮书中规定的方法：中央政府的评估（UK Treasury，2018），评估所有政府方案的成本和效益（货币和非货币）。

一些经合组织国家已制定了正式和/或结构化机制，以确保福利或"超越 GDP"指标纳入其政策进程。这些机制可以针对图 7.4 中描述的政策周期的特定阶段，也可以包含多个阶段。这些具体的机制或程序为"超越 GDP"的分析提供了一个很好的切入点，因为它们允许确定它们是否对超出总经济产出的各种其他福利维度给予足够的重视或关注。例如，许多国家要求对能源项目进行成本效益分析，并对未来的影响进行贴现。许多国家的做法实际上意味着 40 年后气候变化的影响可以忽略不计；简而言之，这些做法不能确保可持续性。

专栏 7.7 概述了 10 个采用福利政策框架的国家的这类经验，确定主导机构和落实机制所解决的政策周期阶段，其中描述了这些国家制定政策机制和框架的环境。从这些案例研究中，可以确定在政策环境中实施福利框架时出现的若干共同问题、差异和挑战。共同问题与测度框架本身、就其特点达成共识的过程以及各国的政治背景有关。

三、选定国家在政策周期内实施福利指标的经验

如前所述，在一些国家，福利指标并不是在考虑政策用途的情况下专门制定的。然而，在另一些国家，这一过程从政策层面的范式转变开始，旨在扩大人们认为对改善生活至关重要的领域。例如，在厄瓜多尔，美好生活的概念被嵌入到宪法中。与此类似，在苏格兰，福利指标通过纳入国家经济表现和社会进步框架和监测过程而发挥了核心作用。政策周期中使用指标的阶段也不同。福利指标主要用于政策制定阶段（如新西兰和厄瓜多尔）或评估阶段。在法国、意大利和瑞典，指标常用于议程制定阶段，议会在预算进程开始时根据这些指标进行报告（见图 7.4）。这些只是一些精选的例子。其他国家，如不丹、墨西哥、哥伦比亚、斯洛文尼亚或哥斯达黎加，也制定了福利框架和指标来指导其政策。

不同国家在政策安排中使用的指标的数量和类型有很大差异。一方面，在瑞典、意大利和法国，政策使用主要是通过向议会报告，为便于议会讨论，指标的数量非常有限（从法国的 6/10 到意大利的 12 个，瑞典的 15 个）。另一方面，在新西兰和英国，国家统计局提供了各种各样的指标，用于对一系列政策干预措施进行成本效益分析或事后评估（在英国，通过福利工作中心进行）[1] 或用于事前政策设计（新西兰）。厄瓜多尔和苏格兰介于二者之间，有确定数量的指标和明确的监测过程（厄瓜多尔的国家发展计划，苏格兰的国家表现框架）。

不同国家的高水平结果指标类型也各不相同，这取决于它们在政策过程中的具体用途。例如，在意大利，选择预算法指标的一个衡量标准是能够在不久的将来（未来 3 年）预测这些指标的趋势。因为这一衡量标准，主观福利指标因其有限的数据收集、对数据质量的关注以及预算决定如何影响其演变的证据有限而被排除在清单之外。相比之下，英国的福利中心工作重点强调主观福利指标，并确定了在使用此类框架（而不是传统的成本效益分析）时应改变的若干政策。

---

[1]　https：//whatworkswellbeing. org/.

在一些国家，福利政策框架已经让议会参与进来，不管它们是否首先由议会或政府发起。在法国、意大利和荷兰（瑞典的议会参与程度较低），其目标是，议会应建立必要的证据基础，通过年度报告其政策对（选定的）福利指标的影响，使政府对其决定负责。在其他情况下，中央政府的机构带头，如财政部负责生活标准框架的新西兰和美好生活秘书处和计划部牵头的厄瓜多尔。

一般来说，图 7.4 中所列的一些举措受益于强有力的领导，通常涉及一位杰出的政治人物来把握福利的概念。厄瓜多尔前总统拉斐尔·科雷亚·德尔加多（Rafael Correa Delgado）发起了一项修宪行动，将美好生活的概念纳入其中；法国一位参议院成员伊娃·萨斯通过了一项法律；英国前首相大卫·卡梅伦启动了"测度国家福利项目"，苏格兰（2007 年苏格兰民族党上台后）也是如此。

这些举措中的大多数都是最近的举措，意味着还需进行调整和修改，而且现在谈吸取教训还为时过早。一个关键的挑战是，一个政府采取的行动能否在下一届政府选举中保存下来，特别是当下一届政府来自不同的政党或联盟时。因此，确保与福利概念相关的政治参与的连续性至关重要。这可能需要使用广泛的公共协商形式，以便达成共识并建立一个联盟，以支持可能比现政府执政时间更长的框架，或将该框架嵌入长期发展计划中。当这些举措与一个政治人物紧密联系在一起时，问题也会变得更加复杂——即实施福利框架的行动能否比其鼓动者的行动更持久？这最有可能取决于"超越 GDP"的方法是否得到公众的大力支持，是否成为行政部门内部主流化。

福利的循证政策的制定还需要在数据收集、传播、分析和政策实验方面不断取得迭代进展。因此，随着时间的变化，持续使用"超越 GDP"指标是一个挑战。为了使指标在政策中的使用主流化并确保其持久，需要采取哪些步骤？在扩大利益攸关者之间的利益方面，哪些工具最有效？在这里，强调一个挑战，即将一个或多个福利变量的变化归因于一组给定的政策。

在公共政策背景下证明因果关系总是困难的。在通过政策决策以公正平衡的方式改善人们生活时，建立因果关系的主要实验条件极为少见。在适当的时间收集适当种类的数据，并使用最适当的模型和工具，可以帮助建立必要的证据基础。针对特定结果的政策可能会无意中影响其他几个结果，或产生意想不到的效果。在福利指标方面，政策面临的进一步挑战是福利的多维性，难以确定不同福利指标之间的相互联系。对于最近才在国家统计中大规模和高质量数据收集中引入的许多福利指标，建立调查感兴趣的政策问题所需的时间序列也需要时间，以便进行分析工作和预测。为了建立所需的证据基础，需要在评估政策影响的研究中定期纳入福利指标。

在发展中国家使用广泛的福利框架方面，另一个挑战是担心这一议程可能会将注意力从通常被视为根本性的问题上转移开，即经济增长。一个未能产生经济增长（GDP 增长）的政府，可能会试图为其失败辩护，理由是它正在寻求一个更广泛的议程。

这种批评需要正面解决。GDP 的增长可能需要为加强福利提供必要的资源，但这是远远不够的。不利于大多数人口、不可持续的增长不是"良性增长"（benign growth），只有在更广泛的框架内，才能确定增长是否实际上是导致社会福利提高的那种增长。正如上文所指出的，以导致更多不平等、更大环境退化和更低信任度的方式实现的短期增长是不可持续的。

四、主观福利数据在政策分析中的应用

图 7.4 中描述的大多数福利框架包括主观福利的测度以及其他类型的指标。换言之，人们如何评价和体验自己的生活被认为是描述自己福利的一个重要因素，而不是包含所有其他因素影响的单一变量。

主观福利具有一些特征，使其能够在政策分析中得到具体应用。特别是，事实证明，它对各种客观情况，如收入、健康、社会关系和政治发言权作出了反映。由于这一特征，通过强调那些标准收入或其他更客观的衡量标准未获得（或仅部分获得）的影响，分析人们主观福利的决定因素（当基于大量的调查对象样本并涵盖了人们环境的许多领域时）可以改善政策设计和评价。

主观福利指标也与确定项目和政策的非货币成本和效益有关，使主观福利成为政策影响设计和评估的重要组成部分。

一些公共项目收集了参与者的主观福利数据，以突出政策干预对项目参与者的影响。此类评估通常强调了本应忽略的影响。主观福利数据也被用于公共机构进行的成本效益分析，以评估非货币成本和效益，英国财政部的做法提供了一个生动的例子。

主观福利也可能与针对更具体结果的政策有关，例如，主观福利是改善其他领域成果的重要"中介物"：它预测人们的发病率和死亡率。提高

人们主观福利的政策间接地实现了其他结果的多样性。它甚至影响生育和生育决定，也影响癌症患者的自尊心。理解主观福利决定因素，将为决策者提供影响主观福利和由主观福利影响的结果的附加工具。即使没有对信任的决定因素以及决定我们复杂的社会、经济、环境系统结果的多重、复杂关系的充分理解，也有一些事情可以做，即提高更好的社会结果的可能性。

我们的统计体系需要反映社会的关注点，并尽可能预测未来的关注点。一些政治家可能希望，如果我们不测度不平等，没有人会知道不平等加剧的程度，那是天真和愚蠢的。在测度福利方面取得的进展导致了我们面临的问题的变化，从"如何建立可靠的人们生活的测度指标？"到"一旦开发了这些指标，如何在策略过程中使用它们？"这是一个新的更困难的问题，也是许多政府在日常行动中开始面对的问题。

第三节　理解主观福利的新难题

一、为了更全面地理解主观福利需解决的难题

（一）因果关系（causality）

与所有其他类型的分析一样，必须认真注意建立可信的因果关系（credible causality）。目前的主观福利研究主要依赖于观察和自述的数据，因此很难就因果关系得出强有力的结论。为了该领域的发展，重要的是减少对探索性和假设生成性研究（exploratory and hypothesis-generating studies）的投入，而更多地关注理论的发展和检验。这些理论，以及旨在检验它们的研究，在理想情况下，应该考虑到主观福利相关因素之间复杂的相互关系，以便确定哪些变量起到了中介、调节的作用，或导致主观福利的实际变化。面板数据，特别是能够利用政策变动等不连续性的面板数据，在这方面可能是有益的。如前所述，当使用明确的模型和理论来指导分析和解释时，才有助于促进这一尝试，事实上也许这是唯一的可行办法。

理解与偏好相关的排序性质也是未来研究的重点。例如，艾伦·克鲁格和大卫·施卡德（Krueger and Schkade, 2008）提供的证据表明，工人们根据自己的偏好将自己的工作分类，性格外向的工人倾向于从事需要更多社会互动的工作。

（二）异质性（heterogeneity）

与此相关的是，对主观福利的分析需要超越平均水平，考察异质性。关注一个群体或一个国家的平均主观福利水平与关注一个群体或国家的平均收入一样具有误导性。主观福利水平可能存在很大的不平等，包括不同人口特征的人际不平等。同样重要的是要考虑到不同群体之间不同水平和相互关系的可能性，以便更全面地了解主观福利的动态变化。任何子组分析都需要大样本量，这并不总是可用的，尽管肯定有一些大规模的数据集正在开发中，来自各国的国家统计局的数据在这里将发挥特别重要的作用。此外，在现有数据集中，特别是收入数据集中，分解所涉维度的数据质量往往较差。这是研究收入与主观福利关系的一个实质性问题。同样，像 EU-SILC 这样的大型官方数据集允许进行这种分解和分析，以标准化的方式收集各国之间的一系列协变量的高质量信息。这些指标和分析大多在数据集和欧盟统计局出版物中公布，其中包括各种不同的细分数据，如性别、年龄、收入、教育水平、就业状况、居住国（对大多数国家也是地区）和城市化程度（degree of urbanisation）。

一个详细描述主观福利差异背后的因素和过程的理论模型，对于理解和设计可能的干预措施以纠正这些不平等是非常宝贵的。在广泛的国家建立一个长时间序列的数据对于测试这些模型以及评估决定因素和结果之间的动态关系也是至关重要的。

同样，人们对主观福利分布的尾部知之甚少，尤其是那些认为自己主观福利水平极低的人（包括那些生活在高度痛苦中的人）。这些人很可能代表着一个特殊的政策关注点，从关注他们的研究中可以学到很多东西。

最后，研究工作应继续侧重于适应性和弹性，因为这是最有希望的，即使是困难的研究途径。进一步研究公共产品和服务在支持人们的弹性方面的作用，可能会导致决策者直接采取行动的结论。换言之，这种研究可能会突显生活挑战之后恢复主观福利所需的资源。

二、数据收集和分析难题

（一）数据的收集和可用性（data collection and availability）

如上所述，关于主观福利的数据收集已经大大扩展。有两个重要领域仍然缺乏关于主观福利的数据，而纳入主观福利问题的成本可能相对较低。

（1）扩大贫困国家主观福利的高质量数据收集，例如，在这些国家进行的家庭调查中纳入生活满意度和体验型福利模块。这不仅可以让人们重点关注影响主观福利变化的社会条件和政策环境，还有可能解决长期存在的方法论和概念问题，如国家之间不同文化和经济环境下人们对主观福利回答的意义。贫穷国家的人们是否适应了他们的环境，他们使用主观福利量表的方式是否与富裕国家的人完全不同？国与国之间的比较意味着什么？

（2）为了增加我们对体验型福利的理解，在官方时间利用调查中纳入主观福利是很重要的，正如上述国家统计局报告中所建议的那样。这些努力可以得到更多关于哪种方法最适合这一目的的指导，并通过增加与现有努力相关的研究产出来支持。《协调时间利用调查指南》（*Guidelines on Harmonising Time Use Surveys*）（UNECE，2013）在这方面很有用，但有必要对收集体验型福利数据的不同方法作进一步分析，以便为这一领域的最佳实践提供经验指导。如上所述，将主观福利项目纳入正在进行的时间利用调查（如美国时间利用调查）是实现这一目标的有效途径。在贫穷国家收集时间利用数据和体验型福利数据也将特别有用，人们对农村人口的日常活动或体验型福利知之甚少。

（3）及时访问这些数据以及研究人员对新数据可用性的响应至关重要。测度举措将推动我们对主观福利的认识和理解，但研究人员必须获得这些数据，才能实现这一结果。研究人员必须证明这些测度指标的有效性。加强行动者之间的合作将提高主观福利数据的质量和使用，网络在这方面可以发挥重要作用。

（二）数据的分析与解读

如上所述，当前研究未能充分解决的一个重要问题是群体间问题解释和回答方式的系统差异。是否有确凿证据表明这是个问题？如果是这样的话，有没有办法来调整？需要了解哪些类型的群体比较容易受到影响、问题的严重程度，以及这些系统性差异背后的心理机制。虽然一些与主观福利测度相关的方法论问题在不同程度上通过使用标准化调查问卷最小化，但这一问题并不是仅通过标准化来解决的。到目前为止，仅对 2013 年 EU-SILC 特设模块的跨国比较可行性进行了有限的分析（Eurostat，2016）。现有的分析主要通过内部和外部验证（与某些相关变量的相关性）进行，结果令人鼓舞。

在使用渐晕图解决这一问题方面也取得了一些进展，但这种方法有局限性。例如，人们对渐晕图中描述的情况的反应很可能受他们所处的政策环境的影响，因为，例如，长期生活在健康状况下的影响取决于诸如医疗费用和可用性以及残疾津贴等因素。这意味着，根据人们对相同情景的国际差异，对自身状况的主观福利自述进行"修正"，最终可以消除国际福利差异中与政策最相关的部分，避免不分青红皂白，眉毛胡子一把抓，把有用的也给丢掉了（throwing the baby out with the bathwater）。

U 指数，计算个人处于不愉快状态的时间，被定义为最强烈的负面感受的时间（Kahneman and Krueger，2006）。这是一种很有希望的方法，可以消除各国或群体在不同程度上使用反应量表的差异。虽然有一些工作支持它的实用性，但到目前为止，它的应用仅限于体验型福利的测度。我们还需要做更多的工作了解在使用反应量表时个人之间的差异到底有多大，并找到新的成本效益高的解决方案。

主观福利问题是普遍存在的，但有时需要根据手头的应用进行调整。例如，在美国搬家寻找新机会项目（US Moving to Opportunity Project）中，安全感和焦虑感对项目参与者特别重要，而且是针对性的。在许多医学研究中，疼痛可能是一种特别相关的体验型福利，而痛苦在难民研究中可能特别相关。

对于生活满意度以外的主观福利，需要更多的人群层面的工作，即将测度扩展到幸福感和体验型福利。目前，经合组织各国统计局正在采用各种不同的方法收集这类信息，如专栏 7.1 所述，主观福利测度分为三类。生活满意度通常是最广泛使用的主观福利的衡量标准，也是研究最多的一个，例如，关于适应性的研究。一方面，关注单一指标是有益和务实的，因为它确保至少有一个指标有更广泛的证据基础。另一方面，我们肯定会错失良机，因为从主观福利的其他维度的数据中可能会学到很多东西。

主观福利的研究应明确使用的测量类型，理想情况下应包括一种以上的测量方法。应该更加努力地理解幸福感和体验型福利，描述不同衡量汉字表之间的关系，并确保这些结果不会被忽视。

需要在主观福利的其他方面开展工作，还需要与普通大众进行清晰的沟通。虽然将主观福利的不同维度结合起来的综合指标（synthetic indicator）可能不是一种基于当前对不同结构的理解的策略，但通常需要以摘要形式组合信息。如果要在政策制定中获得支持（gain traction），应努力确保综合指标容易理解和比较。

与这个问题相关的是一个关于主观福利的研究与本书其他主题共享的问题：如何思考和沟通，在所考虑的衡量标准中，是什么构成了有意义的改变或差异。特别是在大样本中，微小的差异在统计学上可能是显著的，但对决策并不十分重要。

当考虑到一个没有内在意义的尺度上的差异时，这可能会特别成问题。一种选择是用某种校准来表述差异（即"x"量级的差异对应于与"y"个人收入增加相关的主观福利的增加，尽管需要更多的研究来建立一个通用的计量单位）。还应注意的是，关于昨日重现法的原始研究通过将这些差异与典型日常活动相关的影响进行比对，呈现出不同群体在体验型福利方面的差异，为解释情感差异提供了一个信息标尺。

三、政策应用

（一）实验与创新（experimentation and innovation）

主观福利在政策中的应用尚处于初级阶段，仍有许多值得学习的地方。在这一点上，对方法问题有足够的了解，并就解决大多数问题的最佳方式达成共识，以便谨慎地向前迈进。实验性方案反过来会产生新的问题，并在方法问题上取得更多进展。然而，许多政策应用将不得不等到一个足够大和足够长的跨国数据集建立起来，这将需要时间。与此同时，有多种方法可以取得进展。

主观福利可以补充现有的政策分析方法，建议采取措施考虑主观福利的所有三个维度，以便获得一个完整的画面。主观福利的评价型指标（生活满意度、坎特里尔阶梯量表、迪纳量表）在概念上比幸福感和体验型主观福利更具优势，因为它们针对的是人们对当前生活的总结性评价，从表面上看，这似乎更符合他们的选择，因此也符合"效用"概念。

由于会担心如何真正适应不断变化的环境状况［阿马蒂亚·森的"快乐农民"（happy peasant）的论据］，体验型福利指标可能不太理想，尽管体验型福利指标确实获取了福利的一个基本方面——人们的感受。幸福感涉及更广泛的意义和愿望，这无疑是生活的一个重要方面，但它似乎不太直接适用于效用的衡量。这种方法的一个例子跟踪了从汤加移民到新西兰的人们的评价型福利和体验型福利，并展示了这些衡量标准如何解释他们复杂的心理转变（Stillman et al., 2015）。

不过，将评价型福利指标作为政策的主要衡量标准，也存在不足之处。第一，体验是主观福利的一个重要组成部分，不应忽略。第二，评价型指标容易受到干扰，而且可能受到一些不相关因素的影响，这就提出了建议将其用于决策的问题，特别是如果这些数据被用作效用的替代，而不是作为一种主观福利衡量指标，可以为决策提供依据。

应在成本效益分析方面做更多的工作，以了解基于主观福利评价的分析结果是否以及如何能够补充现有的方法。早期的尝试已经产生了一些极端的结果，可能是由于收入测度问题（即如果估计收入对主观福利的部分影响很小，并且不代表收入的"真实"价值，用这个系数衡量其他影响将导致难以置信的巨大货币效应），因为模型和理论的发展还不足以进行合理的解释。此外，其他一些测度方法特别适合与主观福利研究相联系，例如，福利调整后的"质量调整寿命年"（quality adjusted life years，QALY），即所谓的"福利调整生命年"（well-being adjusted life year，WELBY）。

一些成本相当低的举措将是在项目评价调查表中定期收集和报告主观福利指标，并在诸如劳动力调查或在学校进行的调查等问卷中例行增加主观福利问题。在欧洲，这将使用 EU-SILC 作为工具，因为每年将收集 2 ~ 3 个指标（包括生活满意度）。如专栏 7.2 所示，关于主观福利的数据不仅本身是一个重要的结果，而且作为其他感兴趣结果的投入或决定因素，可以帮助研究人员提供更丰富的数据分析。

反过来，研究人员需要刺激政策的应用，部分是为了向各国国家统计局证明，在主观福利数据方面的投资是值得的。目前关于主观福利的许多研究很难应用于政策，甚至是实验研究。更多地关注文献中的政策应用（例如，关于主观福利的政策顺从决定因素）会有所帮助。研究人员、决策者和国家统计局之间的协调可能非常有价值，经合组织可能很好地发挥这一作用。

（二）在使用主观福利数据制定政策时应注意的问题

由于选择、价格和主观福利的异质性以及一般均衡效应之间复杂的相互关系，善意但天真的政策变化可能会使人们的境况更糟。机场噪声就是一个例子：人们住在机场附近是有原因的，通常是因为房价较低，或者因为他们不太在乎噪声，而善意的政策（例如减少夜间交通）实际上可能会使他们的境况更糟，因为低噪声会抬高房价。我们需要了解人们为什么选择住在他们住的地方，并建立一个模型，说明在政策变化的情况下，地理位置会发生怎样的变化。劳动经济学（Rosen，1986）和城市经济学（Roback，1982）中已经建立了分类的特征模型，这类研究可以扩展到主观福利。

一个不太高但仍然很重要的政策目标，就是提供关于主观福利的信息，让人们和企业在他们认为合适的时候使用它。用戴维德·哈尔佩（David Halpern）的话来说，"揭示"（de-shrouding）主观福利是指向公众提供有关主观福利的相关信息，告诉牧师、没有孩子的人或居住在丹麦的人比其他人更幸福（很明显，其中一些信息已经在新闻媒体上出现过）。在某种程度上，这只是提供信息，原则上，这可能对考虑迁往哥本哈根的人有帮助。

这类信息也可能具有误导性，部分原因是这些研究在确定因果关系方面存在相当大的挑战。成为牧师的人的类型是非常特殊的，用来控制群体间差异的一组标准变量（例如性别、年龄、教育背景、收入等）不可能完全控制成为牧师的人和选择其他职业的人之间的差异。在这方面，主观福利数据与平均收入数据没有什么不同：尽管我们都知道医生的收入是高于普通工人的，但事实上，许多人没有作为医生工作的培训、能力或气质。因此，继续以主观福利为例，神职人员可能不会产生预期的主观福利收益，而这些收益是根据揭示的福利平均值而预期的。

此外，观察研究的结果是平均值，即使它们是组内的平均值，因此可能不适用于特定的个体。因此，主观福利数据的应用必须以一种深思熟虑的方式进行，因为潜在的意外后果远远不是学术上的。

第四节　中国主观福利测度方法研究进展

一、主观福利的测度方法

主观福利［subject well-being（SWB），或者主观幸福感］是指"个人对其生活的主观感受"或"生活幸福的总体感觉"，关注"人们如何以及为什么以积极的方式体验其生活"（周长城等，2011）。因此，幸福感研究领域的焦点就是如何测度主观幸福感，目前比较常用的测度方法分为两大类：主观幸福感量表及问卷调查和国民幸福指标体系与国民幸福指数（林洪等，2013）。

（一）主观幸福感量表及问卷调查

幸福感量表大多询问受访者过去几天的情感和感受，测量受访者对主观幸福感的回顾评价。近10年来，国内幸福感量表的编制大部分是参考国外现有的研究经验，再结合我国实际情况进行修订形成的。邢占军（2003）编制了《中国民众主观幸福感量表》，该表由40个项目组成，包括心理健康体验、知足充裕体验、社会信心体验、成长进步体验、目标价值体验、自我接受体验、身体健康体验、心态平衡体验、人际适应体验、家庭氛围体验 10 个分量表。苗元江（2009）系统地阐述了幸福感概念、影响因素、心理机制和评价发展，编制出综合幸福问卷，该调查问卷是一个本土化、综合化的幸福感评价工具，包括一个指数（幸福指数）、两个模块（心理幸福感、主观幸福感）、9 个维度（正面情感、负面情感、生活满意、生命活力、健康关注、友好关系、人格成长、利他行为、自我价值）。

由于评价型自陈法存在回顾性偏差，因此一些学者还开发出了其他测度方法，以实时或近实时发放短问卷的方式获取瞬时数据，包括经验取样法（ESM）、昨日重现法（DRM）、生态瞬时评定法（EMA）、U 指数等方法。任杰等（2010）使用昨日重现法对广州市居民的主观幸福感进行测量，发现经过调整的昨日重现法具有良好的测量属性和信度，适用于对一些有一定文化水平的城市居民进行主观幸福的测量。

（二）国民幸福指标体系与国民幸福指数

对于幸福感的指标体系，通过梳理相关的研究文献，大致可分为三种研究思路。

（1）客观指标体系，主要由生活的各种客观因素组成。周四军等（2008）选择从经济发展水平、人民生活水平、人口和就业水平、自然环境水平等四个方面构建了国民幸福评价指标体系，筛选出人均 GDP、城乡居民人均可支配收入、人均教育经费等 16 个指标，在以后的研究中又将指标数量增加到 25 个，通过变异系数法和距离综合评价法计算出国民幸福指数。

（2）主观指标体系，由人们的主观认知、情感等指标组成。邢占军等（2008）在中国采用本土化测量工具，在全国范围内随机抽取样本，试图系统研究我国的城市幸福感，以翔实的数据资料为起点，分析我国城市居民主观幸福感及其影响因素，对城市居民主观幸福感的意义和结构加深了理解，拓宽体验论主观幸福感研究的思路，同时设计出量化幸福的研究工具。

（3）客观与主观因素相结合的指标体系，既包括显示物质资源充足程度的指标，也包括评价主观满意度的指标。张兴祥等（2018）根据幸福指数量表构建了衡量我国国民幸福感的指标体系，之后采用 LASSO 筛选法从 6 个个体特征变量和 40 个维度变量中筛选出重要的变量，包括结婚与否、性别、学历水平 3 个个体特征变量，以及自我价值评价、家庭生活满意度、社会福利保障满意度、生活方式健康度评价等 9 个维度变量，它们对幸福感有显著的影响。

二、影响主观福利的因素

国内学术界对主观福利的另一个研究热点侧重于探讨影响主观福利的因素，旨在通过改善这些因素来提高居民的主观福利，而涉及影响主观福利的因素有多个，包括收入、就业、住房、休闲、城市化、环境污染、物价等。

从经济学等角度出发，说明收入与幸福的关系。田国强等（2006）构建了一个规范的经济学理论模型，考虑了收入和非收入因素，研究表明随着社会收入水平的提高，政府应当提高精神需求方面的公共支出，以提升整个社会的幸福感。何强（2011）认为重视社会公平、建立良好的收入获取和消费习惯，增强人们对未来生活的预期，对居民幸福感的可持续发展起着关键性作用。闰丙金（2012）认为收入公平、社会阶层认同感对主观幸福感有积极影响，这种影响在城乡二元结构上存在差异。邹琼等（2015）认为工作幸福感是在达到个体工作目标和潜力的前提下，实现心理情感和快乐的体验，使用外溢 – 交叉动态模型说明了幸福感在各领域的外溢性以及家庭成员和家庭配偶之间的传递。杜旌等（2014）研究表明，高绩效工作体系可以大大提高员工的幸福感，员工的自我效能起到部分的中介作用，员工的幸福感意味着高水平的工作活力和低水平的情感消耗。余勇等（2013）研究了骑乘者的休闲效益、休闲摄入、幸福感结构之间的关系，将幸福感分为人际关系和谐、乐趣享受、社会支持三个层面。徐映梅等（2014）建立了主观幸福感的综合分析框架，发现对家庭信任、对工作满足、高收入、人际关系协调、情感积极的人幸福感比较强烈。张翔等（2015）对城镇居民的住房和个人主观幸福感进行了实证研究，结果表明住房的住房属性而不是资产属性对主观幸福感有很大的积极影响。刘宏（2013）根据2013年的微观数据，证明永久性收入和不动产财富是影响居民主观幸福感的重要因素。黄永明等（2013）认为大气污染大大降低了居民的主观幸福感，居住在二氧化硫排放量、烟尘排放量、建筑和拆迁灰尘产量高的地区的居民会过得更加不幸福。杨继东、章逸然（2014）通过经验数据研究，发现大气污染会降低居民的幸福感。

三、主观福利的政策运用

反过来，主观福利的提高也可以促进其他社会问题的发展和政策的落实，比如李树等（2015）实证研究表明，幸福感不仅对劳动力就业有积极作用，而且也提高了失业者隐性再就业的概率，表明目前国家提高国民幸福感的发展方式是可取的。张鹏等（2014）发现幸福感和社会和谐能够促进流动人口的定居意愿，因此提出为了解决我国城市化问题，可以通过提高外来人口的幸福感来增强外来人口的定居意愿，使他们在城市中稳定下来。张川川等（2014）对新型农村社会养老保险的政策效果进行了评价，结果显示"新农保"养老金收入大大提高了农村老年人的收入水平，减少了贫困的发生，提高了主观幸福感，这表明这是一项惠民利民的好政策。

因此，政府从只追求 GDP 增长的观念逐渐转向"以人为本"的发展理念，致力于提高居民的主观福利。从宏观层面来看，国家统计局还没有正式进行主观福利测度，但开展了两项类似的评价测度工作：小康社会建设进程监测评价工作、发展与民生指数。2011 年 5 月，中国社会科学院发表了《2011 年中国城市竞争力蓝皮书：中国城市竞争力报告》，首次在全国范围内对 294 个城市进行了幸福感调查，调查分为对未来生活和社会发展的信心、环境卫生、社会医疗条件、就业状况、居住状况、交通状况、家庭和睦状况等指标。

从中观层面来看，一些省市率先开展主观福利的测度，如 2011 年广东省发布了幸福广东指标体系，该指标体系由客观指标和主观指标组成。客观部分包括教育和文化、就业和收入、社会保障、医疗卫生和健康、公共设施、消费和住房、社会服务、社会安全、权益保障、人居环境等共 10 个一级指标，48 个二级指标。主观部分涵盖生活质量、个人发展、精神生活、社会公平、社会环境、政府服务、生态环境等 7 个主要指标和 36 个次要指标，采用量表形式进行调查。2006 年北京市统计局正式开展国民幸福指数研究，将研究成果纳入和谐社会指标评价体系，"幸福感"成为衡量北京社会和谐与否的重要指标。此后，越来越多的城市加入了研究国民幸福的队伍。例如，陕西省构建了多维幸福指标体系，武汉市以同时提高幸福指数和发展指数为追求目标。2020 年，各省市统计局实施了绿色发展统计报告制度，综合反映了生态文明建设和绿色发展的总体情况，收集了环境管理、环境质量、资源利用、生态保护、绿色生活、增长质量、公共满意度等 7 个方面的数据。

本 章 小 结

2015 年《国家科学院的报告》（*National Academy of Science's Report*）中，除了一般性建议之外，还提出了一些建议，即应采用评价型和体验型主观福利指标。选择为政策提供信息的主观福利指标，应以所考虑的任何现象的理论或模型为指导，为主观福利的构建提供指导，使之最符合模型和政策目标。明确描述主观福利影响或受其他变量影响的可能方式，对于正确说明所选择的测度指标、研究设计、结构分析以及对结果的适当解释都至关重要。如果不考虑这些因素，调查人员很容易得出错误的、适得其反的结论，即关于特定政策如何影响主观福利的结论。

鉴于前几节所作的考虑，这里通过提供若干建议来得出结论，以指导未来主观福利数据的研究、测度工作和政策应用。

第一，继续定期、经常性和标准化地收集各国国家统计局的主观福利数据。利用《经合组织主观福利测度指南》建立一个标准化的证据基础，并在建立足够的证据基础后，在未来重新评估指南。

第二，确保收集这些数据的方式允许评估主观福利与其他变量的联合分布，并确保其他变量（尤其是收入）得到适当测度。

第三，关注生活评价以外的主观福利测度，并考察主观福利各方面之间的关系。

第四，继续收集有关时间利用和体验型福利信息，加大在低收入国家收集此类数据的力度。

第五，集中精力解决方法论问题，解决人际反应方式的系统性差异，这是无法通过标准化调查问卷解决的问题。

第六，发展理论和建立不同类型的主观福利作为预测因素和结果，以及它们如何与人们正在考虑的其他变量相关的模型；建立基于偏好和政策变化的群体分类模型。

第七，在随机实验和自然实验的研究中添加主观福利指标作为结果，以帮助确定因果机制。

第八章 测度经济安全

本章探讨我们对经济安全的了解以及我们仍需学习的内容。经济安全定义为易受到经济损失的影响，并将"经济"视为不安全的后果（如收入损失）而非原因。为研究人员和统计机构提出了一系列建议，以便更好地衡量和分析经济安全，既是经济生活的基本特征，也是主观福利和经济行为的主要影响因素。综合了最先进的经济安全理论和证据，提出了一些相对完善的测度方法。基于这一回顾和现有的最佳数据，提供了发达经济体经济安全发展的初步证据。描述这一领域现有统计数据的一些持续存在的局限性，提出改进方法。

第一节 经济不安全的有关问题

在 21 世纪末的金融危机发生之后，经合组织国家的数亿人面临着严重的经济混乱，包括失业、收入波动以及住房财富和其他资产的急剧下降。民意调查显示，人们对这些和其他经济风险的担忧加剧，同时他们对政治领导人和公共政策能够有效解决这些风险的信心也在下降。用一句话来说，受危机影响的国家公民越来越关心他们的"经济安全"（economic security），即他们在造成经济损失的困境面前的脆弱程度。这种高度关注反过来又影响到从消费和投资决策，到他们对家庭组建和地域流动的选择，再到他们的政治行为。

SSF 报告对经济安全的关注相对有限，无论是作为对主观福利的影响还是作为个人经济生活的客观特征。SSF 报告提到了就业保障、医疗卫生保障和退休保障，但没有提出相应的测度方法。SSF 报告中有一小部分是关于经济安全的内容，在报告结尾处提出了一种更全面的方法：

> 许多影响经济安全的因素都反映在测度经济安全的各种方法中。

一些方法试图量化特定风险的频率,而另一些方法则着眼于具体风险的后果,以及人们可以利用的方法来保护自己免受这些风险的影响(特别是社会保障计划提供的资源)。一个经济安全的合成指标最好能同时考虑到每种风险的发生频率及其后果,人们已经在这方面做了一些尝试。进一步的问题是,如何将影响经济安全的各种风险汇总起来,因为描述这些风险的指标缺乏一个通用的衡量标准来评估其严重性。最后一个更棘手的问题是,如何解释限制经济安全的各种政策(通过它们对失业和劳动力参与的影响)对生活质量的长期影响(Stiglitz et al.,2009)。

SSF 报告中关于经济安全的建议(不同于其关于收入不平等和主观福利的建议)并没有引发对实现这些宏伟目标所必需的统计、理论和研究的投入。但是,鉴于 SSF 报告发布以来在概念和数据方面取得的进展,重新审视经济安全问题的条件已经成熟。

一、经济不安全的概念

20 世纪 90 年代末,世界银行发展丛书"穷人的呼声"(Voices of the Poor)系列①中的《谁倾听我们的声音》(*Voices of the Poor: Can Anyone Hear us?*),收集了全世界 60 个国家的 6 万多穷人对自己贫困经历的叙述和对贫困的新的见解:饥饿、寒冷、无助是贫困,远离政治、绝望、没有尊严同样也是贫困(Deepa et al.,2000)。《谁倾听我们的声音》是要了解穷人的贫困包括哪些方面,他们在收入明显减少之后,开始感到经济不安全。

在 2008 年爆发金融危机期间,人们对经济安全的担忧与日俱增。甚至那些还没有失业的人也意识到,随着失业率的飙升,他们的工作也面临风险。据估计,从 2008 年第四季度到 2010 年第一季度,经合组织国家有超过 1200 万人失业,当时的就业人数已降到低谷。小企业的销售额大幅下降,这足以将许多企业推到了破产边缘,而许多企业也因此濒临破产。资产和住房财富的贬值影响了许多人,尤其是那些退休或者即将退休的人。从学校毕业的年轻人担心他们能否找到一份工作,特别是一份与他们

---

① 世界银行发展丛书"穷人的呼声"系列包括三本书,涵盖了 6 万多穷人的经历以及世界银行"向贫困宣战"主题研究的成果。其中:《谁倾听我们的声音》反映了世界银行参与式贫困评价项目中 50 个国家 4 万多穷人的呼声;《呼唤变革》汇集了在 23 个国家进行的第二轮比较研究中收集的材料;《在广袤的土地上》为贫困国家提供了地区发展模式和案例研究的成果。

的教育和才能相匹配的工作。在高等教育通常由学生贷款资助的国家中，年轻人担心自己是否有足够的收入来偿还贷款。

危机对人们经济不安全感的影响可能更大，因为即使在危机发生之前，由于经济、社会和政策的变化，社会中的大部分人都面临着日益加剧的不安全感。例如，世界上面临去工业化的地区的生活前景每况愈下。如果没有足够的社会保护制度、积极的劳动力市场政策和确保接近充分就业的政策，结果只能是高度的不安全感。

因此，相比 SSF 报告发布之时，经济安全问题现在更加令人关注，不仅是公民关注的问题，也是经济学家和决策者关注的问题。

正如雅各布·哈克（Hacker，2018）所言，经济不安全是人们福利的一个主要方面。各国政府没有充分重视的原因之一是，我们的标准统计数据中没有充分反映出这一点。

在这里关注的是经济安全，但是经济安全和其他形式的安全之间的界限是模糊的。像美国这样的国家，由于医疗卫生和残疾保障制度不健全，迫使那些特别是收入有限的人面临高度的健康不安全，那么这些国家的经济不安全程度也很高。在美国，个人破产的一个主要决定因素是家庭的某个成员长期患病或高昂的医疗支出。在人身高度不安全的国家，人们还面临因盗窃而造成资产严重损失的风险。

哈克将经济不安全定义为"个人（或家庭）对经济损失的脆弱程度"。这一广义定义包括三个要素：不良事件（冲击）发生率；这次冲击的负面后果（损失）；防止或弥补这些损失的保护措施（缓冲时间）。

这三个要素都是这一定义固有的：发生不良事件的可能性；如果发生不良事件，则会产生一些负面的经济后果；一些可能抵销或降低损失影响的保护措施（从正式保险到非正式的风险分担，再到通过储蓄等进行自我保险）。所有这些经济安全要素在制定指标以测度整体经济不安全时都至关重要。

在这一定义中，我们还可以区分"观测到的"（或客观的）不安全感（observed insecurity），即分析人员使用经济数据来确定个人或家庭在某种意义上是否面临着消费大幅减少的风险（也许能反映出大部分在某一特定群体中经历如此大幅度减少的人）；以及"感知到的"（或主观）的不安全感（perceived insecurity），反映了个人的脆弱感。通过测度感知到的不安全感，个人本身通过调查、实验或其他一些技术启示，来揭示他们对经济状况的主观反应。

二、经济不安全的决定因素

其至在金融危机之前，发达民主国家的公民和领导人就对经济安全正在下降表示担忧。在发展中国家，随着人们开始从事雇佣劳动，传统的家庭风险扩散作用也在减弱，政府面临着新的经济风险。在发达国家和发展中国家，公众关注的重点是经济和社会特征的变化，例如，全球化和技术进步带来的快速变化，医疗卫生成本上升和养老金福利水平下降（尤其是与以前收入相关的），以及政府、市场和家庭在应对相关经济风险方面的作用。

经济不安全源于冲击、影响和缓冲时间的相互作用，三者中任何一个的变化都可能导致经济不安全感加剧。经济结构或经济政策的变化可以通过增加负面冲击或其影响的可能性，或通过减少可用于应对冲击的缓冲时间来增加人们的经济不安全感。例如，家庭安排的变化增加了独居的可能性，减少了家庭提供的保护。有人认为金融全球化将使各国能够更好地管理风险，在经济不景气的时候借款，在经济景气时偿还；但事实上，对于大多数国家（及大多数人），这也增加了波动性和不安全性，资本流动通常是顺周期而非逆周期的。数字化增加了消费者的选择并提供了获得新服务的途径，但同时也加剧了人们对机器人和人工智能取代工作和整个职业的影响的担忧，增加了人们对丢掉工作和失去收入的恐惧。

可能导致经济损失的风险很多，而且超出了狭义的经济领域。尽管其中一些计划得到了现有社会保障计划（如失业、残疾、疾病、衰老）（unemployment, disability, illness, old age）的认可，但其他一些计划往往被忽视（例如需要长期照顾体弱的老年人、精神健康问题以及在低薪工作与失业之间频繁转换）或者通过最初为解决不再存在的风险而设计的计划来解决［例如"战争寡妇计划"（Programmes for War-Widows），今天在美国被用来满足单身母亲的需要］。

近年来对社会保障或医疗卫生进行了许多改革，既要控制成本，又要扩大覆盖范围，减少了人们可用的缓冲时间，或者将风险转移到那些不太能够保护自己免受其侵害的人身安全上。正如我们稍后所讨论的，社会保障制度的弱化已经产生了增加经济不安全的附带效应。在发展中国家，家庭资助系统提供的安全通常比国家提供公共社会保护系统的速度要快。同样，在发达国家，从固定福利到固定缴款退休制度的转变也将风险从养老金计划转移到了老年人身上。

即使是完善的社会保障体系也不能完全抵消与宏观经济波动相关的经济不安全的增加。因为个人对一定规模的收入损失比相同金额的收益更敏感，如上所述的"厌恶损失"（loss aversion），这尤其如此。这一证据表明，宏观经济政策应该更多地关注将经济可能面临的冲击降至最小，而不是仅仅关注实现可能的最大 GDP 增长率。

收入不平等的加剧也增加了经济的不安全感：随着阶梯之间越来越远，从阶梯上滑下的不安全感日益加剧。旨在提高灵活性的劳动力市场改革，在给予雇主更多自由裁量权的同时，可能增加了工人的经济不安全感，除了那些提高失业救济金和帮助工人迅速找到新工作的政策的国家。

三、经济不安全造成的后果

经济不安全的后果可能很严重，无论是经济上还是政治上，无论是个人还是整个社会。经济不安全是全世界人民的压力和痛苦的根源。当人们担心未来，试图弄清楚各种意外事件在他们过得很好时会如何影响他们，他们就不太能够做出正确的决定，包括那些会影响他们未来福利的因素。经济不安全不仅会造成目前的成本，还会带来未来的成本。

经济不安全感的增加通过许多其他渠道影响福利和经济表现。害怕失去工作会降低工作上的自主性。工作满意度下降，随之而来的是整体福利水平减少。日益增长的经济不安全感和不完善的保障使人们更不愿意冒险，破坏了经济增长和削弱了创业精神。

经济不安全在概念上不同于贫困。它对人们的影响比贫困要大得多。那些处于贫困线以上但有陷入贫困风险的人可能会有较高的经济不安全感。由于其覆盖面更广，日益加剧的经济不安全感更有可能导致政治权力的更迭，而不是贫困人口数量的变化。如果人们认识到危机和持续的结构和政策变化导致很大一部分人的经济不安全感更高，那么危机后民粹主义者的投票增加可能就不那么令人惊讶了。

我们早些时候注意到，经济不安全感的加剧与经济严重下行有关。但经济的不安全感也可能加剧和延缓衰退：个人担心自己的未来，可能会犹豫是否消费，而此时这种花钱可能有助于刺激经济复苏。

四、市场失灵与政策

如果个人对安全的重视程度和对食品营养成分的重视程度一样，那么为什么经济安全没有反映在市场价格中呢？为了减少不安全感而增加的市场产品价值，难道不应该反映在 GDP 中吗？

在某种程度上，确实是这种情况。市场确实提供了有助于减少经济不安全感的保障措施，这些产品的价值（这些产品的价格，即支付的福利，超过其成本的部分——支付给管理系统人员的工资）确实包括在 GDP 中。但是，由于信息不对称、交易成本和其他市场失灵，许多重要突发事件的保障市场并不存在。

建立社会保障制度是为了解决这些市场失灵问题，减少与失业、疾病、残疾、丧偶和衰老有关的经济不安全。但一些国家的改革常常将风险从政府转移到个人，从企业转移到工人，并降低了风险"共担"的程度。例如，考虑老年人对经济安全的风险。在政府建立公共养老金（美国称之为社会保障）之前，私营市场未能提供年金（即为某人的余生支付固定金额的资产）。即使在今天，年金的交易成本仍然很大，无论是因为这一点，还是由于信息不对称或其他市场失灵，购买长期债券往往比购买年金更为有利。但是，公共养老金制度的改革往往更加依赖私有部门。

根据《欧盟养老金充足性报告（2018）》（*EU Pension Adequacy Report 2018*），英国将部分公共养老金私有化，有可能导致处于平均工资水平的男性的预期养老金福利减少 52%（European Commission，2018）。一般来说，从固定收益计划向固定缴款计划的转变已经将风险从公司转移到了个人，尽管前者通常更有能力承担和管理此类风险。

关于市场失灵在风险市场中普遍存在的事实，已有大量的文献。创建社会保障计划就是为了弥补保险市场的失灵，而且往往比私人计划更有效率，部分原因是它们没有广告成本，部分原因是私有部门致力于"风险套利"（cream skimming），试图确保只为风险最低的人提供保险。可以认为其中一些公共制度反映了民主进程产生的社会契约。当维持这些社会契约的成本越来越高时，政策改革就需要面对这样的风险：当它们试图使社会保障制度在财政上可持续时，它们还可能增加了那些几乎没有能力承受这种制度的群体的经济不安全感。

如果我们的测度指标没有反映出社会保障通过提高经济安全性所带来的好处，那么就会有一种倾向，将重点放在它们的成本上，从而低估它们的好处。因此，向一个更精简的福利国家迈进的部分原因是没有正确核算福利国家的福利。

当然，这些好处不仅仅是增加个人安全的价值。如果由于有完善的社会保障，更有安全感的个人会更有生产力和/或能够从事更高生产力但风险更高的活动，那么社会就会变得更好，因为通过税收为公共利益获取了生产力提高带来的一些好处。

担忧道德风险（逆向激励）意味着，并不总是需要提供全部的保险。但是，对社会保障的抨击已经超出了合理的水平，尤其是许多人感到经济不安全的今天。很明显，除了其他目标外，我们还需要改进我们的经济不安全指标，评估政策对经济安全的影响。

全球化和技术变革都增加了上述许多风险的可能性。因此，它们的加速应伴随着更高或不同（而不是更低）的社会保护，包括允许获得的权利在工作和居住国之间流动的制度，以及在教育和培训方面的投资，以使人们在发生负面冲击时更具弹性。但是，在所有情况下，最好事先明确考虑全球化和技术变革对人们经济不安全的影响，而不是仅仅事后才应对它们的影响。

五、测度经济不安全性的指标

在设计经济不安全指标时有两个关键区别：客观指标和主观指标之间的区别；基于多个指标的经济安全仪表盘和合成指标之间的区别，它们试图在单个指标中获取个人或家庭安全感。在许多方面，仪表盘优于单一指数，后者透明度较低，研究人员对构成部分和权重的选择更为敏感。

研究人员和统计部门面临的主要挑战之一是确定一组有限的经济安全指标，这些指标可用于更广泛的福利指标仪表盘。这些选定的指标通常应是：在各国之间具有广泛的可比性；在足够长的时间内可用于监测变化；与个人实际体验密切相关；能够为政策制定者寻求解决经济安全问题提供信息。

评估感知到的经济安全的调查有直接获取个人对其个人和家庭经济状况的感知的优势。但是，它们有两个局限性：在有效的时间内调查尚未开展，国家调查中的问题也不尽相同，从而影响了跨国比较。调查问题可以分为三类：对经济综合评价（个人对现在或过去的经济或经济状况有何看法）；对受访者可用缓冲时间的看法（例如，受访者认为如果面临不利冲击，他们可以避免经济困难的时间长度）；对未来冲击的预期（个人未来可能出现的经济状况或对特定风险的担忧，如失业）。家庭调查应包括所有类型的问题。

客观指标试图量化个体面临的冲击（冲击的概率、冲击的深度和持续时间）以及缓冲的大小，使个体能够应对这些冲击。

六、现有指标的主要特点

在研究这些指标之前，有几个主要特点：

（1）大多数指标关注的都是出乎意料、基本上超出个人控制范围的经济冲击。在实践中，往往很难厘清冲击是意外的还是非自愿的。一种方法是将重点放在消费上，假设意外和非自愿的冲击将对消费产生更大的影响。但是，消费数据并不能广泛获得，消费水平下降也不是衡量非自愿损失的唯一可行的指标。

（2）尽管分析人员经常提到经济损失的"风险"，这就意味着对未来的预期，但大多数指标实际上都是回顾性的。例外情况就是感知到的安全指标，要求受访者对未来的各种事件给出自己的评价。在这些情况下，假设个人或家庭面临的风险反映了过去的经历——他们自己的经历、像他们一样的人的经历或两者兼而有之。

（3）与此相关的是，一些指标是针对个人或家庭的，而其他指标只能用于检验总体结果。例如，区域或职业群体或特定类型家庭的安全水平。感知到的安全通常在受访者层面上进行测度。相比之下，许多观测到的安全性指标只适用于加总群体，因为它们需要观察特定群体中结果的发生率。

（4）分析经济安全性指标的合适单位。一般来说，安全感是一种个人层面的现象。人们经历的不安全感是个人而非群体。但是，影响经济安全的最重要的力量，包括人们对经济安全的保护措施，都是在家庭层面，甚至更高层次的加总层面（社区、公司、地区、国家等）上发挥作用。大多数指标是由个人层面数据或家庭层面数据构建的，根据所使用的具体指标进行选择。[①]

第二节　经济安全性的统计数据现状

本节回顾了用于制定观测到的和感知到的经济安全性的主要测度指

---

① 随着妇女劳动力参与的增加，以及社会项目改革增加了对工作的激励，有充分的理由认为收入和转移的协方差随着时间的变化而增加，配偶收入的跨时间协方差也随之增加。这种增加的协方差可以导致更高的家庭或家庭收入变异性，即使没有增加的收入波动。重要的是要注意，正如不安全性研究中常见的那样，将家庭资源分配给个人，需要假设家庭资源如何在家庭中共享。这项研究的一个重要议程——对理解不安全的性别特征至关重要——更仔细地研究资源在家庭中是如何真正地集中起来的。

标，它们在概念和数据之间转换。因为数据局限性是一个非常重要的约束条件，所以每个指标都在生成它所需的主要数据源的背景下进行讨论。本节从感知到的安全性指标开始，然后转向观测到的安全性指标。

一、感知到的经济安全性指标

有大量的调查会询问人们对经济安全性的看法。这类调查的主要好处在于，它们直接获取了个人对其个人和家庭经济经历的看法。经济安全被视为个人对经济风险的心理反应的（或者至少是密切相关的）代名词，调查提供了有关个人物质状况数据无法提供的主观感知的信息。即使这些感知"仅仅"被视为观测到的安全性的一种影响或关联，但如果不深入研究这些主观反应，就无法理解观测到的安全性和感知到的安全性之间的联系。

但是，有两个关键的约束条件限制了现有调查在评价感知到的安全性的效用。第一，在任何重要的时间段内都不会反复询问许多调查问题，从而限制了考察感知到的安全性变化的能力。第二，在多个国家的调查中，几乎没有问题以相似的措辞重复出现，这影响了考察在感知到的安全性方面的跨国差异能力。

（一）经济安全性的综合评价

在主要调查中，经常会出现三大类关于感知到的经济安全性的调查问题。第一类问题是关于一个人对经济或他对过去或现在经济状况的各个方面的感受。最著名的是关于个人和国家经济状况的问题，用于编制密歇根大学消费者信心指数（Carroll，Fuhrer and Wilcox，1994）。但是，这些最常见的问题似乎与经济安全，特别是关于前瞻性的问题关系不大。此外，大量研究表明，许多对经济的普遍看法都受到了现任政党评价的严重影响，而现任政党的党派人士则会给出更有利的评价（Duch，Palmer and Anderson，2000）。

（二）对缓冲经济冲击的能力的看法

第二类问题的可行性更高，它关注的是个人对自己抵御未来经济冲击能力的看法。经济数据通常包含人们对这些问题的答案，比如他们是否拥有特定形式的保险或特定的财富水平。但是，这些问题并不能评价感知到的安全性——它们的设计只是为了获取有关家庭物质状况的信息。尽管如此，许多调查确实包括涉及主观因素的问题。在这些问题中，最常见的是受访者认为，如果他们是不利经济冲击的受害者，他们还能在多长时间内保持经济上的安全性。通常，这些调查发现，大多数人认为，他们在经历困难之前能坚持正常生活的时间有限——反映了许多家庭的流动财富有限。

同样，一些调查要求人们评价在发生经济冲击的情况下，他们是否可以依赖某些支持来源，这也涉及主观的、前瞻性的因素。欧盟 2015 年收入和生活状况调查（EU-SILC）特设模块的问题是，在需要帮助（包括经济援助）的情况下，是否有可以依赖的亲戚、朋友或邻居。其他此类问题的例子也包括在欧盟 EU-SILC 中——最值得注意的是，当受访者被问及他们是否有能力实现收支平衡（当下）、面对意外开支（当下、未来）以及他们在医疗和牙科检查或治疗方面不能满足的需求（过去）。

这些问题包含一个主观因素，它们为个人应对重大经济风险的准备提供了一个重要指标。尽管如此，它们最好被认为是保障的方法，而不是比较普遍的安全测度方法。因此，当他们对个人遭受经济冲击的可能性提出疑问时，它们是最有用的方法。

（三）对未来冲击的预期

这是第三类也是最后一类的调查问题——即对未来可能出现的经济状况的问题。这些前瞻性调查似乎比刚才讨论的任何一项调查更接近经济安全性的概念。更重要的是，它们提供了一些被观测到的安全性指标所不能提供的东西：个人对自己面临的风险的估计。

前瞻性问题分为两大类：

第一类问题是询问个人对特定风险的担忧或焦虑。以往的研究表明，表现出来的担忧与预期的经济冲击概率密切相关；它还能获得个人反应中的情感因素，而其他的测度方法往往会忽略这一点。不过这些问题的调查往往是针对特定国家的——最显著的例子是美国的调查，例如风险认知和不安全感的调查（Survey of Risk Perceptions and Insecurity，SERPI）（Rehm，Hacker and Schlesinger，2012；Hacker，Rehm and Schlesinger，2013）。显然，国家特定的调查不能用于考察各国之间的差异，但在重复调查时，它们可以用来观察随时间的变化。

第二类问题是询问个人经济损失的可能性。通常这些问题要求人们根据一个有序的量表来评价经济事件发生的可能性（例如，1~5 表示最不安全的状态）。这些问题中最常见的是失业风险。例如，国际社会调查项目（International Social Survey Program，ISSP）多次要求受访者表达他们对"我的工作很稳定"这一说法的认可程度，其中有四个回答选项，从"坚决同意"到"坚决不同意"。但是，一些备受关注的调查要求受访者估计他们或像他们一样的人遭受一次特别不利的经济冲击的确切概率（Manski，2004；Hacker，Rehm and Schlesinger，2013；Hendren，2017）。

（四）受访者的估计是否可靠

人们可能想知道，受访者是否能够在 0～100 分的量表上得出有意义、高精度的估计。为了解决这一问题，一些调查使用分类或更有限的顺序量表。但是，雅各布·哈克、菲利普·雷姆和马克·施莱辛格（Hacker，Rehm and Schlesinger，2013）指出，通过适当的调查工具（在他们的工作中，会采用滑动比例尺，能直观地显示每个百分比水平所代表的人口比例）就可以得到细粒度的估计值，这些估计值就不会过于集中在 0 或 50% 处。

此外，他们的研究和菲利普·雷姆（Rehm，2016）、纳撒尼尔·亨德伦（Hendren，2017）最新的研究表明，个人在预测下一年主要经济冲击的可能性方面做得相当好。许多研究还表明，冲击影响到个人对未来经济损失的概率，以及他们对经济安全的态度。这些结论有力地表明，感知到和观测到的安全性指标可能不像一些分析师所认为的那样泾渭分明，至少当个体反应在较大群体中是平均水平的时候是这样。

亨德伦的分析还表明，感知到和观测到的安全性指标可以相互结合，以评价与经济冲击相关的福利损失。简而言之，他看到了消费的下降，这种下降不仅发生在个人失业的时候，而且也发生在人们开始相信他们很有可能失业时。前者通常被用来作为失业后福利损失的替代指标。但正如亨德伦指出的那样，如果个人因为预期失业而在失业前削减消费，这种方法将低估失业带来的负面福利效应——根据亨德伦的说法，低估的结果会相当大。尽管亨德伦的研究没有考虑到对未来失业的预期可能产生的恐惧或焦虑带来的额外负效应，但它确实指出了同时利用感知到和观测到的安全性指标的可能性。

二、观测到的经济安全性指标的测度

感知到的安全性指标依赖于个人对其经济状况的感知，而观测到的安全性指标则依赖于其物质状况的经济数据。当然，这些数据大多来自对全国人口的调查（而不是行政记录）。不同之处在于，这些调查项目的目的不是为了引出受访者的看法，而是希望得到关于他们的体验和环境的信息。文献中普遍采用了四类观测到的安全性指标：家庭和个人抵御经济冲

击能力（即缓冲能力）的指标；经济冲击可能性估计；观测到的安全性指数；长期经济（不）稳定的各项指标。

一些指标是合成指标。例如，沃尔特·博塞特和康奇塔·安布罗西奥（Bossert and D'Ambrosio，2013）开发了不安全性指标，它是财富水平（缓冲能力）和过去财富动态（稳定性）的加权组合；雅各布·哈克等提出了一个衡量收入损失和医疗支出冲击（稳定性）联合风险（概率）的指标，其中包括家庭财富的修正（缓冲能力）。这些合成指标通常反映一个主要类型（Bossert and D'Ambrosio，2013；Hacker et al.，2014）。

（一）缓冲能力指标

这类指标着眼于个人或家庭储蓄、保险或其他应对重大经济冲击的缓冲资金是否足够。

这些指标的一个主要类别是定义和评估资产的充足性，即家庭能否仅仅通过减少其财富（通常，但并不总是，不包括住房，因为住房相对缺乏流动性，而家庭需要有住房）来维持特定时期充足的生活水平。实际上，这些是衡量家庭自我保障能力的指标。在不同的研究中，"充足"的定义不同，但美国分析中的一个常见指标是联邦贫困线（一个非常低的标准），规定的期限通常为3个月（一个较短的时间标准）。如果家庭没有收入来源，他们的财富非常少，至少3个月都无法维持美国联邦贫困线标准，那么被定义为"资产贫困"。

由于数据有限，跨国资产贫困的分析很少。在数据方面，卢森堡财富研究报告（Luxembourg Wealth Study，LWS）利用各国国家统计局关于收入和财富的微观数据，扩大了跨国财富数据库。与此同时，经合组织和欧盟统计局发起了一个关于家庭收入、消费和财富统计的项目，将基于微观数据的每个项目分布数据联系起来。但是，这些数据并不总是在全国范围内具有完全可比性，也没有将高质量的财富指标纳入到面板数据中，因此，财富水平和受冲击的脆弱性往往不能同时进行检验。此外，这些财富数据通常不能很好地衡量顶层人口的财富，因此，最好对顶层人口进行抽样调查，如美国消费者金融调查（US Survey of Consumer Finances，SCF）。但是，在考虑资产贫困（asset poverty）时，这不是一个重要问题，因为重点是关注底层人口。[①]

除了数据挑战外，概念性问题还受到跨国分析的困扰。其中包括如何

---

① 经合组织财富分配数据库根据共同定义和分类，汇编来自调查和行政登记的财富分配数据。经合组织（OECD，2017）提供了28个经合组织国家和3个新兴经济体的财富分配数据。

确定资产预期提供的最低生活标准，包括该标准是相对于国民收入分配还是各国普遍采用的绝对标准。同样令人不安的是，是否将住房财富纳入资产衡量标准，因为各国的住房估价和普及率存在很大差异，同样，在经历经济冲击时（例如以累积的房屋净值为抵押进行借贷）释放住房财富的难易程度也存在差异。

尽管如此，测度资产适当性的指标包含有价值的信息，并且是衡量各国经济安全性的重要组成部分，特别是因为这些指标可以利用现有数据进行开发。为了说明其价值，图 8.1 比较了经合组织国家的收入和资产贫困以及"经济脆弱性"，采用相对贫困标准，并根据家庭规模调整收入（等价收入）。收入贫困人口是指那些等价收入低于每个国家收入中位数 50% 的人口。收入和资产贫困是指等价收入低于收入中位数 50% 以及等价流动性金融财富低于收入贫困线 25% 的人口（3 个月缓冲期）。"经济脆弱性"指的是那些不是收入贫困，但流动性金融财富低于收入贫困线 25% 的人口。

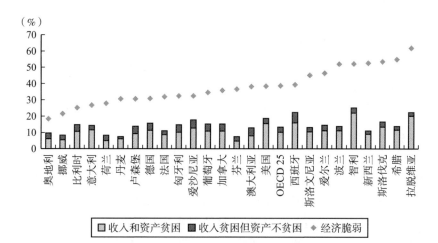

图 8.1　以收入和资产为基础的贫困

注：国家按"经济脆弱"的个人所占比例的升序排列。OECD 的平均值是简单的国家平均数。收入贫困是指每个国家的等值收入低于收入中位数 50% 的人口。收入和资产贫困是指等价收入低于收入中位数 50% 的人口和等价流动金融财富低于收入贫困线 25% 以下的人口（3 个月缓冲期）。"经济脆弱"指的是那些不是"收入贫困"的人，而是等价财富低于收入贫困线 25% 的人口。收入贫困率涉及澳大利亚、加拿大、智利、丹麦、芬兰、意大利、荷兰、新西兰、挪威和美国的家庭可支配收入，以及其余国家的家庭总收入。流动性金融财富包括现金、上市公司股票、共同基金，以及扣除自有非法人企业负债净额。按国家划分的收入贫困、资产贫困或经济脆弱的个人比例。

资料来源：OECD，2017。

　　图 8.1 有三个突出的特点。第一，收入贫困和资产贫困之间存在相当大的重叠，尽管各国的重合程度各不相同，大多数收入贫困者也是资产贫困者。第二，许多不是收入贫困的人但缺乏足够的流动性金融财富来抵御经济冲击。事实上，经济脆弱性的人数通常至少是收入贫困人数的 3 倍。这表明，易受经济冲击的现象要比经济匮乏的现象普遍得多。第三，各国的经济脆弱性水平差异很大。例如，希腊一半以上的人口缺乏足够的流动性金融财富，无法维持三个月的贫困水平的收入。相比之下，奥地利和挪威的这一比例约为 1/5。

　　与对缓冲能力的其他评估一样，资产充足性的衡量标准不包含有关个人或家庭所面临冲击的严重性或特征的信息。具有相同流动性财富水平的类似家庭，可能会根据其面临的经济风险，经历非常不同的安全水平。除此之外，资产指标通常不考虑借款能力或非正式支助来源，如家庭间转移。原则上，这些指标可通过以下方式纳入借款能力：例如，使用信用评级或对一个人在发生不利冲击时的借贷能力进行评估（回到感知到的安全性指标）。但到目前为止，关注的焦点仍是家庭财富。

　　另一个局限性是（在强调自我保障时）这些指标遗漏了针对重大风险的各种类型的正式保险，如医疗保险和退休养老金——公共和私人保险。经合组织和国际劳工组织（International Labor Organization，ILO）收集有关此类保护范围的广泛数据，包括福利水平、保险范围、支持期限和限定条件的严格程度。通常，这些指标是基于法定方案或行政记录（或二者兼而有之）。

　　同样，许多国家会收集有关私人保险普及程度和特征的数据，如商业人寿和健康保险。在收入和财富调查中，这些数据通常是在家庭或个人层面收集的，在国民储蓄和生产调查（或商业统计中关于特定类型保险的范围和特点）中，这些数据通常是在综合层面收集的。

　　就其价值而言，正式的保险保障指标存在两个明显的局限性。第一，除了基于家庭调查的估计数外，这些估计数通常不能作为个人或家庭水平的数据，以便比较个人或家庭而不是国家之间的经济安全水平（或其他地理单位）；第二，关注正式政策特征的趋势使得这些指标在评估的风险保护和实际的风险保护之间有很大的偏差。例如，并非所有的利益都由那些有正式保障的人"占有"，公共和私人执行者也不总是忠实地执行计划指示。特别是私人福利，具体福利的资格确定可能非常复杂，美国对"意外医疗费"（surprise medical bills）的研究证明了这一点（Cooper and Morton，2016；Garmon and Chartock，2016）。尽管实际的保护措施可能接近正式规则，但经济安全方面的重要差异仍然可能被忽略，特别是那些最有可能经历经济混乱的人——穷人、年轻人、教育程度较低的人——最有可能无法实现承诺和提供的福利之间的差距。

（二）经济冲击可能性指标

许多政治经济学的学者通过研究关键经济冲击发生情况来研究离散的经济风险，最常见的是失业。其目标是为特定群体（如不同职业的工人）计算这些冲击风险的具体指标结果。例如，菲利普·雷姆（Rehm，2016）开发了"职业失业率"指标，这与全国失业率的计算方法完全一样，但是针对具体职业进行的，根据国际劳工组织制定的国际职业分类标准（International Standard Classification of Occupations，ISCO），将工人分成 27 个小组。

到目前为止，失业问题一直是此类调查的主要焦点，但原则上，也可以为其他结果建立类似的特定于群体的风险衡量标准，如减少工资或工时、陷入贫困和患上疾病①（见图 8.2）。

这些概念指标的优点是易于理解；而且，在许多情况下，它们不需要面板数据，因此可以建立在决策者已经使用的大量横截面数据调查的基础上。事实上，劳动力调查是跨时间和跨国家可比指标最广泛、最可靠的数据来源之一。

但是，就其所有优点而言，这些概率估计只能针对特定的结果进行计算，而且在标准经济数据中，许多重要的结果（如大量的自付医疗费用）可能比失业情况更难看到。此外，只有在对某一特定个人或家庭的这些结果的概率进行估计时，加上支持这一假设的理论或证据，即某一职业或其他群体的所有成员所面临的风险或多或少等于该群体的平均概率，这些预

---

①　一个更为详细的概率估算方法的例子是由艾丽西亚·芒奈尔及其同事开发的"退休风险指标"，用于研究美国经济安全的变化（Munnell，2006）。该指标旨在捕捉到那些尚未领取公共和私人退休福利的处于工作年龄的美国人在没有足够收入的情况下退休的可能性。本质上，该风险度量与前面讨论的缓冲方法相结合，与当前正在考虑的特定组的概率估计相结合。它通过计算退休可用财富（基于当前财富及其预测增长，加上预期的公共和私人福利），然后将这一特定于家庭的总额与购买精算公平的年金所需的数额进行比较，该年金提供了一个收入替代率，根据既定的退休计划模型判断的足够的收入替代率。使其成为特定群体的风险度量的原因是，这些数据随后被用来计算未来退休收入不足的概率，正如刚刚为各种教育和收入群体和年龄组定义的那样（主要的结论是，退休准备金总体上是急剧下降的，尤其是对于年轻和贫穷的美国人）。因此，该指标在概念上等同于菲利普·雷姆（Rehm，2016）的——尽管它使用预测收入而不是观测到的失业率来分配概率。

测才能被证明是合理的。

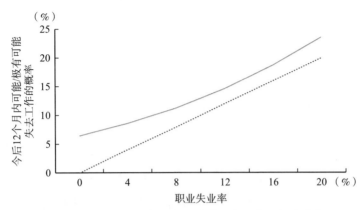

图 8.2　1972～2010 年美国职业失业率和就业保障观念

注：虚线为 45 度线；实线表示受访者说他或她可能或很可能在今后 12 个月内失去工作的预测概率，这是根据 1972～2010 年美国当前人口调查（职业失业率）和 1972～2010 年的美国综合社会调查（在职业群体内对工作保障的看法），控制了收入、年龄、性别、工作状况、教育、种族、地区（南部与南部以外）和去教堂情况。工人表示"可能"或"非常可能"失业，根据具体职业的失业率进行排序。

资料来源：Rehm, 2016。

　　因为这些指标是基于横截面数据——而且，实际上，这种细粒度的测量要求样本的大小是面板研究很少达到的——它们不能说明经济冲击的累积特征。例如，特定群体的失业率仅能获取在任何给定时间或任何给定时期内失业的群体所占的比例。然而，如果特定的个人或家庭一遍又一遍地经历失业，而不是在人口中广泛分布，那么失业的经历就非常不同。

　　到目前为止，关注的焦点一直是离散指标，但时间序列和跨国分析中使用的一类主要指标试图将多个指标结合起来，以"总结"观测到的经济安全性。这些指标范围既有相对简单的衡量社会保障项目慷慨程度的指标，也有相对复杂的试图获取特定领域内发生冲击的可能性和缓冲强度的指标。

　　拉尔斯·奥斯伯格（Lars Osberg, 2015）的研究是领域特定指标，他称之为"命名风险"方法。虽然经济安全性的测度有所发展，其基本思想是，经济安全由三部分组成，即：①不良事件的概率；②该事件的平均后果；③后果是由缓冲能力的大小来调节的。因此，奥斯伯格的方法体现了冲击、损失和缓冲三重区别，这是大多数经济安全性定义所共有的。

　　奥斯伯格及其同事开发了四个特定领域的指数，旨在描述特定国家居民在失业、家庭破裂、医疗费用和衰老贫困等方面的经济安全。

实际上，精确的指标是用不同方式组合①、②和③。例如，在失业问题上，重点是①和③："就业保障"定义为失业率①和失业救济金提供的先前工资的范围和比例③的乘积。[①] 在家庭破裂问题上，重点就是①和②："单亲贫困保障"定义为离婚率①和单亲女性家庭贫困发生率与严重程度②的乘积。在两种情况下——"疾病保障"和"衰老贫困保障"——重点是②："疾病保障"定义为收入中用于未报销医疗费用的平均比例（或者它的倒数）②；"衰老贫困保障"定义为一个国家 65 岁以上人口的贫困发生率和严重程度（或者它的倒数）②。

下一节将对现有证据得出的关键结果进行更全面的考虑，以及试图用单一指标来衡量经济安全性。例如，收入波动的各种衡量标准，在上一代人中已成为经济研究的核心。目前，只需简单地说明指标测度的优缺点，尤其是奥斯伯格及其同事提出的指标（Osberg，2010，2015；Osberg and Sharpe，2014，2009）。

领域特定指标方法的一个主要优点是它能够反映公共政策中体现的优先考虑的问题。也就是说，在这种方法中，要覆盖哪些领域以及如何在其中概念化安全性，可以（实际上是必须）根据特定策略的目标进行定制。奥斯伯格根据 1948 年《联合国世界人权宣言》第 25 条列出的"命名风险"，"人人有权享受其本人及其家属康乐所需之生活程度，举凡衣、食、住、医药及必要之社会服务均包括在内；且于失业、患病、残疾、寡居、衰老或因不可抗力之事故致有他种丧失生活能力之情形时，有权享受保障"。因此，奥斯伯格制定的指标侧重于失业、患病、寡居和衰老方面的经济安全。

所有指标的共同点是权重的适当性，经济安全性各领域的具体指标权重分为两个步骤。

第一，加权，用来构造特定领域的指数本身。例如，在最近一系列的"就业安全"指标中，奥斯伯格和他的同事们赋予失业率的权重比失业救济金更大，理由是它对福利的影响更大。尽管这种理由有其优点，但它将指标从一个相对简单的衡量标准（失业率、平均替代率和所覆盖的工人比例）转到了一个更复杂且可能是专门的衡量标准。

---

① 另一个例子是经合组织在其工作质量框架内使用的劳动力市场安全指数。该指数是失业风险（每月失业概率乘以已完成失业期的平均预期持续时间，以月为单位）以及 1 减失业保险（失业保险/援助的覆盖范围乘以失业者接受的公共转移的替代率）的乘积（Cazes，Hijzen and Saint-Martin，2015）。

第二，要将这些特定领域的测度结果合并，产生一个合成指标，就需要考虑如何对这些不同的，甚至可能是不可衡量的指标进行加权。至少有四种选择：相等权重（如在人类发展指数中）；基于某些政策措施的权重优先权，如在特定社会福利上的支出；根据每个领域对家庭福利的影响进行加权；以及根据感知到的安全性指标进行加权，例如，个人认为某一特定领域内安全的重要性，或该领域内冲击对感知到的安全性的影响。最后两种选择优点很明显，但在很大程度上，它们需要的证据是缺乏的。此外，如果证据确凿，很可能允许比考虑中的指标更直接地衡量观测到的安全性。

这些领域具体指标的另一个优点是它们依赖于容易获得的和普遍可靠的数据。这些汇总级别的数据可能与个人经历不紧密对应，或者不适合于跨组进行更精细的比较。已经讨论了预期福利与实际福利之间的潜在差距。同样有问题的是对公共和私有缓冲经济冲击的能力的不一致处理。提出的一些指标——未报销的医疗费用、衰老贫困——旨在衡量所有公共和私人保护的成果。但是，在失业的情况下，只考虑公共福利，即使个人储蓄、配偶劳动力供给和其他私人缓冲能力可能是额外支持的重要来源。

这些指标是为衡量国家层面的经济安全而设计的，并不一定适用于衡量较低层面的经济安全。当然，不可能用它们来说明特定的个人或家庭在经济上是安全的，因为，正如对特定冲击可能性的估计一样，它们需要一个参照组。因此，它们在计算国家内部经济安全的分布方面不如在比较国家间安全水平方面有用。

（三）波动性指标

在过去的一代人中，由于数据和理论的进步，关于收入和消费波动的大量文献已经积累起来。在数据方面，高质量面板数据研究的增长使以过去很少可能的方式研究个人或家庭层面的经济成果随时间的波动成为可能。

利用这些数据，学者们提出了一系列针对这种随时间变化的创新指标，其中大多数属于"波动性"估计的广泛范畴。一般来说，波动性估计是用来描述一些经济变量在家庭或个人层面的跨期波动的幅度。这些指标侧重于收入或家庭收入，但有时也会考察消费。此外，它们通常将波动性视为相对于长期趋势的方差。因此，波动性指标提供了对收入或消费风险的粗略估计，专栏8.1让我们更深入地了解了各种波动性指标。

专栏 8.1

测度波动性

　　许多测度波动性的方法将收入差异分解为"持久性"部分（persistent components），这些成分随时间推移相对稳定（人与人之间长期收入的差异或不平等），以及测量跨期变化（intertemporal variability）或波动性的"暂时性"部分（transitory components）。这些研究在许多方面都有所不同，包括它们是侧重于个人收入还是家庭收入，以及它们使用的是行政数据还是面板数据。一个关键的区别在于它们是使用参数模型还是非参数模型。

　　● 非参数模型：彼得·戈特沙尔克等（Gottschalk et al.，1994）对持久性和暂时性变化的开创性非参数计算之后，出现了误差分量模型（error components model，ECM）或具有持续性和暂时性冲击的动态方差分量模型。在早期主要研究男性收入（美国通常是白人男性收入）之后，许多研究人士将家庭收入不平等的变化分解为持久性和暂时性部分。其中许多误差分量模型识别出暂时性变化或波动性的作用比人们之间长期或持久性差异的作用小；但即使暂时性变化相对于持久性变化来说很小，短暂变化的增加通常很大。

　　● 参数模型：最近的一系列研究使用了参数分解法，大多数估计值都来自彼得·戈特沙尔克和罗伯特·莫菲特（Gottschalk and Moffitt）的一系列论文，最近使用这种方法的最显著的分析是沃伊切赫·科普佐克、伊曼纽尔·赛斯和宋在（Kopczuk, Saez and Song, 2010）。相比之下，奥斯汀·尼科尔斯和塞思·齐默尔曼（Nichols and Zimmerman，2008）、格雷戈里·阿克斯和奥斯汀·尼科尔斯（Acs and Nichols，2010）以及奥斯汀·尼科尔斯和菲利普·雷姆（Nichols and Rehm，2014）将收入（非对数收入）记为持久性（时间不变）部分、特定于个人的线性时间趋势和围绕趋势的暂时性变化的总和。持久性变化是长期收入中的"不平等"（i）；趋势的变化称为"流动风险"（M）；围绕趋势的变化称为"波动性"（V）或"围绕趋势的跨期变化"。利用大量数据，尼科尔斯和雷姆（Nichols and Rehm，2014）指出，相对于加拿大和其他国家，美国的波动性大幅增加。他们认为，与其他国家相比，税收和转移支付计划在美国具有较小的波动缓解效果，而且美国在减轻税收和转移支付系统波动性的程度上与其他国家有所不同。

家庭或家庭资源中个人之间的持久性变化往往比家庭或家庭收入的跨期变化大得多。然而，在美国，近几十年来，持久性和暂时性的变化似乎都以可比的速度增加。家庭收入跨期变化的增加有许多原因，需要更多的工作来确定其对福利的影响，但是，主要收入下降的普遍性大幅上升（伴随着高收入增长率的小幅度上升）表明，在过去的几十年里，美国降低福利的风险有所增加。这一观点得到布伦丹·奥弗莱厄蒂和奥尔加·戈尔巴乔夫（O'Flaherty and Gorbachev, 2016）最近关于消费波动性研究的支持，结果表明，无法解释的消费变化随着收入波动的增加而增加，这种增长是由具有流动性限制的家庭（以零或负财富为代表）的增长推动的。

新兴的波动性研究的主要含义是，收入随着时间的推移变化很大。尽管现有的大部分研究都是针对美国进行的，越来越明显的是，与其他富裕国家相比，美国的波动性更高，结论在所有有面板数据的国家都成立。随着时间的推移，人们的经济状况发生了很大的变化，以至于根据最近使用美国收入动态面板调查（US Panel Study of Income Dynamics, PSID）的计算结果，在 1968～2009 年期间，超过半数 25～60 岁的美国成年人经历了至少一年低于联邦贫困线 150% 的情况（2015 年个人贫困线约为 12000 美元）（Rank, Hirschl and Foster, 2014）。反过来意味着，与收入分配的静态状况相比，更多的人利用旨在缓冲生活中重大经济冲击的社会福利。

收入或消费的波动性是否随时间而上升则是另一个问题，下一节将讨论这个问题。但迄今为止，由于几乎普遍依赖一次性横截面样本，波动性这一事实并不存在争议。

尽管如此，至少有两个原因，说明了波动性与经济安全性不同。

第一，波动性指标将收益和损失视为对称的（除非模型假设收益的边际效用递减）。而经济安全性的指标的重点是损失，这在主观福利方面可能比可比收益更大。

第二，波动性指标通常不区分不同的损失（或收益）来源，但并非所有的损失都会威胁到经济安全，自愿发生的损失不同于可控性较低的冲击。例如，与计划中的失业相比，非自愿失业对经济安全的影响可能要大得多。

关于经济冲击的根源，一些关于波动性的研究侧重于不太可能是自愿的结果，例如消费水平的大幅度变化，而家庭需求的可预测变化无法解释这种变化。然而，大多数人对所有收入或消费的变化都是相似的。区分自愿和非自愿的变化是很困难的，因为许多生活事件都涉及这两个要素。例如，提前退休通常与患病或残疾有关，或与公司为甩掉老员工所做的努力有关。即使是离婚，几乎从定义上说是至少一个伴侣的选择，也包括非自愿的方面，正如大量关于离婚（尤其是对女性）负面后果的文献所表明的那样。因此，很难确定特定冲击的自愿性，尤其是使用现有数据。而且，由于波动性分析人士通常对随时间变化而非绝对水平感兴趣，因此将这一棘手问题放在一边并不影响他们的发现，只要随时间推移，自愿与非自愿变化的相对比例保持稳定。

自愿问题也应与经济冲击是否可预见的问题区分开来，可预见性（foreseeability）也是一个程度问题，而经济安全几乎肯定不会以任何不变的方式与之相关。

人们不喜欢不确定性（Knight，1921），也就是说，他们甚至不能将概率分配给未来结果的情况——并且会为减少这种不确定性付出代价（Ellsberg，1961；Camerer and Weber，1992；Di Mauro and Maffioletti，2004）。因此，不可预见的风险很可能对经济安全构成更大的威胁，或者至少对感知到的安全构成更大的威胁。

我们也从菲利普·雷姆的研究和相关研究（Rehm，2016；Hendren，2017）中了解到，人们或多或少能够正确预测许多常见的经济冲击，至少在某种程度上，他们对可能性的感知与观测到的风险指标高度相关，并且他们可以根据新的信息或经验更新这些看法。事实上，针对显著经济冲击的商业保险往往不充分或不可用的一个原因是这种私人信息，这种信息会造成逆向选择（只有高风险的个人才需要保险），从而破坏或阻止可行的私人市场的形成。这一系列研究表明，经济安全（或者至少是感知到的安全）不仅取决于可预见性（foreseeability），也取决于可预见的情况，那些认为发生冲击的可能性很高的人比那些不太确定或预见到较低概率的人更不安全。

波动性估计不能直接测度经济安全的第三个也是最后一个原因是，它们通常只考虑家庭收入，而忽视家庭财富和诸如自费医疗费用①等主要非可支配支出。但流动财富当然是家庭抵御收入波动的主要来源，非可支配

---

① 可支配医疗支出的真实性仍然是一个主要的分析话题，这里没有讨论；可以说，最大的现金支出可能是在单个患者的直接控制范围内最小的。

性支出的大幅飙升以及收入的大幅下降，都可能威胁到家庭的福利。关于消费波动性的少量文献在一定程度上是对这些困难的回应，但也有其自身的弱点——最明显的是，高质量消费数据的匮乏。

虽然经济安全和经济波动不是同义词，但大量和日益复杂的波动性文献为测度经济安全提供了重要的指导。这项研究的一大优点是，它一贯致力于细化个人层面的衡量标准，可用于从工人或家庭、人口或教育群体到整个国家的多个层面进行分析。这种微观层面的关注将波动性指标与刚刚考虑的一些经济安全指标区分开来，这些指标从结构上讲，仅限于宏观或中观层面的分析。

除了提供重要的概念和方法指导外，波动性文献还提供了许多关于人们经济安全演变的有价值线索。

针对波动性指标作为经济安全性指标的一些缺点，雅各布·哈克和他的同事开发了一种称为经济安全指数（Economic Security Index，ESI）的替代指标（Huck et al.，2014）。[①] 尽管称为经济安全指数，但它并不是一个真正的指数；相反，它是一个综合衡量家庭经济状况的重大冲击发生率的指标，它综合了包括收入、财富和医疗支出在内的多个数据集。该指标使用了三个主要的美国面板数据源：收入动态专门研究小组（Panel Study of Income Dynamics，PSID）、收入和项目参与调查（Survey of Income and Program Participation，SIPP）和当期人口调查（Current Population Survey，CPS，重新联系住在同一住所的家庭，允许通过基于算法的相邻年份家庭匹配，形成两年期的微观面板数据）。这三个来源都显示出相似的趋势和人口统计差异。

与波动性指标不同，经济安全指数只关注下降——在这种情况下，

---

① 另一个与波动性相关的合成指标是沃尔特·博塞特和康奇塔·安布罗西奥（Bossert and D'Ambrosio，2013）的方法，他们将经济安全作为家庭财富及其过去波动性的加权总和进行测度。与其他波动性指标一样，这种方法提供了经济不安全的家庭一级估计（可以通过假设家庭规模相等的资源分布（波动性文献中的常见方法）转化为个人一级的估计）。该方法应用于美国收入动态面板调查和意大利家庭收入和财富调查（Italian Survey of Household Income and Wealth，SHIW）。没有深入研究这一指标的精确特征——而且，事实上，博塞特和安布罗西奥表示，目前尚不清楚如何准确衡量当前财富和过去财富波动的程度，其主要优势在于将财富水平和变化整合到一个单一的衡量标准中。其主要缺点：第一，与收入数据相比，具有高质量财富数据的面板数据研究很少；第二，有限的证据表明，净资产的变化本身就是经济不安全的主要来源。部分原因是，如果资产价格波动，财富可以在没有任何直接物质困难的情况下发生变化，但个人不需要清算其财富；在某种程度上，它反映了前面提到的损失应如何相对于收益进行处理的问题（博塞特和安布罗西奥对此问题不可知，尽管他们认为损失的权重至少应与收益的权重相同）。相比之下，有相当多的证据表明，巨大的收入损失使人们感到不那么安全。

"可支配家庭收入"逐年下降 25% 或以上。根据单独的民意调查选择 25% 的临界值，这项调查发现，美国家庭中有一半人认为，他们可以在遭受"真正的困难"之前，在没有收入的情况下度过大约三个月的时间（其他临界显示出类似的趋势，尽管在不同的水平）。"逐年"标准反映了大多数面板数据的年度结构，以及大多数公共税收和许多公共福利的年度报告和收入。①

经济安全指数还有两个显著特点：首先，它说明了流动性金融财富；其次，它是许多家庭面临的最重要的非自由支配支出中的两项，即自付医疗费用（包括保险费）和还本付息。流动（不是全部）家庭财富作为排除标准进入经济安全指数的计算：拥有足够流动金融财富以充分缓冲其累积预期损失的家庭，即使其年收入下降 25% 或以上，也不会被视为"经济不安全"。② 医疗成本和债务偿付作为对其他消费需求可用收入的限制，即在确定家庭是否遭受 25% 或更大损失时，从收入中减去这些支出。最后，家庭收入相等，然后平均分配给成年家庭成员，以提供个人水平的衡量标准。

因此，经济安全指数是缓冲能力和波动性方法的合成，产生了类似于前面讨论的对不利经济冲击概率的估计数。它也是基于收入和基于消费的指标的合成，因为关键的非自由支配性支出是从收入中减去的。与职业失业率一样，个人水平的衡量是二元的（"下降"或"不下降"），只有通过查看其在特定人口中的发生率，才能转化为经济安全的估计。尽管仅通过查看个人过去的历史，例如，安德鲁·斯泰特纳等（Stettner et al.，2016）来构建一个真正的个人层面的衡量标准，但概率估计更能抓住经济安全的核心方面，即它涉及不利结果的风险（但不确定）。与所有观察到的指标一样，它本质上是向后看的：未来风险被假定为与（最近）过去的风险相似。

为了支持这一方法，开发经济安全指数的研究小组进行了一次民意调查，询问了经济安全的广泛问题，包括个人是否经历了家庭收入的大幅下降。这些结果不仅可以独立验证使用收入和项目参与调查、PSID 和 CPS 进行的大幅下降发生率的估计。更重要的是，考虑到这些数据来源中没有

---

① 收入和项目参与调查有一个时间较短的面板结构，它提供评估特定的年度核算期间（即那些日期被视为一年的起点和终点）是否对结果产生重大影响。

② 需要多少来缓冲损失是通过使用 PSID 来确定具有类似特征的中位数家庭需要多长时间才能恢复到其下降前的收入水平，然后求出这段时间内累计收入不足的总和。

一个包含关于感知到的经济安全的问题，它们被用来验证经历收入大幅度下降的个人确实表现出较低的安全水平。正如已经指出的那样，他们确实做到了：巨大的收入冲击与更高水平的担忧、对未来冲击的更高估计以及对旨在缓冲这些冲击的公共政策的更多支持有关。财富下降并没有这样一致的影响，尽管样本的规模相对较小（在 2000～3000 名受访者之间），可能是促成这一结果的原因。

尽管如此，经济安全指数也有自己的显著弱点。与所讨论的几乎所有其他指标一样，它没有区分自愿和非自愿的变化（尽管它关注的是 25% 或更高的、最不可能预期或自愿的损失）。它也不包括所有的经济威胁（其他显著的非自由支配性支出），尤其是参与劳动力市场所带来的不可避免的成本，例如儿童保育和交通费（尽管在这些费用的非自由支配程度上，人们的共识远不如医疗费用方面的一致意见）。

到目前为止，还没有一个指标能够真正将长期波动与长期风险（如退休时没有足够的收入）结合起来。经济安全指数也不例外，尽管它确实将指定用途的退休储蓄排除在流动性金融财富的计算之外，理由是减少这些储蓄会危及家庭在退休方面的经济安全。有大量的文献研究了退休后的消费下降，这种关注可能会被整合到经济安全指数的方法中，但这种整合需要考虑到退休人员减少的收入需求。[①]

最后，在关注变化的过程中，经济安全指数并没有把面临持续但稳定的贫困的人视为经济上不安全的人，这是所有波动性度量的共同特征。在实践中，低收入者比高收入者经历更大的收入和非分配性支出的不稳定性，而且他们的流动性金融财富要更为有限。尽管如此，基于波动性的测度方法确实漏掉了经济不安全的一些方面，而这些方面并不涉及经济不稳定。

总之，所提出的若干评估经济安全的指标，其中一些指标的目的是仅获取经济安全的某些重要方面，如家庭缓冲能力的大小，而其他指标则更接近于经济安全的所有方面。然而，即使是后者，也不代表无可争辩的替代，特别是因为经济安全的确切定义仍在讨论之中。尽管如此，这些观察到的安全指标阐明了分析员、决策者和统计机构如何更好地评估人们生活的一个重要特征及其对他们福利的根本影响。下一节将转向这些指标告诉

---

① 这可以通过调整退休时的家庭收入或核算退休人员不需要承担的与工作相关的全部非自由支配性支出来实现。目前，前一年退休的人员不在经济安全指数的计算范围内，以免把即将退休与不利冲击混淆。

我们近几十年来经济安全的特点和演变。

第三节　描述经济安全性

本节介绍了一些可用于比较个人、家庭、社会人口群体和国家的经济安全的指标。

它侧重于观察到的经济安全，更具体地说是两种可用于或可以为多个国家和时间段制定的观察到的安全指标：奥斯伯格的"命名风险"方法，一种冲击概率和缓冲区普遍性的合成方法；以及基于经济安全指数，即一种基于波动性的测度方法，主要关注收入的逐年大幅下降。

这些数据以及奥斯伯格和他的同事们提出的证据目前只适用于富裕国家。随着越来越多的国家开发出高质量的经济数据，特别是面板数据，应该能够为更广泛的国家制定类似的指标。

一、"命名风险"的测度方法

奥斯伯格的"命名风险"经济安全性指标旨在获取《联合国世界人权宣言》所列主要经济冲击的总体普遍程度和保护程度，特别是失业贫困、患病贫困、寡居贫困和衰老贫困。从 1980～2009 年，有 14 个富裕民主国家的调查结果：澳大利亚、比利时、加拿大、丹麦、芬兰、法国、德国、意大利、荷兰、挪威、西班牙、瑞典、英国和美国。

除了具体的冲击性指标外，拉尔斯·奥斯伯格和他的同事还计算了一个经济安全综合指标，并根据假定面临相关风险的每年人口比例对每个组成部分进行加权（即所有 15～64 岁的失业者；所有的患病者；单亲贫困的已婚妇女，18 岁以下的子女；45～64 岁的衰老贫困人口）。

为了便于说明，图 8.3 中使用了这一综合指标来比较所有 14 个国家，深色条表示系列的开始（1980 年），浅色条表示系列结束（2014 年）。

图 8.3 指出了两个值得注意的特点。

第一，各国经济安全的总体水平存在很大差异。2014 年，挪威的经济安全性最高，为 0.83 分（指数结果在 0～1 分之间），其次是丹麦，为 0.81。相比之下，美国的得分最低，为 0.48 分，其次是西班牙（0.59 分）。

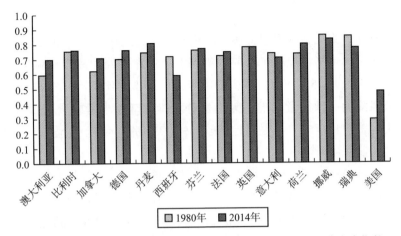

图 8.3　1980 年、2014 年选取的 OECD 国家的奥斯伯格经济安全指数

注：经济安全指数数值越大表示安全性越高。

资料来源：www. csls. ca/iwb/FinalIEWBAlbertaandOECD2014. xlsx。

第二，在大多数国家，该指数在 1980～2014 年间变化不大。只有三个国家的指数变化超过 10%：加拿大（增长 12%）、西班牙（下降 18%）和美国（增长 62%）。

综合指标的相对稳定性反映出大多数冲击特定指数的变化相对较小。具体冲击指标中最显著的趋势是"单亲贫困保障"和"老年保障"总体增加。这些指标结果的改善是因为单亲家庭和老年人的贫困率和严重程度分别有所降低。

贫困是否是衡量经济安全的一个重要问题，这将在结论中讨论。目前，值得注意的是，贫困程度不一定与贫困风险相同。评估风险需要考察任何个人或群体在某个确定的时间间隔内落入贫困的概率，而这又需要考虑收入动态。我们现在转向的话题是收入动态，特别是收入大幅下降的普遍性。

二、主要收入下降的发生率

本节回顾的第二组调查结果是基于经济安全指数。回想一下，经济安全指数是一种混合测度方法，它使用面板数据构建，捕获了家庭规模调整后的实际家庭收入（扣除自费医疗支出）同比下降 25% 或以上的个人所占比例。经济安全指数不包括在前一年至下一年退休人口中非常小的一部分，也不包括拥有足以自我融资的流动性金融财富的较大比例（但仍然相对较小）。①

但是在许多面板数据研究中，既没有直接的医疗支出，也没有流动的金融财富。这一指标反映了从前一年到下一年在（经家庭规模调整后的）个人收入中遭受 25% 或以上损失的成年人口所占的比例。② 它可以被看作是收入风险的一种衡量标准，无论是对总体人口（当考虑全国 25% 或以上损失的普遍程度时）还是特定的子群体（当考虑区域、职业或人口群体之间的普遍程度时）。

考虑到现有数据和可扩展性，该方法简单可行，随着收入的增加，绝对损失会更大。鉴于最后一个特点，在人均收入水平不同的国家，这一点也具有可比性。如前所述，25% 的临界值是基于美国的调查问题，这些问题询问了受访者在经历困难之前可以有多长时间没有收入。其他国家对这类问题的反应是否会与之类似尚不清楚。然而，值得一提的是，在一个合理的范围内，无论是长期趋势还是国家排名，都对所选的确切临界值特别敏感。

该指标可以为近 40 个国家制定，反映了过去 20 年可靠的面板数据研究的增长。由于面板数据是任何跟踪个人或家庭随时间变化的方法的关键先决条件，因此从数据的简要摘要开始是有意义的。下一节将更深入地讨论面板数据的变化范围和特性。

要得到这些估计值就需要汇集各种面板数据，这些面板数据涵盖了好几年的时期，而且自创建以来几乎都是连续的。对于这些面板数据，可分析的周期相对较短。除了一些开创性的面板数据——特别是 1984 年开始的德国社会经济委员会（German Socio-Economic Panel，GSOEP）和 1968 年开始的美国收入动态面板调查（Panel Study of Income Dynamics，PSID）——国别专题小组研究大多始于 20 世纪 90 年代。这些国家包括澳大利亚、加拿大、韩国、瑞典、瑞士和英国。另一轮研究始于 21 世纪初，欧盟发起的收入和生活条件调查（European Union's Survey of Income and Living Conditions，EUSILC），最终覆盖了 20 多个国家。

对于美国，除了收入动态专门研究小组（Panel Study of Income Dy-

---

① 从技术上讲，在具有相似特征和同样规模损失的典型家庭收入恢复到其下降前水平之前发生的累积损失。

② 从技术上讲，临界值是 25% 或更大的弧百分比变化。弧百分比变化计算为 $2 \times (收入[t] - 收入[t-1]) / (收入[t] + 收入[t-1])$。与百分比变化不同，弧百分比变化受减和加 2 的约束，它们对称地处理收益和损失。例如，受访者的收入从 50 美元翻倍到 100 美元时，经历了 100% 的变化（但 67% 的变化是弧形的）。弧百分比方法以对称方式处理 50 美元的变化。

namics，PSID）的调查之外，还可以从收入和项目参与调查（Survey of Income and Program Participation，SIPP）和匹配的当期人口调查（Current Population Survey，CPS）文档中获得面板数据。虽然 SIPP、PSID 和 CPS 都用于构建经济安全指数，但这里给出的估计使用匹配的 CPS 文档，这些文档产生了最大的样本。匹配的 CPS 结果的主要缺点是它们的面板很短（两年），但这些数据足以衡量收入的逐年下降。[①]

图8.4 简单地说明了在所有有数据的国家中，巨额收入损失的发生率以及包括金融危机在内的最近一段时期的变化（从 2000 年初到数据序列结束）。条形图的长度显示了各年巨额收入损失的发生率的估计范围（在

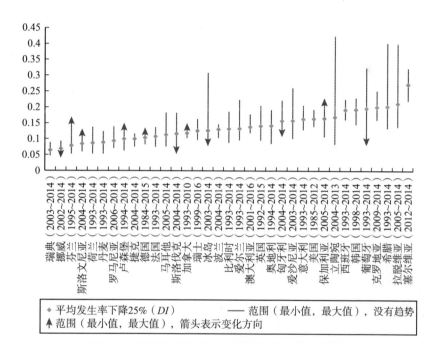

图8.4 巨额收入损失发生率的平均值、范围和演变

注：根据下列面板数据进行收集：ECHP、EU-SILC、CPS、CNEF（BHPS，SOEP，HILDA，KLIPS，SHP，SLID）。对于每个国家，横轴表示所涵盖的时期。与百分比变化不同的是，弧变化对称处理收益和损失（例如，从 50～100 美元的收入收益意味着100% 的变化，但却是 67% 的弧变化；而从 100～50 美元的收入损失意味着50% 的变化，但却是 67% 的弧变化）；范围在（-2，+2）之间。

———————

① 所有数据都按照既定惯例进行了清理和标准化。为了处理离群值以及不同的顶层编码和底层编码规则，收入值底层编码为 1 个国家货币单位（national currency unit，NCU），顶层编码为第 98 个百分点。主要收入变量为税后家庭总收入（包括所有现金福利），根据家庭规模进行调整。

国家缩写旁边标出）。点标记显示了这些年来每个国家的这些估计值的平均值。最后，如果最近一段时间的数据有趋势，则用箭头表示变化的方向。因此，图 8.4 显示了这些国家收入风险的平均值、范围和最近的演变情况。

如图 8.4 所示，随着时间的推移，国家之间和国家内部的巨额收入损失的发生率有很大差异。在图 8.4 所示的这一组中，收入下降幅度最大、平均发生率最高的国家通常是受金融危机影响最严重的国家，包括西班牙、希腊和冰岛。巨额收入损失的平均发生率最低的国家包括荷兰、瑞典、瑞士、丹麦、挪威和芬兰。美国一直是大多数收入波动分析的焦点，其巨额收入损失的发生率相对较高。

国家排名与"命名风险"方法测度结果相当一致，尤其是在失业情况下的安全指标。图 8.5 显示了 2006～2008 年这一平均数与 14 个国家同期巨额收入损失平均发生率之间的相关性。

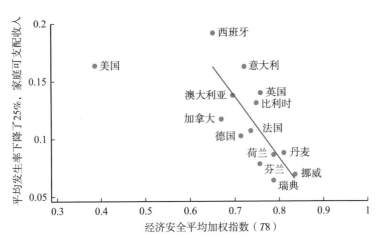

回归线 *w/o USA*
Coef: −0.531, SE: −0.14, T: −3.8, R²: −0.53, N: 13

图 8.5　巨额收入损失发生率与奥斯伯格经济安全指数

注：见图 8.3 "1980 年、2009 年选取的 OECD 国家的奥斯伯格经济安全指数"。样本：澳大利亚（2001～2014 年）、比利时（1993～2014 年）、加拿大（1993～2010 年）、德国（1984～2014 年）、丹麦（1993～2014 年）、西班牙（1993～2014 年）、芬兰（1995～2014 年）、法国（1993～2014 年）、英国（1992～2014 年）、意大利（1993～2014 年）、荷兰（1993～2014 年）、挪威（2002～2014 年）、瑞典（2003～2014 年）、美国（1985～2012 年）。

最后，虽然 21 世纪第一个十年初至后期，巨额收入损失的发生率普遍上升，但随着各国从危机中复苏，这一趋势在很大程度上被抵消了。事实上，只有少数几个国家（尤其是美国）经历了长时期的巨额收入损失。

大多数国家的巨额收入损失的发生率几乎没有增加，少数国家（如瑞士、挪威和奥地利）出现了下降。由于这些数据涵盖了金融危机时期和随后缓慢的复苏，这是一个值得注意的发现，这表明一些国家能够减少危机及其后果的影响，至少在收入风险方面。

通过分析家庭收入的组成部分，这一假设可以得到更直接的检验。在有关收入不平等的文献中，研究人员通常区分税收和转移支付前后的不平等，并将两者之间的差异作为衡量税收和转移支付减少不平等程度的粗略衡量标准。更具体地说，标准方法是计算市场收入分配的基尼系数和可支配收入分配的基尼系数。[①] 由于基尼系数是综合指标（summary indicator），所以这一指标必须在总水平上计算。

在研究巨额收入损失的发生率时，等价方法将区分税前和转移支付前后的收入损失，并评估在考虑税收和转移支付的情况下，有多少公民遭受了巨额收入损失。[②] 换言之，风险降低将根据市场收入损失率[风险(MI)]与可支配收入损失率[风险(DI)]之差进行计算，如下所示：[风险(MI) − 风险(DI)]/风险(MI)。

不过，这种方法不够精确，比较基尼系数等综合指标，无法确定谁的排名随着收入指标从市场收入转向可支配收入。相比之下，以目前的收入风险衡量标准，我们可以知道哪些人因税收和转移支付而无法承受巨大的收入损失。具体而言，根据个人是否经历了市场收入下降、可支配收入下降或两者均下降，可将个人分为四类，如表 8.1 中的 2×2 矩阵所示。

该矩阵显示了市场收入和可支配收入动态的四种可能组合。左上角单元格［1］的人在市场收入或可支配收入方面都没有经历过大的收入损失。综合所有国家和年份的数据，大约81%的成年人属于这一类。相反，右下角单元格［4］中的人在可支配收入和市场收入方面都经历了巨额收入损失。平均来说，大约10%的成年人处于这种不幸的境地。右上角单元格［3］是指市场收入大幅下降，但可支配收入却没有大幅下降的个人。对于

---

① 通常，研究人员计算(基尼[MI] − 基尼[DI])/基尼[MI]之间的百分比差异，尽管有时他们使用绝对差异。

② 这种方法提出的问题只能在这里讨论。最大的一个是普遍的假设——体现在将税前、转移前收入称为"市场"收入的惯例中——税前和转让前的收入是市场力量的原始反映，而税后和转移后的可支配收入则体现了政府政策的影响。事实上，税收和转移会极大地影响劳动力和资本市场，因此影响"市场"收入以及可支配收入。此外，除了税收和转移，包括监管和宏观经济政策，政府还可以并确实尝试通过一系列工具来塑造市场收入。出于这些原因，最好将市场收入和可支配收入之间的差异视为提示税收和转移的作用，而不是单独提供一个完整或确定的评估。

这些人，大约 7% 的成年人，税收和转移支付制度是一个安全网，防止他们越过 25% 的临界值。最后，左下角的单元格 ［2］ 显示了税收和转移支付制度实际上加剧收入损失的特殊情况。幸运的是，这些情况并不常见，大约有 2% 的观察结果。

表 8.1 风险发生率（市场收入与可支配收入）

项目		市场收入损失大	
		不	是
可支配收入损失大	不	［1］ 没有收入损失 81%	［3］ 收入损失减轻 6%
	是	［2］ 收入损失加重 2%	［4］ 风险（收入损失）10%

注：根据下列调查收集面板数据：ECHP、EU-SILC、CPS、CNEF。

这些单元格显示了一个更精确的衡量税收和转移支付系统的缓冲作用的指标：在市场收入方面遭受巨额损失但在可支配收入方面没有损失的成年人所占的比例。这一比例是真实的：平均而言，税收和转移支付制度缓解了约 41% 的收入大幅下降的个人（$7/(7 + 10) = 0.41$）。然而，随着时间的推移，这一数字在不同国家之间有着巨大的差异。

图 8.6 概述了在最近一段时期内（大致从 21 世纪第一个十年初到相关数据系列结束为止），税收和转移支付在减少这组国家巨额收入损失方面的作用。条形图的长度显示了成年人的平均比例，他们的市场收入下降了 25% 或以上，但由于税收和转移支付，他们无法承受巨额的可支配收入损失。箭头显示此缓冲作用是否随时间增加或减少。

这一数据得出的结论是，收入风险水平较高的国家（见图 8.6）在通过税收和转移制度来缓冲巨额市场收入损失的努力相对较少。此外，最近这种缓冲作用的演变表明，各国在最近的危机中减少了大量收入损失。也就是说，由于税收和转移支付制度，越来越多的市场收入损失者无法承受巨额可支配收入损失。无论这反映了一种有意识的政策变化，还是更可能反映出各国安全网在经济危机期间的弹性，它都给那些担心国家社会保护体系越来越无力覆盖当代收入风险的人提供了一些安慰。一旦危机对就业的深刻影响消退，这一结论是否会继续成立还有待观察。

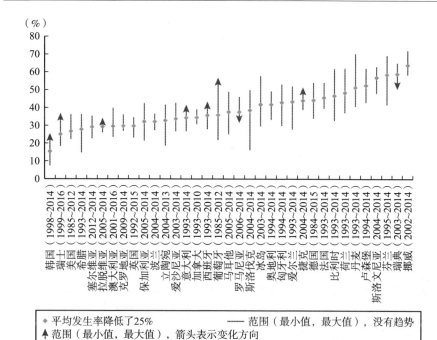

图 8.6 税收和转移对巨额收入损失发生率的影响

注：根据下列面板数据进行收集：ECHP、EU-SILC、CPS、CNEF。对于每个国家，横轴表示所涵盖的时期。与百分比变化不同，弧变化对称处理收益和损失（例如，从 50 ~ 100 美元的收入损失意味着 100% 的变化，但却是 67% 的弧变化；而从 100 ~ 50 美元的收入损失意味着 50% 的变化，但却是 67% 的弧变化）；范围在（−2，+2）之间。

　　最后，虽然所有这些估计都着眼于作为一个整体的成年人口，但通过对成年人口进行不同的分类，可以用来审查各国的社会人口差异。

　　事实上，我们不仅可以研究广义群体之间的差异。当面板数据足够长时，也可以像波动性文献中所做的那样，构建长时间序列的个人层面或家庭层面的指标。

　　例如，表 8.2 显示了工作年龄人口在 10 年中遭受 1 次、2 次、3 次、4 次或 4 次以上巨额收入损失的比例。[①] 在过去的 10 年里，一方面，澳大利亚、德国、英国、瑞士和美国只有少数适龄工作的成年人有幸避免了每年 25% 或以上的收入损失。另一方面，大约 23% 的美国人经历了 2 次下降，大约 12% 经历了 3 次下降，超过 7% 的人经历了 4 次或 4 次以上的下降，这表明近一半的美国人在这 10 年经历了 2 次或 2 次以上的巨额收入损失。

――――――――――

　　① 该样本由 25 ~ 60 岁的受访者组成，提供连续 10 年的收入下降信息，使用最后一年一段时间作为权重。

表8.2	10 年来个人收入逐年大幅下降的次数			单位：%	
下降	美国	英国	瑞士	德国	澳大利亚
0	26.4	9.5	40.4	41.1	33.0
1	31.1	32.9	33.9	30.8	32.1
2	22.9	16.1	17.2	17.4	21.4
3	12.3	8.3	6.1	7.3	9.6
4 +	7.4	3.3	2.4	3.4	4.0

注：基于 CNEF 面板数据收集（psid, bhp, shp, soep, hilda）。
资料来源：http://dx.doi.org/10.1787/888933839981。

总的来说，巨额收入损失的发生率似乎是衡量经济安全的一个明智的衡量标准，各国和个人的经济安全程度各不相同，总体上与其他相关调查结果一致（包括上一节讨论的经济安全的感知指标）。尽管如此，在一些关键方面仍然不完整，还需要做大量的额外工作，以建立更广泛的证据基础，以测度经济安全的其他因素（如大规模消费冲击），并将这些指标推广到更多的国家。下一节将更深入地讨论这个证据基础。

第四节　为政策提供依据的统计数据

从迄今为止的讨论中可以清楚地看到，可靠的跨国可比数据的可获得性一直是发展改善经济安全性指标的一个关键制约因素。现有统计数据的三个局限性突出：长期和跨国家可比面板数据有限；大多数行政数据在追踪个人的过程中存在缺陷；在传统的随机抽样民意调查中，以及在更大程度上，缺乏面板数据中关于经济安全性的定期问题。尽管如此，这些数据一直在迅速改善，在审查每一个主要来源时都显示了这一点。

一、面板数据

衡量个人经济地位随时间变化的指标通常需要面板数据。从历史上看，一直是开发更好的不安全性衡量标准的关键的制约因素。

可以肯定的是，面板数据并不总是必需的。横截面数据可用于制定本章中讨论的多项指标，包括对个人和家庭拥有的缓冲能力的评估，以及对失业等关键经济冲击的横截面发生率的估计。然而，挑战在于，这些数据只能提供对冲击发生时点的洞察，而不是其随时间推移的发生率。此外，一般不可能使用横截面数据来估计特定家庭或个人的缓冲变化情况，或者冲击是否集中在特定人群中，而不是广泛分布在所有人群中。

在过去的 20 年中，大量的面板数据集已经问世（见专栏 8.2）。这些数据来源的一个局限性是缺乏关于收入、消费和财富的同步数据。此外，大多数问题不包含提供研究人员评价感知到的经济安全性和观测到的经济安全性的问题。最后，问题措辞和调查设计的差异可能很难比较不同面板数据的结果。本章末尾提出的建议旨在纠正这些问题，并增加可获得面板数据的国家数目。

专栏 8.2

主要面板数据源

为了测度经济不安全性，在较长时间内以相对较高的频率对收入进行多次观察。通常用一个短面板来收集高频数据，或者用一个长面板来收集低频数据。

美国收入动态面板调查（Panel Study of Income Dynamics，PSID）早在 1968 年就开始每年调查收入，样本每年没有更新以保持代表性，并在 1997 年改为两年一次的收入调查。自 1984 年以来，收入和项目参与调查（Survey of Income and Program Participation，SIPP）每 4 个月调查 1 次月收入，但每隔几年就要成立一个新小组，并在 2016 年转向年度调查。当期人口调查（Current Population Survey，CPS）在 3 月份发布年度收入（与样本的前一个或后一个 3 月匹配）调查，但没有涉及迁移者。健康与退休调查和全国纵向调查（Health and Retirement Survey and National Longitudinal Surveys）的频率较低，不代表全部人口。

许多发达国家都可以进行长面板调查，包括澳大利亚的家庭收入和劳动力动态待查（Household Income and Labor Dynamics，HILDA）、加拿大劳动力和收入动态调查（Canadian Survey of Labor and Income Dynamics，SLID）、德国社会经济研究委员会（German Socio-Economic Panel，GSOEP）、韩国劳工与收入动态面板调查（Korea Labor and Income Panel Study，KLIPS）、瑞士家庭动态面板调查（Swiss Household

Panel，SHP）、英国家庭动态面板调查（British Household Panel Study，BHPS）以及跨国等效文件（Cross-National Equivalent File，CNEF）和欧盟收入和生活条件调查（EU-SILC）中的统一的国家面板数据集。中国和许多欠发达国家已经或即将进行家庭调查。

二、行政数据

在少数国家，正在获取将税收和程序数据（programme data）联系起来的新数据集。由于面板数据中的回忆偏差（recall bias）等众所周知的问题，这些数据可能优于面板数据。大多数行政数据集仍然是有限的，它们自身也存在问题，包括研究人员使用这些数据集的严重限制（见专栏8.3）。一个有希望的新数据源是金融机构正在创建的大型数据集。这些数据集提供对经济动态进行非常细致的分析，但也存在一些局限性，包括可用性有限、范围有限（通常只包括通过单一金融机构进行的交易）以及所包括个人/家庭缺乏代表性。

专栏 8.3

主要行政数据源

税务登记中的行政数据有时很难获取，但提供了更长面板和年度收入数据的可能性。例如，在美国，在安全的人口普查数据工具中提供的纵向就业和家庭动态（Longitudinal Employment and Household Dynamics，LEHD）数据集将人和公司的多个行政数据联系起来。同样，美国社保署（Social Security Administration，SSA）托管主收入文件（Master Earnings File，MEF），其中包含向 SSA 报告的所有收入。

这些来源提供了一系列被认为是高质量的年度收入，因为它们需要接受审计。最近，正如美国人口普查局和美国国家统计局创建的所谓"金标准文件"（Gold Standard File）中所述，已经作出了将多个行政数据与政府调查数据合并的尝试。需要记住的一个重要点是，匹配数据源的合并率永远不会是100%，匹配样本可能不太能代表感兴趣的人群。

　　联邦政府的数据来源提供了大量的样本，但新一代的企业数据来源也同样如此，既有来自定期客户的数据来源，也有来自尼克森公司进行的特殊调查。由于对账户持有人的交易级别数据进行了汇总，在某些情况下，信贷报告机构和主要银行对家庭收入和支出的年度覆盖率有所提高。其中许多来源也可以跨越国界追踪收入，可能包括不受第三方报告约束的交易，因此，政府文件中没有提供。在这些文档中，永远不会观测到许多低收入或无银行账户的个人。

三、传统民意调查中的经济安全问题

　　正如在对感知到的安全性指标的讨论中所指出的，民意调查有时包括有关经济安全的问题，特别是工作稳定性（job security）问题。这些问题通常要求受访者评估他们经历特定不利经济事件的可能性有多大，或者如果他们经历了此类事件，他们将受到多大程度的保护。然而，跨国可比调查问题相对较少，而且绝大多数涉及就业领域的经济安全。此外，即使在国家内部，面板数据也相对较少，因此很难评估个人对经济安全观念变化的原因。

　　尽管如此，一些横断面调查确实包括了关于工作稳定性的问题。这些包括：

　　（1）国际社会调查项目（International Social Survey Program，ISSP）工作方向Ⅰ－Ⅲ："关于你（主要）工作的每一个陈述，请在一个框中打勾，说明你对这项工作同意或不同意程度。我的工作很稳定"（ISSP，1989，1997，2005）。

　　（2）欧洲社会调查局（European Social Survey，ESS）："请告诉我以下每一项陈述对你当前工作的真实性。我的工作很稳定"（ESS，2004，2010）。

　　（3）欧洲生活质量调查（European Quality of Life Survey，EQLS）："你认为在未来6个月内你有多可能或不太可能失业？"（EQLS，2003，2007，2011，2012）。

　　（4）欧洲晴雨表（Eurobarometer，EB）："这是一份关于你目前工作的陈述清单。对于每一个问题，请告诉我它很真实、真实、有点真实，或者根本不是真的？我的工作是稳定的"（EB，1996，2009）。

　　图8.7显示了欧洲工作条件（European Working Conditions，EWCS）中一个此类问题的国家平均值："您对以下描述您工作某些方面的陈述同意或不同意的程度？我可能会在未来六个月失去工作"（EWCS，2005，2010）。

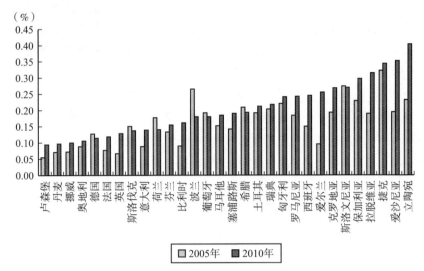

图 8.7　工作不稳定的程度

注："在今后 6 个月内我可能会失去工作"。回答"完全同意"或"同意"的受访者百分比（相对于"既不同意也不反对""不同意""完全不同意"）。

资料来源：Eurofound, 2010；European Working Conditions Surveys（EWCS），2005, 2010。

第五节　中国经济安全性测度的研究进展

一、引起家庭经济脆弱性的风险

随着经济不确定因素的增多以及日渐严峻的经济形势，家庭经济风险敞口逐渐显现，对居民家庭来说，如果其抵御风险的能力太低，即使是较小的风险变动，也可能会抵消收入增加的正向影响，从而降低家庭长期消费水平，普通或中等收入家庭也可能再次陷入贫困，如"因病返贫"。贫困和经济脆弱性是两个不同的概念，有些家庭不贫困但可能会经济脆弱，有些家庭经济不脆弱但也可能陷入贫困。经济脆弱性衡量的是负面冲击来临后家庭未来福利下降的可能性，因此具有前瞻性。衡量经济脆弱性主要基于收入、支出或其他福利指标的变动性，因此，它比对贫困的度量更加复杂和困难（解垩，2014）。

从宏观层面来看，家庭经济脆弱性主要有三大来源，分别是市场体系的不完善和波动性、经济全球化和贸易自由化的冲击以及经济危机的冲击（檀学文等，2010）。经济体系的内部变化和外部冲击都有可能导致价格、就业机会、工资率的波动从而加剧贫困。张林秀等（2000）认为妇女在经济萧条时期更加脆弱，工作转换是农户试图缓冲经济萧条影响的另一种手段。

从微观层面来看，个人的健康状况、死亡风险、就业状况、家庭资产负债情况等都是引起家庭经济脆弱性的风险。何平等（2010）认为我国家庭脆弱性增加主要受家庭的少儿抚养比和城乡差异影响。张冀等（2016）研究发现，死亡、家庭资产负债结构、医疗支出等是家庭经济脆弱性的主要影响因素。胡金焱（2016）从民间借贷的角度分析了农村家庭的贫困脆弱性，发现民间贷款对增加农户的当期收入有较大的影响，但不能大大降低农户家庭的贫困脆弱性。杨雨欣等（2017）外出务工与农户消费水平和风险应对能力均呈显著的负相关，即家庭的外出务工比例越高，农户经济脆弱性程度越低。周钦等（2013）认为收入水平、慢性病人数、家庭年龄是增加家庭医疗经济风险的主要因素。涂冰倩等（2018）认为健康冲击将通过挤占效应和情感效应两种渠道机制对农户经济产生负面影响，社会资本会通过信任渠道机制对农户经济产生积极影响。

二、家庭经济脆弱性的测度方法

综合现有的研究文献，我们发现依据不同的脆弱性定义，利用不同的经验数据，得出的结论可能存在差异。国内关于家庭经济脆弱性的研究是基于国外学者的定义，一般有三种家庭经济脆弱性的定义。

第一种从贫困角度出发定义经济脆弱性，即将脆弱性定义为一个家庭或个人在未来陷入贫困的可能性。解垩（2014）结合运用期待贫困脆弱性（VEP）方法和期待效用脆弱性（VEU）方法，使用CHNS2006年和2009年面板数据测度老年人家庭的经济脆弱性，结果发现超过24%的非贫困家庭是经济脆弱性家庭。

第二种从家庭消费的角度定义经济脆弱性，一个家庭受到负面冲击时，平滑能力低的家庭如果出现当前消费水平迅速降低的现象，则认为家庭处于经济脆弱状态。何平等（2010）将家庭脆弱性定义为在应对政治改革、社会经济、灾害等负面冲击时，现有生活水平和社会地位下降对此作出的反应程度。

第三种从效用角度出发定义经济脆弱性，即用确定性等价消费的效用和期望效用之差来衡量经济脆弱性。杨文等（2012）利用CFPS（Chinese Family Panel Studies）数据量化和分解了中国农村家庭的脆弱性，根据期待效用的脆弱性方法，发现大多数农村家庭是经济脆弱的，分解结果也显示与村间不平等相比，村内不平等是脆弱性的主要组成部分。纪鸿超（2020）利用 2017 年河南大学"百县千村整村调查"的数据，采用期望效用的脆弱性方法来表示农村家庭脆弱性程度，认为家庭规模越大、非农就业比例越高、劳动收入比例越高、户主受教育程度越高，家庭经济的脆弱性越小。

在家庭经济脆弱性和各要素关系的实证分析中，大多数国家可能会存在面板数据不足的问题，因此现有的大部分文献根据横截面数据进行回归分析。对扰动项的假设不同，回归方法也不同。第一，假定扰动项同方差，直接采用普通最小二乘法（OLS）。纪鸿超（2020）采用了普通最小二乘法和稳健的标准误的检验方法，得出了家庭规模越大，非农就业比例越高，劳动收入比例越大，同时户主的教育水平越高，家庭脆弱性越小的结论。第二，假定扰动项具有异方差性，确定异方差的来源，并使用广义最小二乘回归（GLS）或三阶段广义最小二乘回归法（3GLS）。利用面板数据的回归模型可以更好地克服因解释变量的不可观测性引起的内生问题，得到参数的一致估计，但只有少数研究人员使用面板数据进行回归。解垩（2014）使用面板数据的 GLS 方法进行回归后，结果显示，户主不工作、受教育水平低、家庭规模大、家庭领取养老金的成员少、居住中西部地区的居民陷入贫困的概率高。

三、如何应对家庭经济脆弱性

家庭经济脆弱性可以结合消费不平等和波动性来衡量家庭整体福利的变化情况，也可以反映家庭应对风险冲击的能力，并有助于提高家庭的风险意识，以应对负面冲击。同时还可以为决策者正确评价当前宏观政策的实施效果，预测未来制度的改善提供有益的参考。

万广华等（2014）从资产的角度分析，中国农户应该积累更多的人力资本、生产性物质资本、社会资本和金融资本，同时提高资产使用效率，以降低其贫困脆弱性。张冀等（2016）认为我国居民家庭，特别是农村家庭，在面临风险的时候，受到金融可得性低、家庭财富少、教育水平低等因素的制约，往往只能通过社会资本（包括高利贷）对冲家庭经济脆弱性，但这反而加重了农村家庭的经济脆弱性，因此财富积累、保险保障和内部分担是应对经济脆弱性比较有效的方法。周钦等（2013）提出政府部门需要重点监控低收入、慢性病的老年家庭的医疗经济风险，根据不同人群的特征，制定不同的灾难性医疗支出标准。何兴强等（2014）认为，除了户主以外，健康自我感觉差的成员和老年成员构成了家庭重要的健康风险，城镇居民基本医疗保险覆盖范围的扩大是帮助城镇居民家庭抵御健康风险的普适性有效措施。杨雨欣等（2017）认为外出务工确实对于缓解农户经济脆弱性产生了明显的促进作用，因此制定和推广相应政策支持农民外出务工，对于振兴农村经济建设是一个可行选项，也为解决农村脱贫和避免返贫提供新的思路。纪鸿超（2020）认为为了降低农村家庭经济的脆弱性，建议发展正规金融，普及保险知识，提供保险产品，增加农村家庭非农就业比例，提高农村家庭成员的受教育水平。

本 章 小 结

本章回顾和扩展了越来越多的有关经济安全的文献，概述了一系列指标和数据，这些指标和数据提高了研究人员和决策者对经济生活这一关键方面的理解。提出了一系列建议，以促进更多更好地研究经济安全，改进这项工作所依据的数据基础。

核心点是研究人员、国家统计机构和主要国际组织应共同努力改进和加强现有的测度。没有人会质疑经济安全的根本重要性。然而，这种重要现象的测度方法很少被广泛使用和接受。本章的目标是制定少量符合现有理论和证据的指标，利用现有数据相对容易地为多个国家制定这些指标，并指导寻求维护和提高经济安全感的决策者。

今后的任务将是完善这些指标，制定少量可靠的经济安全指标，帮助专家和决策者评估经济福利和社会进步。这些指标一定是不完善的，任何一个单独的指标都不能满足需要。但是，一系列指标可以为评估和比较经济安全提供基础，同时为未来改进指标奠定基础。

一、改进和鼓励经济安全研究

这些努力的出发点是一个更强有力的概念基础。对经济安全的研究需要一个跨越决策者、研究人员和理论家的主要合作项目来完善理论和指标。在理论上，经济安全的概念还处于萌芽阶段。经济安全研究的实质性进展需要进一步完善，特别要注意个体心理学的作用。在测度方面，制定更强有力的指标需要努力设法解决收入、消费和财富的相互交织的作用、损失的原因（包括如何建立因果关系这一难题，因为在这个领域中混杂因素无处不在）以及感知到的安全指标的改进等问题。它还需要更好地将感知到和观测到的安全指标整合到主要数据源中，这是下一个重点。

二、改善和增加与经济安全有关的数据

理论和指标方面的改进只有在充分利用高质量数据的基础上才能取得成果。尤其是，迫切需要跨国的数据研究，将研究人员和国家统计局汇集在一起，以开发可在各国进行比较的面板数据。这些数据应该包括传统面板经济变量之外的感知到的安全指标，正如现在少数面板数据调查所做的那样。此外，应努力将面板数据与纳入公共税收和程序数据集的行政数据联系起来。

与此同时，研究人员和国家统计局，以及感兴趣的私人调查公司，应该共同创建数量有限的"安全监测指标"，可以将其纳入民意调查中。总的来说，关于经济安全的主观经验的数据，能够监测动态变化或跨国趋势，仍然很少。因此，开展更好的跨国可比调查势在必行。在此之前，应该将现有的指标与观测到的安全指标进行比较，以了解它们的对应程度（为此目的，包括更多关于面板数据集中感知到的安全性问题，将是非常宝贵的）。

任何基于民意调查的安全监测指标都必须与如何通过有限数量的调查工具衡量安全性的最佳研究联系在一起。在这里，调查设计人员应该借鉴大量研究人员在主观福利方面的经验。此外，问题的设计应涵盖各种各样的风险，而不仅仅是与就业相关的风险——包括与退休和家庭解体有关的风险，以及获得和负担得起食物、住房和医疗保健的风险。

应努力开发可扩大规模的创新型新数据源，包括实验室实验，探索主观风险感知和个人支付保险金以抵御主要经济风险的意愿。这里的一个核心问题将是如何区分"经济安全"和一般风险规避，因为前者比后者更广泛。还应鼓励与私营企业和其他提供金融服务的机构合作，获取有关个人经济动态的新数据，解决目前专有资源的主要限制。在所有这些尝试中，数据的设计应能获取收入、消费和财富的联合分布信息，如本书中其他地方所述。

三、确定少数经济安全核心指标

与此同时，研究人员、政策制定者和国家统计机构应努力制定一些经济安全的核心指标，这些指标可纳入福利指标的"仪表盘"。除了完善的

经济安全指数类型的收入风险指标外，这些指标还应包括一个或若干个经济安全感知指标；一个或若干个缓冲性指标（如资产贫困）；以及一个或若干个针对一些主要风险（如失业、未投保医疗费用和退休收入不足）的"命名风险"指标。

有一个很好的例子是，由于当前权重体系的逻辑相对较弱，因此没有将这些不同指标汇总到一个单一指标中。此外，当采用奥斯伯格的命名风险方法时，最好将所有这些指标都集中在相同的基本结果上：发生特定不利冲击时的未投保收入损失。理想情况下，这些估计也将以面板数据为基础，减少收入损失指标与"命名风险"方法之间的差距。

关于经济安全指数类型的收入风险测度，本章提出的估计结果表明，应当有可能制定可靠的指标，用于比较多个国家。尽管如此，仍有两个问题。首先，是否有可能像在经济安全指数中为美国所做的那样，将自费医疗费用纳入此类估计？对于许多家庭来说，自费医疗费用是一个巨大的经济负担，因此忽视它们对经济安全的影响，提供的信息就可能不完整。不过自费医疗费用的上升可能反映出护理质量或数量的提高，因此其福利效果是模糊不清的。如何处理医疗费用是经济安全研究需要进一步解决的问题。

其次，或许最紧迫的问题是财富和消费数据是否可以纳入收入损失的衡量标准。例如，这些指标是否应该像经济安全指数中那样，减去债务偿还，或者对富人与没有财富的人区别对待？消费效应是否可以用来测试收入损失是否是非自愿的？指标能否更好地解释不同家庭的不同消费需求？

一系列的问题也与收入损失的原因有关。根据目前的数据，不可能总是将巨额的收入损失与工人或其家庭的独立地位变化联系起来。改进的数据和测度方法应能更准确地查明巨额收入损失的原因。然而，巨额收入损失往往是多个同时发生的冲击的结果，这给那些有兴趣分析其原因的研究人员带来了困难。此外，即使有最好的可用数据，在观察性研究中也很难区分因果关系。

在过去的几十年中，由于工作场所和家庭的重大变化，以及公共项目的压力不断加大和主要的私人保护措施受到削弱，经济安全问题变得更加突出。这些变化以及它们引起的普遍关注，使得研究人员和决策者必须更好地了解经济安全是如何变化的，哪些人受到这些变化的影响最大，以及哪些政策最有可能解决由此产生的混乱。

第九章　测度可持续性

本章概述了测度可持续发展的资本方法和系统方法的原则。在资本方法中，分别考虑人力资本、社会资本、自然资本和经济资本，并提供其存量指标和随时间变化的情况。讨论了如何将系统方法从理论考虑转向实证应用。解释了支撑系统方法的关键概念，包括风险、脆弱性和弹性，认为可持续性仍然是最终目标。提出了在资本方法中改进对经济资本、人力资本和自然资本的步骤以及改进对弹性和系统方法其他方面的测度。

第一节　可持续发展的基本问题

要确保个人和社会福利能够长期持续下去，就需要保存后代所需的资源。这种方法［支持 1987 年《布伦特兰报告：我们共同的未来》(*The Brundtland Report：Our Common Future*) 对"可持续发展"的定义］意味着，测度经济表现和社会进步的指标必须考虑到这些资源（即资本）的长期变化。这些变化包括折旧、损耗和侵蚀（所有这些变化都会减少资本）以及投资、创新和发现（所有这些变化都会增加资本）。没有它们，任何关于可持续性的描述都是不完整的。

"资本"的本质（作为经济生产的基石、企业行为准则、记账和核算的基础）表明资本与可持续发展之间的密切关系。从概念上讲，资本可以分为经济资本、人力资本和自然资本（通常包括社会资本，这里并不讨论，见第十章）[1]。同时，将重点放在不同类型资本的测度上——以及根深蒂固的信念，即只要付出足够的努力，就可以通过对资本的正确估价内化有关未来的预示——可以转移人们的注意力，从不同但互补的角度研究

---

① 正如欧洲统计学家会议的建议 (UNECE，2014) 中的情况一样。

可持续性的测度。

关于互补观点的一个例子就是"足迹"的概念。可持续发展具有跨界影响：环境跨越国界，在追求本国公民的福利时，一个国家可能会影响其他国家公民的福利。这就是为什么联合国欧洲经济委员会坚持"……［可持续发展指标］集应该反映可持续发展的跨界影响，通过强调一个国家追求其公民的福利可能如何影响其他国家公民的福利"（UNECE，2014）。因此，追求可持续发展越来越意味着不仅要考虑个别国家，还要考虑整个世界。资本方法提供"当下"与"未来"的整合，在监测国家活动的可持续性方面同样重要（见图9.1）。

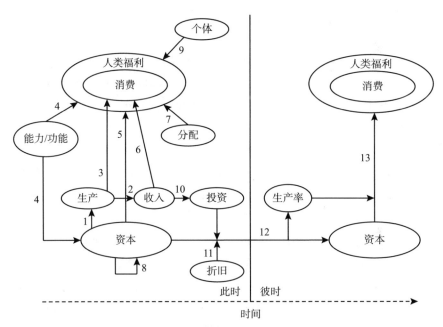

图9.1　可持续发展与人类福利

资料来源：《OECD 可持续发展测度指南》。

另一个互补的观点是研究"系统"及其长期的表现方式和相互之间的关系。从这个角度来看，监测资本存量只是问题的一部分：归根结底，无论是在国内还是国际，或者是从长远来看，挑战在于那些影响后代福利的复杂而相互依赖的系统。这种系统是复杂的，意味着它们在不同的标准上表现不同；它们的行为是非线性的；它们通常是自组织的；它们的特点是不确定性、弹性、临界性和不可逆性。

在系统方法中，重点从衡量资产存量转向掌握经济、社会和自然系统的弹性。解决这些问题需要跨学科的工作，重点关注系统在广泛和长期的视角下应对风险和不确定性的能力，以及管理系统这种应对能力（弹性）的不同方法。可持续发展目标和《变革我们的世界：2030 年可持续发展议程》的目标确实提到了"弹性"。

　　正如本章所示，尽管有一系列国家和国际倡议（见专栏 9.1），测度可持续发展仍然面临困难和局限。与所有利益攸关者就可用信息和缺失信息进行良好有效的沟通至关重要，尤其是为了使决策过程更有效和更具参与性。

专栏 9.1

在实践中监测可持续发展：一些例子

　　旨在改进对经济表现和社会进步以及可持续发展测度的各种指标已达成国际协议和标准化，例如，通过了 SNA2008、《G20 数据缺口倡议》和 SEEA。2015 年通过了 17 项可持续发展总目标（UN，2015a）和 169 个具体指标，以及后来就 232 个全球指标达成的协议，在世界一级建立一套共同的可持续发展指标方面取得了很大进展。

　　甚至在通过联合国可持续发展目标之前，一些国家通过一套国家指标和/或在超/国际背景下多年跟踪可持续发展。这些国际进展的例子包括：

　　● 欧洲统计人员会议（Conference of European Statisticians，CES）的建议为各国和机构如何协调和一致可持续发展指标（实物和货币）提供了指导（UNECE，2014）。

　　● 在欧盟背景下，测度进步、福利和可持续发展的欧洲统计倡议小组（European Statistical System，2011）、制定了可持续发展指标、《欧盟可持续发展战略两年期监测报告》（Eurostat，2016a）、欧盟委员会关于欧洲可持续未来下一步行动的沟通（European Commission，2016a）、关于欧洲发展新共识的建议（European Commission，2016b）和 2016 年欧盟统计局可持续性报告（Eurostat，2016b）。

　　● 各种经合组织分析、工具和方法，包括最近对经合组织国家"测度与可持续发展目标的距离"的评估（OECD，2016b）。

- 世界银行真实储蓄指标直接基于资本方法（World Bank，2006，2011）和环境署关于"包容性财富"报告（UNEP and UN-IHDP，2012，2014）。

- 可持续发展解决方案网络（Sustainable Development Solutions Network，SDSN）。

在国家层面，自 1987 年《布伦特兰报告》和"SSF 报告"的建议以来，一些国家已开始收集数据并建立可持续发展指标。其中：

- 意大利国家统计局（ISTAT）和民间社会代表制定了一种多维方法来测度"公平和可持续的福利"（Benessere Equo e Sostenible，BES）。综合测度经济活动（GDP）以及福利、不平等和经济、社会和环境可持续性的社会和环境因素的指标。这些指标发布在 BES 网站上，详细分析了 BES 报告中提供的指标。BES 系统现已被纳入政府和议会推动经济和金融规划的年度周期。

- 芬兰在使用可持续发展指标方面有着悠久的传统：2000 年发布了第一套可持续发展指标，从那时起，该指标清单（可在 Findicator 网站上查阅）就一直在增加。

- 瑞士使用基于系统结构的测度框架来监测可持续发展，该系统（MONET）由 73 个指标组成。每个指标都会在互联网上公布，并根据观察到的趋势进行评估（通过"红绿灯"符号）。该网站还包括 9 个与可持续发展全球层面相关的指标。

- 2016～2019 年联邦可持续发展战略（Federal Sustainable Development Strategy，FSDS）是加拿大可持续发展规划和报告的主要工具。它规定了优先事项、总目标和具体目标，确定了实现这些目标的行动，并将这些行动与 12 个全球可持续发展目标联系起来，并在不同的网页上公布了可持续发展指标。

- 2002 年，德国联邦政府通过了其"国家可持续发展战略"（2016 年修订），阐述了德国在 2030 年议程中所面临的挑战。该战略的核心是一个"可持续性管理体系"，该体系规定了目标的实现时间表、监测指标，以及制度设计管理和定义的规定。自 2006 年以来，联邦统计局已在 6 份报告中提供了国家可持续发展战略的各项指标。联邦统计局现在已接受委托，根据修订后的战略继续进行统计监测。

一、可持续性定义

全球在未来几十年为自己设定的目标强调了可持续发展的重要性：可持续发展目标。今天以牺牲后代为代价的 GDP 增长是不可接受的。当我们思考今天所做的事情时，我们必须牢记我们留给未来的遗产。如果我们把世界变成一个最糟糕的居住地，那么，我们的繁荣是以我们的后代的牺牲为代价的。人们曾经认为，后代会自动地比当代生活得更好，问题是生活好的程度，这种假设不再成立。

评估可持续性需要确定是否能够为子孙后代维持当下的福利水平。就其本质而言，可持续性涉及未来，正如约吉·贝拉（Berra，2018）所说，"很难做出预测，尤其是对未来的预测"。可持续性的评估涉及许多假设和规范性选择。如果（恰当测度的）财富在增加，那么未来社会可以做今天做的任何事情，也就是说，它可以维持人均福利水平。但是，为了确保这一结果，我们需要一个综合财富测度方法，我们需要使用正确的估值。SSF 报告认为，福利可持续性的衡量方法在概念上不同于当下福利的衡量方法，除非人们对可持续性本身的担忧对个人当下福利产生了不利影响。[①]通过消耗一些维持未来生产和未来福利所必需的资本存量，当下福利可能得到改善。

二、为什么要测度可持续发展

人们普遍认为，社会需要一个更好的统计指标，以便将重点从测度经济现象转到测度可持续发展。后一种概念需要做出选择，即在使用资源以最大化当下人类福利或保护资源以备将来使用之间；或者以牺牲其他国家的利益以实现一个国家福利的最大化。除了 GDP 等普遍的宏观经济指标外，可持续发展指标适当关注当下的人类福利，包括其在各国之间和各国内部的分布，以及人类福利的代际方面。可持续发展概念尤其关注自然资源枯竭、气候变化和其他长期影响社会的因素。

三、测度可持续发展框架的理论基础和实践基础

（1）布伦特兰定义。可持续发展框架遵循《布伦特兰报告：我们共同的未来》（1987）中的可持续性定义："可持续发展就是既满足当代人

---

① 在实践中，可用于监测可持续性某些方面的指标（例如，衡量人们健康状况或衡量人力资本的教育程度）可能与用于监测当下福利的指标相同。

的需求，而又不损害后代人满足其需求的能力的发展。"该报告还认为，可持续发展实质上是关于在时间和空间上的分配公平，这意味着包括今世后代之间的福利分配，以及各国之间的福利差异。

（2）经济理论和社会科学的其他见解。该框架是在对已有的有关经济理论和资本计量的学术文献进行深入研究的基础上发展起来的。它建立在生产函数的概念上，把人类福利与资本联系起来，框架的概念基础涵盖可持续发展的经济、环境和社会方面。

（3）SSF 报告和其他国际倡议。SSF 报告为测度可持续发展问题提供了重要推动力。欧盟统计局、经合组织和其他国际组织在测度可持续发展方面的工作也已得到考虑，比如欧盟委员会关于"GDP 和超越 GDP"的倡议，欧盟衡量进步、福利和可持续发展倡议小组的建议，经合组织关于衡量和促进社会进步的工作，包括更好生活的倡议。

（4）现有 SDI 的共性。测度框架提供使用开发 SDI 实用方法。主题和指标的选择基于对目前用于若干国家和国际数据集的可持续发展主题和指标的深入分析。

四、环境、经济和社会可持续性

对可持续性最直接的威胁是环境。我们生活在一个有限的生物圈里。经济学家传统上忽略了这些局限性，构建了永无止境的经济增长模式。半个世纪前，当罗马俱乐部开始讨论增长的极限时（Meadows，1972），人们的反应是一股技术乐观主义浪潮：我们是创新的，认为不管地球的极限是什么，我们都可以围绕它们进行创新。这种技术乐观主义现在受到了质疑，尤其是随着大气中温室气体的积累，人们对气候变化的认识日益加深，自然科学家已经为几种关键类型的自然资本量化了"安全运行边界"（Rockström，2009）。当然，可能会有一场技术革命，但现在，在技术与人类破坏他们赖以生存的单一星球的竞争中，技术却失败了。随着气温和海平面的升高，疾病传播媒介和天气变异性的增加，我们的生态系统正在发生破坏性的变化，一系列变化会威胁到后代的利益，很可能会大大降低而且是显著降低他们的生活水平。主要城市将受到影响，几亿甚至几十亿人将被重新安置，世界面临着无数的环境威胁。

2008 年的危机表明，经济体系本身可能是不可持续的。危机之前的大部分 GDP 增长都是建立在泡沫之上的，当泡沫破裂时，表面上的繁荣也随之破灭。那些自认为谨慎行事的政府（如西班牙和爱尔兰）发现，他们的支出是基于"泡沫收入"。那些认为自己可以靠停滞不前的工资过日子的家庭（因为他们认为自己的财富会随着房价的上涨而增加，但他们的债务同时也在增加）最终清醒过来。他们一直过着入不敷出的生活，生活水平不断提高的迹象被证明是错误的。许多发达国家的生活水平被认为比几十年前好不了多少。

经济表现和社会进步测度委员会强调了在所有这些方面着眼于可持续性的重要性。委员会敏锐地意识到，标准经济指标没有反映出这一点，它还在努力解决什么样的指标最能反映可持续性的问题。委员会成员达成共识，如果市场运作良好，就可以对一个国家的"资本"形成一个综合的测度，即当代人传递给下一代人的资源价值。将包括所有形式的资本、实物/经济资本（建筑和机器）、人力资本（知识资本）、自然资本（环境资源）和社会资本（相互信任和联系）。如果我们留给后代的资本比我们继承的更多，那么我们的后代很可能会生活得更好，他们的生活水平至少会和现在当代人一样好。这样的增长是可持续的，这是可持续发展的资本方法。

委员会成员认识到，这一方法存在许多问题，尤其是在其实际实施方面。也是最明显的，市场对未来的影响往往不是很好。房地产泡沫是因为市场对房地产的估值过高。50 年来，经济学家一直在研究为什么市场经常系统地弄错价格。在自然资源方面，市场失灵更为明显：我们通常不会对碳排放者或生物多样性损失定价。① 鉴于市场定价的明显失灵，SSF 报告建议，在指标仪表盘中，应有一些实物指标，如碳足迹或大气中碳浓度水平。

在狭义的经济领域，还需要引入一些资产指标。遗憾的是，在许多公共讨论中，注意力都集中在债务总水平上，尤其是公共债务上。这是一个不平衡的观点：没有人在考虑公司的债务时，不去考虑公司的资产，你需要考虑整个资产负债表。只考虑部分信息是危险的：仅仅关注债务可能会导致政府采取行动（如削减生产性投资），而这些行动远远抵消了债务增加的价值，将会使国家陷入更糟糕的境地。财富的其他方面，如社会资本和人力资本，对测度提出了更为严峻的挑战。经济表现和社会进步测度高级专家组决定只关注一个方面，即信任（见第十章）。

---

① 最近，一个国际委员会研究了这些证据，指出如果世界要实现自己设定的目标，即将全球变暖限制在 1.5 ~ 2 摄氏度之间，则必须对每吨碳征收至少 50 美元至 100 美元的税（CPLC，2017）。

资本方法的另一个问题是，可能意味着一种简单的权衡：只要增加更多的经济（实物）资本，就可以弥补环境资本的恶化。这一推论使一些经济学家认为，最好今天不要对气候变化采取任何行动，我们只需留出足够的资金（经济资本），这样，一旦气候变化发生，我们就可以给子孙后代留下更多的资本，从而使他们生活得更好。

即使在 SSF 报告撰写之时，经济表现和社会进步测度委员会成员也对这一分析表示怀疑。实际上，仅仅为了抵消气候变化的影响而需要增加的经济资本的规模是不可能实现的。任何理性的讨论都必须考虑到风险，认识到在最坏的结果中，当气候变化的严重程度和后果最严重时，我们将最不可能采取行动抵消这些影响。

经济表现和社会进步测度高级专家组的工作以多种方式强调了这些风险。强调弹性和脆弱性的概念；强调经济、社会、环境系统的整体复杂性。复杂系统的特点是广泛的非线性和相互作用，这使得它们难以预测。即使是简单的复杂系统也能产生混沌动力学，系统永远振荡，没有任何可辨别的模式。初始条件或系统参数值的微小变化可引起系统动力学的大变化。这种内在的不确定性应使我们在处理生态系统的重大变化时特别谨慎，而大气温室气体的显著增加代表着如此巨大的变化。随着开展关于气候变化的辩论，我们已经看到了几个这样的例子，其中许多还没有被完全预料到：随着冻土层解冻，甲烷气体的释放也会加速它的融化。随着太阳冰盖融化，地球反射的能量减少，加剧了全球变暖，洋流模式可能会突然逆转。

从分析上讲，价格体系只有在基础技术"表现良好"时才发挥作用，也就是说，它表现出常见的收益递减模式，正如人们在农业中增加越来越多的劳动力和资本所看到的那样。数理经济学的早期先驱们（Arrow and Debreu, 1954）认识到了这一点。[①] 但这是市场经济学的实践追随者们忽视了一个教训——因为人们的注意力集中在一系列违背传统经济模型假设的行为上，例如与研发、学习、破产、传染等相关的假设，这个错误变得越来越重要（Stiglitz and Greenwald, 2016；Battiston et al. , 2013）。系统动力学对初始条件和参数值的轻微扰动非常敏感，这意味着即使未来有可能找到占优势的竞争价格，也很难确定这些价格应该是多少，相关参数的估计误差很小，导致价格发生较大变化（Roukny, Battiston and

①　人们甚至可以说，随着理论的发展，他们也提供了"其完整的使用模式"。

Stiglitz，2017）。

五、本章的结构

本章结构如下：第二节阐述了资本方法和系统方法的主要概念；第三节描述了自 SSF 报告发布以来在测度经济资本、人力资本和自然资本方面取得的进展；第四节深入探讨了系统方法，该方法应向前推进，从理论考虑转向实证分析；第五节中国可持续发展测度研究进程；最后为本章小结。

第二节　主要概念和方法

一、资本方法（capital approach）

确保当代后世的福利，在本质上取决于社会如何选择使用其资源，即各种形式的资本。这些资源包括实物要素，如住房和地下资产或自然环境的质量，但也包括无形资产，如知识或社会和制度结构的质量。因此，资本的定义应超越生产（经济）资本，包括社会资本、人力资本和自然资本。

测度资本需要为每个国家和全球构建和审查不同类型的资本资产负债表，并评估其长期的变化。这种"资本方法"的特点反映了在金融市场领域被称为"微观审慎观点"（micro-prudential perspective）的含义：资本的所有形式和表现形式都一一罗列出来。从资本方法测度可持续性的重点是各种资产存量的净变化，这些变化受其"影子价格"（shadow prices）的影响（即反映所有活动的真实机会成本的货币价值，考虑到所有活动产生的外部性和公共产品）；这些影子价格一般与市场价格不同，取决于所有其他类型的资本、技术和社会偏好。影子价格还应反映未来的行动及其折现后的后果，使整体资本的净变化成为可持续性的真实指标。

这里的一个重要含义是，采用资本方法将需要重新考虑消费和投资活动之间的常规区别。例如，有助于人力资本和/或社会资本（例如教师培训）的支出将增强社会的长期可持续性，而不是简单地表示 SNA 中假定的最终或中间消费。因此，从可持续性的角度来看，投资、消费和国家财富的衡量标准通常与传统经济统计中使用的不同。总的来说，我们对相关的投资和折旧流量缺乏足够的了解，因此 SSF 报告认识到了这些困难，并建议建立一个子仪表盘，以提供有关支持人类福利"存量"变化的信息。

二、系统方法（systems approach）

从金融危机中吸取的教训之一是，微观审慎的监管方法本身不足以避免金融危机。此外，还需要一个宏观审慎层，因为从金融可持续性的角度来看，金融机构之间的相互作用与单个金融机构的状况一样重要。因此，为了确保整体可持续性，需要一种"系统方法"。

同样的二分法一般也适用于复杂系统，区分孤立考虑的单个组成部分的行为和所有交互作用的完整系统的行为。这种系统视角（Costanza et al.，2014）可以确定在系统中发挥特殊作用的有关参与者，他们的行为和他们与其他参与者的相互作用；帮助解决系统动力学应用于我们所生活的社会、经济和环境的关键问题。

尽管这些系统本身很复杂，但它们之间的相互作用也增加了复杂性。如上所述，除了动力学之外，复杂系统通常还具有非线性（non-linearities）（可能是负的也可能是正的）、突发性（emergent properties）、自组织性（self-organisation）、临界性（tipping points）和转换性（transformation）等特征。这些特征使系统除了受到来自系统外部的冲击（外生的）外，还受到自生（内生）冲击。这些特征的相互作用有助于定义系统对风险的脆弱程度及其弹性。支撑系统方法的主要概念：

（一）这里使用的风险具有双重含义
（1）描述系统的威胁（即系统性风险）；
（2）当可以量化未知事件的概率时，使用"风险"一词。

与此相反，如果"未知"无法量化，则使用不确定性。对于决策和公民参与民主社会，这一区别至关重要。个体福利和社会福利受到这些风险的影响，但也取决于有关风险信息的可用性。对于与经济活动引起的风险有关的社会不平等，信息的可得性或不确定性的处理尤为重要。

（二）脆弱性表现为由外部或内部因素引起的干扰造成的损害
它的范围从"低"到"高"，这取决于干扰对系统影响的严重程度。对于脆弱性有不同的定义，从特定环境中的脆弱性，例如，在环境因素（气候变化）或个人环境（贫困、危险行为、患病）中，到有关物质和社会系统对社会经济和环境变化产生的多重压力的敏感性的更综合的方法。复杂的系统可能容易受到日常生活中固有的各种风险的影响，这些风险是决策、自然发生的事件或两者的叠加结果。在这个更广泛的背景下，脆弱性具有多尺度性（multi-scale nature）：在社会群体、空间单位或时间上分布不均匀。系统的脆弱性表现为对干扰的反应，取决于系统的固有特性以及干扰的严重程度和暴露时间。

（三）弹性

弹性源于拉丁语"resilire"，意思是跳回来（jump back）、反弹（rebound），是从逆境中恢复的能力，来自短暂的冲击（如突然的移民迁移）或者来自持续的威胁/缓慢的过程（如社会老龄化），要么恢复到原来的状态，要么转向新的稳定状态（从积极的适应到转变），通常会变得更加巩固和灵活。弹性（系统方法的核心）可以是系统、子系统或个体的特征。这种区别很重要，因为全系统的弹性通常是个体和子系统之间一系列交互的结果。因此，它为我们提供了一个概念和结构，使我们能够确定单个组成部分，对其进行监测可作为政策框架的基础。同时，弹性还通过观察干扰及其短期和长期影响，也使动态的作用更加明确。

关注弹性不应被误解为试图放弃可持续性，而是在应对冲击和威胁时保留或恢复可持续性的一种方法。可持续性是并且仍然是最终目标。事实上，研究系统如何应对冲击和威胁，并不会导致放弃预防冲击或负面事件。同样，如果一个具有弹性的系统从冲击反弹到它的初始路径，那么若初始路径不可持续，这还不够好。尽管弹性和可持续性不是可互换的概念，解决系统的弹性问题是建立一种系统级的"宏观审慎"（macro-prudential）方法，用于预防和适应冲击和威胁或改造我们的社会。环境经济学中使用的"压力－状态－响应"（pressure-state-response）方法提供了系统方法的早期示例（见专栏 9.2）。

专栏 9.2

压力－状态－响应方法作为系统方法的一个例子

最初由加拿大统计局制定并由经合组织参照自然资本推广的压力－状态－响应（pressure-state-response，PSR）方法，后来扩展到 1997 年联合国开发署采用并用于环境经济核算（Environmental Economic Accounting，EEA）的驱动－压力－状态－影响－响应（Driver-Pressure-State-Impact-Response，DPSIR）。DPSRI 框架（见图 9.2）包含描述环境状态（State of the Environment，SoE）弹性的不同要素，并允许对不同要素（决定因素、压力、状态和影响）的数据和指标进行分类。政府间气候变化专门委员会（Intergovernmental Panel on Climate Change，IPCC，2015）根据这些数据，利用估计和外推方法，估计了气候变化的环境安全界限。弹性生态系统和这些环境安全的界限在《联合国气候变化框架公约》第21次缔约方会议（2015，巴黎）中再次指出：要求把全球平均气温升幅控制在工业化前水平以上低于2℃之内，并努力将气温升幅限制在工业化前水平以上1.5℃之内。

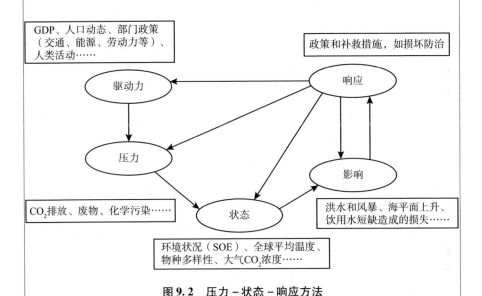

图9.2 压力－状态－响应方法

资料来源：European Environment Agency，1999。

这个例子表明，利用现有的最佳数据和估计，可以在环境安全界限上达成科学共识。一旦确定了这些，就有可能看到科学研究和政治行动，以保持系统在这些安全界限内（见专栏9.11关于碳定价的讨论）。

第三节 资本测度的现状

资本方法建立在保护或增加不同存量（资本）的概念之上，这些存量（资本）决定着我们的幸福和福利。这种可持续性的"存量"方法既可以观察资本存量的实物变化，也可以将所有这些资产转换为货币等价项。因此，资本方法可以朝着两个方向发展：要么作为"主流经济方法"，确定所有类型的资本并将其货币化；要么作为一个"组织框架"，实物指标涵盖所有主要资产。

一、经济资本

（一）2009 年以来的进展

在危机期间和危机之后，SSF 报告中提出的许多问题得到了关注，与此同时，未能通过常规统计指标适当测度经济可持续性的问题变得明显。随着时间的推移，通过债务水平的提高、金融杠杆（由更自由的金融法律和法规支持）的提高、信用违约风险的增加、价格泡沫和各部门和国家间相互联系的增强，经济体系中的风险和脆弱性逐渐积累起来。这些脆弱性没有被注意到，部分原因是衡量经济健康的方式：它没有充分衡量风险。

在危机期间和危机之后，很明显，许多参与者缺乏适当和及时的数据来帮助他们有效地作出反应。《G20 数据缺口倡议》是提供更广泛和更全面的经济可持续性指标的重要进展来源。该倡议支持政府努力提供关于金融部门风险累积、跨境金融联系、易受冲击的脆弱性和这些统计信息交流的可比统计数据。强调了获得更多和更好信息的重要性，这些信息包括一个部门的资产和负债如何与其他部门的资产和负债相匹配，以及货币和期限错配（currency and maturity mismatches）。该倡议提供了收集跨国比较的资产负债表数据的模板。许多国家，尤其是欧盟内部，现在可以及时提供季度数据。

自 2007 年金融危机以来，我们从经济可持续性方面吸取的教训之一是，没有一个明确的公共债务临界值，超过这个临界值，我们应该预计 GDP 增长将大幅下降，尽管高水平的公共债务可能会引起人们对经济体系抗冲击能力的担忧。即使是显示公共债务和 GDP 增长之间相关性的研究也很少或几乎没有告诉我们这两者之间的因果关系。公共债务可持续性的唯一真正考验是市场（即出售政府债券的能力），这本身就是不同国家的机构设置（如中央银行的存在和货币政策维持低利率的能力）以及考虑到人口和其他因素的演变对公共财政未来前景的评估。也有证据表明，在某些情况下，公共债务与 GDP 增长之间的关系可能从（低）增长到（高）公共债务，而不是相反。

世界上许多国家从危机中复苏乏力，而在美国和其他一些经合组织国家，收入增长进一步集中在顶层人口。全球经济复苏不尽如人意的部分原因是实施了紧缩措施，这些措施是在一种错误的信念下制定的，即存在一个临界点，超过这个临界点，债务就会降低增长。SSF 报告中其他地方讨论的失业和就业不足导致的人力资本流失，可能会在未来数年内降低经济增长。对摇摇欲坠的公共基础设施的投资本可以帮助数百万人，维持人力资本存量，并进一步帮助经济复苏。

（二）突出问题

虽然 SNA2008 包含了经济资产和负债的完整资产负债表，但许多国家在可持续性方面仍然采用了非常有限（而且可能会产生误导）的方法。如上所述，（总）公共债务与国内生产总值（GDP）的比较是衡量经济可持续性的不完整指标。将债务占 GDP 之比作为可持续性指标的部分吸引力在于，它的计算和理解相对简单。

1. 可持续性需要额外考虑的问题

（1）完整的资产负债表方法（即评估更广泛的资产和负债以及相关风险），通过查看：第一，所有部门（银行、家庭等）的资产负债表，而不仅仅是政府部门；第二，负债和资产（例如，认识到在低迷的金融市场中出售资产可能会使资产净值恶化）；第三，区分增加生产能力和不增加生产能力的经济资本的类型（如土地），区分数量的变化和价格的变化（见专栏 9.3）。

专栏 9.3

财富与生产中的资本服务

约瑟夫·斯蒂格利茨（Stiglitz，2015a）在讨论托马斯·皮凯蒂（Piketty，2015）关于资本产出比（capital-output ratio）长期增长的结果时指出，这种增长通常伴随着相对于劳动力的资本回报率下降以及资本在收入中的份额下降。正如劳动力份额和实际工资下降的数据所表明的那样，实证情况并非如此。斯蒂格利茨解决这个难题的方法在于区分财富（W）生产中的资本服务（K）：

W 和 K 之间的区别反映了资本的双重性质，即作为生产要素和储存财富的手段。这种区别在资本测度文献中是一个公认的特征（Jorgenson，1963；Jorgenson and Griliches，1967；Diewert and Schreyer，2008；OECD，2009），但有时在讨论中被忽视。资本的每一个方面都与一个特定的指标有关。

● 资本的财富方面需要一个反映资本商品市场价值的指标。W 是资产负债表中概念上的校正项。资产负债表与特定的时间点有关，财富的估价以这些时间点的现行价格为准。财富变化是投资或存量减去折旧或损耗再加上重估价。

● 为了获得资本的生产方面，需要使用物量指标 K 来反映资本服务进入生产的流量。与财富存量不同，资本服务的价格与使用者成本相一致，旨在获取不同类型资本的边际生产率。

斯蒂格利茨的研究表明："即使资本收益率停滞不前或下降，财富收益率也可能上升。大部分财富不是生产性资本（机器），而是土地或其他所有权要求而产生的租金。财富增加的一部分是资本化价值的增长，这种价值可以被称为剥削租金——与垄断租金和其他偏离标准竞争模式的租金有关。一些财富增加是因为与知识产权相关的租金价值的上涨"（Stiglitz，2015a）。

这一区别意味着名义财富产出比的演变可能与物量资本产出比有很大的不同。这一区别还提出了两个概念的范围问题——包括或排除某些资产可能会改变财富产出比和资本产出比的整体情况。其中一种资产是土地，在一些国家，整体财富产出比的上升是由土地大幅升值推动的，这证实了斯蒂格利茨的观点。尽管有两种截然不同的观点，但财富和生产领域是相互关联的，其衡量标准也是如此。事实上，W 和 K 构建应该保持一致，并作为综合框架的一部分，例如 SNA2008 或经合组织（OECD，2009）和戴尔·乔根森和史蒂文·兰德菲尔德（Jorgenson and Landefeld，2007）更详细地阐述了这一点。

（2）长期可持续性分析，考虑到人口和其他因素对公共财政演变的影响。

关于第二个问题，模型和场景为社会提供了宝贵的指导，指导它们为实现可持续性而必须作出的选择。评估不同类型资本之间的相互作用将变得越来越重要（见专栏9.4）。

专栏 9.4

公共财政建模

一些国家的政策制定者对公共财政的建模路径越来越感兴趣，他们认识到，除了结构改革和生产力发展外，人口演变（尤其是老龄化）是分析财政可持续性的一个主要因素。值得注意的例子包括美国、澳大利亚和欧盟国家。

这种方法通常根据各国的政府债务水平、初始预算状况和老龄化成本（特别是老年养老金、医疗保健和长期护理）的预测变化，分析各国的短期、中期和长期状况。它使用了一系列假设，包括人口演变、实际 GDP 增长、通货膨胀、实际利率和劳动力市场参与度。该方法的一个重要方面是考虑不同的场景，清楚地传达结果相对于假设的敏感性。

这种方法的一个优点是可以分析一段时间内可持续性的预计路径，从而确定未来的特定压力时期。

可以说，宏观经济模型应该更进一步，以反映利率和政府基本平衡共同决定经济产出和公共债务水平的路径（即政府净借款或净贷款，不包括合并政府负债的利息支付）。这意味着要认识到，货币政策和预算规则（budget rules）不能相互独立制定，在经济衰退时期，财政整顿可能会对降低 GDP 增长产生巨大影响，而在减少公共债务方面（可能进一步增加公共债务）效果有限。宏观经济模型还应强调在给定的政策工具配置下，私人需求预期将遵循的路径，以及当私人需求的路径与充分就业和稳定物价的宏观经济目标不一致时，需要调整这些工具。

对经济可持续性的完整的资产负债表方法也意味着对可持续性采取更细致的方法，这种方法不太可能依赖于"单一指标"（single number）。这就更难下定论，举一个恰当的例子，在适当的时候进行财政刺激。在这种情况下，完整的资产负债表有四个重要特征。

2. 资产负债表的重要特征

（1）私人财富应与公共部门的资产和负债一并考虑，因为，如果特定主体破产（例如，由于银行救助），私人债务可能会转化为公共债务。此外，政府用来偿还债务的税基取决于私营部门的净财富。在这两个方面，某种分布信息是重要的，因为汇总可能掩盖了这样一个事实，即对于许多主体来说，债务不包括在资产中。净资产为负的家庭（或公司或银行）的份额可能是一个有用的指标。通过更仔细地研究资产继承的数据来考虑财富在代际之间的转移也是有价值。

（2）一个更好的资产负债表还应考虑到这样一个事实：尽管一项资产（如土地）的价值有所增加，财富的总体衡量指标也有所上升，但这与生产性资产数量的增加并不相同。

（3）更详细的金融公司和其他机构部门的资产负债表对于了解风险和脆弱性至关重要。《G20 数据缺口倡议》建议编制季度机构部门账户。我们还应认识到，当风险没有得到适当衡量时，我们可能低估了公司、住户和其他机构面对金融压力时的脆弱性。资产负债表应更加详细，既要显示更细的子部门（以说明脆弱性的差异，例如通过债务与收入比衡量的脆弱性差异），也应更详细地记录每个子部门的数据，同时考虑收集和分析更详细数据的成本和效益。子部门内更详细的资产负债表可以通过按交易双方部门细分或按到期日和货币划分债务来检查相互关联性，从而更好地分析风险。

（4）所有相关类型的养老金负债都需要包括在内。即使是这样改进和更详细的资产负债表，也不足以捕捉到宏观经济风险。其中一个原因是，在宏观层面上没有明确的概念框架来捕捉风险，对宏观和微观层面风险（如部门风险的累积）之间的联系仍然缺乏充分的理解。因此，应开发更好的指标，以衡量不同类型的风险（流动性、偿付能力、到期日、货币划分的债务、投资比重过高、或有事项和担保）及其在经济特定部门的集中程度。汇总数据还不够，还需要更细致的信息来评估在资产价格发生变化的情况下，公司（或住户）将面临哪些财务压力，以及这些公司（或住户）对整个经济的重要性。

风险还有其他方面。例如，现有 SNA 常规方法可能导致将更高的风险视为增加金融服务的附加值。这个问题反映在正在进行的关于测度"间接测度的金融中介服务"（financial intermediation services indirectly measured，FISIM）的讨论中。金融中介机构在提供贷款时承担风险，因此，核心问题是银行可能产生的较高风险溢价是否会增加其产出，或者风险是否由其他部门或整个社会承担，不应反映在金融部门的产出中。这样做，人们应该明确区分现行价格和不变价格。

这些问题构成本节讨论的"系统性"和"弹性"问题的一部分。

二、人力资本

(一) 人力资本的概念和界定

人力资本概念的思想渊源可以追溯到亚当·斯密，斯密在 1776 年出版的《国富论》中的第二篇的第一章"论财富的分类"，"如果个人的财富足够维持他数月或数年的生活时，他就自然希望这笔财富中的一大部分能够赚取收入……，用以赚取收入的部分，称之为资本……。资本也可用来改良土地，购买机器设备，或用来置备不需要流通就可以提供利润的东西，这样的资本就叫作固定资本……。固定资本包含四项：一是一切有利于节约劳动的机器和工具；二是一切能取得利润的商店、货栈、场地、库房等建筑物，不仅对出租人能提供收入，对承租人也能提供收入；三是通过开垦、灌溉、修建围墙等方式改良土地所留下的基本设施，都能够便利劳动；四是人们通过进学校、受教育、当学徒所掌握的技术和有用才能，都是社会财富的一部分"（张兴等，2007）。20 世纪初，美国经济学家欧文·费雪在《资本的性质和收入》（*The Nature of Capital and Income*）一书也认为，凡是可以带来收入的物品或活动都是资本，其价值大小等于由物品或活动的未来预期收益的折现值。这就意味着人们的活动能力只要能带来收入就可成为资本。

经济学家将这个概念引入，把一个人的能力当作一种资本的实际意义直到 20 世纪 60 年代人力资本的概念才得到广泛的认可。这个转变可以部分的反映人力资本的概念，并用来解释一国经济产出的增长和传统的三种投入（土地、劳动力和生产资本）之间的差异。一些经济学家认为人力资本投资差异是解释的主要原因（Schultz，1961）。

大多数文献强调人力资本投资带来的经济回报。例如，舒尔茨定义人力资本是"获得的技能和知识"来区分原始（不熟练）劳动力和熟练劳动力；同样的，《企鹅经济学词典》（*The Penguin Dictionary of Economics*，1984）定义人力资本是"一个人掌握的技能、才能和能力，这些能力能让他赚钱"，这个定义强调人力资本投资能带来人们经济状况的改善。世界银行（World Bank，2006）同样定义了人力资本，即能体现个人生产能力，特别注重对经济生产的贡献。

今天的经济更加以知识为基础的全球化，人力资本的经济重要性对个人的竞争优势和国家的经济成就比以往更为重要。但是人力资本投资也提供了许多其他非经济回报，例如，改善健康状况、提高个人福利水平和增强社会凝聚力。这些更广泛的回报被许多人认为是同样重要的，经济回报是更高的收入和经济增长的形式。例如，经合组织的人力资本定义为"知识、技能和其他个人展现的与经济活动有关的特质"（OECD，1998）。然而，更新的人力资本定义是"知识、技能、能力和个人体现的能够促进个人、社会和经济福利的创造力的特质"（OECD，2001）。根据经合组织2011 年的报告，人们广泛接受了人力资本的概念，见图 9.3。

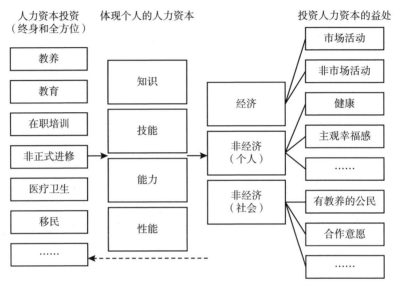

图 9.3　人力资本：形成、构成、带来的回报

人力资本较高的国家有较强的经济增长能力，而人力资本较高且有能力实现更好的个人成就的个人则更具竞争力。在国家层面，经合组织（OECD，2010）估计①，PISA 分数每增加一个标准差，GDP 增长率就会提高 1.8 个百分点。在个人层面上，受过高等教育的人寿命更长、收入和财富更高、健康状况更好、关系网更密集，是更活跃的公民（active citizens）。

在实践中，测度集中在更狭义的定义上。通过正规教育认证的知识、技能和能力是早期人力资本测度研究的对象。最新的发展还着眼于补充教育成就指标的其他方法。

---

　　① 经合组织先前对人力资本的定义不同，它们只指经济福利。第十章"信任与社会资本"考虑了社会资本。

人力资本的测度对于理解社会发展和经济增长的基本过程具有重要意义。对于估计和理解社会中的不平等也很重要。测度人力资本对于教育和医疗卫生部门的问责制很重要。它们有助于准确核算失业等社会现象的成本和效益，以及解决这些问题的拟议政策。

人力资本在很大程度上决定了一个国家现在和将来的消费和生产可能性。人们的知识、技能和能力是"资本"，因为它们可以积累起来，但也可以逐渐衰退，特别是在长期失业或患病期间，或在战争或移民等冲击之后。不考虑人力资本可能导致决策者在教育、年轻人就业和公共卫生方面的投入减少，对未来造成不利影响。

人力资本是通过可持续性的角度来检验的。在危机期间和危机之后，关注人力资本的动机之一是人们担心对危机成本的估计并未反映出青年失业率高、工人失业、企业特定人力资本损失以及企业培训支出减少导致的人力资本减少。如果低估了这些成本，在财政刺激或教育和技能投资方面，对危机的反应可能过于疲软。

尽管人们普遍认同维持和增加人力资本以确保可持续性的重要性，但仍在继续讨论测度人力资本的最佳方法、不同定义的人力资本的优缺点（应包括哪些内容，在数据约束的情况下应测度哪些内容）以及对其进行估价的不同方法（见专栏9.5）。

专栏 9.5

人力资本的测度方法

传统上，测度人力资本方面最常用的方法是使用教育产出的非货币指标，如识字率或中学毕业率。这种指标具有能够广泛使用的优点。这类指标的优势在于，即使各国之间的数据可能无法完全可比，也可以在国家和时间范围内广泛使用。最近，已经制定了指标方法，以考虑人力资本形成和存量特征的其他方面。使用标准分类，例如按教育计划类型分类，提高了这些指标的质量。

其他方法的目的是对一个国家的人力资本存量进行单一的汇总测度，用货币表示。这些方法的基础：

● 成本法（cost-based approach）（Kendrick，1976），人力资本存量估计为过去人力资本投资流的折旧价值，如教师工资和所有其他教育支出。

> ● 终身收入法（lifetime income approach）（Jorgenson and Fraumeni，1989，1992a，1992b），其中计算了不同教育水平下人口中个人未来劳动收入的折现值。
>
> ● 间接法或剩余法（indirect or residual approach），将人力资本存量估计为未来消费流量折现值与其他计量资本存量货币价值之差。由于其局限性，《人力资本测度指南》（*Guide on Measuring Human Capital*）（UNECE，2016）不建议采用这种方法。
>
> 人力资本存量的综合指标也可以基于一些指标和货币计量相结合的方法。例如，一个国家的人力资本存量可以衡量为不同人口段（包括目前不活动的人口）平均受教育年限的加权平均数，其权重基于各种教育类别的"受教育回报率"估计值，用于获取"质量"。

（二）SSF 报告发布以来的进展

《人力资本测度指南》反映了人力资本测度方面的一些进展。该指南为衡量人力资本的不同战略和方法提供参考和支持，重点是根据 SNA 编制有关人力资本的卫星账户。

今天，统计界对衡量与教育和劳动力市场回报相关的人力资本的基本方法达成了普遍共识，但仍存在重大关切。一般来说，在国民账户的背景下，最合适的衡量方法要么是成本法，要么是终身收入法（Jorgenson and Fraumeni，1989，1992a，1992b）。①

虽然终身收入法从理论上讲很有吸引力，但它需要详细的数据和许多假设；特别是今天人力资本的价值取决于你对未来 GDP 增长的假设。例如，这使估计经济危机通过减少人力资本渠道对未来增长的影响变得复杂。还必须对未来作出其他假设，例如预期寿命，这些假设会对人力资本价值的总体估计产生重大影响。

成本法基于过去的支出，但也需要假设，尤其是关于人力资本折旧和未来回报的假设。然而，由于数据可用性的原因，成本法通常是首选

---

① 终身收入法测度人力资本的一些有力假设不是很吸引人。例如，"返校率"通常只反映劳动力市场的回报率，而理想情况下，这些回报率应扩大到非货币回报率（例如受教育程度较高的人的预期寿命更长，尽管这种关系中存在因果关系的争论）。获取非货币回报需要对其进行估值，这通常是使用收入来实现的。这是有问题的，因为这样的方法可能会得出这样的结论：就预期寿命而言，贫穷国家的生活价值低于富裕国家的生活价值，这意味着人力资本回报率较低。这种方法对于解释 GDP 和生产力的未来增长也不太有用，因为（实际）来自该存量的服务流本身就是未来预期收入流的函数。

方法。

　　一些国家的国家统计局最近采取了一些举措，制定人力资本的价值真值表，与教育质量和成就指标一起使用。这些研究的一个共同发现是，无论采用何种方法，与经济资本相比，人力资本的价值是很高的，即使基于终身收入法与成本法之间的差异大小仍然是个谜（Liu，2011）。然而，除了这些研究得出的数据估计之外，将教育支出视为投资而非消费，将对如何界定和理解资本形成产生重大影响。

　　此外，最近，在直接测度认知技能方面取得了实质性进展，特别是经合组织的 PISA 和自 2011 年以来开展的 PIAAC 调查（见专栏 9.6）。特别是 PISA 的调查，使人力资本引起教育界内外决策者的注意，发挥了重要作用。

专栏 9.6

PIAAC 和 PISA 调查

　　经合组织越来越多地将人力资本作为两种计算工具的基础：

　　• 国际学生评估项目（Programme for International Student Assessment，PISA）于 2006 年、2009 年、2012 年、2015 年实施。虽然所有的 PISA 都包括阅读、数学和科学的测试，但 2006 年的 PISA 集中在科学素养上；2009 年的 PISA 集中在阅读方面；2012 年的 PISA 集中在数学上。PISA 测试也在 2000 年和 2003 年实施。2003 年和 2012 年，还进行了创造性问题解决的测试，而 2012 年包括对金融素养的可选测试。

　　2019 年底，OECD 发布了国际学生评估项目 2018（PISA2018）结果。该项目是对全球 15 岁学生的三年期调查，评估他们获得全面参与社会所需的关键知识和技能的程度，集中于阅读、数学和科学三门学校核心科目。此次评估中，约 60 万名学生完成了测试，代表 79 个国家和地区的约 3 200 万 15 岁学生。测试项目包括多项选择题和开放式问题。此外，学生还需回答一份背景调查问卷，内容包括学生家庭信息、学习态度、性格、学校和学习经历。校长也会完成一份问卷，内容包括学校管理和活动的组织以及学校的学习环境。一些国家和经济体还分发了额外的调查表，以收集更多的资料。其中有 19 个国家和经济体为教师提供了一份关于教学实践的问卷，17 个国家和经济体为学生家长提供了一份关于对学校和孩子学习状况的看法和参与程度的问卷。国际学生评估项目 2018 年发布之后，各国纷纷针对成绩和排名变化进行分析，并针对薄弱环节推出下一步的政策调整与教育改革措施。

我国四省市（北京、上海、江苏、浙江）作为一个整体取得全部 3 项科目均排名第一的好成绩。PISA 数据显示：北京、上海、江苏、浙江四省市学生在阅读、数学、科学三项关键能力素养上的平均成绩分别为 555 分、591 分、590 分，在参测国家（地区）中均排名第一，学生基本素养达标率为参测国家（地区）第一，高水平学生总数居于前列。当然，在对 PISA 测试结果进行分析和解读时，不能只关注分数和排名，而是要以学生发展为教育质量的核心，逐步摆脱单纯以学业成绩为标准的评价导向。

● 国际成人能力评估调查（International Assessment of Adult Competencies，PIAAC）是 OECD 所实施的国际调查之一，该调查在 24 个国家中对 16～65 岁成年人展开的调查，旨在对成年人在社会生活方面的能力进行评估。PIAAC 初次调查的评估期间是 2011～2012 年，调查结果于 2013 年 10 月 8 日公布。调查共分三项，其目的是测定人们掌握工作生活中所需能力的熟练程度。调查中的直接评估部分对三个领域的成人技能进行评价：识字技能、识数技能和在技术要求高的环境中解决问题的技能。

这三种技能为发展其他更高等级的认知技能奠定了基础，是获得和理解特定领域知识的前提条件，因此视为是"关键"的能力。此外，从教育到工作再到日常生活等许多背景下，这些技能都是必需的。PIAAC 是迄今为止规模最大、最全面的成人能力国际评价项目。

该项调查提供了各国在终身学习领域的发展情况与尚需发展方面的相关信息，为政府了解人力资源水平和结构并对人力资源市场重新布局提供了基础。PIAAC 调查研究不仅有助于世界各国了解本国的成人 21 世纪所需能力的发展水平，更有助于在获得详细数据信息的基础上，帮助各国的政策制定者确定下一步的行动方向，有效地促进本国发展。而 PIAAC 调查也让我们看到，终身学习在未来个人发展、国家发展中的重要意义和价值。

（三） 突出问题

在改进估计人力资本价值的终身收入法方面，以及更广泛地扩大我们对人力资本的理解和测度方面，仍需取得进展。迄今为止，大多数分析都认为人力资本是正规教育或认知技能，其回报是劳动收入的增加。未来的工作需要扩大对人力资本的测度，以符合这样一种认识，即人力资本比教育和认知技能更广泛，其回报也大于个人收入。最初关注教育和劳动力回报的部分原因是数据可用性，事实上，这个概念局限于这些方面时更易于操作。即便如此，从这些狭义的角度衡量人力资本，也表明人力资本投资被低估了。

重要的是建立在这个基础之上，超越认知技能、教育和有报酬的活动。这一广义的角度要求解决困难的测度问题，例如如何衡量个人和社会的非认知技能和非市场收益，以及理解和衡量特定的人力资本和关系。

它还意味着要考虑人口结构和预期寿命，因为在市场和社会中，寿命更长、身体更健康的人的生产力更高。在测度人力资本时，移民也必须包括在内：当受教育程度较高的人口迁移时，输出国也要付出代价。

（四） 改进终身收入法

量化未来生产潜力与人力资本和人力资本投资水平的关系，对于支持更全面地处理人力资本账户至关重要，尽管这一任务面临着明显的方法论挑战。例如，对教育回报的更好和更一致的估计需要纵向研究来解释队列效应（cohort effects）（Boarini et al.，2012）。

此外，测度特定人力资本比测度一般人力资本更为复杂。特定人力资本包括，例如，企业特定的人力资本或关系，而一般的人力资本包括学校教育或非特定的工作经验。不考虑在职培训可能会使正规教育回报率的估计产生偏差。

要了解基于成本的估计值和基于收入的估计值之间的差距，需要同时估计这两个值。构造人力资本卫星账户将有助于更好地匹配这两类估计数。

一些国家无法获得实施终身收入法所需的许多数据，也不一定要加以统一。更多的跨国研究将有助于更好地理解人力资本，并改进其测度方法。例如，各国提供的收入结构（一定时期内收入定义包括哪些内容）和教育成就各不相同。如果有统一的数据，研究人员就可以更好地理解教育所发挥的作用。

最后，考虑到估计值对未来假设变化的敏感性，有必要更好地理解终身收入法的用途（见专栏9.7）。虽然这些估计值在证明人力资本构成财富的很大一部分方面发挥了非常重要的作用，人力资本支出应被视为投资而不是消费，但在规划和测度可持续性方面，该方法的实际用途尚不清楚。

专栏9.7

经济下行对人力资本造成的后果

经济下行的一个实质性问题是，失业（特别是青年失业）侵蚀了人力资本，或者限制了通过在职培训获得的人力资本。如果经济下行的全部成本（由于人力资本减少而导致的长期较低的 GDP 增长率）得到承认，政策反应可能会更强。虽然很难衡量经济下行造成的人力资本损失，但这些影响可能很重要，因为在经济下行期间进入劳动力市场的毕业生的收入可能会永久性地降低，但终身收入法的大多数应用都忽视了这些努力。

（五）扩展人力资本及其回报的测度

通过估计教育对终身收入的影响来评估人力资本的战略也是不够的，因为它忽略了两种情况：

（1）正规教育之外获得的人力资本以及非认知技能；

（2）人力资本的非市场收益。

更全面的人力资本测度方法对于引导决策者认识到教育支出是一种投资而不是消费是很重要的。

虽然注重正规教育和市场回报一直是从数据可用性和概念清晰性更高的地方开始的务实结果，重要的是，在资本形成的各个阶段增加人力资本的数据可用性和概念的清晰性，包括人力资本如何体现在个人身上及其收益。例如，人力资本投资不仅通过教育进行，而且还通过在职培训、养育子女和家庭生产非市场服务（见专栏9.8）以及通过参与文化活动进行。例如，在青年失业率居高不下的情况下，人力资本遭到破坏，其影响不仅是今天的消费下降，而且是国家未来较低的长期增长轨迹。同样，重要的是要认识到，人力资本不仅通过知识和认知技能体现在个人身上，而且还通过非认知技能和特质体现在个人身上。它的好处不仅包括劳动力市场回报，还包括更高的主观福利、公民意识、关怀、社会信任、合作和健康。从这个更广阔的视角来看，医疗卫生支出应被视为一种人力资本的维护和修复过程，而更好的健康状况应被视为人力资本的非市场收益。人力资本也可以促进社会资本的积累：儿童在学校发展的规范和价值观将使他们能够更好地作为成年人参与社会（OECD，2010）。人力资本的发展可以从系统方法的角度来看待，因为它与经济、社会和自然资本的发展有联系。

专栏9.8

无酬家务劳动的测度与评价

即使无酬家务劳动有助于保护和改善人力资本，但大多数工作都被排除在国民账户体系的生产范围之外。近年来，人们采取了各种方法来测度家务劳动的数量和类型，并估计这项工作的货币价值。一些国家已开始在住户部门卫星账户中对这些活动进行估价，该账户提供了有关经济和社会的重要信息。时间利用调查是一个重要的方法，用来记录个人提供非市场服务所花费的时间，这些服务使其他家庭成员或社会更普遍地受益。然而，为家务劳动赋值并不容易，因为这项工作是无偿的，而且往往会产生无形的服务。

联合国欧洲经济委员会工作组（UNECE，2017）发布了一套评价无酬家务劳动的指南（guidelines for valuing unpaid household services）。

（六）超越平均水平

与收入或财富一样，在考察人力资本时，重要的是要超越平均水平：人力资本中存在着重要的不平等，这可能因国家和人口群体而异。

除了了解总体人力资本是否在增加之外，还必须关注人力资本的不平等，因为这些不平等在形成终身不平等方面起着重要作用。因此，需要采取措施区分成人和儿童、特定国家的不同群体和不同的家庭安排，以了解模式如何随着时间的推移而变化。

更好地测度这些不平等（例如在教育和医疗卫生方面）将有助于更好地理解机会不平等。虽然从各种角度来看，人力资本中的性别不平等非常重要（见专栏9.9），但收入、种族、种姓或宗教的不平等也很重要。

专栏 9.9

人力资本中的性别不平等

虽然减少教育方面的不平等有助于减少生活机会方面的不平等，但因性别而异的不平等影响到生育决定、儿童健康、家庭中权力方面的性别关系、性别分工和家庭内部的权力。

到 2005 年在教育领域实现两性均等的目标尚未实现，尽管情况有了很大改善。到 2011 年，只有 60% 的国家在小学阶段实现了这一目标，38% 的国家在中学阶段实现了这一目标。在世界上，失学的女孩多于男孩：女孩占失学儿童总数的 54%。在阿拉伯国家，这一比例为 60%，自 2000 年以来保持不变（UNESCO，2015；UN Women，2015）。南亚的性别均等指数急剧上升，1990 年不平等程度最高，现在最低。然而，虽然撒哈拉以南非洲、大洋洲、西亚和北非取得了进展，但在小学教育入学率方面，女孩仍然比男孩处于不利地位。社会不平等程度也扩大了，这种不平等往往与更大的社会和经济鸿沟相互作用。

上学不一定意味着掌握基本的识字技能。教师资源不足的贫穷国家和富裕国家尤其令人担忧。初等教育中性别差距的部分缩小有助于降低妇女的文盲率，但妇女仍占全世界文盲人数的 60% 以上。

在中等教育方面，各国的进展更加不平衡。平均而言，在整个经合组织中，43% 的 25～64 岁的人获得了高中或高中后非高等教育学历。从老年人到年轻人群体的改善对妇女来说尤其大。2015 年，在经合组织中，37% 的 55～64 岁女性没有高中学历，而 25～34 岁女性中只有 15% 没有高中学历（OECD，2015）。

就整个发展中地区而言，中等教育的两性均等指数从 1990 年的 0.77 上升到 2012 年的 0.96。然而，各地区之间存在很大的差异，在拉丁美洲和加勒比地区，女孩占优势，但在撒哈拉以南非洲、南亚、西亚和大洋洲，女孩明显落后于男孩。南亚是取得最大进展的地区，该地区的指数在 1990～2012 年间从 0.59 上升到 0.93。相反，撒哈拉以南非洲地区是女孩机会最差的地区，特别是在人口中最贫穷的部分和农村地区。到 21 世纪末，只有 9% 的人完成了初中教育，这一比例一直在下降。根据最近的趋势，来自撒哈拉以南非洲最贫穷家庭的女孩在 2111 年完成初中学业。按照过去的速度，预计到 2030 年，低收入国家将有超过一半的 15～19 岁的人口完成初中教育，而只有 33% 的男孩和 25% 的女孩完成高中教育。

虽然在初等和中等教育中仍然存在针对性别的不利因素，但在高等教育中，性别差距到 2015 年已经缩小，有些国家甚至开始逆转，女性人数超过男性。在 2/5 的经合组织国家，以及立陶宛和俄罗斯，每两个年轻女性（25～34 岁）中就有一个拥有高等教育文凭。只有在加拿大、韩国、卢森堡、俄罗斯和英国，男性的高等教育率如此之高。然而，性别差异仍然存在于专业领域，女性关注人文学科，男性关注科技领域。此外，在高等教育阶段，性别平衡再次逆转，获得博士学位的男性多于女性。最后，尽管大多数大学毕业生是女性，但男性在就业和收入方面仍然有更好的劳动力市场结果（United Nations, 2015b）。

三、自然资本

在社会和政治层面，自 SSF 报告发布以来，对气候变化和环境可持续性的关注持续增长，在有意义的范围内解决这些问题的真正进展缓慢。与此同时，人们已经从考虑资本转向考虑质量、生物多样性和生态系统，因此不再仅仅考虑数量。

资本方法（以及相应的测度方法）应用于自然资本的发展经历了四个历史时期，每个时期都受到环境危机的影响：测度能源危机和自然资源枯竭所导致的数量和价格变化；测度环境质量的局部变化，与空气、土地和水质的日益恶化以及废物处理较差有关；注重测度全球性现象，与臭氧层消耗和气候变化的意识联系起来；测度生态系统和环境安全界限。

我们现在进入第四个阶段，超越了对自然资本单个存量的测度，转向了生态系统。这考虑了"不同资产的相互作用（例如，在森林中，水、木材、土壤和野生动物之间存在相互作用）"。下文讨论的 SEEA 提供了这一定义，明确指出，为了测度环境可持续性，需要的不仅仅是存量的测量。生态系统不是不同物种的集合，而是更基本的系统，因此，它们可以有不同程度的弹性。它们为社会提供多种服务（例如，森林不仅提供木材，还可以提供保水、防洪或滑坡保护、空气过滤、碳封存、珍稀物种栖息地、娱乐和消遣场地）。

应用于自然的资本方法，原则上可以将环境中的价值与经济中的价值

进行比较，从而在环境和经济之间架起一座桥梁。然而，一个共同的测量
框架并不容易适应生态系统的测度。本节总结了自 SSF 报告发布以来在测
度环境资产方面取得的进展；确定最迫切需要研究的领域；并为生态系统
作为自然资本的一个重要组成部分的测度开辟了一条道路。

（一）SSF 报告发布以来的进展

SEEA 中心框架由环境资产存量、环境经济实物流量、环境相关经
济交易三个部分组成，互为犄角构成了一个相对比较完整的"压力–状
态–响应"架构，为从不同角度进行环境–经济分析提供了基础。
SEEA 将国民核算扩展到包括一组更广泛的环境资产（如鱼类资源），旨
在提供与经济相关的环境条件的全面和系统信息，以帮助指导决策，了
解环境变化的决定因素，并协助建模和场景构建。SEEA 中心框架还涵
盖了根据多国投入产出表测度一个国家进出口中碳排放量的指标（碳足
迹）。专栏 9.10 描述了各国国家统计局在实施 SEEA 中心框架方面取得
的进展。

专栏 9.10

SEEA 的应用

联合国统计司 2014 年对 SEEA 实施情况进行的全球评估表明，54
个国家已经制定了环境经济核算方案，作为其国家统计方案的一部分，
还有 15 个计划在短期内完成。这些现行和前瞻性核算方案所涵盖的主
题因国家而异。简言之，联合国的评估表明，发达国家的核算往往侧
重于空气排放、环境税、物流、环境商品和服务部门以及实物能源流
核算；而发展中国家则侧重于水和能源。在欧盟，重点是实物和货币
流账户，而在欧盟以外，重点是自然资源核算。

收集实践中的这些差异可以反映出国家间优先事项的不同。发展
中国家的政策需求可以理解为是出于更好地管理其自然资源禀赋的需
求，以及与水和能源有关的具体安全问题。

自然资本核算（natural capital accounting, NCA）将自然资本视为
国家发展和经济增长决策中的一个重要因素，用存量指标（特别是自
然资源和生态系统）补充 GDP 数据。

世界银行一直是自然资本核算的积极推动者。2010 年，在日本名古屋召开的生物多样性大会上，世界银行启动了一项"财富核算和生态系统服务价值评估"（Wealth Accounting and Valuation of Ecosystem Services，WAVES）全球合作项目，目的是通过以自然资本价值为重点的全面财富核算以及推行将"绿色核算"纳入国民经济核算的方法，推动向绿色经济转型。该项目在伙伴国家推广应用联合国的环境经济核算制度，包括实物量账户和价值量账户，并将这种账户拓展到生态系统和生态系统服务账户。

"财富核算和生态系统服务价值评估"中自然资本核算的主要内容包括：每年产生的生态系统服务的实物量与货币价值，生态系统退化的成本；生态系统服务的效益分布，退化成本在不同利益攸关者之间的分担；资产价值，综合财富核算等。

近年来已有越来越多的国家加入自然资本核算的实践队伍，自然资本核算正在成为做出明智经济决策的重要工具。为弄清森林对 GDP 的贡献，肯尼亚设立了森林核算账户；加拿大、荷兰和挪威每年均开展能源核算，以便为在减少二氧化碳排放的同时实现经济增长的规划提供参考依据；博茨瓦纳利用水资源核算结果，规划了多样化的经济增长结构。核算结果表明，全国用水总量中农业用水占 45%，但农业对 GDP 的贡献仅为 2%；澳大利亚利用水资源核算结果，对稀缺的水资源进行了更有效的管理；菲律宾政府已承诺在继续开采矿产资源之前对其进行核算；卢旺达已决定启动实施"经济发展和减贫战略"项目二期工程，自然资本核算正是该工程的一项内容；纳米比亚希望弄清自然资源对其经济的贡献，已着手进行野生动植物和渔业资源核算。

私营部门在推动自然资本核算中表现出少有的积极性。原因在于，伴随自然资源及生物多样性的减少，一些依赖于自然资源的企业和金融机构开始意识到企业经营风险及金融投资风险在日益增加；在生态资源丰富且敏感地区运营的产业或自然资源依赖型产业，很容易受生物多样性下降和生态系统退化的影响；而且对自然资源的过度开发也会给企业带来名誉风险，使其股价下滑。

在"里约 + 20"峰会上，86 家银行、投资机构和保险公司的 CEO 共同发表了《自然资本宣言》和《自然资本领导契约》，再次重申承诺在全球范围开展合作，将自然资本价值纳入决策过程；承诺建立一个拥有健全的自然资本报告系统，并最终实现对自然资本的使用、维护，恢复负责任的金融体系。有将近 7000 家大型公司签署了《联合国全球盟约》，承诺遵守人权、劳工标准及环境方面的九项基本原则。金融机构已经承诺考虑与 "自然价值倡议" "森林足迹披露" "全球报告倡议" 等现有项目合作，以提高机构内部人员的能力，更好地平衡各种风险。美国政府同意与沃尔玛、可口可乐和联合利华等 400 多家企业一道，在 2020 年之前从各自的原材料供应链中剔除非法木材。英国政府承诺，所有在伦敦证交所上市的公司，自 2013 年 4 月起强制披露碳排放数据。

　　SEEA 中心框架将环境资产定义为 "地球上自然产生的、由生物和非生物成分共同组成的、能够为人类提供福利的生物物理环境"。在 SEEA 中心框架中，环境资产被视为构成环境的单个组成部分（包括土地、矿产和能源资源、木材、水生资源和水资源）。原则上，对于这些资产可以编制实物资产账户和价值资产账户，以描述期初和期末存量以及这些资产的变化。在实践中，许多概念上和数据上的问题限制了我们以实物方式量化其中一些资产并以货币方式对其进行估价的能力。

　　2009 年以来，环境可持续性测度领域的重大进展是联合国组织相关专家开发并于 2014 年公布《实验性生态系统核算》手册（SEEA-Experimental Ecosystem Accounting，SEEA-EEA）（United Nations et al.，2014b），与生态系统和环境安全界限相对应（第四个阶段）。SEEA-EEA "是一整套针对生态系统及其为经济和人类活动提供服务流量来进行综合测算、以此评估其环境影响的方法"。更具体的表达是：通过这样 "一个经过集成的统计框架，用于组织生物 - 物理数据，测算生态系统服务，跟踪生态系统资产变化，并将这些信息与经济及其他人类活动联系起来"。为达到这一目标，要 "搭建一套共同、连贯一致、综合的概念、分类、术语体系，为数据的组织、研究和测试提供平台"，"从空间角度组织环境信息，以连贯一致的方式描述生态系统与经济和人类活动之间的联系"。在这个框架中，生态系统 "是一个由植物、动物、微生物群落，以及它们与非生物环境之间相互作用的功能所组成的动态复合体"，它可以在不同空间尺度上识别并在不同时间尺度上运行。基于此，生态系统资产被定义为 "生物、非生物成分以及其他共同发挥功能的特征组合而成的空间区域"。每个空间区域构成一个生态系统资产，每一个生态系统资产都有一系列特征，这些特征可能是生态学意义上的，比如其结构、成分、功能、过程；也可能与物理位置有关，比如范围、配置、景观地貌、气候和季节模式等。在核算中，生态系统资产作为存量出现，其数量以空间区域面积表示，对应诸多特征的具体状况合起来则决定了生态系统资产的质量。生态系统服务产生于生态系统资产，是指人类"经由经济和其他人类活动而充分利用生态系统资产产生的诸多资源和过程"，反过来，可以将生态系统服务视为生态系统对经济体系及其他人类活动的"贡献"或称"效益"。生态系统服务具有多种形式。核算中，这些服务按照其对于人类的功用和利用方式被区分为三个类别：供给服务，指生态系统对经济系统提供的各种物质和能量，如水、自然植物和动物、农作物肥料、植物和动物纤维等；调节服务，指生态系统调节气候、水文和生物化学循环、地表进程和各种生物过程的能力，如大气调节、生物降解、水流调节、生命循环维护等；文化服务，指人类从生态系统获得的各种知识以及体现愉悦感和满足感等福利，其本源是生态系统的物理环境和位置，通过人类的娱乐、知识开发、消遣与精神思考而生成，比如通过实地游览或观影、阅读等获取的娱乐、信息和知识、宗教功能、居住地意义等。

　　一般而言，生态系统资产代表产生生态系统服务的"生产能力"，而生态系统服务则属于提供给经济和其他人类活动的"产出"，反过来则代表会影响生态系统资产发生变化的"人为因素"。全面理解生态系统资产与生态系统服务之间的关系，需要放在一套完整的生态系统存量和流量关系框架中观察，如图9.4所示。将其中发生的流量做归纳，首先是生态系统间流量（A）和生态系统内部流量（B）；进而将经济及其他人类活动独立出来，可得另外两类流量：生态系统内部流量中涉及与经济体系及其他人类活动互换的流量，"生态系统服务"和"人类影响"（B_1），两个生态系统之间的"产品交换和社会互动"流量（A_1）。对此加以识别，所有生态系统要素都应作为生态系统资产加以核算；但就相关流量而言，A_1应属于经济核算（SNA）范畴，B_1是生态系统核算关注的焦点，单独定义为"生态系统服务"（省略了"为经济体系及其他人类活动提供的"这个定语），但只是B的一个组成部分；其余部分，包括其他生态系统内部流量、其他生态系统间流量，都仅仅属于生态系统资产变化核算的范畴，可以宽泛地视作为形成生态系统服务提供了支持（高敏雪等，2018）。

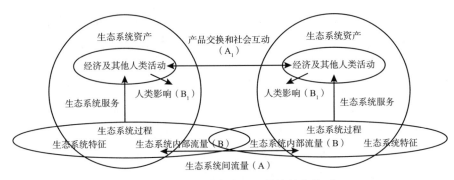

图 9.4 生态系统存量和流量的基本模型

资料来源：转引自 SEEA-EEA 图 2.1。

　　人类活动影响着世界各地的生态系统，并显著改变了许多生态系统。一些国家已经开始建立实验性账户，描述生态系统资产存量和这些生态系统的服务流量。检索最新文献发现，自从 SEEA-EEA 公布之后，陆续有不少研究项目按照其提出的框架和方法进行实际案例测算，比如以英国土地利用为研究对象将生态系统服务引入经济决策的研究，针对马达加斯加的生态系统服务估价试点研究，以荷兰林堡省为对象的生态系统服务价值核算研究，欧洲 1085～2005 年间水净化服务的生态系统核算试点研究，基于农业可持续发展的生态资产负债表的开发研究，针对挪威泰勒马克郡进行的生态系统服务与容量平衡分析，但有关生态系统核算内容框架和方法设计的讨论尚不多见（高敏雪等，2018）。

　　如前所述，制定方法，允许对不同系统（经济、社会和环境）进行估价，并允许将这些价值相互比较，这一点很重要，货币估价常常被要求发挥这一作用。然而，对自然资本定价很困难，不仅在概念上，而且在技术上。由于多种原因，环境资产的市场价格不充分或不存在，许多环境资产的货币价值仍然没有商定的方法。在市场环境下，经济学家使用市场价格来评估权衡，隐含地假设从市场获得的商品或商品的价格反映了它们对整个社会的边际价值。然而，这种关系在存在外部性的情况下就行不通了，外部性在环境部门中很重要，或者价格没有被观测到（因为没有交易）。

　　尽管核算非金融、非生产资产仍然是一个尚未克服的障碍，但在衡量土地和地下资产方面取得了进展（属于资本方法发展过程中第一阶段的问题）。一些国家已经对这些资产进行了货币估算。然而，其他形式的自然资本仍然是未知领域，尤其是在生态系统方面。一些国家已开始进行系统描述生态系统资本的实验，并对其货币价值进行了首次实验性估计。

（二）突出问题

现在人们认识到了测度环境资产的必要性，特别是生态系统和环境安全界限。在过去的 50 年里，大量的研究已经开始对这些资产进行测度，并开发出能够估算其货币价值的估值技术，但最关键的测度问题仍然没有得到解决。

在如何衡量数量和条件（地下资产、公共产品、生态系统及其服务）以及如何定价方面仍然存在不确定性。在全球性现象的情况下，尤其是对于生态系统和环境安全界限，这些资产是非交易资产，因此市场系统通常不会提供测度和定价的指标。可靠的、被广泛接受的替代方案尚未确定。

尽管所有经合组织国家都制定了生产资产的衡量标准，但只有少数国家（澳大利亚、法国、韩国和荷兰）制定了完整的资产负债表（其中还包括土地和地下资产的价值），一般不包括其他环境资产的价值。

应该有更多的国家应用 SEEA，并在此基础上生成更及时、更可靠的环境经济指标。这些指标可以包括"资源生产率"（单位 GDP 消耗的材料量）和"循环经济"（例如回收率或循环使用率，测量与材料使用相关的再利用材料量）。这些指标不需要以货币单位表示，但应符合与 GDP 相同的质量标准。

从上述讨论中可以清楚地看到，在狭义上保持自然资本存量的总价值不变的意义上，测度可持续性受到各种不确定性的困扰，这些不确定性是由于在没有市场的情况下很难找到价格估计数；难以预测未来需求；关于系统行为的不确定性（包括缺乏对不同系统相互依赖性的认识）。一个更全面的方法应旨在开发一个信息系统，以提高我们对自然资本所有组成部分的认识，包括底土资产、土地及其使用方式和生态系统（见专栏 9.11）。

专栏 9.11

碳定价

碳定价（carbon pricing）是一种降低温室气体排放的工具，它可以记录温室气体排放的外部成本，即公共支付的排放成本，如农作物受损成本、干旱和升温带来的医疗卫生成本、洪水带来的财产损失及海平面上升产生的影响等，这些成本将通过对排放的二氧化碳定价的方式展现出来。这种定价方式有助于将温室气体排放造成的损害负担转移给那些责任者，或可以减少二氧化碳排放者，如排放二氧化碳的工厂、企业等。碳定价不是决定谁应该在何处排放以及如何减少排放，而是向排放者提供经济信号，并允许他们决定改变其活动并降低其排放量，或继续排放但同时为其排放量付费。通过这种方式，可以以最灵活，成本最低的方式实现全球环境目标。在温室气体排放中设定适当的价格对于在为清洁发展制定经济激励措施时将气候变化的外部成本内部化具有根本意义。

与碳定价相关的概念和数据问题相对简单，与许多其他类型的自然资本相比，其基本现象也很容易理解。即使对于这种相对简单的情况，也必须解决以下难题。

● 碳定价应充分反映排放的社会成本。这种社会成本很难预测，不仅应包括提供所涉及全球公共产品的成本，还应考虑到临界点和每增加一单位排放造成的损害的非线性。

● 碳定价应适当考虑时间贴现。所采用的贴现率应同时反映"纯时间贴现"要素（即一个人未来的消费价值相对于今天的消费价值是多少），以及对未来几代人相对于当代人的富裕程度的评估。决定贴现率的第二个因素并不简单，但对碳定价有很大影响。

● 分配效应使碳排放定价复杂化。气候变化对某些社会群体和地方的影响将不同程度地下降，因此最合适的碳价格应反映出社会对不平等的"厌恶程度"。

● 碳排放价格应考虑跨境外部性，即一国排放对其他国家的影响以及风险和弹性。

第四节　以系统方法为政策提供信息

在资本方法中，分别考虑了资本的不同形式（人力资本、社会资本、自然资本、经济资本）。这隐含地假定了它们的独立性，因此也就具有可替代性。由于我们知道它们并非真正独立，因此，一种更为适当的测度方法将需要进一步超越独立测度的资产负债表项目。为了恰当地描述由复杂系统（无论是社会、经济还是生态系统）之间的相互作用而形成的现象，需要一种更宏观的方法。在实践中，某些资产无法实现建立资产负债表的目标，特别是当资产难以以货币计价时，要么是因为资产产生的非经济利益，要么是因为资产估值复杂或涉及不确定性（如尚未发现的底土资产）。此外，某些政府活动为整个社会提供利益（它们可能是公共产品或提供产生巨大外部效应的商品），其价值与提供这些服务的资产的成本几乎没有关系（与处于平衡状态的私营部门活动不同，边际收益应等于边际成本）。

这种方法的另一个局限性是，在存在风险和不确定性的情况下，很难确定某一特定情况是否可持续。某一特定情况是否可持续取决于该情况所构成的风险，这意味着需要对该风险水平是否可接受进行一些评估。除了人们厌恶损失多于厌恶风险之外（即如果他们不期望损失太多，他们将承担相当大的风险），估计风险本身的水平是困难的，在不确定性的情况下是不可能的。人们对风险和处理不确定性的最佳方式可能有不同的偏好，而且这些偏好可能在几代人之间有所不同，因此很难确定某个特定的发展（如连续的资产负债表所述）是否可持续。可持续性的全球性进一步增加了测度不同资本存量的难度（与因果关系、产权等相关的问题）和复杂性。

最有可能的是，全社会资产负债表能够包括所有类型的资本，并允许不同部门通过分配货币价值（假设"弱"可持续性）相互"对话"，但这样一个"梦想"（holy grail）不可能完全实现。否则，它只能以夸张假设（heroic assumptions）为代价。设定影子价格需要评估未来，这是一项艰巨的任务，不属于官方统计的范畴（Fleurbaey and Blanchet，2013）。此外，这些估计和假设将对这项工作的结论产生如此大的影响，以致于这项工作本身既不会成功，也不会有助于就与可持续发展有关的社会选择进行民主辩论。

为了更好地理解我们这个世界的复杂性，我们应该从系统的角度来看待它，并研究这些系统（生态 – 社会 – 经济 – 政治系统）如何应对变化和冲击。这拓宽了可持续性的概念，包括系统应对未来已知和未知干扰的能力。这应该确保该系统保持可持续性，或者至少能够在暂时不可持续的时期之后恢复其可持续性。

冲击和缓慢滋长（slow-burn）进程（如人口变化）的两个维度决定了系统如何应对冲击（因此具有弹性）是强度和持续性。这两个维度的相互作用决定了系统维持弹性行为的能力，而这种能力又可分为"吸收能力"（absorptive capacity）、"适应能力"（adaptive capacity）和"变革能力"（transformative capacity）。如图 9.5 所示，这三种干预措施中的每一种都可以与旨在增强系统弹性行为的不同类型的干预措施联系起来①。

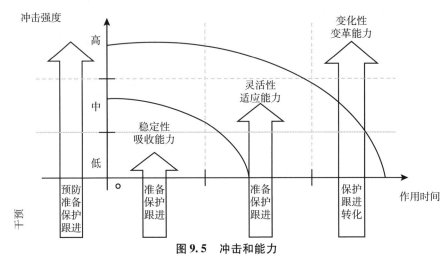

图 9.5　冲击和能力

资料来源：Manca，Benczur and Giovannini，2017。

当暴露时间不太长，强度也不太大时，这种能力的主要特征是吸收能力，这与稳定性和抵抗力有关。也就是说，行为者在不改变其行为的情况下承受冲击的影响。随着暴露时间或其强度的增加，超过吸收能力，适应能力将开始发挥作用：行为者在应对恶化的条件时调整他们的期望和愿望。这需要灵活性，并涉及必要的渐进性变化，以使行为者在应对干扰时能够在没有重大质量问题的情况下继续运作，尽可能减少潜在的损害。适应往往是多层面的，但很少反映出多个层面的适应。

最终，随着干扰变得难以忍受（无论是强度还是持续性），适应将导致太大的变化，变革能力才是前进的方向。这种变革既可以是一个深思熟虑的决定的结果，也可以是行为者行动的结果，比如通过民主选举程序进行的政权更迭，也可以是环境或社会经济条件所迫的变革。变革能力的主要特征是，它不仅包括技术和技术变革，还包括文化变革、行为变革和制度变革。变革弹性可以定义为从过去的事件和工程变更中学习的方法，理想情况下，在当前的限制条件下达到更好的状态。不过这种现状的转变可

---

① 将社会保护的 3P + T 框架调整为更广泛的弹性框架。

能很难实现。①

在实际情况下，不同的行为者可能会体验到不同的两个维度。此外，干扰很少有单一的传播渠道；相反，它们往往源于一连串的事件和后果，并引发倍增效应（multiplicative effects）。这意味着这三种能力往往同时在多个层面（个人、社区、区域、国家、制度）发挥作用，并且在不同的层面上具有潜在的不同强度。换句话说，它们是同一现实的不同视角，而不是对立或竞争的组成部分。

在这种情况下②，如果一个社会在面临冲击或持续的结构变化时，保持其以跨代公平的方式提供个人和社会福利的能力，即在不严重损害后代福利的情况下确保当下的福利，那么它是有弹性的。吸收能力和适应能力意味着，尽管经历了冲击后最初不可避免的损失，一个有弹性的社会往往会恢复到其原有的福利水平和功能水平，并有可能走向更好的社会。

当情况变得难以忍受，需要进行转型时，原有的福利和功能就无法再维持下去；然而，这些转变应该导致一条新的、可持续的道路，并达到可接受的福利水平。

这种方法在弹性和可持续性之间建立了密切的联系，前者是在动态意义上实现后者的手段。虽然资本方法中的可持续性涉及可用资本存量的数量和价值（作为缓冲），但弹性方法侧重于定性方面，而定性方面又取决于"系统"的许多方面（多样性、资产流动、相互联系）。考虑这种互补性的一种方法是，可持续性是一个长期的设计阶段，而弹性则是关于反应能力，即关于管理不平衡和采取行动保持或恢复可持续性。

在现实世界中，达到临界点可能会决定系统某些部分的"中断"，但由于非线性，可持续性可能变得不可能：例如，政治体制可能会因为经济长期衰退和人民生活水平下降而变得不可持续。在这种情况下，一场"革命"可能会发生，导致社会经济体系的崩溃（一场深刻的变革），或导致深刻的冲突（战争、内战等）。

一、层和相互依存关系

这种方法的一个主要含义是，需要在可持续性的背景下，通过观察整

---

① 例如，从2015～2016年起，欧盟面临大量移民和难民。可能对未来几十年欧洲社会的构成产生重大影响。欧盟适应新形势的能力，以及通过融合非本土欧洲公民来实现自身转型的能力，将是避免大规模社会经济危机的关键，而不是建设一个具有强大凝聚力的社会。

② 这种弹性的解释借鉴了安娜·曼卡、彼得·本祖尔和恩里科·吉奥瓦尼尼（Manca, Benczur and Giovannini, 2017）。

个生态 – 社会 – 经济 – 政治系统来分析弹性。这种一般性的方法可能有若干"部门"应用，例如，着眼于生态系统的弹性，造福我们这一代人和子孙后代，应该成为任何长期政策的中心，例如《变革我们的世界：2030年可持续发展议程》，无论涉及哪一项具体的经济或社会政策。

从这个角度来看，全球体系可以被视为一个具有不同层次的"圆圈"：经济层、社会层和环境层，标有环境安全界限（并标明哪些是已经超越界限了），以及一个安全公正的人类空间区域（见图9.6）。系统不仅彼此嵌入，而且每个系统内部都有层。

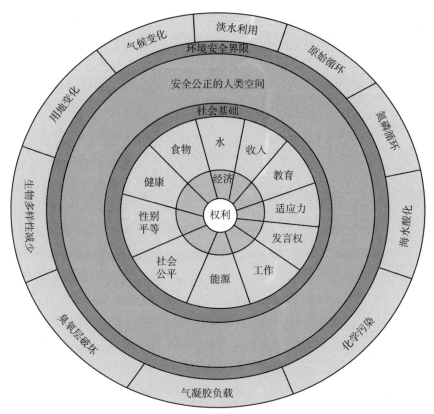

图9.6 一个安全公正的人类空间

资料来源：Raworth，2012；Rockström et al.，2009。

从这个角度来看，社会由个人、社区、区域、国家、超国家和国际实体以及整个人类组成。个人的弹性应在社区弹性的背景下考虑，社区弹性又嵌入到区域和国家。弹性的概念与系统受到干扰的情况是一致的。如果风险真的存在，系统是否容易受到攻击，取决于冲击的强度和系统的特性。一个脆弱的系统是否能够在一个封闭的社会福利损失中恢复。

　　系统的弹性也应被视为与系统内的人相互依赖的，正如人们可能会想到的微观、中观和宏观经济。虽然从宏观层面来看，一个国家的经济可能对经济冲击具有弹性，但并非该国的所有人群都具有弹性。因此，对 GDP 等宏观指标的分析，如果不结合其他社会经济指标和对弱势群体的深入分析，在分析弹性时可能会产生误导。

　　应在每一层进行测量的改进，以了解其脆弱性和风险，但还需要检查所有级别之间的联系和相互作用。系统方法允许我们创建不同的场景，并评估和演示相关的效果（类似于压力测试）。挑战在于提高我们在不确定情况下区分危险局势和可持续道路的能力。这种方法还可以帮助建立一个基线，根据该基线估计不同类型冲击的成本和相关风险，以及为使系统更具弹性而进行的投资估算。

　　在认识到场景和预测的局限性的同时，模型结果是设计和实施降低风险和提高弹性的政策和方案的重要投入。这些结果可以为公共讨论提供一个框架，讨论随着社会走向可持续性而必须作出的选择，这些选择可能包括在"当下"和"未来"之间以及在"此地"和"彼地"可持续性维度之间的权衡。图 9.7 给出了一个系统方法的实例，它描述了水量和水质变化对不同系统层的影响。

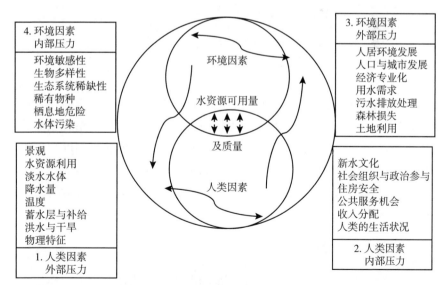

图 9.7　水资源可用量及质量变化的脆弱性

资料来源：Sosa-Rodríguez, 2016。

从整体的角度来看，了解冲击如何在整个系统的不同部分之间传播，以及在哪里进行干预，是由实质上封闭的地球系统提供的（见图 9.8）。它的三个主要组成部分是投入（四种资本存量）、产出（福利及其决定因素）和将投入转化为成果和产出的引擎（整个"组合"系统）。一个系统的最终结果最终取决于结果，即社会和个人福利，而冲击通常影响投入（资本存量），然后影响在组合系统中相互作用。在某些情况下，引擎可能会陷入困境，而这正是大多数政策干预应该发生的地方。

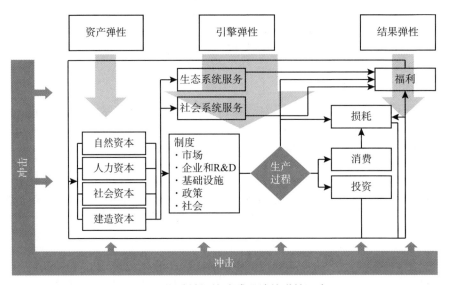

图 9.8 物质封闭的地球系统的弹性要素

资料来源：Manca，Benczur and Giovannini，2017；Costanza et al.，1997。

在测度方面，这种方法意味着我们应该集中精力在三个方面：资产弹性，将在资本方法的背景下测度；引擎弹性，指生态和社会系统服务、制度、生产过程及其复杂的相互作用，从广义上讲，它指的是制度塑造生产过程的权力；结果弹性，在投资、商品和服务消费、福利和诸如污染、社会边缘化（social marginalization）或贫困等负面外部因素方面的结果/产出的弹性。

二、弹性、风险和不确定性指标

上述意义上的宏观审慎的、全系统的办法，无论是在政策上还是在统计方面都还不存在。即使是在 SNA 及其由经济、社会经济核算体系扩展而来的 SEEA 中，也使用了一种古典的加总概念，其根源是单一资本货物的存货和估价。可以大致概述主要的概念组成部分和程序步骤，以便详细探讨和开发一种核算系统动态和弹性的补充方法（见专栏9.12）。

专栏 9.12

脆弱性、贫困和弹性

评估经济体系的风险属性非常重要，即风险敞口、脆弱性和弹性（its exposure to risk，its vulnerability and its resilience）。

经济政策的变化可能对风险绩效产生重大影响：增加风险敞口、使经济系统更脆弱、降低系统中个人或其他实体应对风险的能力，或使系统整体（或其中的单位）的弹性降低。一些改革可以同时提高平均经济表现，但会降低"风险表现"。不仅要知道这是什么时候发生的，而且要定量评估效果。我们想知道这一点：如果GDP增长，但弹性下降。在某些情况下，一个国家可能需要在其主要指标的仪表盘上衡量其弹性。

尽管这是一个迄今进展有限的领域，也是未来研究的一个重要领域，一些有效的方法包括：

● 脆弱性和贫困。当个人摆脱贫困时，我们希望这种转变是永久性的。事实上，许多逃过贫困的人经常再次陷入贫困。即使那些从未贫穷过的人也有可能陷入贫困。陷入贫困的威胁可能会在一个人和其他家庭成员的生活中造成很大的影响——我们的国民收入统计数据一直没有起色，这可能会让人感到焦虑。测度脆弱性的一个简单方法是，任何时候都不贫困但在未来五年内可能至少经历一年贫困的人所占的比例（UNDP，2014）。

● 对经济现象的弹性。脆弱性是衡量向下流动可能性的一个指标。相反，弹性是衡量"恢复"的一个指标，即一个家庭或一个遭受负面冲击的经济体恢复的速度。当然，可以有许多弹性的指标：一个最终陷入贫困的家庭摆脱贫困的速度有多快；或者一个遭受负面冲击的经济体平均需要多长时间才能恢复到危机前的水平，或者恢复到在没有危机的情况下可能达到的水平。在每一个层面上，了解弹性的决定因素是很重要的，是什么使一些家庭或经济体比其他家庭或经济体更有弹性。从系统方法的角度来看，除了简单的收入或产出指标外，从广泛的社会角度看待弹性也是很重要的。

2008 年危机的一个显著方面是，不同国家经历了不同程度的冲击，总的来说，恢复速度也比以前的经济下行速度慢，鉴于冲击的严重性，这是可以理解的。

一开始，一些评论人士曾预期经济会出现"V"型复苏，经济迅速反弹；另一些则认为经济弹性较低，恢复将是"U"型。后一种观点被证明是正确的，在接下来的几年里，争论的焦点是"U"型的平底会持续多久。这些经验突显出，一个经济体在应对小冲击时能够保持弹性，而在面对大冲击时则不能。

● 货币指标。将经济描述为一个与社会和环境子系统相连的动态子系统。在评估经济体系的变化时，我们可以用类似于安东尼·阿特金森和约瑟夫·斯蒂格利茨不平等测度方法、肯尼斯·约瑟夫·阿罗和约翰·普拉特风险测度的方式来衡量其整体风险表现：社会愿意付出多少以避免它所面临的系统性风险。该测度方法综合了系统整体的风险属性和对社会风险的厌恶。

描述影响系统风险规模的系统特性。例如，更好的自动稳定器可以使经济体系更有弹性——它将更快地从不利冲击中恢复。因此，对于一定程度的风险规避，一个更具弹性的经济体系——从不利冲击中恢复得更快——可能会降低风险的系统性货币等价性。这种方法可以为应分配给各种经济改革风险方面的价值提供指导。例如，从固定收益转向固定缴款养老金计划可能会削弱自动稳定器，因为个人更容易受到商业周期风险的影响。在这种情况下，这种方法可能会提供一些指导。说明在某种程度上，固定缴款制度必须与固定收益进行比较，才能抵消损失，这就是系统稳定性。

● 关于不平等和风险的讨论强调了货币等价指标的重要性。该指标要求一个人愿意支付多少钱来避免一些风险，或社会避免不平等。但在经济学中，我们通常会考虑边际问题，我们愿意付出多少来消除少量的风险或不平等。在评估一项新政策时，我们可能会问，与现状基准相比，降低风险或不平等的增量值是多少。斯蒂格利茨描述了收入不平等的边际衡量标准（Stiglitz，2015b）。

● 通过观察个人对风险的行为来衡量个人风险规避的尝试有很多——他们似乎愿意支付多少钱来降低他们面临的风险。

（一）范围和维度（scope and dimensions）

应利用各种科学学科的现有知识来评估和量化风险，即对经济、社会和环境系统的弹性和可持续性的威胁。应优先考虑与可持续性最相关的风险，如科学界定义的那些将系统推向环境安全界限的风险。微观核算往往低估自然资本和社会资本，而宏观核算则可以获得环境、社会和经济之间的系统互动。

（二）量化（quantification）

应将地理信息系统（Geographical Information Systems，GIS）、核算方法和指标体系（仪表盘等）结合起来，对主要风险（当前风险、新兴风险）进行尽可能最好、影响最深远的简明陈述。

（三）加总、估价（aggregation，valuation）

实际价格体系在复杂和/或系统性风险方面不太有效。精算专家（科学家或实践者）用来估计保险重大风险所需的"保费"，可以为这项工作提供有价值的投入。

（四）场景（scenarios）

这些可以用来显示可持续性随时间的动态演变。一个很好的例子是养老金。一个社会可能仅需对某个群体履行巨额的养老金的负担义务，虽然履行这些义务需要花费数年，但在此之后，系统就会稳定下来。需要采取政策解决短期问题，但若该问题是对未来所有群体都要履行巨额养老金义务，可能就需要不同的政策解决。通常只关注政府财政的代际核算模型，可以用来表明未来的巨大财政赤字可以通过提高税收或其他方式转移负担给家庭，特别是在家庭负债低、资产高的情况下；在欧盟微观失衡程序（EU Micro-Imbalances Procedure，MIP）的背景下，私人债务已经与政府债务进行了联合分析。

（五）沟通（communication）

在产生此类知识的早期阶段，整合所有社会利益攸关者（科学界、民间社会、商界、政策制定者）是很重要的。使用该程序生成的新指标尤其应促进民主对话。因此，测度过程与政治发言权应视为相互依存、相互影响的过程。从这个意义上讲，通过新的测度过程生成的新指标应根据政策周期的具体目的进行量身定制。

第五节 中国可持续发展测度研究进展

根据高敏雪（2002）对可持续发展定量测度方法的分析，将测度可持续发展水平的方法分为两类：一类是沿袭传统的经济核算，以国民经济核算为基础，以货币化为综合手段，综合可持续发展的多种要素，从而完成对可持续发展的测度，如 SEEA、国家财富核算。另一类是沿袭社会发展综合评价的实践，根据可持续发展的内涵构建不同的统计指标体系，或采用单一的综合性统计指标，通过多元统计方法实现多指标的信息综合，实现综合衡量可持续发展的目的，如联合国千年发展目标、可持续发展目标等。

一、可持续发展的指标体系

基于指标体系的研究覆盖面广，所包含的信息更为全面，能够对一个国家或地区的可持续发展情况进行充分分析，因此，国家各部门及各学者在可持续发展理论的基础上，结合国外的测度经验，制定适合我国国情以及区域情况的可持续发展指标体系。

2016 年，国家发展改革委、环境保护部、国家统计局、中央组织部制定了《绿色发展指标体系》和《生态文明建设考核目标体系》，前者涵盖环境治理、环境质量、资源利用、生态保护、增长质量、绿色生活、公共满意度等 7 个领域；后者包括生态环境保护、年度评价结果、资源利用、公共满意度、生态环境事件等 5 个领域，共 23 项考核目标。2020 年国家发展改革委会同国家统计局、自然资源部、生态环境部等部门制定了《美丽中国建设评估指标体系及实施方案》，主要为评估各省、自治区和直辖市开展生态文明建设成果水平而设立，选取了包括空气清新、水体洁净、土壤安全、生态良好、人居整洁 5 类主题建立指标体系，并分类细化提出 22 项具体指标。

张彤军（2008）构建了北京市可持续发展指标体系，包括环境、经济和社会三个层面，选取了 18 个二级指标和 33 个三级指标。彭书凤（2008）选择社会保障、经济发展、资源支撑、生态质量四个方面来构建重庆市可持续发展指标体系，选取 11 个二级指标和 44 个三级指标。李天星（2010）根据云南省的实际情况，制定了可持续发展指标体系框架，将可持续发展指标体系设计为省（18 项指标）、市（18 项指标）、县（16 项指标）3 个行政级别级 3 类指标体系。刘雯雯等（2013）基于压力 - 状态 - 响应（PSR）模型，用层次分析法构建西北林业的可持续发展评价体系，并用协调度函数评价各子系统之间的协调度。

　　但是可持续发展指标的不足之处在于指标生成的难度大，指标体系综合程度较差，指标间联系方式各异，不便于进行地区间的比较。因而单一指标测度在进行国家（和区域）间可持续发展的比较方面得到广泛应用，如生态足迹、人类绿色发展指数、城市发展指数、人类可持续发展指数。

　　李晓西等（2014）参考人类发展指数，在与社会经济可持续发展和生态资源环境可持续发展两个维度同等重要的基础上，构建了"人类绿色发展指数"，以 12 个元素指标为基准，计算了 123 个国家绿色发展指数值及其国家排名。郭慧文等（2015）综合应用城市发展指数（CDI）和生态足迹（EF）指标，前者包括城市产值、基础设施、废物处理、教育、健康 5 个维度和 11 项指标，并使用主成分分析法来确定每个指标的权重，后者包括耕地、草地、水域等 6 种生产性土地，利用这两个指数分析各直辖市 1978 ~ 2012 年可持续发展状况，衡量发展方式从资源消费型转变为环境友好型的程度。李经纬等（2015）采用人类可持续发展指数，它由健康、教育、物质生活水平和二氧化碳排放量 4 个维度构成，测算出国家、区域和省三个层面上的可持续发展水平，系统评价 1990 ~ 2010 年的中国人类 - 环境系统的可持续性。

二、可持续发展的货币化指标

（一）中国环境经济核算体系

　　早在 20 世纪 80 年代初，有关研究人员就开始中国环境经济核算的探索性研究。从国家层面来看，2003 年 5 月，国家统计局公布了《中国国民经济核算体系（2002）》，修订了 1992 年颁布的《中国国民经济核算体系（试行方案）》，成为我国国民经济核算事业的规范性文本。2004 年，国家统计局和国家林业局首次联合对中国森林资源进行核算以及绿色 GDP 的测算，构建了我国基于森林的绿色国民经济核算框架。2009 年水利部联合国家统计局建立了我国水资源核算体系框架——中国水资源环境经济核算（SEEAW），编制核算技术细则，既顺应了我国国情，又与国际接轨的水资源核算治理提供基础和依据。2013 年 5 月，国家统计局和国家林业局开展了新一轮的"中国森林资源核算及绿色经济评价体系研究"项目，继续进行森林资源的核算。相比此前的研究，此次研究延续了林地林木资源和森林生态服务功能价值的核算方法，增加了社会文化价值核算和绿色经济评价体系研究两项新内容。

从区域层面来看，2007 年云南省率先开展环境经济核算的研究，针对云南省开展绿色 GDP 核算存在的问题，提出系统的核算策略，制定路线图、明确重点环节及核心技术，促进云南绿色 GDP 核算体系的建设和发展。2012 年顺利完成云南省森林生态系统服务功能价值的评估工作，为全国环境经济核算提供了良好的示范。湖北省提出了由"民生 GDP"和"绿色 GDP"组成的"双 GDP"概念。湖南省完成了《绿色 GDP 评价指标体系》，在长沙、株洲、湘潭三个城市全面试行。海南、安徽、黑龙江等省也逐渐摸索绿色 GDP 审查制度。

除此之外，还有一些专家学者完成的有关环境经济核算体系也填补了国内关于此理论的空白，并且在国际层面也具有一定的参考价值，如 2007 年高敏雪编著的《综合环境经济核算——基本理论与中国应用》、环保部环境规划院王金南等编著的"环境经济核算丛书"、2011 年雷明编著的《中国资源·经济·环境：绿色核算综合分析（1992—2002）》。

（二）财富核算

早期研究表明，财富主要包括自然资本、生产资本、人力资本和社会资本，并在其中引入环境可持续性的因素，这一指标对于一国制定可持续发展的经济政策提出新的借鉴和指导。但对财富的度量，尤其是各类资本存量的分析和判定成为实证分析的一个难点，自 2000 年以来，学者和主要研究机构从各个方面对这一实证问题进行研判和分析，分别估算了各国的综合性财富（comprehensive wealth）和包容性财富（inclusive wealth）指标。随着理论与方法的成熟，这一指标测度的影响也在日渐扩大，国内学者纷纷在国家财富框架的基础上，对中国及各省市的财富进行测度，以此来衡量其可持续发展程度。

庄佳强（2013）根据包容性财富的分析框架，从自然资本、生产资本、人力资本分析了 1990~2009 年中国可持续发展状况，结果显示自然资本对财富的负面影响主要受生产资本和人力资本的大幅增加抵消。李刚等（2014）对中国 1990~2010 年各省份的人力资本、生产性资本和自然资本财富进行量化估算，计算了包容性财富指数。李佳儒（2015）利用包容性财富指数分析了中国 31 个省份 1990~2008 年间的能源资本、实物资本、人力资本、耕地资本，分析了中国的可持续发展能力。

本 章 小 结

自 SSF 报告发布以来，根据不同的模式和方法以及不同的地理环境，开展了大量的研究来衡量可持续发展的进展情况。但是还需要进一步的研究。今后的研究方向包括：

一、资本方法

（一）经济资本

（1）区分名义财富和生产资本的数量，数据的收集和呈现方式应确保生产资本的数量不受重估效应（revaluation effects）的影响。此外，名义财富和生产资本的范围可能不同，应加以区分（例如，名义财富包括外国金融资产净额，而生产性资本不包括在内）。

（2）使用资产负债表方法，帮助评估所有机构部门（如银行、非金融公司、住户）的经济可持续性，而不是仅针对政府部门。

（3）同时关注负债和资产，认识到在低迷的金融市场中资产的大量抛售会使资产净值恶化。

（4）改进财政模型，纳入人口结构演变，更广泛地参与研究同时性（simultaneity）需要考虑的程度。

（二）人力资本

（1）加大对人力资本存量及其形成过程的认识和测度力度。特别是，人力资本的技能（认知和非认知）和其他组成部分，以及测度这些要素的方法，需要进一步讨论和分析。

（2）利用成本法和更详细的非货币指标，开发人力资本卫星账户。在实践中，教育和培训卫星账户应是一个主要的组成部分，非正规教育过程（如在职培训）的覆盖面很重要。

（3）继续研究收入法，以提供更完整信息，特别是来自市场和非市场活动的劳动收入。

（4）加大对人力资本非经济回报的认识和测度力度。

（5）从资本化的角度重新思考 SNA 如何处理公共和私人人力资本支出；进一步探讨人力资本与社会资本的联系。

（三）自然资本

改进环境资产指标，包括土地和生态系统（例如不同环境资产类型的范围和条件、它们提供的服务等）；至少每年计算并沟通在达到潜在"临界点"（tipping points）之前还剩多少碳空间；国家统计局应用 SEEA，及时估算"资源生产率"（resource productivity）和"循环经济"（circular economy）；提高指标和自然资本账户的及时性，应用与 GDP 等经济变量相同的实时分析方法（now-casting techniques）。

二、系统方法

（一）拓展研究领域

正如在欧盟委员会"第七个环境行动纲领"（European Commission's 7th Environmental Action Programme，EAP）（European Parliament and the Council，2013）、"2014 年联合国开发计划署框架"（2014 United Nations Development Programme framework）（UNDP，2014）、"2015 年欧洲环境状况与展望"（European Environment—State and Outlook 2015）（SOER Report，European Environment Agency，2015）、"欧盟外部行动中弹性的战略方法"的联合通信（Joint Communication on "A Strategic Approach to Resilience in the EU's External Action"）（European Commission，2017）背景下采取的举措所表明的那样，人们对这种核算系统弹性的补充方式的兴趣正在增加。

该领域研究的成熟度尚不足以与 SSF 报告所列的其他研究领域相媲美，但应加强多学科合作。可持续性政策的宏观审慎做法需要以最适合这一目的的高质量信息为基础。在这方面，经济表现和社会进步测度高级专家组举办的关于弹性的两次专题研讨会只能看作是起点。在第一次收集思想和问题时是必要和富有成效的，他们举例说明了克服科学学科的"简仓思维"（silo）① 以及将所有"阵营"的专门知识合并到一个更广泛方案中的困难。

SSF 报告表明，有可能突破界限和传统思维方式，从而取得实质性进展。在弹性领域也应该取得类似的进展，邀请研究人员对这一系列主要问题进行深入研究。

（二）建议

（1）改进弹性指标，以便更好地了解各个层次和所有维度的脆弱性和风险，同时也检查各个层次之间的联系和交互作用以及系统的动态特性。

---

① 这是从整个美国中西部地区看到的大型粮仓得出的隐喻，是一个嘲讽的术语，它表明组织结构图中的每个部门都是一个简仓，并且它是独立的，不与任何其他部门简仓交互。

国际统计界应建立一个利用系统方法测度可持续性的工作小组。

（2）进一步探索并记录资本和系统方法的互补性（complementarity），将理论思考与实证信息联系起来。

（3）改进对所有利益攸关者的风险和应变能力的估计和沟通。

（4）多学科参与，横向合作，为可持续发展的特殊教育路径奠定基础。

（5）引入标准化术语和变量，它们可以作为"理想类型"［在马克斯·韦伯（Max Weber）的意义上］，因此，它们满足理论和实证两方面的期望，从而有助于生成高质量的统计指标。

（三）新动力

17 项可持续发展总目标和 169 项具体目标的确立，为共同的可持续发展指标的制定以及支撑这些指标所需的科学工作提供了新动力，从而可以可靠和及时地在全球一级、跨国家和地区追踪可持续发展的进展情况。新举措应考虑到统计方法的发展，例如利用大数据或官方统计改革议程全球会议（Global Conference on a Transformative Agenda for Official Statistics）和联合国秘书长独立咨询小组（Independent Advisory Group to the UN Secretary-General）的报告中提出的其他方法（United Nations，2014）。

在一个复杂系统的世界里，可持续性无法得到全面的测度：测度存在局限性，而且只有部分知识可用。根据适用的民主原则，现有的知识（货币指标和实物指标以及考虑系统弹性的模型）和知识缺失的领域都应以正确的方式传达给所有利益攸关者，以显示治理的可能性和局限性。

还需要更多的投资来开发全球范围的分析模型，以评估未来的情况以及采用系统方法的可持续发展替代政策的影响。政策的跨界效应（transboundary effects）和经济、社会和环境现象的全球相互作用只能通过分析模型来解决。利用这些模型需要国际统计系统提供更好和更及时的数据。必须尽快在全球范围内，在科学家和统计学家之间建立一个更加持续和富有成果的对话。

第十章　测度信任

本章讨论信任对社会进步和人民福利的作用。回顾了信任的不同定义和类型，包括理性信任、道德信任和社会偏好，以及信任统计数据的现状。主张采用经合组织《信任测度指南》中对信任的定义，即"一个人认为另一个人或机构将与他们对积极行为的期望保持一致的信念"。分析了信任对人民的福利和他们所居住的国家的重要意义，并评估了现有的证据，证明信任在支持社会和经济关系方面的作用。概述个人之间的信任（人际信任）和对机构的信任（制度信任），它们作为经济增长、社会凝聚力和福利的决定因素，是政策改革以及任何政治制度合法性和可持续性的关键组成部分。强调了将信任调查纳入国家统计局的日常数据收集活动的重要性，并以具有代表性的人口样本作为传统调查问题的补充，实施准实验性信任方法和其他社会规范。

第一节　信任的基本问题

一、信任与社会资本

社会资本，广义上是指一套有助于促进福利的共同准则和价值观（OECD，2013a），作为社会进步和福利的一个关键因素，引起了学术和政策的关注。"社会资本"一词传达了这样一种观点：合作的人际关系对于改善人们生活的各个方面都至关重要，它所包含的存量应该被保护和发展，以实现福利的可持续性。这就是为什么 SSF 报告对制定更好的社会关系和社会资本衡量标准提出了具体建议（Stiglitz et al.，2009）。2009 年以来的若干举措有助于我们对社会资本和可用的数据资源的理解。例如，经合组织在其两年一期的报告《生活过得怎么样》的框架中纳入了社会资本方面的内容（OECD, 2011），而其他国际工作小组强调，有必要制定更好的社会资本指标，以评估福利的可持续性（UNECE, 2013）。

鉴于社会资本的广泛性和异质性，有必要逐一缩小和深化对其各个方面的分析，以便在测度方面取得进展，并分析其政策相关性。本章重点介绍"信任"对社会进步和福利的作用。信任只是社会资本的一个组成部分（见专栏 10.1），信任对于社会和经济关系是必不可少的。个人之间的信任（人际信任）和机构间的信任（制度信任）已被证明是经济增长、社会凝聚力和福利的决定性因素，也被证明是政策改革以及任何政治制度合法性和可持续性的关键组成部分，也是经合组织《信任测度指南》（见专栏 10.2）提出的两种信任类型。

专栏 10.1

社会资本与信任

尽管人们对社会资本的兴趣很高，但对于定义和测度社会资本的最佳方法却鲜有共识。自 SSF 报告发布以来，这减缓了将其纳入官方统计的速度，并影响了国际可比数据收集的进展。经合组织将社会资本定义是"网络以及共享的规范、价值观念和理解、信任，它们有助于促进群体内部或群体之间的合作"（OECD, 2001），而凯瑟琳·斯克里文和康纳·史密斯（Scrivens and Smith, 2013）则将社会资本的四个主要方面区分开来：

● 人际关系是指人们的人际网络（即他们认识的人）和有助于建立和维护人际网络的社会行为，如与他人共度时光或交换新闻。这类关系涉及个人社交网络的范围、结构、密度和组成部分。

● 社交网络支持是人们人际关系本质的直接结果，是指每个人通过其个人社交网络所能获得的情感、物质、实践、财力、智力或专业等方面的资源。

● 公民参与是指人们为公民和社区生活作出贡献的活动，如志愿服务、政治参与、团体管理和不同形式的社区行动。高水平的志愿服务和民事活动有助于促进机构表现，也有助于推动信任和合作。

● 信任与合作。詹姆斯·科尔曼（Coleman, 1990）认为"个人信任是指如果他或她自愿将资源交由另一方处置，而后者没有作出任何法律承诺，但期望信任行为会得到回报"。

专栏 10.2

经合组织《信任测度指南》

《信任测度指南》涉及信任数据的产生者和使用者（OECD，2017），并根据经合组织的《主观福利测度指南》（OECD，2013b）进行建模。指南涵盖了人们对他人信任（人际信任）和对公共机构（制度）的信任。

这些指南首次尝试提供关于收集、公布和分析信任数据的国际建议，以鼓励国家统计局使用这些数据。它们描述了为什么信任测度与监测和决策有关，以及为什么国家统计机构在提高现有指标的有效性方面发挥关键作用。除了确定已知的信任指标的可靠性和有效性外，经合组织的这些指南还描述了以可靠和一致的方式测度信任的最佳方法，并为报告、解释和分析提供指导。

经合组织的这些指南还包括一些关于信任的原型调查模块，国家和国际机构可以在其家庭调查中随时使用。根据其统计质量和掌握信任基本概念的能力，在以往家庭调查中使用的基础上，选择了五个核心指标。虽然建议整体使用该核心模块，但它的第一个问题是关于广义的人际信任，这个问题被视为"主要的测度指标"，因为有可靠的证据可以证明其有效性，所以应在调查中至少采用这一问题：

1. 现在是一个关于信任的一般问题。在 0～10 的反应量表中，0表示完全不信任，10 表示完全信任，一般来说，你对大多数人有多信任？

2. 在 0～10 的反应量表中，0 表示完全不信任，10 表示完全信任，一般来说，你对你认识的大多数人有多信任？

请告诉我你对下列机构的信任程度，从 0～10，0 表示完全不信任，10 表示完全信任。

3. （国家的）议会。

4. 警察局。

5. 行政机关。

二、信任的重要性

关于信任的学术研究强调了信任与一系列结果之间的一些关系，这些结果对人们和他们所生活的国家的福利都很重要。信任关系到经济活动和 GDP 增长，信任程度较高的国家往往收入较高。通过对 106 个国家的样本分析，将 1980~2009 年的人均收入与 1981~2008 年的广义人际信任进行比较，说明了这一关系（见图 10.1）。这种相关性是稳定的：各国人均收入差异的 1/5 与广义信任的差异有关。自 2009 年以来开展的研究表明，这种关系可能是因果关系（Algan and Cahuc，2010）。

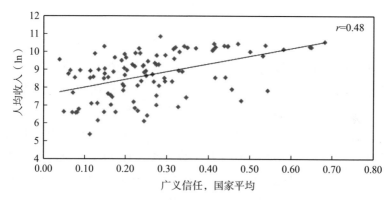

图 10.1 不同国家人均收入与广义人际信任之间的相关性

注：人均收入（1980~2009 年）来自佩恩表（Penn World Table）7.0 版本。信任水平是根据五轮世界价值观调查（1981~2008 年），四轮欧洲价值观调查（1981~2008 年）和第三次非洲民主动态调查（2005 年）中对信任问题的回答得出的国家平均值。

资料来源：Algan and Cahuc，2014。

社会资本提供在不诉诸法院的情况下履行合同。如果每一份合同都必须通过法院强制执行，那么市场体系就不能发挥作用。事实上，大多数经济关系并非基于合同，而是基于广义信任。传统上，信任被认为是金融和金融交易历史上的一个基本因素。关于社会资本的研究文献浩如烟海。信任是通过博弈论形式化的，表明人们在重复博弈中以合作和值得信赖的方式行事是合理的（Dasgupta and Serageldin，2000）。最近，一部分文献资料利用社会学和文化心理学的见解来解释值得信赖的合作行为，例如，解释小额信贷在孟加拉国的成功及其在印度的失败（Haldar and Stiglitz，2016）。

信任的概念之所以如此有用，是因为：有各种相对一致的测度方法；信任水平的变化可以用符合理论和常识的方式解释；信任指标可以显示出与其他测度经济表现和个人福利的指标相关。基于信任的重要性，决策者应更加关注信任以及关注政策如何影响信任。

2008 年的危机不仅降低了人们的经济安全感，也降低了人们的信任水平。人们普遍认为危机处理方式不公平。人们失去信任（包括对他人和机构的信任）可能是这场危机的长期后遗症。考虑到我们对信任决定因素的理解，这种损失是可以预测的。

我们应该把信任看作是一种资产，是社会资本的重要组成部分。信任需要时间来建立，但当人们意识到他人的行为不可信时，信任会迅速消失。因此，存在着重要的滞后效应，也就是说，过去行为对当下或未来环境和行为的长期影响。

早期对经济发展根源的研究强调了技术进步、人力资本和物质资本积累的作用。但由于这些因素无法解释大部分国家间的人均收入差异，因此重点逐渐转向正式制度的作用上（North，1990），被认为是支持或削弱市场制度（Stiglitz and Arnott，1991）以及形成积累财富和创新动机的因素（Acemoglu et al.，2001；World Development Report，2002）；在多大程度上可以将这些制度与人力资本等因素区分开来（Glaeser et al.，2004）。最近，人们关注的是更深层次的因素，尤其是社会资本和信任。自爱德华·班菲尔德（Banfield，1958）、詹姆斯·科尔曼（Coleman，1974）和罗伯特·帕特南（Putnam，2000）开创性的工作以来，广义的人际信任（广义上定义为家庭圈外的合作态度）被许多社会科学家视为经济和社会结果的关键因素（Knack and Keefer，1997；Dasgupta and Serageldin，2000；Dasgupta，2005）。

肯尼斯·阿罗（Arrow，1972）认为"没有任何东西比信任更具有重大的实用价值，信任是社会系统的润滑剂。信任非常有成效，它为人们省去了许多麻烦，因为这样一来大家都无须去猜测他人的可信度。但不幸的是，它不是一件可以轻易买到的商品"。他对信任在经济发展中的作用给出了一个可行的解释："几乎每一笔商业交易本身都存在诚信元素，毫无疑问，任何交易都有一定的时间周期，我们有理由认为，世界上大多数的经济落后都可以由双方缺乏信用来解释。"

阿罗的直觉很简单。在一个复杂的社会中，不可能为经济交流而写下并执行涵盖世界所有可能状态的详细合同。最终，由于缺乏由信任和可信赖性所建立的非正式规则，市场就会消失，经济交换的收益也会损失，资源分配不当。在这方面，信任和形成合作的非正式规则可以解释经济发展的差异。在交易成本阻碍信息和合同的情况下，信任是经济交换的核心（Arrow，1972）。从根本上讲，信任的经济效率源自这样一个事实：它有利于合作行为，从而在合同不完整和信息不完善的情况下促进了互利的交换。在阿罗看来，信任他人是经济交流的润滑剂。

信任对人们的福利至关重要。人际信任不仅关系到经济结果。当人们生活在一个信任和值得信赖的环境中，当他们自己变得更信任和值得信赖，甚至考虑到收入时，他们的生活似乎更令人满意。例如，与他人建立合作社会关系的非货币层面对健康和幸福的影响，似乎远远超过从合作中带来的货币收益。

图 10.2 的 A 组通过使用世界价值观调查问题中的生活满意度指标来说明这种关系："综合考虑，你对自己最近生活的总体满意度如何？"生活满意度在 1 ~ 10 之间进行选择，分数越高表示生活满意度越高。生活满意度与广义信任之间是正相关关系：生活满意度差异的 17% 与各国的广义信任差异有关，很少有像葡萄牙这样的异常值。同一幅图的 B 组也显示了广义信任与预期寿命之间稳定的正相关关系（OECD，2016）。广义信任与健康状况、健康相关行为（Lochner et al.，2003；Lindström，2005；Poortinga，2006；Petrou and Kupek，2008）、信任和自杀率之间也存在类似的关系（Helliwell，2007）。

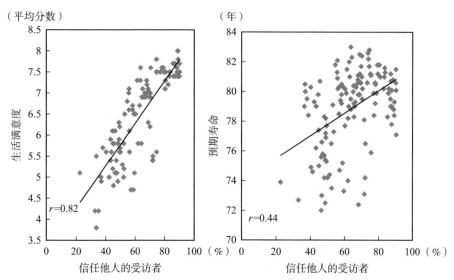

（a）A组：选定国家的广义信任和生活满意度 　（b）B组：选定国家的广义信任和预期寿命

图 10.2　2002 ~ 2014 年广义人际信任、生活满意度和预期寿命

注：广义信任的数据来自欧洲社会调查，生活满意度数据来自盖洛普世界民意调查。
资料来源：OECD，2017。

信任可以改善社会生活和治理。对机构的信任（制度信任），也是一个弹性社会的关键要素，对执行有效的政策至关重要，因为公共计划、法规和改革取决于公民的合作和遵守（Blind，2007；OECD，2013a）。对机构的信任是福利和经济成果的关键因素（OECD，2015、2016）。

尽管人际信任对衡量社会资本至关重要，但机构间信任与评估政府政策和方案的有效性最为相关（Klijn et al.，2010）。当人们对机构高度信任时，他们更容易遵守法律和法规，并且更容易实施可能涉及短期和长期之间或社会不同部分之间进行权衡的政策，例如通过税收或分配政策（Marien and Hooghe，2011；OECD，2013a）。制度信任对于解决市场失灵（如医疗、教育、环境）或长期收益需要短期牺牲（如教育、养老金）的政府活动尤其重要。

对机构（国家政府和司法机构）的信任与人均 GDP 之间的关系（见图 10.3）。在这两种情况中都有很强的正相关关系，特别是在司法部门。这是直观的，因为制度影响经济成果的关键渠道，如合同执行或市场监管，与司法系统的联系比与政府的联系更为直接。应该强调的是，这种相关性也可能反映出人均 GDP 对制度信任的影响。

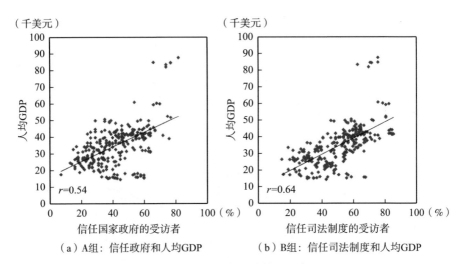

（a）A组：信任政府和人均GDP　　　　（b）B组：信任司法制度和人均GDP

图 10.3　2006～2015 年制度信任和人均 GDP

注：信任政府和信任司法制度的数据来自盖洛普世界民意调查。
资料来源：OECD，2017。

三、信任的概念及理论

（一）信任的概念

从词源学角度看，西方国家对信任的理解可以从对英文单词"trust"

一词的研究中窥知一二。"trust"在第二版《牛津英语辞典》(*The Oxford English Dictionary*)中解释如下：

（1）某个人或某件事的某些品质被人信赖，或相信某种陈述是真实可靠的；

（2）自信期待某件事物；

（3）义务、忠诚和可依赖性；

（4）有信心对某人或某事的寄托；

（5）对于一个买者拿现货而将来付钱的能力和意向的信心；

（6）将财产的合法所有权以法律的形式托付给某人，另一人的利益可通过掌握和使用这笔财产得以实现。

社会科学的各个学科，包括社会学、心理学、经济学和政治学，都有大量关于信任的概念和理论的文献。这类文献的一个核心特征是将信任视为"具有知识和信仰的认知范畴"（Hardin，2004），强调期望是核心，或者是对他人行为的期望，或者是其他人具有相同价值的事实（Uslaner，2008）。但除了这个共同的要素之外，信任概念已经有许多不同的解释，因此2017年经合组织回顾了不同测度方法以及提出了不同的政策建议，把信任定义为"一个人认为另一个人或机构将与他们对积极行为的期望保持一致的信念"。

（二）信任理论

1. 理性信任

信任可以被认为是对他人的信任，也就是别人对你的态度。合作是一种使个人利益最大化的策略，只能通过声誉才能维持。这种理性信任的战略性质在乔伊斯·贝格、约翰·迪克哈特和凯文·麦克坎比（Berg，Dickhaut and McCabe，1995）的信任博弈中得到了明确说明。在这个框架中，两个人可以自由地投资（或者不投资）一定数量的货币，从而使他们能够共同生产。一旦他们进行了这项投资，合同是不完整和不可执行的事实（因为没有办法让第三方验证所承诺的一切都已履行）让每个参与者都有机会以牺牲对方的利益为代价从合作中获利。这个博弈唯一可能的结果是缺乏合作，以至于参与者没有兴趣参与（纳什均衡——一个博弈论的概念，如果其他参与者不改变他们的策略，则任何参与者都不能通过改变自己选择的策略来获得任何收益）。由此可见，缺乏合作可能会阻碍双方互利的交换。

如果信任是纯理性的（即自利），那么合作只能作为一种名誉手段和惩罚出现。如果每个人都是纯粹的经济人，都是匿名的，大规模群体中自发出现合作行为是不可能的。如果他们不是匿名交流的，也就是说，如果人们随着时间的变化而建立声誉，基于声誉信任的合作可能会出现，这一点得到了历史和实验证据的支持。阿夫纳·格雷夫（Greif，1993，1994）在分析马格里比和热那亚商人时，以及阿维纳什·迪克西特（Dixit，2004）已经表明，当能够充分传递信息（也就是说，交易的潜在合作伙伴可以发现是否有人曾因信誉不好而行骗），并且有旨在惩罚背叛者的战略协调实施时，则可以支持这种合作。也就是说，如果人口规模和对现有利益的偏好足够小，在没有任何正式制度来定义法律规则的情况下，可能存在合作。但是，如果这些条件没有得到满足，为了维持合作，就需要正式制度明确规定法律规则和制裁措施。

通过这种方式，人们是否信任取决于他们对社会制度运行状况的感知。如果人们认为有强有力的执行机制来阻止欺骗或其他形式的不合作或对社会有害的行为，他们将更有可能信任其他人（Knack and Keefer，1997；Rothstein，2000；Beugelsdijk，2006）。在这种情况下，个人信任的高效制度是不同国家信任他人的关键因素（Rothstein，2011）。将信任理解为战略性和理性的价值在于，它强调了正式制度在鼓励信任和协调方面所发挥的作用。不过这种信任的观点并不能解释通常在实验中观察到的匿名、非重复的一次性人类互动中出现的合作行为（Bowles and Gintis，2007；Fehr，2009），这与道德信任和社会偏好有关。

2. 道德信任与社会偏好

除了理性信任的概念外，还有一种是道德信任的概念，在这个概念中，信任是通过社会化继承的价值或偏好，而不是个人选择的策略（OECD，2017）。按照这种解释，信任仍然是对他人行为的一种期望，但它不是一种战略期望。信任是一种"把人当作值得信赖的人来对待的道德戒律"。信任是一种信念，相信他人与我们有共同的基本价值观（Uslaner，2002），人们会根据他们与特定个人的经历或他们的教育背景和文化背景进行推断，延伸到对具有相似特征群体的信任（Farrell，2009）。

在这一点上，弗朗西斯·福山（Fukuyama，1995）将信任视为"是在一个基于共同规范的社会中，定期、诚实和合作的行为产生的期望"。经济文献中也使用了类似的定义，其中信任和合作行为是"共同的信念和价值观，帮助一个群体在追求有社会价值活动时克服搭便车的问题"（Guiso，Sapienza and Zingales，2011）。道德信任的概念强调了与合作和非合作的心理或非货币成本相关的内在动机和社会偏好的存在（Bowles and Reyes，2012）。从这个角度来看，个人的动机不仅仅是物质的回报，更看重合作本身的行为。在所有这些情况中，都假定个人有社会偏好，或者其他的偏好，而不仅仅是自我偏好，这使得合作得以出现在规模庞大的匿名群体中（Bowles and Reyes，2007）。

从这个角度来看，文献区分了两种主要的社会偏好：

第一，利他主义（Altruism）。人们与他人合作，而不期望任何回报或互惠，仅仅从"温情效应偏好"（warm glow preferences）中获得效用（Andreoni，1989；Anderson，Goeree and Holt，1998）。

第二，互惠或有条件的合作。如果其他人合作并且是互惠的，人们会合作，但是可以制裁那些不尊重合作规范的人（Reciprocity or conditional co-operation）（Fehr and Schmidt，1999；Fehr and Gatcher，2000；Gintis et al.，2005；Falk and Fischbacher，2006；Hoff，Kshetramade and Fehr，2011）。个体表现出强烈的背叛厌恶和对不合作行为的认可，即使这会导致与自身利益冲突的货币成本（Fehr，2009）。

四、信任的类型

人际信任是个体在人际互动过程中建立起来的对交往对象的言辞承诺以及书面或口头陈述的可靠程度的一种概括化期望。关于人际信任，自爱德华·班菲尔德（Banfield，1958）和詹姆斯·科尔曼（Coleman，1990）的开创性工作以来，社会科学家区分了狭义道德（针对个人认识的人）和广义道德（针对所有人，包括陌生人）。狭义道德的社会在小圈子的相关人员（家庭或亲属）中提倡良好行为准则，而自私行为在小圈子之外被认为是道德上可以接受的。班菲尔德（Banfield，1958）将这种行为描述为"非道德家庭主义"（amoral familism）。具有广义道德的社会促进了小家庭/亲属圈子之外的良好行为，这使得我们有可能认同一个由抽象的个人或抽象的机构组成的社会。[①]

有证据表明，这两种类型的道德，即广义道德和狭义道德（generalized and limited morality），实际上是两种不同的性质，并可能影响到相反方向的结果，正如班菲尔德（Banfield，1958）最初提出的。约翰·厄米希和迪戈·甘贝塔（Ermisch and Gambetta，2010）根据英国人口的代表性

---

① 詹姆斯·科尔曼（Coleman，1990）提出了"强关系"之间的类似区别，定义为家庭成员之间关系的质量；以及"弱关系"，即家庭圈之外的社会关系的强度。

样本，发现家庭关系强的人对陌生人的信任程度低于家庭关系弱的人，并认为这种联系是因果关系。它们表明这是由于与外界接触的水平：限制与外界接触的因素限制了受访者的经历以及与陌生人打交道的动机。

制度信任的概念比人际信任发展的要晚，在理论和实证两个方面的发展都处于早期阶段。制度信任的概念包括人们对政治性质的特定机构（如议会、警察局或司法系统）或非政治性质的特定机构（如银行或私人企业）的信任程度。理论文献通常区分了制度信任的两种主要渠道："能力信任"（trust in competence），即信任公共政策负责人的能力和知识；以及"意向信任"（trust in intentions），即信任他们是诚实和正直的人（Nooteboom，2007）。

尽管有其局限性，见表 10.1 中的框架对于缩小这些指南的范围是有用的。表 10.1 所标识的一些信任类型不适用于调查（如公民信任）中的测度，或者不属于官方统计（如政治信任），或两者兼而有之（如多边信任）。机构或组织的信任（与机构的信任相反）不适合通过对一般人口的调查来测度，因此没有任何机构的信任测度被这些指南所覆盖。同样，住户调查也不能明确地将政治领导人作为调查对象，即使没有其他理由避免收集这类数据，也使得这个群体不在范围之内。从维护国家统计部门的独立性的角度来看，从政治领导人那里收集信息显然是一个重大问题。由于这个原因，指南的范围相对狭窄，集中于人们对个人的信任（即人际信任）和人们对机构的信任（即制度信任）。

表 10.1   **多信任关系框架**

	居民	机构	领导者
居民	人际信任	制度信任	政治信任
机构	公民信任	机构间信任	政治信任
领导者	政治信任	政治信任	多边信任

资料来源：http://dx.doi.org/10.1787/888933584032。

在概念上有可能将制度信任视为一个单一的结构，但在诸如警察、法院、议会或银行等特定机构中的信任可能具有更大的现实意义。从测度的角度来看，人们对精确的机构或人的信任的问题是一个重要的问题。显然，从测度的角度来看，用户的需求提供了关于哪些机构或个人相关的重要指南，但也有实证考虑。受访者可能并不总是清楚地了解密切相关的机构之间的差异（例如，在立法机关和行政部门之间），或者，即使他们这样做，他们可能没有对所有涉及的机构有不同的看法。同样，对于概念上重叠的问题，比如那些在你认识的人，而不是在邻居或陌生人中的信任，他们的反应是不同的。来自世界价值观调查（World Values Survey，WVS）的证据表明，在不同的群体和机构之间的信任存在一系列问题，尽管在不同的机构和群体之间存在信任差异，但在信任问题上做出细微的区分可能没有什么实用价值（见专栏 10.3）。

专栏 10.3

应该测度多少种类别的信任？

关于信任的学术文献包括捕获不同类别的信任的广泛的不同的测度。政府的不同部门（如议会、公务员、政党、现任政府）和不同类型的人（如邻居、个人熟人、家人、初次见面的人）之间有区别。许多作者认为，这种区分对于理解有意义的信任是至关重要的（Hardin，2004）。这种观点具有明显的直觉合理性，很容易想象，对你的家庭的信任可能与你不认识的人的信任不同。在实践中，主要问题是这些概念之间的差异是否具有显著的经验。如果被调查者对其他家庭成员的信任和对他们不信任的人的信任提供基本相同的答案，几乎没有理由单独收集这两个概念的信息。

世界价值观调查提供了一个有用的数据库，用于检查不同的信任度量捕获不同构造的程度。世界价值观调查的 5 轮中包含 18 个不同类型的信任的问题，来自 68 个国家的 486 个人的反应，提供了对不同的反应进行组合的实证分析。世界价值观调查中信任问题的主成分分析的结果（见表 10.2），目的在于识别不同问题从根本上收集不同信息的程度。该表从世界价值观调查的 6 轮中获取 18 个信任问题，并确定这些程度反映了较少的"潜在"因素，这些因素解释了数据集中的差异。对于每个信任指标，特定列中的数字越高，指标与该列相关的潜在因素就越强烈。例如，因子 2 对政府、政党、议会和公务员有很高的值，这表明潜在因素与政治制度有关。在因子 2 的值为 0.4185 的情况下，对法院的信任显然与政府机构的信任有关，在很大程度上超过了对军队的信任（0.1342），但仍然没有达到核心的立法和行政机构的程度。

表 10.2	世界价值观调查中的信任测度维度				
变量	因子 1	因子 2	因子 3	因子 4	因子 5
政府（首都）	0.1752	0.7480	0.0335	0.3271	0.0597
政党	0.2352	0.8235	0.0803	0.1339	0.0695
议会	0.2604	0.8302	0.0703	0.1655	0.0550
公务员制度	0.3710	0.6175	0.0795	0.2346	0.0994
武装部队	0.2348	0.1342	0.0597	0.7278	0.0983
警察	0.1687	0.3064	0.0662	0.7708	0.1152
法院	0.2387	0.4185	0.0600	0.6510	0.0643
大公司	0.7160	0.2356	0.0381	0.1722	0.0639
银行	0.6384	0.2744	−0.0369	0.2069	0.0878
大学	0.6355	0.2135	0.0764	0.2474	0.0470
环境组织	0.8024	0.1589	0.0919	0.0753	0.0569
妇女组织	0.7783	0.1101	0.1463	0.0629	0.0437
你的家庭	0.1084	0.0336	−0.0637	−0.0120	0.7179
你的邻居	0.0415	0.1176	0.1914	0.1260	0.7572
你认识的人	0.0461	0.0336	0.3150	0.1434	0.6838
你第一次遇见的人	0.0250	0.1079	0.6301	0.0688	0.3439
另一个宗教的人	0.1019	0.0426	0.8892	0.0437	0.0549
其他民族的人	0.1230	0.0502	0.8862	0.0437	0.0610

注：提取方法为主成分分析法，旋转法为开塞正态方差最大变异法，总方差解释为 65.3%，克朗巴哈系数为 0.8844。

资料来源：OECD 的计算基于六轮世界价值观调查的（数据库）。

　　表 10.2 的分析表明，5 个不同的因素占了世界价值观调查中包含的 18 个信任问题的总方差的 65%（不同个体）。这些因素是：对非政府机构的信任（因子 1：大公司、银行、大学、环境组织、妇女组织）；政治机构的信任（因子 2：政府、政党、议会、公务员）；法律和秩序的信任机构（因子 4：武装部队、警察、法庭）；对被告人的信任（因子 5：家庭、邻居、你认识的人）；以及对陌生人的信任（因子 3：你第一次遇到的人，另一个民族的人，另一个宗教的人）。这些广泛的结果对不同标准具有稳健性，如只看制度信任或只看人际信任，对于世界价值观调查的每一轮都成立。

第二节　信任统计数据的现状

人们越来越认识到信任对社会和经济进步的重要性，因此采取若干举措改进和扩大研究界、政府和国际组织的信任测度。其中包括经合组织的《信任策略》（*Trust Strategy*）和《生活过得怎么样》报告、联合国可持续发展目标（UN Sustainable Development Goals）和普拉亚治理统计问题小组的报告（the Praia City Group on Governance Statistics）。经合组织特别注意了解通常使用的信任指标是否具有足够的质量和准确性，以便决定这些信任指标是否可以被视为"适合用途"（fit for purpose）并随时可以在官方统计数据中收集。

一、信任测度方法

（一）问卷调查方法

到目前为止，关于信任与合作的作用的研究大多是基于对调查问题的回答。自20世纪80年代初以来，许多国家都进行了家庭调查，其中包括信任问题。大多数情况下，这些调查都是由官方统计系统以外的非官方数据生产者进行的，如私人公司或学术机构。总体而言，不同调查的地理范围、采集频率和样本量差异很大。例如，盖洛普世界民意调查（Gallup World Poll, GWP）自2006年以来一直在收集制度信任的数据。自1981年以来，世界价值观调查（World Values Survey, WVS）每五年收集一次数据，尽管是针对少部分国家。自2002年以来，欧洲社会调查（European Social Survey, ESS）每两年为欧洲国家和地区收集一次数据。自1995年以来，拉丁美洲晴雨表调查（Latinobarometer）每年都在收集19个拉丁美洲国家的数据，而自2002年以来，非洲晴雨表调查（Afrobarometer）已经覆盖了37个国家，调查频率为2年。此外，官方数据生产者偶尔会搜收集信任大量数据样本：2013年欧盟关于收入和生活条件统计（EU-SILC）的模块包含了各种人际信任和制度信任问题，前者再次被纳入了2018年的调查中。经合组织内外的个别国家，包括英国、新西兰、澳大利亚、加拿大、波兰、荷兰、墨西哥、秘鲁、厄瓜多尔、智利和哥伦比亚，也偶尔收集社会资本不同方面以及对政府信任的数据。

大部分关于人际信任的文献都集中在对不认识的人的信任上，而不是对亲戚、家人或邻居的信任。在调查中，人际信任最常用"广义信任问题"来衡量，最初由加布里埃尔·阿尔蒙德和悉尼·维巴（Almond and Verba，1963）在他们对战后欧洲民间社会的研究中提出："一般来说，你会说大多数人是可以信任的，还是说在与他人打交道时越小心越好？"可能的答案要么是"大多数人都可以信任"，要么是"需要非常小心"。

欧洲社会调查、美国综合社会调查（US General Social Survey，GSS）、世界价值观调查、拉丁美洲人和澳大利亚社区调查也使用了同样的问题。欧洲社会调查使用了较为中立的措辞，在 0 ~ 10 的范围内进行回答，而不是二元回答项，其中 1 表示"大多数人可以信任"，0 表示"越小心越好"。经合组织《信任测度指南》（OECD，2017）建议使用这种保持中立的措辞，因为有证据表明，"越小心越好"的措辞可能使相对弱势的群体（如老年人和妇女）自述的信任水平比中立措辞下的应答水平低。指南进一步建议，0 ~ 10 的反应量表与二元回答项相比，考虑到更大程度的应答差异，并提高了总体数据质量和可译性，这是国际可比性特别关注的问题。

调查通常包括与信任有关的其他问题。例如，世界价值观调查提出了"公平问题"："你认为大多数人如果有机会就会利用你吗，还是他们会努力做到公平？"美国综合社会调查包括信任问题、公平问题，并添加了"帮助问题"："你是说大多数时候人们都尽力去帮助别人，还是说他们大多时候都是只顾自己？"这些不同的问题有时被用来构建指标，以提供信任的替代指标，或获得道德价值或民间资本的平均指标（Tabellini，2010；Guiso et al.，2011）。

尽管大多数调查直接根据评估提出关于广义信任的问题，但也有人试图通过对给定具体情况下会发生什么的预期问题来测度信任。最著名的例子之一是盖洛普世界民意调查中使用的"丢失钱包"问题："如果您丢失了一个装有贵重物品的钱包，被一个陌生人捡到了，您认为丢失钱包会原样找回吗？"但是，到目前为止，这个问题仅限于少量的调查，而且这个问题的假设性质阻止了它成为一个真正的行为衡量标准。

在制度信任的情况下，通常是通过一个共同的标题来表述问题："你对你的……有信心吗？（后面是一系列机构，如政府、国会等）？"可能的答案通常是"是/否/不知道"，或者是在 0 ~ 10 的量表。调查通常询问不同机构的问题，主要是公共机构，如议会、法院、政府或武装部队。一些问题还涉及负责执行政策的人员（如公务员、警官、议员）。正如简·德尔希、肯尼斯·纽顿和克里斯琴·韦尔策尔（Delhey, Newton and Welzel, 2011）所指出的，制度信任可能会有所不同。这取决于机构，因此建议对每个特定机构提出问题，而不是试图将制度信任作为一个单一结构或将几个问题组合成一个信任指数来衡量。经合组织《信任测度指南》通过对世界价值观调查中不同类型的信任问题进行主成分分析，发现三个影响制度信任的主要因素：对非政府机构（主要公司、银行、大学、环境组织、妇女组织）的信任、对政治机构的信任（执政的政府、政党、议会、公务员）以及对法律和秩序机构的信任（武装部队、警察、法院）。尽管这一分析证实了制度信任的不同子维度的显著性，但它还强调了，从经验上讲，对不同信任类别之间进行过于细微的区分意义并不大，而数量相对较少的测度指标，能包括不同类型的机构，往往会涵盖最重要的方面（OECD, 2017）。当然，根据特别是决策者的需要，询问特定机构的问题仍然是有意义的。

（二）行为实验方法

调查数据可以提供主观信息（人们如何判断和感受），但这需要谨慎地使用和解释它。问题包括个人如何解释他们被问到的问题，以及在这种解释中，群体之间是否存在系统性差异，这些差异可能被错误地解释为基础信任水平的差异。例如，那些在信任问题上回答"需要非常小心"的人可能会是出于对风险的强烈厌恶（Fehr, 2009; Bohnet and Zeckhauser, 2004; Guiso, Sapienza and Zingales, 2011）。调查通常无法评估和区分可能涉及人际信任的各种社会偏好，如利他主义、互惠或社会期望和声誉。

因此，实验经济学的一场革命推动了实验室实验的发展，旨在通过诸如"信任博弈"（trust game）或"公共产品博弈"（public goods game）等协议，引发各种社会行为。这些经过精心校准的实验，在金钱的激励下衡量人们的行为和选择，不仅有助于区分不同类型的信任，而且还提供了可以比较调查问题的基准，以确定调查问题是否在衡量实际行为。

如恩斯特·费尔（Fehr, 2009）所示，这些博弈侧重于信任的定义，信任可以通过实验博弈直接测度。在这些实验中测度信任的行为遵循了詹姆斯·科尔曼概念，即"如果一个人自愿将资源交给另一方，而后者没有作出任何法律承诺，但期望信任行为会有回报，那么他/她就会信任另一方"（Coleman, 1990）。这一概念有两个要素：一个是行为要素，另一个是期望信任行为会给委托人带来利益。

一般来说，这些实验使用的是变形的"投资博弈"游戏，也称为"信任博弈"。在实验室实验中，这个博弈如下：在第一阶段，A 和 B 房间的实验对象每人得到 10 美元的初始资金。当 B 房间的实验对象获得他们的参与费时，A 房间的实验对象必须决定他们的 10 美元中有多少钱要给 B 房间的匿名参与者。给出的钱数用 M 表示，并且会增加 3 倍，即得到的总回报为 3M 美元。在第二阶段，B 房间的参与者被给予了 3 倍的钱，但必须决定返还给 A 房间实验对象多少钱。"信任他人"是由给予者最初给予的钱来衡量的。可信度是由房间 B 的实验对象返还的钱数来衡量的。

这一框架可以通过实验加以调整和补充，以测度不同于其他态度的信任，如风险规避、利他主义和互惠行为，并区分信任行为作为一种根深蒂固的偏好，以及信任行为作为一个人对他人可信度的信念（可以快速修正）。例如，给予的货币量和返回的货币量之间的正相关性可以反映出对互惠的偏好。把利他主义从互惠中分离出来，可以用独裁者游戏来补充信任游戏，其中一个参与者必须决定分享一笔钱中的多少给另一个参与者，而另一个参与者不能对转移做出反应，也没有自己的初始资金。詹姆斯·考克斯（Cox，2004）沿着这一思路进行的实验证明了互惠是存在的，而且信任动机与利他主义分开存在。其他实验在进行信任游戏的同时也使用了风险规避的指标。

其他的研究使用神经生物学的方法来衡量信任的作用，与更精确的偏好进行比较。催产素是一种荷尔蒙，尤其是在母乳喂养和分娩期间释放，与亲合力和社交情感有关。众所周知，它可以抑制与背叛信仰有关的焦虑情绪的传递。迈克尔·科斯菲尔德等（Kosfeld et al.，2005）评估了催产素对参与信任游戏的个人的亲社会行为的影响，他们提出了其他实验来区分亲社会的偏好与冒险行为以及参与者的乐观程度。该研究的参与者被随机分为两组。第一组通过喷雾剂吸入催产素，第二组吸入安慰剂并作为对照组。实验结果表明，接受催产素的个体表现出更多的信任，并且在与他人的交流中继续表现出信任，即使后者没有表现出任何互惠性。相比之下，其他的态度（如谨慎和风险规避）甚至其他的信念（如乐观对他人的行为）都没有受到影响。基于这些证据，科斯菲尔德等的结论是，信任博弈衡量的是合作的真正偏好，而不是风险规避或对他人行为的预期（Fehr，2009）。

二、信任测度指标的有效性

（一）评估信任指标统计质量的若干个标准

经合组织《信任测度指南》（OECD，2017）区分了评估信任指标统计质量的若干个标准，特别是：

（1）可靠性（reliability）：信任指标随着时间的变化和不同的工具产生一致信息的程度。

（2）表面效度（face validity）：用对问题的无应答率来衡量一个指标在直观上可信的程度。

（3）收敛有效性（convergent validity）：信任的衡量标准是否与客观的衡量标准密切相关（例如，自述的信任是否与行为信任相关）。

（4）构造效度（construct validity）：衡量标准是否符合常识和理论的要求。

（二）问卷调查方法的一般问题

现有基于信任的调查数据存在许多实际问题，这些问题至少与上述概念性问题同等重要，甚至可能更重要。

（1）数据通常来自非常小样本量的非官方调查，通常每个国家约1000个，有时应答率很低。这引起了对样本中信噪比和无回应偏差（noise-to-signal ratio and non-response bias）的关注。由于缺乏代表性样本，很难全面描述当地的信任水平，也很难分析信任的经济、社会和政策决定因素。

（2）数据覆盖率也相对较低，尤其是长期数据。作为一个例证，文献中最常用的调查之一，世界价值观调查仅以不规则的间隔（平均每五年）提供一轮调查，覆盖的国家因各轮调查不同而不同。由于缺乏时间序列数据，很难了解信任度变化的决定因素。尤其是，这些数据库无法用来分析政策变化如何影响对他人和制度信任的演变。

（3）不同的调查在问题措辞上非常不一致，影响了各轮调查的可比性。例如，在制度信任方面，问题有时指类似的概念，但使用不同的描述，如"法院"或"司法系统"、"政治家"或"政府"。此外，不同的调查使用不同的反应量表。一些调查主要依赖于"是/否/不知道"回答格式，而其他调查（如欧洲社会调查和世界价值观调查）则使用 0~10 或 1~4 的回答格式。这遇到了一个实际的问题，因为研究人员不得不依赖不同国家组的不同数据源（发展中国家的世界价值观调查和欧洲国家的欧洲社会调查）来应对每轮调查的地理和时间覆盖面不足的问题。

（4）调查问卷本身可能存在语意不清或理解上的偏差。例如当人们被问及"一般来说，你认为大部分人是值得信赖的，还是认为你在跟人打交道时需要格外小心？"这类问题时，他们可能不知道应该如何回答，因为信任是因时、因地、因人而异的；调查问卷往往进行假设性的提问，而人们却生活在现实环境中，被调查者所处的现实环境和当地的社会规范都会影响他们的回答。例如当人们面对假设性问题时往往会表现出更多的亲社会倾向，但面对真实的经济决策时，其最终决策常常跟调查问卷中的回答不一致；调查问卷无法像行为实验那样通过控制各种变量来分析自变量和因变量之间可能存在的因果关系（郑昊力，2014）。

（三）基于调查的人际信任指标的有效性

经合组织《信任测度指南》（OECD，2017）为人际信任测度的有效性提供了有力的证据：它们在不同的数据源中是一致的，随着时间的变化，它们的无应答率相对较低，并且它们与各种社会和经济结果高度相关。它们的政策相关性也得到了学术研究的支持。

分析了广义信任问题的调查答案与信任博弈中给予的货币数量（收敛效度的指标）之间的关系，研究发现两者得出不同的结果。一些研究发现，信任问题预测了信任行为的某些方面，无论是信任还是不信任，但并不总是相同的（Glaeser et al.，2000；Fehr et al.，2002；Lazzarini et al.，2005；Ermisch et al.，2009）。其他研究结论是，在不同国家，信任问题与行为之间的关系存在差异（Holm and Danielson，2005）。

研究结论之间的差异也可能是由于实验设计的差异，因为游戏的设计在不同的实验中并不相同。最近的"信任实验室项目"由经合组织和法国科学院国际研究大学联合发起，该项目是第一个关于人们行为、社会规范和偏好的国际数据库，并通过调查问题和实验方法，以可比的方式在不同经合组织国家的代表性样本中收集信任信息（见专栏 10.4）。来自第一组国家的信任实验室分析发现，信任的调查和实验结果是正相关的，当信任的调查指标在控制其他因素时，可以获得利他主义和对他人可信度的期望（Murtin et al.，2018）。证实了一个论点，即对他人可信度的期望，而不是自己的可信度，在评估对他人的信任时最重要（Fehr，2009）。总的来说，关于人际信任的调查问题提供了有效和可靠的信息，并且有强有力的理由将这些问题纳入官方统计调查。

专栏 10.4

信任实验室：通过实验技术测度信任和社会规范

信任实验室是由科学组织和经合组织开发的一个实验平台，旨在：

- 使用一系列技术制定信任和社会规范的新指标；
- 比较各国和群体之间的信任和社会规范；
- 了解个人层面的信任决定因素。

该平台结合了实验和非实验技术。因此，它克服了目前使用的实验方法的一些局限性，特别是样本量非常小，使用的样本不具有国家代表性，实验结果与可比较的调查数据没有联系。

信任实验室依赖于媒体实验室科学开发的集成在线平台。在每个参与国，1000 人的代表性国家样本回答了一些传统的调查问题，并参与了提供行为和自述信息的博弈游戏。游戏使用的是真实的货币（平均价值约 15 欧元）。表 10.3 给出了信任实验室中使用的不同测量模块和工具。

表 10.3　　　信任实验室中使用的不同测量模块和工具

模块	关注点	方法
行为游戏 （信任博弈、公共产品博弈、独裁者博弈）	广义信任	实验性方法
隐联想测验	机构间信任 广义信任	准实验研究法
调查和人口统计模块	机构间信任 信任的驱动因素	传统的自述调查问题

资料来源：http://dx.doi.org/10.1787/888933840076。

来自信任实验室的数据提供了对不同社会规范（信任他人、信任、利他主义、合作、互惠）和不同机构（政府、议会、警察局、司法系统、媒体和银行）信任的丰富描述，以及信任的一些潜在决定因素。

经过 2016 年的试点阶段，信任实验室现已在法国、韩国、斯洛文尼亚、美国、德国、意大利和英国实施，并有一系列学术和政府合作伙伴参与。

（四）基于调查的制度信任指标的有效性

基于调查的制度信任指标的有效性比较复杂，但仍然是可观的（OECD，2017）。尽管它们的潜在政策相关性很明确，而且在构造效度方面表现良好，但一些解释和统计问题仍然存在。尽管基于这些测度的有效性的证据不如人际信任的测度结果有力，但经合组织的建议是，这些指标也应通过官方统计收集。

就制度信任问题而言，受访者在解释上的差异可能特别重要。人们对"你对政府有多信任？"这个问题可能会有几种不同方式的解释。他们认为政府有能力提供服务吗？他们认为政府是诚实的吗？他们认为政府会制定好的政策吗？这些问题的答案可能会非常不同，这取决于受访者使用哪种解释。关于制度信任的问题不一定是去衡量机构运作的好坏，因为人们可以通过思考当时的政府或政治制度的深层次特征来回答这些问题。

此外，有关制度信任的统计数据必须谨慎使用。这些统计数据是用来衡量人们对制度可信度的看法，还是用来衡量实际的可信度或透明度的客观水平？也就是说，是否应将各国制度信任测度的差异作为不同腐败程度的指标？一方面很难区分信念和看法，另一方面很难区分客观的衡量标准，特别是当人们被问及不同机构的透明度或腐败程度时（Charron，2016）。

迄今为止，很少有证据表明制度信任指标的有效性趋同。对于人际信任，人们一致同意将广义信任作为采用的指标，而制度信任只涵盖了若干值得关注的方面（警察局、银行等）。此外，对于实验分析（可以对比调查结果，如人际信任），标准信任博弈并没有用于分析制度信任的对等实验博弈。一些研究依赖于内隐关联测试，这是一种来自实验心理学的方法，以验证制度信任问题，取得了很好的结果（Intawan and Nicholson，2017）。信任实验室项目还包括一个隐式关联测试，作为制度信任的实验结果，令人鼓舞的是，在控制一系列个体特征的前提下，政府实验信任与政府信任和司法系统信任的调查数据显著正相关（Murtin et al.，2018）。

放眼未来，更加一致和协调的数据将增加现有的证据基础，使研究人员能够更好地理解和改进这些测度指标。

（五）信任实验结果的有效性

我们对实验室中的实验结果是否以及在多大程度上能应用到实际情况中仍然知之甚少。如果我们要依靠实验方法来对现实世界作出推论，就需要研究基于实验室的实验测量与实地结果之间的关系。遗憾的是，到目前为止，研究主要集中在以学生或其他公民为样本的非常小且不具代表性的实验室实验上，这引起了对外部有效性的担忧（Henrich et al.，2001）。由于这些样本通常抽取的是西方国家的大学生，所以这个问题就更成问题了。在心理学领域，杰弗里·阿内特（Arnett，2008）发现，在顶级期刊上发表的研究中，96%的受试者都来自"WEIRD（western，educated，industrialised，rich and democratic）"（西方的、受过教育的、工业化的、富裕的和民主的）背景。研究人员假设不同群体的实验结果几乎没有变化，或者这些WEIRD的受试者和其他群体一样是不同群体的代表。事实并非如此：WEIRD调查对象是"人们所能找到的代表群体中最不具代表性的群体"，而且各国的结果都存在很大的差异（Henrich et al.，2001）。

实验经济学由于缺乏外部有效性，实验经济学留下的重要问题没有答案。基于真实和可比较的行为，不同群体、组织或国家的社会偏好的异质性是什么？这种异质性如何解释经济和制度发展？经济和制度因素如何解释这种异质性？实验性博弈（通常在人为环境中进行）中的行为与现实世界中的行为匹配的程度？

迪恩·卡兰（Karlan，2005）使用信任博弈来获取个人对互惠的偏好，结果表明，在秘鲁的一个小额信贷计划中，它可以用来预测参与者在一年以后的贷款偿还情况。安吉拉·德奥利维拉等（De Oliveira et al.，2014）使用传统的公共产品博弈来激发实验对象对合作的兴趣。在一项捐赠实验中，研究结果表明，实验结果与实验对象对当地慈善机构的贡献，以及他们自述的为当地慈善事业贡献的时间和/或货币有关。同样，苏珊·劳里和劳拉·泰勒（Laury and Taylor，2008）以及马提亚·本兹和斯蒂芬·梅尔（Benz and Meier，2008）使用公共产品博弈来激发参与者对合作的兴趣，并表明这与通过慈善捐赠为该领域的公共产品做出贡献的可能性有关。扬·阿尔甘等（Algan et al.，2015）还表明信任是在线经济社区贡献的一个很好的预测因素。特别是，基于合作和非货币激励的大型组织的出现，如维基百科和开放软件，提供了一个完美的实验来测试实验结果和实地行为之间的关系。

一方面，实验信任结果的主要关注点与实验室实验的有限和非代表性样本有关；另一方面，如果由国家统计局收集的调查问题具有代表性样本，但它们衡量的是个人的信仰（关于他人和自己），而不是人们实际从事信任行为的程度。

（六）实验数据和调查数据的结合

基于信任的调查问题对宏观经济结果有很好的预测作用，但它们本身无法理清所涉及的影响机制。信任的实验方法可以做到这一点，但它们不能大规模进行。对具有代表性的样本进行的实验可以揭示社会观念的确切性质，以及更大人群中个体之间的双边合作程度，而不仅仅是 WEIRD 受试者的问题。此外，除了少数例外情况，相同的实验不会在不同的国家重复，因此很难理解信任的影响机制是否存在跨国差异。信任实验室项目有可能克服这些限制。这是研究人员、民间社会和政府可以根据不同国家的代表性样本，第一次比较从相同的实验中得出的社会偏好。

第三节　各国（地区）信任度的比较

相关调查显示，各国（地区）的信任水平存在巨大差异。挪威是样本中信任度最高的国家，超过 68% 的人信任其他人（Algan and Cahuc，2014）；排在最后的是特立尼达和多巴哥，只有 4% 的人表示人际信任度很高。总的来说，北欧国家以高水平的人际信任位居榜首，而非洲和南美国家的人似乎不太信任其他人。美国排名位于前四分之一，平均信任水平超过 40%。但是，人们对他人的信任程度不仅在不同的国家，而且在同一国家的不同地区也各不相同。扬·阿尔甘和皮埃尔·卡赫克（Algan and Cahuc，2014）研究表明，欧洲、美国和其他一些国家的信任水平在不同地区之间存在显著差异。除了更好地了解各国（地区）之间的信任分布之外，研究人员还基于三种观测到的关系扩大了证据基础，这些关系证明了对信任的兴趣：它与经济活动、GDP 增长、人们的主观福利、治理和公共政策的关系。

一、信任与经济增长

在控制了教育、民族分裂（不同文化群体的数量、规模、社会经济和地理位置）、法律渊源和政治制度（Algan and Cahuc，2014）之后，对其他人的信任是人均收入和 GDP 增长的唯一具有统计意义的预测因素。一个令人担忧的问题是，斯蒂芬·纳克和菲利普·基弗（Knack and Keefer，1997）首先注意到的这种相关性可能会反过来，即从收入到信任。另外，信任变量可能会受到时间不变特征（如法律渊源、制度质量、初等教育质量、民族划分程度和地理位置）的更深层影响。

阿尔甘和卡赫克（Algan and Cahuc，2010）对这一问题提供了更多的解释，通过控制干扰因素和反向因果关系，建立了从信任到收入的稳定因果关系。他们利用移民到美国的子女继承信任的时间变化来解释他们祖先所在国家的 GDP 增长——因为子女从父母那里继承了他们的一些信任性质，我们可以逆向估计移民祖先的信任，并以此来估计祖先离开时在原籍国的信任水平。因为他们的祖先在不同的时间离开了他们的祖国，人们可以估计在不同的时间对祖国的信任程度，获取跟踪不同国家信任水平的长期数据集。这种数据结构（一个面板数据集）提供估计广义信任的变化对国家人均收入的影响。通过关注信任的遗传因素，避免了反向因果关系。通过长期提供一个时变的信任指标，既可以控制省略的非时变的因素，也可以控制其他观测到的时变因素，如经济、政治、文化和社会环境的变化。

阿尔甘和卡赫克（Algan and Cahuc，2010）发现了显著的影响。在其他条件相同的情况下，如果非洲继承信任的水平与瑞典继承信任的水平相同，那么 2000 年非洲人均收入将提高 546%。继承信任对东欧国家和墨西哥人均 GDP 的影响也不容忽视。如果俄罗斯、墨西哥、南斯拉夫、捷克共和国和匈牙利继承了与瑞典相同的人际信任水平，它们的人均收入将分别增长 69%、59%、30%、29% 和 9%。这种影响尽管不那么重要，但在更发达的国家也是相当大的。如果这些国家拥有与瑞典相同的继承信任水平，那么意大利、法国、德国和英国的人均收入将分别提高 17%、11%、7% 和 6%。他们还比较了信任对人均收入的影响，以及诸如地理或制度等非时变因素的影响。对于非洲或拉丁美洲国家来说，初始经济发展和不变因素对人均收入有很大影响。相比之下，发达国家人均收入的变化主要是由继承信任水平来解释的。

不仅在宏观经济层面理解了信任的作用，而且在微观经济层面也取得了一些进展。通过汇集资源、降低交易成本和在经济交换中协调失灵，对他人的信任形成了实现共同目标的能力，更普遍地说，是形成了人们共同生活的方式（OECD，2015）。

因此，创新、投资以及金融和劳动力市场的运行取决于信任（Algan and Cahuc，2009）。阿尔甘和卡赫克（Algan and Cahuc，2014）说明了不同的方式，通过这些方式，广义信任可以影响经济增长。由于道德风险和合同执行的困难，信任对受不确定性影响的经济活动（投资，尤其是创新）起着主导作用。信任的影响也通过企业的组织和劳动力市场的运作发挥作用。通过促进匿名者之间的合作，信任有利于私人和公共组织的出现和发展（Fukuyama，1995；Porta et al.，1997；Bertrand and Schoar，2006）。信任有利于组织内部的分权决策，使其能够更好地适应环境变化（Bloom，Sadun and van Reenen，2012）。信任同样通过一些方式影响劳动力市场的运作。例如，拥有更广泛信任的国家在劳动和管理之间具有更高水平的合作关系（Aghion，Algan and Cahuc，2011）；反过来，雇主－雇员的素质关系与一系列有利于 GDP 增长和福利的因素有关。

二、信任与主观福利

信任与主观福利是正相关的，文献中有越来越多的证据说明了这一点。例如：信任可以减轻严重冲击对个人的影响，并与较低的自杀率有关（Helliwell and Wang，2011）；信任与主观福利之间正相关的跨国微观证据，根据对收入的影响来估计这种关系的"价值"（Helliwell and Putnam，2004；Helliwell and Wang，2011）。从 2006 年盖洛普世界民意调查中，他们在 86 个国家使用了钱包信任问题。会询问受访者这样一个问题："如果邻居、警察或陌生人发现了受访者丢失的钱包（有身份证和 200 美元现金），那么被归还的可能性分别有多大"。研究结果表明，收入增加 2/3 以补偿福利的损失是必要的，因为他们认为钱包和文件不会原样找回（Helliwell and Wang，2011）。例如，居住在挪威这样的国家（平均预期钱包归还率最高为 80%），而不是坦桑尼亚（平均预期钱包归还率最低为 27%），相当于家庭收入增加了 40%。罗米纳·博亚里尼等（Boarini et al.，2012）进一步分析表明，不考虑人际信任水平，并在控制人口和经济变量后，国家一级的人际信任平均水平与生活在这些国家的个人的生活满意度密切相关。一项关于国家资本禀赋的更全面的研究发现（以合作部门的份额为代表），在控制了国家的人类发展指数和其他变量之后，合作程度越高，幸福感也越高（Bruni and Ferri，2016）。

所有这些研究都集中在跨国相关性上。但是，同一类型的证据也适用于给定的群体，随着时间的变化，信任的变化与主观福利的变化有关。约翰·海利维尔等（Helliwell et al.，2009）的研究表明工作场所也有同样的结果。利用来自加拿大的微观数据（2003 年的平等、安全和社区调查）（Equality，Security and Community Survey）和美国（2000 年社会资本的社区基准调查）（Social Capital Community Benchmark Survey），研究发现，工作场所的信任氛围，特别是员工对管理者的信任，与员工的主观福利密切相关。工人对管理者的信任度提高 1 分，对他们的生活满意度的影响与家庭收入增加 30% 的影响相同。

也有证据表明，广义信任与个人更好的健康结果呈正相关（Boreham，Samurçay and Fischer，2002；Arber and Ginn，2004）。例如，滨野津义等（Hamano et al.，2010）研究了日本大约 200 个社区，在控制了年龄、性别、家庭收入和教育程度之后，高水平的广义信任（以及高级别的协会成员）与更好的精神健康有关。芝加哥社区的一项研究表明，在控制了社区物质匮乏之后，高水平的互惠、广义信任和公民参与与低死亡率和心脏病发病率有关（Lochner et al.，2003）。

但是，信任他人与福利之间的因果关系尚不清楚。对上述相关性的一种可能解释是，信任水平较低的人可能有社会孤立的倾向，从而使他们不能享有从支持性社交网络中获得的许多有益健康的好处（Glass et al.，2003）。另一种可能的解释是，生活在信任度较高的社区中的人社会焦虑程度较低，从而降低了慢性压力水平（Wilkinson，2000）。

为了获得更多的因果证据，最近的研究根据参与者在博弈中的合作程度来观察他们的生理反应和大脑图像。当人们在信任博弈中与他人合作时，他们会增加催产素的分泌。研究者还测试了这种博弈的变体，其中接收者获得的货币不是来自真实的人而是来自彩票。在这种变体的博弈中，催产素的水平不会随着收到的货币而上升（Zak，Kurzban and Matzner，2004）。这一结果表明，信任与主观福利有关，而不仅仅是接受货币这一事实。大脑图像已经证实了这些结果：一旦个体在信任博弈中不合作，岛叶皮层就会被激活（Sanfey et al.，2003）。大脑的这个区域在疼痛和厌恶状态下比较活跃。结论是，与他人有信任行为的非货币维度比合作所获得的货币收益更能影响主观福利水平。总之，这些结果表明，信任影响社会进步的许多方面（包括经济发展和生活评价），是人类发展的重要组成部分。

三、信任与社会进步

也有很好的证据表明，制度信任与公民对政府政策的支持之间存在着正相关关系（OECD，2016）。在这方面最早的研究中，斯蒂芬·纳克和菲利普·基弗（Knack and Keefer，1997）分析了大约 30 个国家对世界价值观调查的回答情况，发现公民对政府的信心指标与政府效率的客观指标之间存在正相关。在一项跨国分析中，赵红心与承和金（Zhao and Kim，2011）强调了制度信任与外国直接投资水平之间的正相关性。监管机构的信任与自愿遵守监管地区的规定之间存在着高度的正相关（Murphy，Tyler and Curtis，2009）；制度信任与纳税意愿之间存在着密切联系（Daude，Gutierrez and Melguizo，2012）。人们对机构的信任与他们对腐败的看法之间也存在着很强的跨国相关性（OECD，2013）。这些研究基于公民对政府的支持与对机构的信任之间的相关性，需要在几乎肯定存在反向因果关系的情况下加以理解，也就是说，人们不太可能信任不称职或腐败的机构（强调上述制度信任结果的解释问题）。应该强调的是，这些研究大多是基于相关性的，研究仍需在建立制度信任与经济进步之间的因果关系方面取得进展。

对机构的信任也是维持民主制度的必要条件。最近欧洲的信任危机就是一个关于风险的很好例证。扬·阿尔甘等（Algan et al.，2017）表明金融危机和随之而来的经济下行，以及欧洲机构无力应对，导致对欧洲和各国议会的信任急剧下降，这与极端投票和民粹主义上升有关。扬·阿尔甘等发现失业率上升与非主流政党，特别是民粹主义政党的投票，以及对国家和欧洲政治机构的信任度下降之间有着密切的关系。为了进一步探讨原因，扬·阿尔甘等（Algan et al.，2017）从经济危机前的结构中提炼了造成失业率上升的因素，特别是建筑业在地区生产总值中所占的比例，这与危机的形成和爆发有着密切的关系。危机造成的经济不安全是民粹主义和政治不信任的重要推动因素。欧洲经济危机的一个重要政策含义是，各国政府和欧盟不仅应注重结构改革，也应保护公民的信任不受经济不安全的影响。

对机构的信任也与主观福利直接相关。图 10.4 显示了生活满意度与司法系统（A 组）和政府（B 组）信任之间的正相关关系。如果受信任的机构运作得更好，这种关系就可以得到解释，因此与提高人们生活满意度的更好结果相关联。因果关系也可以朝着另一个方向发展，因为人们信任那些运行更好的机构。但也有证据表明，对机构的信任与人们的主观福利有直接影响。研究表明"程序效用"（即人们参与做出重要集体决策的过程）对人们主观福利的重要性，而独立于决策的实际结果（Frey，Benz and Stutzer，2004；Frey and Stutzer，2005，2006）。从这个角度来看，尽管政府决策可能会增加总收入，但由于人们认为决策过程不公平或不民主而造成的损失，福利效应可能会降低。

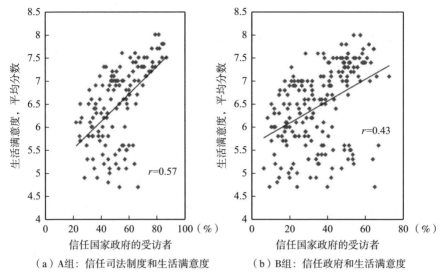

（a）A组：信任司法制度和生活满意度　　　　（b）B组：信任政府和生活满意度

图 10.4　2006～2015 年制度信任和生活满意度

注：生活满意度数据来自盖洛普世界民意调查。信任司法制度和政府的数据来自欧洲晴雨表调查。

资料来源：OECD，2017。

四、信任与收入不平等

各国之间的广义信任与收入不平等的基尼系数之间存在着很强的负相关关系，这两个指数分别是各国（见图 10.5，A 组）和美国各州（B 组）。高信任社会更为平等（它们的基尼系数较低），而低信任社会通常表现出更高的收入不平等水平。控制收入、人口、教育和民族划分的跨国和跨美国各州的回归结果证实了这一相关性（Algan and Cahuc，2014）。

信任与收入不平等之间的负相关关系在美国各县、区中也存在（Alesina and Ferrara，2000）。博·罗斯坦和埃里克·乌斯兰纳（Rothstein and Uslaner，2005）在过去几十年中记录了美国国内收入不平等上升与信任下降之间的相关性。一个悬而未决的问题是因果关系，不平等可能与信任负相关，原因是：一方面，正如罗斯坦和乌斯兰纳所指出的，高水平的信任和合作可能伴随着对再分配的高度偏好，从而降低收入不平等。① 另一方面，高度的不平等会使个人认为自己受到了不同社会阶层的人的不公平对待，从而导致他们将合作行为和信任限制在自己阶层的成员（Roth-

_____

① 这个问题可以在未来的研究中通过研究市场收入的不平等来解决，即在再分配之前。

stein and Uslaner，2005）。斯塔凡·库姆林和博·罗斯坦（Kumlin and Rothstein，2005）也表明，与按地位划分社会福利的社团主义福利国家制度相比，更普遍和平等的福利国家制度与更高的信任水平有关。

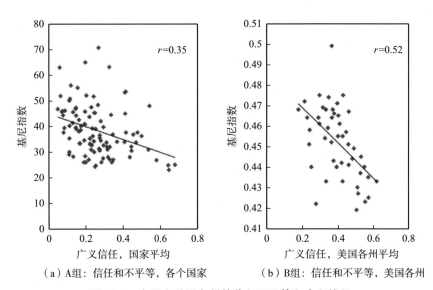

（a）A组：信任和不平等，各个国家　　　　（b）B组：信任和不平等，美国各州

图 10.5　各国和美国各州的收入不平等和广义信任

注：不平等是通过 2005～2012 年间基尼指数的平均值（世界银行）来衡量的。广义信任水平是根据"世界价值观调查"（1981～2009 年）和"欧洲价值观调查"（1981～2008 年）的国家平均值来衡量的。对于美国来说，不平等程度是通过 2010 年的基尼指数衡量的（美国人口普查局）。广义信任水平的数据取自"综合社会调查"（1973～2006 年）。

资料来源：Algan and Cahuc，2014。

仍然需要研究来确定收入不平等对广义信任的因果效应。应用行为调查来观察个人之间的合作，这取决于他们的人口统计数据、地位和收入，这将改善对这种因果关系的研究。

五、信任与政策

信任水平在国家内部有很大差异，这取决于收入、教育、就业状况和家庭类型（OECD，2017）。高收入群体和受过高等教育的人对机构的广义信任和信任程度较高，失业者和至少有一个受抚养子女的单亲家庭的广义信任和信任程度较低。

尽管这些模式在大多数经合组织国家都适用，但重要的是研究各国具体情况下的信任推动因素，以及决策者如何发展如此重要的社会资本类型。如果信任在解释经济和社会结果方面起着关键作用，那么就迫切需要确定发展信任所需的制度和公共政策。

这方面的研究仍处于早期阶段，主要是由于缺乏足够的跨时间和跨地区的行为指标。部分文献认为信任是一种根深蒂固的文化成分，必须在每个国家漫长的历史中寻找其决定因素，几乎没有立即采取行动的空间。最近对移民的研究表明，他们的信任水平逐渐收敛到目的地国的平均信任水平。罗伯特·帕特南关于信任演进的两种相互矛盾的观点很好地说明了这种模糊性。根据"帕特南 I"（Putnam I）（Putnam et al.，1993），社会资本在很大程度上取决于历史。在这方面，与南部地区相比，意大利北部地区的社会资本水平更高，起源于中世纪时期的自由城市经验。另一方面，根据"帕特南 II"（Putnam II）（Putnam，2000），信任从一代进化到下一代，并受到环境的强烈影响。在《独自打保龄球》（*Bowling Alone*）一书中，帕特南认为，自二战以来，在美国以协会和俱乐部的会员人数来衡量的社会资本水平急剧下降。

根据"Putnam I"或"Putnam II"的观点，政策干预的空间或大或小。事实上，这两种方法都有一定的真实性。信任在一定程度上继承了过去几代人的经验，并受到历史冲击的影响，因为信任和合作带来利益的基本信念是通过家庭在社会传播的（Bisin and Verdier，2001；Benabou and Tirole，2006；Tabellini，2008；Guiso，Sapienza and Zingales，2008）。

信任的另一部分是由当前环境的个人经验形成的，无论是社会的、经济的还是政治的。从父母到子女的垂直传播渠道和从同时代环境的倾斜/水平传播渠道都在建立信任中发挥着作用。如果信任包括对他人的信任，个人很可能会根据生活环境、同胞的公民精神和制度的透明度来更新自己的信念。根据乌斯兰纳（Uslaner，2002）的建议，如果信任由深层次的偏好和道德价值构成，在幼儿时期就已经开始传递，并与个人的经历脱节，则可能需要更多的时间来进行调整。另一种解释是，有些平衡会持续存在并且难以改变，除非公民受到相关公共政策的引导（Hoff and Stiglitz，2016）。

六、信任与教育

关于信任决定因素的现有政策证据大部分是关于教育活动的。有证据表明，接受更多的教育与更高的社会资本有关（Helliwell and Putnam，2007；Glaeser et al.，2007）。发达国家人口平均受教育年限的差异太小，无法解释所观测到的跨国信任差异。扬·阿尔甘和皮埃尔·卡赫克和安德鲁·施莱弗（Algan, Cahuc and Shleifer, 2013）通过观察学生的教学方式与学生合作信念之间的关系，对此进行了补充解释。结果表明，各国的教学方法差异很大，既有学校之间的教学方法差异，也有学校内部的教学方法差异。一些学校和教师强调垂直教学实践，即教师主要讲课，学生记笔记或阅读课本，教师向学生提问。在这种模式中，课堂中的核心关系是教师和学生之间的关系。还有一些学校和教师强调横向教学实践，即学生分组工作，一起做项目，并向老师提问。在这种模式中，课堂中的核心关系是学生之间的关系。结果表明，横向教学实践可以发展社会资本，这与社会资本背后的信念是通过合作实践获得的，以及社会技能是在幼儿时期获得的观点一致。这一证据要求在传统的跨国教育调查（如 PISA）中增加关于社会资本和教学方法的问题。

一些研究以旨在培养儿童社会技能的幼儿干预的形式，为政策干预提供了正当理由。最近的纵向研究表明，提高成人成就的计划（如美国的佩里学前计划或 STAR 项目）的大部分影响都是通过某种非认知渠道产生的（Heckman and Kautz, 2012；Heckman et al., 2013）。扬·阿尔甘等（Algan et al., 2012）利用一项大型、详细的纵向研究数据，对1984 年蒙特利尔社会经济地位较低的社区中的幼儿园儿童的社会认知和情感发展进行了研究。这项研究纳入了一项随机评估，即在小学一开始，针对"最具破坏力"的儿童，开展为期两年的强化社会技能培训计划。参加培训计划的人在达到成人后，取得了更有利的社会和经济结果。通过区分不同的认知和非认知渠道，认为非认知技能是影响成人经济结果的主要渠道。

七、信任与制度

人际信任的一个关键因素是相信他人会以公平和合作的方式行事，制度的作用对于加强合作至关重要。这是一个真正的政策杠杆，通过提高制度的完整性和透明度，在短期内建立信任。

图 10.6 显示了 100 个国家样本中广义人际信任与法律体系质量之间的强正相关关系。这种相关性对于使用经济文献中常用的不同制度质量指标（如法治、产权强度、合同执行、政府效力、问责制和腐败）以及控制制度质量的其他影响来说具有稳健性。

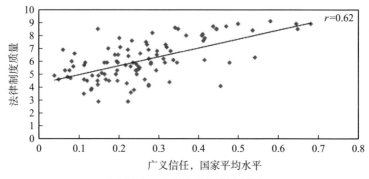

图 10.6　广义信任和制度质量

注：衡量法律制度质量的数据取自"世界经济自由指数"（2007 年）。广义信任水平是用"世界价值观调查"（1981～2009 年）中的国家平均值来衡量的。

资料来源：Algan and Cahuc，2014。

大量文献试图超越这种相关性，通过显示执法对广义人际信任的因果影响。圭多·塔贝利尼（Tabellini，2008）提供的证据表明，广义道德在欧洲地区更为普遍，在遥远的过去，这些地区曾由非专制政治制度统治。执法不力也迫使公民依赖非正式和地方规则，形成了有限的信任，而不是广义信任，意大利黑手党的经历很好地说明了这种模式。根据迪戈·甘贝塔（Gambetta，1993）的观点，西西里的封建主义被正式废除的时间比欧洲其他地方要晚得多，而且政府过于软弱，无法强制执行有关土地的私有财产权。黑手党通过非正式赞助提供地方保护，从这种制度真空中获益。

其他证据表明，制度的透明性和完整性不仅是国家各阶层广义信任的重要决定因素（Rothstein and Stolle，2008），而且在分离因果关系的实验环境中也是重要的决定因素（Rothstein and Eek，2009）。这一结果背后的主要理论是，认为公务员腐败的公民会将相同的信念外推给其他人和普通民众（Sønderskov and Dinesen，2016）。

民主制度对合作行为也有影响。普拉纳布·巴丹（Bardhan，2000）发现，当农民自己制定灌溉规则时，他们不太可能违反灌溉规则。布鲁诺·弗雷（Frey，1998）指出，民主参与程度越高，瑞士各州的逃税率越低。这些研究都表明民主对合作的影响。

确定制度对合作的影响的另一种方法是模拟实验博弈中的正式规则和法律规则。实验性博弈中实施的正式规则和法律规则与真实的制度明显不同。但是这种设置的好处是提供了一个可控的实验来估计人们如何根据博弈规则中的外生变化来改变他们的合作和信任。恩斯特·费尔和西蒙·盖彻（Fehr and Gächter，2000）分析了公共产品博弈中的合作，表明即使惩罚成本高昂，搭便车者也会受到重罚，并且不会给惩罚者带来任何物质利益。成本高昂的惩罚机会导致合作水平大幅提高，因为潜在的搭便车者面临着确凿的威胁。在成本高昂的惩罚机会面前，可以在比赛期间实现和保持几乎完全的合作。

贝内迪克特·赫尔曼、克里斯蒂安·塞尼和西蒙·盖彻（Herrmann,Thöni and Gächter, 2008）观察全球 16 个不同城市的有条件合作，他们发现，为公共利益提供资金的合作在波士顿和墨尔本最高，在雅典和马斯喀特最低。这一结果与法治和相应国家机构的透明度密切相关。博·罗思坦（Rothstein, 2011）对瑞典和罗马尼亚的学生进行了各种实验，结果表明，当学生目睹一名警官收受贿赂时，他们对公务员的广义信任和信任度大幅下降。其解释是，公共机构缺乏透明度和公职人员缺乏公民精神，可能会对广义信任产生巨大的破坏性影响：如果寄予期望代表法律的公职官员腐败，那么人们就会推断其他人也不值得被信任。

第四节　中国信任测度研究进展

一、信任水平

"信任"这一概念基本是从社会学、心理学和经济学三个方面来进行定义的，不过国内学者基本是围绕信任问题、信任水平下降、影响信任的因素等方面直接进行讨论的。著名学者费孝通从中国社会组织的亲族原则出发得出了中国具有"差序格局"社会特征的结论，许多学者赞同这一观点，将其延伸到信任问题上，认为"差序格局"的社会特征不利于形成普遍信任，实现经济的繁荣与发展。孔荣等（2009）也通过调查数据发现，当农户需要借贷资金时，有78%的受访者会选择向亲戚和朋友借钱。但周生春等（2011）从历史文化的角度出发，认为中国人建立了基于同情心原则的人格化信任方式（直接信任），反而比西方的信任方式更牢固。

关于中国的信任水平发展，很多研究都表明中国的信任水平高于全球其他国家，但近几年的信任水平却呈现下降的趋势。马得勇（2008）通过世界价值观调查数据，比较了中国社会信任水平的现状，发现中国的信任水平比较高，在国家间的排名并不低，但总体趋势在不断下降，这是由很多不确定因素造成的。杨明等（2011）对世界价值观调查和北大中国国情研究中心的调查数据进行了整理计算，结果显示，1990~2002 年中国的社会信任水平下降了约 16.6 个百分点，从 60.3% 下降到 43.7%。辛自强等（2012）通过横断历史研究法，收集了从 1998~2009 年利用"人际信任量表"调查大学生人际信任水平的研究文献，分析发现我国大学生人际信任水平在 11 年间呈逐年下降的水平。根据中国社会科学院社会学研究所 2013 年发表的《社会心态蓝皮书——中国社会心态研究报告》，其中的《城市居民社会信任状况调查报告》显示，随着不同阶层和群体之间的不信任感逐渐加深，2011 年中国社会的整体信任水平已经下降到"不信任"的水平，出现了信任危机。

当延伸信任的范围后，还需要注意到公民对制度的信任问题。同样，虽然在概念上可以将机构视为一个整体，但更具体来看，对机构的信任又包括对政府、警察、法院等机构的信任。马得勇（2007）利用亚洲民主调查的数据，分别对中国、日本、韩国等 8 个国家的政治信任水平进行分析，结果是中国的得分最高，为 0.907。仇焕广等（2007）分析了 11 个城市两次较大规模的入户调查数据，50% 以上的受访者非常信任我国的公共管理能力，其受到年龄、家中是否有下岗工人等因素的影响。何可等（2015）讨论了人际信任、制度信任对农民环境治理参与意愿的影响，其中制度信任意味着对村干部、环境法规的信任，调查结果显示，村民对制度信任的水平比较高，略高于人际信任水平。

二、信任测度方法

社会问卷调查方法是测度信任水平的一种常用的方法，以综合社会调查（General Social Survey，GSS）和世界价值观调查（World Values Survery，WVS）为代表，通过询问受访者下列问题来获得信任数据：一般来说，你认为社会中的大部分人是值得信任的吗？或者你是否觉得与人打交道时不需要太小心？

综合国内进行的调查，有从国家层面进行调查来研究中国的信任水平发展，张维迎等（2002）在 2000 年委托"中国企业家调查系统"对全国的企业职工进行问卷调查，通过询问信任问题"根据您的经验，您认为哪五个地区的企业比较守信用（按顺序排列）？"来分析信任对一个地区的经济绩效的影响。冯春阳（2017）利用 2012 年开展的"中国家庭追踪调查"数据库，通过询问普遍的信任问题获得信任数据，研究了家庭社会信任对家庭消费的影响。还有学者从省市地方角度出发，研究具体的省份或地方的信任水平，李涛等（2008）通过对 2004 年"广东社会变迁基本调查"的数据分析，发现影响居民对社会信任的因素有个人因素、社区因素、社会因素。孔荣等（2009）在河南、甘肃、陕西三省调查了 1600 个农户，来验证信任与农户借贷行为的关系。

另一种关于信任测度的方法就是实验方法，通过设计信任博弈实验，来测度委托人和代理人之间的信任度和可信度。大多数学者都是在经典信任博弈实验的基础上，引入控制变量来分析这些因素对信任水平的影响，如年龄、性别、出生地等个人特征，以及信仰、可支配收入、受教育水平、外部风险（李彬等，2015），风险态度（李建标等，2013），人际关系和个体期望（梁平汉等，2013）等由社会环境造就的因素。黄登仕等（2017）利用经典信任博弈实验，创建了三元信任实验，原理是一位委托人对两位代理人，研究了多代理人网络结构对信任行为的影响。郑昊力（2017）扩展信任的实验方法，利用神经经济学最新的经颅直流电刺激技术，通过脑科学神经实验控制和分离出影响信任行为和可信任行为的风险偏好和利他偏好。

既然关于信任测度有两种方法，就存在这两种方法得到的信任水平和结果是否一致的问题。陈叶烽等（2010）通过信任博弈实验和 GSS 调查问卷等形式，对行为个体进行信任测试，发现这两个测试的信任水平的结果差不多。

三、信任对经济社会的影响

信任渗透在社会的方方面面，无论在经济增长中，还是社会和谐中，信任都起到不可替代的作用，与社会的发展密不可分。从人际信任来看，人们之间的信任程度与收入水平、经济发展、政策实施以及生活满意度等方面有着明显的关系。从制度信任来看，对一个国家司法制度、法律制度的信任程度也与收入、贪污腐败、社会安全等方面有着显著的关系。所以说信任可以保证社会正常运转，保障社会合作秩序。

（一）人际信任对社会经济的影响

有不少文献证明了广义信任是社会资本的核心，对社会的发展产生重要作用。曹月英（2018）利用 2010～2013 年中国社会综合调查（CGSS）数据，在控制了其他相关变量后，发现社会信任显著地增加了居民的个人收入，尤其是对农业就业的居民收入。冯春阳（2017）认为社会信任对居民家庭的总消费支出有相当积极的影响，但对消费水平不同的人来说，存在促进效用的异质性。

关于广义信任与主观福利或者生活满意度之间关系的文献有很多，大多都是说明信任与生活满意度之间的关系。赵雪雁等（2015）以甘肃省665户农户为对象进行了调查，结果显示，社会资本和农户的生活满意度有着显著的正向关系。姚烨琳（2020）利用中国六个省会城市或直辖市的调查数据，发现人际信任和机构信任能够提升居民生活满意度。

信任水平的提高还有利于政策的实施，何可等（2015）认为人际信任、制度信任对农民农业废弃物资源化利用的决策起着明显的促进作用。李俊青等（2017）发现提高社会信任水平有助于大幅减少银行风险，也有助于有效执行监督契约。

（二）制度信任对社会经济的影响

关于制度信任对社会发展的影响，显然一个国家的制度信任水平越高，对国家各项政策的制定和有效实施越有利，反过来各项惠民政策的执行也有利于提高公众对制度的信任。房莉杰（2009）在分析制度信任的形成过程中提到，自2002年以来各项惠农政策的实施，为农民营造了一个良好的制度信任环境，因此新农合制度才能比较顺利地推动、有效地执行下去。仇焕广等（2007）通过对中国11个城市的两次入户调查数据分析，发现居民越是信任政府，对转基因食品的接受程度就越高。周小刚等（2017）通过对江西省726个农户的调查，人际信任和制度信任能有效提升农民或组织获得民间借贷或正规借贷概率。

制度信任与腐败之间存在着密切的关系。对廉政制度越信任的公众具有更强的反腐败参与的意愿（焦茹霞，2020），因此官员的腐败或者不公平行为的成本很高，被发现的可能性也很高，那么他们就会约束自己的行为，公共机构可能会更公平、更有效。反过来看，胡荣等（2018）认为主观绩效和社会信任对乡镇政府的政治信任均存在显著的正向影响。换句话说，当这些机构公平竞争，官员或者公职人员廉洁奉公，才有可能与公众建立信任，提高制度信任水平。

本 章 小 结

对于如何在衡量和分析人际信任和制度信任方面取得进展，以及如何加强调查指标与实验指标之间的互补性，总结如下。

一、信任的调查方法

在样本量和覆盖范围方面，调查方法将始终优于实验方法，但仍有改进、协调和扩展的空间。如上所述，目前的调查方法有许多缺点：样本量小，无法全面描述国家或地区的信任水平，也无法分析信任的经济、社会和政策决定因素；覆盖率较低，尤其是随着时间的推移，很难分析政策改革如何影响人际信任和制度信任的演变；问卷调查在问题措辞和反应量表方面的异质性，建议分两步：

（1）投资有关方法论研究的问题，如问题措辞、规模使用和信任问题的启动效应（即先前刺激的记忆如何影响所要回答问题的反应）；并朝着为数据生产者提供一种通用和综合的测度方法迈进。特别是制度信任将受益于进一步的方法研究。经合组织《信任测度指南》是向这一方向迈出的重要一步，其中包括一套涵盖人际信任和制度信任的原型问题模块，可以很容易地纳入家庭调查中。

（2）在官方（和非官方）调查中包括信任问题，尤其是广义信任问题。如上所述，已经确立了人际信任问题的有效性，这一维度对于社会进步和福利至关重要。为了最大限度地利用这些数据，我们需要更大的样本量、更详细的地理位置和时间变化，以便为决策者提供更有用的关于信任的影响以及如何最好地支持信任的结论。应该对制度信任进行更多的研究。除了人际信任在覆盖范围上存在局限性外，我们对制度信任的构成缺乏足够深入的理论认识。尽管基于自述调查的制度信任问题仍然值得收集，但进一步制定制度信任实验方法将是这一研究领域的重要组成部分。

二、信任的实验方法

实验方法的重要价值是，它们描述观测到的行为，并提供一个社会中不同个体和群体之间真正意义上的双边合作。它们在各个方面都没有调查方法好，但是它们有一组不同且独立的偏差，因此可以从这两种方法的结合中学习一些重要的东西。

因此，建议扩展实验方法，特别是信任实验室，它将经典实验室实验与比较常规的基于代表性样本的网络问卷结合在一起。这一领域的进展需要采取行动来提高这两种方法的有效性：

（1）开发制度信任的行为指标。内隐联想测验（implicit association tests，IATs）是朝着这一方向迈出的一大步，它使得人们可以通过外显的自述来衡量难以把握的态度（Greenwald et al.，2002）。内隐联想测验已经成功地应用于测量人们对诸如黑人、妇女或老年人等普遍受到歧视群体的看法、刻板印象和态度。将这些制度信任的行为指标与调查问题结合起来，并在不同的地理环境中以及随着时间的变化加以应用，将大有帮助。

（2）通过协调调查问卷，加强调查方法与实验方法之间的互补性。亚明·法尔克等（Falk et al.，2016）进行了代表性调查，首先从学生的小实验样本中验证了若干问题，表明实验室行为与自述调查之间的一致性。重要的是，通过制定和完善一个关于规范和价值观的简短调查模块，将这些模块纳入官方调查，以扩大人们对信任的关注。经合组织《信任测度指南》在其原型问题模块中引用了福尔克全球偏好模块中的一些问题。

信任对福利和社会进步如此重要，政策不仅要着眼于建立信任，还要着眼于维护信任。信任（更普遍的社会资本）的特点是一种重要的不对称性：毁灭容易，建立却很难（It is much more easily destroyed than built）。信任的负面冲击会对社会内的合作水平产生持久的影响，正如奴隶贸易对非洲当代信任的持续影响所说明的（Nunn，2009）：奴隶制是一个毁灭性的冲击，其后果持续了几个世纪。

从 2008 年金融危机中可以得到重要的教训，如转型经济体市场的快速放松管制。如菲利普·阿吉翁等（Aghion et al.，2010）所述，20 世纪 90 年代，前苏东社会主义国家在最初缺乏合作和信任的环境下，就大幅放松市场管制，导致人们形成了不合作的价值观和对他人不信任的上升，因此人们要求恢复更严格的监管，以纠正反社会态度产生的负面外部效应。这项实验也表明，在建议任何政策改革之前，必须考虑个人和机构之间的初始信任水平。

金融危机再次说明信任存量可能会很快耗尽。如扬·阿尔甘等（Algan et al.，2017）所述，金融危机和欧洲机构无力应对其毁灭性的经济影响，导致一些国家（尤其是以前对欧洲项目最信任的南欧国家）对机构的信任水平急剧下降（Algan et al.，2017）。

各国政府需要本国人民的信任，以成功应对当前和未来的政策挑战，并能够说服公众相信某些预先不受欢迎的政策选择的有效性和必要性。人际信任是经济增长和发展的重要因素，信任的丧失可能会解释世界某些地区持续的经济危机。即使在经济复苏之后，信任也可能会在几代人中持续受损。对非货币化资本（如人力资本、社会资本和自然资本）的测度不足将导致决策者忽视它，并投入不充足的资源来保护它。对缓冲冲击机制的投资不足，例如社会保障体系的投资不足，意味着几代人的社会资本和福利可能永远丧失。

我们需要以更高的频率、更广的地理覆盖面和更具代表性的样本来更好地测度信任，以便分析信任如何受到冲击的影响、如何保护以及相关政策如何恢复和加强信任。

参 考 文 献

[1] 白重恩，钱震杰．谁在挤占居民的收入——中国国民收入分配格局分析 [J]．中国社会科学，2009 (5)：99 – 115，206．

[2] 柏培文，李相霖．要素收入与居民分配格局 [J]．吉林大学社会科学学报，2020，60 (5)：71 – 81，236 – 237．

[3] 曹月英．社会信任对居民个人收入影响的实证研究 [D]．重庆：西南政法大学，2018．

[4] 陈昌云，牟勇．安徽省经济福利水平测度及动态演变分析 [J]．安徽理工大学学报（社会科学版），2020，22 (1)：16 – 22．

[5] 陈东，黄旭锋．机会不平等在多大程度上影响了收入不平等？——基于代际转移的视角 [J]．经济评论，2015 (1)：3 – 16．

[6] 陈军，任惠茹，耿雯，彭舒，叶芳宏．基于地理信息的可持续发展目标（SDGs）量化评估 [J]．地理信息世界，2018，25 (1)：1 – 7．

[7] 陈晓东，张卫东．机会不平等如何作用于社会公平感——基于 CGSS 数据的实证分析 [J]．华中科技大学学报（社会科学版），2017，31 (2)：35 – 44．

[8] 陈彦斌．中国城乡财富分布的比较分析 [J]．金融研究，2008 (12)：87 – 100．

[9] 陈叶烽，叶航，汪丁丁．信任水平的测度及其对合作的影响——来自一组实验微观数据的证据 [J]．管理世界，2010 (4)：54 – 64．

[10] 陈宗胜，高玉伟．论我国居民收入分配格局变动及橄榄形格局的实现条件 [J]．经济学家，2015 (1)：30 – 41．

[11] 戴平生，林文芳．拓展基尼系数及其居民消费应用研究 [J]．

统计研究，2012，29（6）：18 – 26.

[12] 邓斌，胡蓉. 浅析政府与公民之间的相互信任［J］. 成都行政学院学报，2007（1）：23 – 25.

[13] 邓靖. 中国居民经济福利的动态差异分析——来自 210 个地市及以上城市的经验证据［J］. 中国人口·资源与环境，2016，26（S2）：449 – 452.

[14] 丁赛，李克强，别雍·古斯塔夫森. 西部民族地区农村不同民族间收入分配的差距及原因［J］. 中央民族大学学报（哲学社会科学版），2015，42（4）：36 – 43.

[15] 董丽霞. 中国的收入机会不平等——基于 2013 年中国家庭收入调查数据的研究［J］. 劳动经济研究，2018，6（1）：44 – 62.

[16] 董亮，张海滨. 2030 年可持续发展议程对全球及中国环境治理的影响［J］. 中国人口·资源与环境，2016，26（1）：8 – 15.

[17] 董仁才，王韬，张永霖，张雪琦，李欢欢. 我国城市可持续发展能力评估指标的元数据分析与管理［J］. 生态学报，2018，38（11）：3775 – 3783.

[18] 杜旌，李难难，龙立荣. 基于自我效能中介作用的高绩效工作系统与员工幸福感研究［J］. 管理学报，2014，11（2）：215 – 221，243.

[19] 方鸣，应瑞瑶. 中国农村居民代际收入流动性研究［J］. 南京农业大学学报（社会科学版），2010，10（2）：14 – 18，26.

[20] 房莉杰. 制度信任的形成过程——以新型农村合作医疗制度为例［J］. 社会学研究，2009，24（2）：130 – 148，245.

[21] 冯春阳. 信任、信心与居民消费支出——来自中国家庭追踪调查数据的证据［J］. 现代财经（天津财经大学学报），2017，37（4）：76 – 90.

[22] 高敏雪. 可持续发展的定量测度问题［J］. 中国发展，2002（2）：48 – 50.

[23] 高敏雪. 可持续发展与"绿色 GDP"核算［J］. 中国发展，2002（1）：8 – 12.

[24] 高敏雪，刘茜，黎煜坤. 在 SNA-SEEA-SEEA/EEA 链条上认识生态系统核算——《实验性生态系统核算》文本解析与延伸讨论［J］. 统计研究，2018（7）：5 – 7.

［25］葛玉好，曾湘泉．市场歧视对城镇地区性别工资差距的影响
［J］．经济研究，2011，46（6）：45 – 56，92.

［26］管鹤卿，秦颖，董战峰．中国综合环境经济核算的最新进展与
趋势［J］．环境保护科学，2016，42（2）：22 – 28.

［27］郭慧文，严力蛟．城市发展指数和生态足迹在直辖市可持续发
展评估中的应用［J］．生态学报，2016，36（14）：4288 –
4297.

［28］郭新华，许梦宁，伍再华．消费不平等的影响因素、数量测度
及效应研究述评［J］．消费经济，2014，30（3）：84 – 92.

［29］国家统计局住户调查办公室．中国农村贫困监测报告（2011）
［M］．北京：中国统计出版社，2012.

［30］韩军辉，龙志和．基于多重计量偏误的农村代际收入流动分位
回归研究［J］．中国人口科学，2011（5）：26 – 35，111.

［31］何可，张俊飚，张露，吴雪莲．人际信任、制度信任与农民环
境治理参与意愿——以农业废弃物资源化为例［J］．管理世界，
2015（5）：75 – 88.

［32］何平，高杰，张锐．家庭欲望、脆弱性与收入 – 消费关系研究
［J］．经济研究，2010，45（10）：78 – 89.

［33］何强．攀比效应、棘轮效应和非物质因素：对幸福悖论的一种
规范解释［J］．世界经济，2011，34（7）：148 – 160.

［34］何兴强，史卫．健康风险与城镇居民家庭消费［J］．经济研究，
2014，49（5）：34 – 48.

［35］贺光烨，吴晓刚．市场化、经济发展与中国城市中的性别收入
不平等［J］．社会学研究，2015，30（1）：140 – 165，245.

［36］胡金焱．民间借贷、社会网络与贫困脆弱性［J］．山东师范大
学学报（人文社会科学版），2015，60（4）：17 – 27.

［37］胡荣，范丽娜，龚灿林．主观绩效、社会信任与农村居民对乡
镇政府信任［J］．社会科学研究，2018（6）：105 – 113.

［38］胡荣．农民上访与政治信任的流失［J］．社会学研究，2007
（3）：39 – 55，243.

［39］黄登仕，张希，董占奎．多代理人网络中信任与可信度的实验
研究［J］．管理科学学报，2017，20（5）：1 – 12.

［40］黄嘉文．收入不平等对中国居民幸福感的影响及其机制研究

［J］. 社会，2016，36（2）：123 – 145.

［41］ 黄平，李奇泽. 经济全球化、金融资源占有与居民财富不平等
［J］. 国外社会科学，2020（3）：44 – 59.

［42］ 黄永明，何凌云. 城市化、环境污染与居民主观幸福感——来
自中国的经验证据［J］. 中国软科学，2013（12）：82 – 93.

［43］ 纪鸿超. 农村家庭经济脆弱性与融资选择——基于 2017 年河南
大学"百县千村整村调查"的实证研究［J］. 统计学报，2020，
1（2）：72 – 82.

［44］ 江求川，任洁，张克中. 中国城市居民机会不平等研究［J］.
世界经济，2014，37（4）：111 – 138.

［45］ 蒋永莉. 家庭内部性别分工的研究［D］. 广州：暨南大学，
2013.

［46］ 焦茹霞. 廉政获得感、制度信任与反腐败的公众参与［D］. 杭
州：浙江财经大学，2020.

［47］ 解垩. 农村家庭的资产与贫困陷阱［J］. 中国人口科学，2014
（6）：71 – 83，127 – 128.

［48］ 解垩. 中国老年家庭的经济脆弱性与贫困［J］. 人口与发展，
2014，20（2）：67 – 75.

［49］ 金韬，Facundo Alvaredo. 全球经济不平等的新动态［J］. 文化
纵横，2017（5）：12.

［50］ 孔荣，Calum G. Turvey，霍学喜. 信任、内疚与农户借贷选择
的实证分析——基于甘肃、河南、陕西三省的问卷调查［J］.
中国农村经济，2009（11）：50 – 59.

［51］ 雷欣，程可，陈继勇. 收入不平等与经济增长关系的再检验
［J］. 世界经济，2017（3）：26 – 51.

［52］ 李彬，史宇鹏，刘彦兵. 外部风险与社会信任：来自信任博弈
实验的证据［J］. 世界经济，2015，38（4）：146 – 168.

［53］ 李钢，刘吉超. 中国省际包容性财富指数的估算：1990—2010
［J］. 中国工业经济，2014（1）：5 – 17.

［54］ 李佳儒. 基于包容性财富指数的中国可持续发展能力评价研究
［D］. 呼和浩特：内蒙古大学，2015.

［55］ 李建标，李朝阳. 信任是一种冒险行为吗？——实验经济学的
检验［J］. 预测，2013，32（5）：39 – 43，49.

［56］李金叶，郝雄磊．机会不平等的测度：回归树模型的应用与比较［J］．统计与信息论坛，2019，34（10）：3 - 13.

［57］李经纬，刘志锋，何春阳，高宾．基于人类可持续发展指数的中国1990—2010年人类 - 环境系统可持续性评价［J］．自然资源学报，2015，30（7）：1118 - 1128.

［58］李俊青，李双建，赵旭霞．社会信任、收益率波动与银行风险［J］．财贸经济，2017，38（11）：55 - 69.

［59］李实，宋锦，刘小川．中国城镇职工性别工资差距的演变［J］．管理世界，2014（3）：53 - 65，187.

［60］李树，陈刚．幸福的就业效应——对幸福感、就业和隐性再就业的经验研究［J］．经济研究，2015，50（3）：62 - 74.

［61］李涛，黄纯纯，何兴强，周开国．什么影响了居民的社会信任水平？——来自广东省的经验证据［J］．经济研究，2008（1）：137 - 152.

［62］李涛，么海亮．消费不平等问题研究综述［J］．经济社会体制比较，2013（4）：230 - 241.

［63］李天星．云南山地民族行政村可持续发展指标体系的构建［J］．江苏农业科学，2010（4）：429 - 433.

［64］李晓西，刘一萌，宋涛．人类绿色发展指数的测算［J］．中国社会科学，2014（6）：69 - 95，207 - 208.

［65］李莹，林功成．制度信任和政治兴趣对政治参与的影响：以香港为个案［J］．新闻与传播研究，2015，22（1）：24 - 37，126.

［66］李莹，吕光明．机会不平等在多大程度上引致了我国城镇收入不平等［J］．统计研究，2016，33（8）：63 - 72.

［67］李莹，吕光明．我国城镇居民收入分配机会不平等因何而生［J］．统计研究，2018，35（9）：67 - 78.

［68］李莹，吕光明．中国机会不平等的生成源泉与作用渠道研究［J］．中国工业经济，2019（9）：60 - 78.

［69］李莹．收入不平等变动的根源探析——基于机会不平等的测度［J］．云南财经大学学报，2019，35（8）：12 - 23.

［70］联合国世界地理信息大会．德清践行2030可持续发展议程进展报告（2017）［R］．2018.

[71] 梁平汉，孟涓涓．人际关系、间接互惠与信任：一个实验研究 [J]．世界经济，2013，36（12）：90 - 110．

[72] 梁运文，霍震，刘凯．中国城乡居民财产分布的实证研究 [J]．经济研究，2010，45（10）：33 - 47．

[73] 林洪，孙求华．中国国民幸福统计研究十年简史 [J]．统计研究，2013，30（1）：37 - 43．

[74] 刘波，王修华，彭建刚．我国居民收入差距中的机会不平等——基于 CGSS 数据的实证研究 [J]．上海经济研究，2015（8）：77 - 88．

[75] 刘宏，明瀚翔，赵阳．财富对主观幸福感的影响研究——基于微观数据的实证分析 [J]．南开经济研究，2013（4）：95 - 110．

[76] 刘洪，王超．消费不平等测度方法研究进展及展望 [J]．统计与决策，2016（5）：14 - 17．

[77] 刘军强，熊谋林，苏阳．经济增长时期的国民幸福感——基于 CGSS 数据的追踪研究 [J]．中国社会科学，2012（12）：82 - 102，207 - 208．

[78] 刘李华，孙早．收入不平等对经济增长的影响：机制、效应与应对——基于代际收入传递视角的经验研究 [J]．财政研究，2020（7）：79 - 92．

[79] 刘雯雯，杨椅伊．基于 PSR 框架 1999—2008 年西北林业建设可持续发展评价 [J]．林业经济问题，2013，33（4）：306 - 311，318．

[80] 鲁元平，张克中，何凡．家庭内部不平等、议价能力与已婚女性劳动参与——基于《新婚姻法》的准自然实验 [J]．劳动经济研究，2020，8（2）：22 - 51．

[81] 吕光明，李莹．中国居民代际收入弹性的变异及影响研究 [J]．厦门大学学报（哲学社会科学版），2017（3）：35 - 45．

[82] 吕光明，徐曼，李彬．收入分配机会不平等问题研究进展 [J]．经济学动态，2014（8）：137 - 147．

[83] 吕永龙，王一超，苑晶晶，贺桂珍．关于中国推进实施可持续发展目标的若干思考 [J]．中国人口·资源与环境，2018，28（1）：1 - 9．

［84］马丹，陈紫露．人民币实际汇率对收入不平等的非对称影响研究：基于 NARDL 模型的实证检验［J］．世界经济研究，2020（2）：47 - 58，136．

［85］马得勇．信任、信任的起源与信任的变迁［J］．开放时代，2008（4）：72 - 86．

［86］马得勇．政治信任及其起源——对亚洲 8 个国家和地区的比较研究［J］．经济社会体制比较，2007（5）：79 - 86．

［87］苗元江．心理学视野中的幸福——幸福感理论与测评研究［M］．天津：天津人民出版社，2009．

［88］倪鹏飞，等．2011 年中国城市竞争力蓝皮书：中国城市竞争力报告［R］．北京：社会科学文献出版社，2012．

［89］潘春阳．中国的机会不平等与居民幸福感研究［D］．上海：复旦大学，2011．

［90］彭书凤．重庆市可持续发展指标体系与能力评估［D］．重庆：重庆师范大学，2008．

［91］秦海林，潘丽莎．人力资本、专业技能与家庭财产性收入——基于家庭追踪调查数据（CFPS）的实证检验［J］．西南金融，2019（8）：20 - 34．

［92］卿石松．职位晋升中的性别歧视［J］．管理世界，2011（11）：28 - 38．

［93］邱东．基石还是累卵：经济统计学之于实证研究［M］．北京：科学出版社，2021．

［94］邱东．经济测度逻辑挖掘：困难与原则［M］．北京：科学出版社，2018．

［95］仇焕广，黄季焜，杨军．政府信任对消费者行为的影响研究［J］．经济研究，2007（6）：65 - 74，153．

［96］曲兆鹏，赵忠．老龄化对我国农村消费和收入不平等的影响［J］．经济研究，2008，43（12）：85 - 99，149．

［97］任杰，金志成，何慧．日重现法在城市居民主观幸福感测量中的应用［J］．心理科学，2010，33（5）：1266 - 1269．

［98］闰丙金．收入、社会阶层认同与主观幸福感［J］．统计研究，2012，29（10）：64 - 72．

［99］史新杰，卫龙宝，方师乐，高叙文．中国收入分配中的机会不

平等 [J]. 管理世界，2018，34（3）：27 - 37.

[100] 宋朝龙. 全球范围内的两类贫困与中国的双重使命——兼论 2020 后中国高质量减贫的侧重点变化 [J]. 人民论坛·学术前沿，2019（23）：8 - 17.

[101] 宋扬. 中国的机会不均等程度与作用机制——基于 CGSS 数据的实证分析 [J]. 财贸经济，2017，38（1）：34 - 50.

[102] 孙付华. 绿色 GDP 核算跨部门协同机制：理论框架与推进路径 [J]. 河南大学学报（社会科学版），2018，58（5）：67 - 75.

[103] 孙豪，胡志军，陈建东. 中国消费基尼系数估算及社会福利分析 [J]. 数量经济技术经济研究，2017，34（12）：41 - 57.

[104] 孙豪，毛中根，桂河清. 中国居民消费不平等：审视与应对 [J]. 现代经济探讨，2019（4）：8 - 14.

[105] 孙玉娇，孙明雨. 我国国民收入分配格局研究 [J]. 中国管理信息化，2020，23（10）：162 - 165.

[106] 谭浩. 中国中等收入群体资产选择行为与家庭投资组合研究 [D]. 北京：对外经济贸易大学，2018.

[107] 檀学文，李成贵. 贫困的经济脆弱性与减贫战略述评 [J]. 中国农村观察，2010（5）：85 - 96.

[108] 田国强，杨立岩. 对"幸福 - 收入之谜"的一个解答 [J]. 经济研究，2006（11）：4 - 15.

[109] 涂冰倩，李后建，唐欢. 健康冲击、社会资本与农户经济脆弱性——基于"CHIP2013"数据的实证分析 [J]. 南方经济，2018（12）：17 - 39.

[110] 托马斯·皮凯蒂. 21 世纪资本论 [M]. 北京：中信出版社，2014.

[111] 托马斯·皮凯蒂，杨利，加布里埃尔·祖克曼，刘欢. 中国资本积累、私有财产与不平等的增长：1978—2015 [J]. 财经智库，2019，4（3）：5 - 46，139.

[112] 万广华，刘飞，章元. 资产视角下的贫困脆弱性分解：基于中国农户面板数据的经验分析 [J]. 中国农村经济，2014（4）：4 - 19.

[113] 王骋. 信任对中产阶层政治参与的影响 [D]. 南京：东南大

学，2016.

[114] 王海港. 中国居民收入分配的代际流动 [J]. 经济科学，2005 (2)：18 – 25.

[115] 王晶. 基于收入与财富关联性的中国家庭财富不平等研究 [D]. 太原：山西财经大学，2019.

[116] 王军，张焕波，刘向东，郭栋. 中国可持续发展评价指标体系：框架、验证及其分析 [C]//中国国际经济交流中心. 中国经济分析与展望（2016～2017）. 中国国际经济交流中心，2017.

[117] 王俊秀. 社会心态蓝皮书：中国社会心态研究报告（2019）[M]. 北京：社会科学文献出版社，2019.

[118] 王林辉，胡晟明，董直庆. 人工智能技术会诱致劳动收入不平等吗——模型推演与分类评估 [J]. 中国工业经济，2020 (4)：97 – 115.

[119] 王鹏龙，高峰，黄春林，宋晓谕，王宝，魏彦强，牛艺博. 面向SDGs的城市可持续发展评价指标体系进展研究 [J]. 遥感技术与应用，2018，33（5）：784 – 792.

[120] 王鹏. 收入差距对中国居民主观幸福感的影响分析——基于中国综合社会调查数据的实证研究 [J]. 中国人口科学，2011 (3)：93 – 101，112.

[121] 魏彦强，李新，高峰，黄春林，宋晓谕，王宝，马瀚青，王鹏龙. 联合国2030年可持续发展目标框架及中国应对策略 [J]. 地球科学进展，2018，33（10）：1084 – 1093.

[122] 魏颖. 中国代际收入流动与收入不平等问题研究 [M]. 北京：中国财政经济出版社，2009.

[123] 文雁兵，陆雪琴. 中国劳动收入份额变动的决定机制分析——市场竞争和制度质量的双重视角 [J]. 经济研究，2018，53 (9)：83 – 98.

[124] 吴丽容，陈晓枫. 我国居民财产性收入差距、成因及负面效应 [J]. 福建教育学院学报，2011，12（4）：41 – 46.

[125] 吴琼. 海南妇女家庭分工的现状调查 [J]. 学理论，2011 (20)：35 – 36.

[126] 夏万军，张懿佼. 中国国民收入分配格局研究 [J]. 财贸研

究，2017，28（12）：40 - 46.

[127] 鲜祖德，王全众，成金璟. 联合国可持续发展目标（SDG）统计监测的进展与思考 [J]. 统计研究，2020，37（5）：3 - 13.

[128] 谢邦昌，么海亮. 中国城镇家庭消费不平等分布测度研究 [J]. 商业经济与管理，2013（1）：79 - 86.

[129] 辛自强，周正. 大学生人际信任变迁的横断历史研究 [J]. 心理科学进展，2012，20（3）：344 - 353.

[130] 邢春冰. 农民工与城镇职工的收入差距 [J]. 管理世界，2008（5）：55 - 64.

[131] 邢占军. 基于六省会城市居民的主观幸福感研究 [J]. 心理科学，2008，31（6）：1484 - 1488.

[132] 邢占军. 中国城市居民主观幸福感量表的编制研究 [D]. 上海：华东师范大学，2003.

[133] 徐舒，李江. 代际收入流动：异质性及对收入公平的影响 [J]. 财政研究，2015（11）：23 - 33.

[134] 徐晓红，荣兆梓. 机会不平等与收入差距——对城市住户收入调查数据的实证研究 [J]. 经济学家，2012（1）：15 - 20.

[135] 徐映梅，夏伦. 中国居民主观幸福感影响因素分析——一个综合分析框架 [J]. 中南财经政法大学学报，2014（2）：12 - 19，158.

[136] 许宪春. 准确理解中国的收入、消费和投资 [J]. 中国社会科学，2013（2）：4 - 24，204.

[137] 薛澜，翁凌飞. 中国实现联合国 2030 年可持续发展目标的政策机遇和挑战 [J]. 中国软科学，2017（1）：1 - 12.

[138] 亚当·斯密. 国富论 [M]. 张兴，田要武，龚双红，编译. 北京：北京出版社，2007.

[139] 杨继东，章逸然. 空气污染的定价：基于幸福感数据的分析 [J]. 世界经济，2014，37（12）：162 - 188.

[140] 杨继东. 中国消费不平等演变趋势及其原因 [J]. 财贸经济，2013（4）：111 - 120.

[141] 杨明，孟天广，方然. 变迁社会中的社会信任：存量与变化——1990—2010 年 [J]. 北京大学学报（哲学社会科学版），2011，48（6）：100 - 109.

[142] 杨文，孙蚌珠，王学龙．中国农村家庭脆弱性的测量与分解 [J]．经济研究，2012，47（4）：40-51.

[143] 杨雨欣，李后建．外出务工对农户经济脆弱性的影响 [J]．调研世界，2019（12）：34-39.

[144] 姚先国，赵丽秋．中国代际收入流动与传递路径研究 [C]．第六届中国经济学年会，2007.

[145] 姚烨琳．社会质量视角下的中国城市居民生活满意度——以中国六省会城市为例 [J]．济南大学学报（社会科学版），2020，30（4）：136-145，160.

[146] 余勇，田金霞．骑乘者休闲涉入、休闲效益与幸福感结构关系研究——以肇庆星湖自行车绿道为例 [J]．旅游学刊，2013，28（2）：67-76.

[147] 俞玲．户籍制度与我国劳动者平等就业研究 [D]．杭州：浙江大学，2013.

[148] 原鹏飞，王磊．我国城镇居民住房财富分配不平等及贡献率分解研究 [J]．统计研究，2013，30（12）：69-76.

[149] 张川川，John Giles，赵耀辉．新型农村社会养老保险政策效果评估——收入、贫困、消费、主观福利和劳动供给 [J]．经济学（季刊），2015，14（1）：203-230.

[150] 张冀，王亚柯．家庭经济脆弱性：理论、实证与应对 [J]．学习与探索，2016（5）：112-117.

[151] 张冀，祝伟，王亚柯．家庭经济脆弱性与风险规避 [J]．经济研究，2016，51（6）：157-171.

[152] 张冀，祝伟，王亚柯．家庭经济脆弱性与居民消费关系研究动态 [J]．经济学动态，2016（8）：126-135.

[153] 张杰，刘清芝，石隽隽，等．国际典型可持续发展指标体系分析与借鉴 [J]．中国环境管理，2020，12（4）：89-95.

[154] 张林秀，霍艾米，罗斯高，黄季焜．经济波动中农户劳动力供给行为研究 [J]．农业经济问题，2000（5）：7-15.

[155] 张鹏，郝宇彪，陈卫民．幸福感、社会融合对户籍迁入城市意愿的影响——基于2011年四省市外来人口微观调查数据的经验分析 [J]．经济评论，2014（1）：58-69.

[156] 张彤军．北京市可持续发展能力综合评价研究 [D]．北京：

北京工业大学，2008.

[157] 张维迎，柯荣住. 信任及其解释：来自中国的跨省调查分析 [J]. 经济研究，2002（10）：59 – 70，96.

[158] 张翔，李伦一，柴程森，马双. 住房增加幸福：是投资属性还是居住属性？[J]. 金融研究，2015（10）：17 – 31.

[159] 张兴祥，钟威，洪永淼. 国民幸福感的指标体系构建与影响因素分析：基于 LASSO 的筛选方法 [J]. 统计研究，2018，35（11）：3 – 13.

[160] 章上峰，许冰，胡祖光. 中国城乡收入分布动态演进及经验检验 [J]. 统计研究，2009，26（12）：32 – 40.

[161] 赵宝福，黄振国. 农户收入决定及其区域差异——基于 2011 年中国社会状况综合调查数据的实证分析 [J]. 商业研究，2015（1）：97 – 103.

[162] 赵雪雁，毛笑文. 社会资本对农户生活满意度的影响——基于甘肃省的调查数据 [J]. 干旱区地理，2015，38（5）：1040 – 1048.

[163] 郑昊力. 信任的测度 [J]. 南方经济，2014（7）：101.

[164] 郑昊力. 信任、风险和社会偏好 [D]. 杭州：浙江大学，2017.

[165] 中国家庭金融调查与研究中心. 中国家庭金融调查报告：2012 [R]. 成都：西南财经大学出版社，2012.

[166] 中华人民共和国外交部. 中国落实 2030 年可持续发展议程国别方案 [R]. 2016.

[167] 中华人民共和国外交部. 中国落实 2030 年可持续发展议程进展报告（2019）[R]. 2019.

[168] 周长城，刘红霞. 生活质量指标建构及其前沿述评 [J]. 山东社会科学，2011（1）：20 – 29.

[169] 周钦，臧文斌，刘国恩. 医疗保障水平与中国家庭的医疗经济风险 [J]. 保险研究，2013（7）：95 – 107.

[170] 周生春，杨缨. 信任方式的起源和中国人信任的特征 [J]. 浙江大学学报（人文社会科学版），2011，41（1）：169 – 177.

[171] 周四军，庄成杰，刘红，袁鹏. 湖南省国民幸福指数 NHI 的统计测度与评价 [J]. 消费经济，2008（4）：90 – 93.

[172] 周小刚, 陈熹. 关系强度、融资渠道与农户借贷福利效应——基于信任视角的实证研究 [J]. 中国农村经济, 2017 (1): 16 – 29, 93 – 94.

[173] 周新, 冯天天, 徐明. 基于网络系统的结构分析和统计学方法构建中国可持续发展目标的关键目标和核心指标 [J]. 中国科学院院刊, 2018, 33 (1): 20 – 29.

[174] 朱婧, 孙新章, 何正. SDGs 框架下中国可持续发展评价指标研究 [J]. 中国人口·资源与环境, 2018, 28 (12): 9 – 18.

[175] 庄佳强. 省际可持续发展: 基于包容性财富的测量和比较 [J]. 中国人口·资源与环境, 2013, 23 (9): 90 – 99.

[176] 邹红, 喻开志, 李奥蕾. 消费不平等问题研究进展 [J]. 经济学动态, 2013 (11): 118 – 126.

[177] 邹琼, 佐斌, 代涛涛. 工作幸福感: 概念、测量水平与因果模型 [J]. 心理科学进展, 2015, 23 (4): 669 – 678.

[178] Aaberge R, Brandolini A. Multidimensional Poverty and Inequality [M]//Atkinson A B, Bourguignon F. Handbook of Income Distribution, Vol. 2. North-Holland, Amsterdam: Elsevier, 2015.

[179] Aaberge R, Mogstad M, Peragine V. Measuring Long-Term Inequality of Opportunity [J]. The Journal of Public Economics, 2011, 95 (3): 193 – 204.

[180] Acemoglu D, et al. Democracy, Redistribution and Inequality [R]. National Bureau of Economic Research Working Paper, No. 19746, 2013.

[181] Acemoglu D, et al. Democracy, Redistribution, and Inequality [M]//Atkinson A, Bourguignon F. Handbook of Income Distribution, Vol. 2. North-Holland, Amsterdam: Elsevier, 2015.

[182] Akerlof G A. Kranton R E. Economics and Identity [J]. The Quarterly Journal of Economics, 2000, 115 (3): 715 – 753.

[183] Alderman H, et al. Unitary Versus Collective Models of the Household: Is It Time to Shift the Burden of Proof? [J]. The World Bank Research Observer, 1995, 10 (1): 1 – 19.

[184] Alfons A, Templ M, Filzmoser P. Robust Estimation of Economic Indicators from Survey Samples Based on Pareto Tail Modeling [J].

The Journal of the Royal Statistical Society, 2013, 62（C）: 271 – 286.

[185] Alkire S, et al. Multidimensional Poverty Measurement and Analysis [M]. Oxford: Oxford University Press, 2015.

[186] Alkire S, Foster J E. Understandings and Misunderstandings of Multidimensional Poverty Measurement [J]. The Journal of Economic Inequality, 2011, 9: 289 – 314.

[187] Altimir O. Income distribution statistics in Latin America and Their Reliability [J]. The Review of Income and Wealth, 1987, 33 （2）: 111 – 155.

[188] Alvaredo F, Atkinson A B, Morelli S. The Challenge of Measuring UK Wealth Inequality in the 2000s [J]. Fiscal Studies, 2016, 37 （1）: 13 – 33.

[189] Alvaredo F, Atkinson A B, Morelli S. Top Wealth Shares in the UK over More Than a Century [R]. Research Paper Series 01. Department of Economics, University Ca' Foscari of Venice, 2017.

[190] Alvaredo F, et al. Distributional National Accounts [M]//Stiglitz J E, Fitoussi J-P, Durand M. For Good Measure: Advancing Research on Well-Being Metrics Beyond GDP. Paris: OECD Publishing, 2018.

[191] Alvaredo F, et al. Household Surveys, Administrative Records and National Accounts in Mexico 2009 – 2014. Is a Reconciliation Possible? [R]. Buenos Aires: LACEA Annual Meeting, 2017a.

[192] Alvaredo F, Gasparini L. Recent Trends in Inequality and Poverty in Developing and Emerging Countries [M]//Atkinson A B, Bourguignon F. Handbook of Income Distribution, Vol. 2. North-Holland, Amsterdam: Elsevier, 2015.

[193] Alvaredo F, et al. Distributional National Accounts (DINA) Guidelines: Concepts and Methods Used in WID. World [R]. WID. World Working Paper, 2017b.

[194] Alvaredo F, et al. The Top 1% in International and Historical Perspective [J]. The Journal of Economic Perspectives, 2013, 27

(3): 3 – 20.

[195] Alvaredo F. A Note on the Relationship Between Top Income Shares and the Gini Coefficient [J]. Economics Letters, 2011, 110 (3): 274 – 277.

[196] Anand S, Segal P, Stiglitz J E. Debates on the Measurement of Global Poverty [M]. New York: Oxford University Press, 2010.

[197] Atkinson A B. Monitoring Global Poverty: Report of the Commission on Global Poverty [R]. Washington D. C. : The World Bank, 2016.

[198] Badgett M V L, Hartmann H L. The Effectiveness of Equal Employment Opportunity Policies [M]//Simms M C. Economic Perspectives on Affirmative Action. University Press of America, 1995.

[199] Bourguignon F, et al. Millennium Development Goals at Midpoint: Where Do We Stand? [M]//Kanbur R, Spence A M. Equity in a Globalizing World. The World Bank for the Commission on Growth and Development, 2010: 17 – 40.

[200] Bourguignon F. The Growth Elasticity of Poverty Reduction: Explaining Heterogeneity Across Countries and Time Periods [M]// Eicher T S, Turnovsky S J. Inequality and Growth: Theory and Policy Implications. Cambridge, MA. : The MIT Press, 2003.

[201] Broman C. Race-Related Factors and Life Satisfaction Among African Americans [J]. The Journal of Black Psychology, 1997, 23 (1): 36 – 49.

[202] Brown G, Langer A, Stewart F. Affirmative Action in Plural Societies: International Experiences [M]. London: Palgrave, 2012.

[203] Cederman L E, Weidmann N B, Gleditsch K S. Horizontal Inequalities and Ethnonationalist Civil War: A Global Comparison [J]. The American Political Science Review, 2011, 105 (3): 478 – 495.

[204] Clerc M, Gaini M, Blanchet D. Recommendations of the Stiglitz-Sen-Fitoussi Report: A Few Illustrations [R]. Documents De Travail De La Dese Working Papers of the Dese, 2011.

[205] Collier P, Hoeffler A. Greed and Grievance in Civil War [J].

Oxford Economic Papers, 2004, 56 (4)：563 – 595.

[206] Deaton A, Kozel V. Data and Dogma：The Great Indian Poverty Debate [J]. The World Bank Research Observer, 2005, 20 (2)：177 – 200.

[207] Deaton A. Price Indexes, Inequality, and the Measurement of World Poverty [J]. The American Economic Review, 2010, 100：5 – 34.

[208] Deere C D, Alvarado G, Twyman J. Gender Inequality in Asset Ownership in Latin America：Female Owners Versus Household Heads [J]. Development and Change, 2012, 43 (2)：505 – 530.

[209] Deere C D, et al. Property Rights and the Gender Distribution of Wealth in Ecuador, Ghana and India [J]. The Journal of Economic Inequality, 2013, 11 (2)：249 – 265.

[210] Doss C, et al. The Gender Asset and Wealth Gaps [J]. Development, 2014, 57 (3 – 4)：400 – 409.

[211] Doss C, et al. Gender Inequality in Ownership and Control of Land in Africa：Myth and Reality [J]. Agricultural Economics, 2015, 46 (3)：403 – 434.

[212] Ferreira F, et al. A Global Count of the Extreme Poor in 2012：Data Issues, Methodology and Initial Results [R]. Policy Research Working Paper, No. 7432, 2015.

[213] Guio A C, Marlier E. Amending the EU Material Deprivation Indicator：Impact on the Size and Composition of the Deprived Population [R]//Atkinson A B, Guio A C, Marlier E. Monitoring Social Europe. Luxembourg：Publications Office of the European Union, 2016.

[214] Jellema J, Wai-Poi M, Afkar R. The Distributional Impact of Fiscal Policy in Indonesia [R]//Inchauste G, Lustig N. The Distributional Impact of Taxes and Transfers：Evidence from Eight Low- and Middle-Income Countries. Washington, D. C.：The World Bank, 2017.

[215] Jolly R. The World Employment Conference：The Enthronement of

Basic Needs [J]. The Development Policy Review, 1976, A9
(2): 31 – 44.

[216] Kanbur R. Poverty and Development: The Human Development
Report and the World Development Report, 1990 [M]//van der
Hoeven R, Anker R. Poverty Monitoring: An International Con-
cern. St. Martin's Press, 1990.

[217] Kanbur R, Zhuang J. Confronting Rising Inequality in Asia [R]//
Asian Development Outlook 2012. Asian Development Bank,
2012.

[218] Kanbur R. The Policy Significance of Inequality Decompositions
[J]. The Journal of Economic Inequality, 2007, 4 (3): 367 –
374.

[219] Lequiller F, Blades D. Understanding National Account [M]. 2nd
ed. Paris: OECD Publishing, 2014.

[220] McCarthy J. Own the Goals: What the Millennium Development
Goals have Accomplished [R/OL]. www. brookings. edu/research/
articles/2013/02/21-millennium-dev-goalsmcarthur, 2013.

[221] MF Staff and FSB Secretariat. The Financial Crisis and Information
Gaps: Report to the G – 20 Finance Ministers and Central Bank
Governors [R/OL]. http: //www. imf. org/external/ns/cs. aspx?
id = 290, 2009 – 10 – 29.

[222] Morris M D. The Physical Quality of Life Index (PQLI)[J]. De-
velopment Digest, 1980, 18 (1): 95 – 109.

[223] OECD. For Good Measure: Advancing Research on Well-being
Metrics Beyond GDP [M]. Paris: OECD Publishing, 2018.

[224] Qiu D. Reflections on the Subject of Economic Statistics [M].
American Academic Press, 2018.

[225] Ravallion M. On Multidimensional Indices of Poverty [J]. The
Journal of Economic Inequality, 2011, 9 (2): 235 – 248.

[226] Ravallion M. An Exploration of the International Comparison
Program's New Global Economic Landscape [R]. NBER Working
Paper, No. 20338, National Bureau of Economic Research, 2014.

[227] Reddy S G, Pogge T W. How Not to Count the Poor [M]//Anand

S，Segal P，Stiglitz J E. Debates on the Measurement of Global Poverty. Oxford：Oxford University Press，2010：42 – 85.

[228] Sachs J D. The End of Poverty：Economic Possibilities for Our Time ［M］. New York：The Penguin Press，2005.

[229] Sen A. Commodities and Capabilities ［M］. North-Holland，Amsterdam：Elsevier，1985.

[230] Stiglitz J E，et al. Report by the Commission on the Measurement of Economic Performance and Social Progress ［R/OL］. www. stiglitz-sen-fitoussi. fr.

[231] Stiglitz J E，et al. The Measurement of Economic Performance and Social Progress Revisited：Reflections and Overview ［R/OL］. www. stiglitz-sen-fitoussi. fr.

[232] Stiglitz J E，Sen A，Fitoussi J-P. Report by the Commission on the Measurement of Economic and Social Progress ［R/OL］. http：// ec. europa. eu/eurostat/documents/118025/118123/Fitoussi + Commission + report，2009.

[233] Stiglitz J E，Sen A. Fitoussi J-P. Mismeasuring Our Lives：Why GDP Doesn't Add Up ［M］. New York：The New York Press，2010.

[234] Stiglitz J，Fitoussi J，Durand M. Beyond GDP：Measuring What Counts for Economic and Social Performance ［M］. Paris：OECD Publishing，2018.

[235] Vanoli A. National Accounting at the Beginning of The 21st Century：Where from? Where to? ［J］. Eurostat Review on National Accounts and Macroeconomic Indicators，2014（1）：9 – 38.

图书在版编目（CIP）数据

超越 GDP：对经济表现和社会进步衡量标准的探索/
李冻菊著． -- 北京：经济科学出版社，2022.4
国家社科基金后期资助项目
ISBN 978 - 7 - 5218 - 3368 - 3

Ⅰ.①超…　Ⅱ.①李…　Ⅲ.①国民经济计算体系 - 研
究 - 中国　Ⅳ.①F222.33

中国版本图书馆 CIP 数据核字（2022）第 009480 号

责任编辑：周国强
责任校对：杨　海
责任印制：张佳裕

超越 GDP：对经济表现和社会进步衡量标准的探索

李冻菊　著

经济科学出版社出版、发行　新华书店经销
社址：北京市海淀区阜成路甲 28 号　邮编：100142
总编部电话：010 - 88191217　发行部电话：010 - 88191522
网址：www. esp. com. cn
电子邮箱：esp@ esp. com. cn
天猫网店：经济科学出版社旗舰店
网址：http://jjkxcbs. tmall. com
固安华明印业有限公司印装
710 × 1000　16 开　22.75 印张　390000 字
2022 年 7 月第 1 版　2022 年 7 月第 1 次印刷
ISBN 978 - 7 - 5218 - 3368 - 3　定价：118.00 元
（图书出现印装问题，本社负责调换。电话：010 - 88191510）
（版权所有　侵权必究　打击盗版　举报热线：010 - 88191661
QQ：2242791300　营销中心电话：010 - 88191537
电子邮箱：dbts@ esp. com. cn）